KB125941

변화는 어떻게
일어나는가

새로운 행동, 믿음, 아이디어가 퍼져나가는 연결의 법칙

변화는 어떻게 일어나는가

데이먼 센톨라 지음 | 이충호 옮김

HOW CHANGE HAPPENS

웅진 지식하우스

수사나와 밀란에게

추천의 글

세상을 바꾸는 새로운 변화는 어떻게 시작될까? 사회 관계에서 드넓게 뻗어 있는 약한 연결의 힘은 단순한 소식이나 바이러스의 확산을 설명할 수 있을 뿐이다. 정보의 인지는 행동의 채택과 달라서, 우리는 새로운 뭔가를 접하는 것만으로 쉽게 바뀌지 않기 때문이다. 사람들의 행동을 실제로 변화시키는 것은 약한 연결이 아니다. 네트워크 주변부에 자리한 강한 연결의 힘이다.

네트워크 주변부, 이곳이 바로 다양한 혁신의 싹이 움터 자라는 소중한 인큐베이터다. 인지도가 높았던 구글플러스는 왜 성공하지 못했는지, 얼리 어답터들의 큰 관심을 끌었던 구글 글래스는 왜 실패했는지에 관해, 저자는 실증적 연구를 바탕으로 그 비밀을 명확하게 밝혀낸다. 이 책은 세상의 변화를 이해하고자 하는 모든 사람들이 읽어야 할 생생한 지침서다.

_김범준(성균관대 물리학과 교수·『관계의 과학』 저자)

20년 넘게 IT 업계에 몸담았던 내게 네트워크의 힘은 늘 의문과 경이의 대상이었다. 어떤 서비스는 적은 비용을 들여도 수많은 사람들의 관심을 한 몸에 받으며 성장해가지만, 또 어떤 서비스는 더 많은 자원과 비용을 쓰고도 '폭망'에 가깝게 무관심의 대상이 되어버리기 때문이다. 그러한 나의 오랜 궁금증과 갈증은 세계적인 석학 데이먼 센톨라의 끈질긴 연구와 전 세계에 걸친 사례 분석이 담긴 이 한 권의 책으로 말끔히 해소되었다. 400쪽가량 되는 이 책을 단숨에 읽으며 수만 가지 아이디어들이 떠올라 잠을 쉽게 이루지 못할 정도였다.

1인 사업가부터 끊임없이 혁신을 도모하는 리더, 더 나은 사회를 꿈꾸는 시민, 나라를 운영하는 정치인, 지구 환경을 보호할 사명을 가진 환경 운동가까지, 오늘날 네트워크의 힘은 거의 모든 영역에서 필수라고 해도 과언이 아니다. 이 책은 우리 모두에게 소중한 나침반이 되어줄 것이다. 다만 선한 영향력을 키우는 데 활용되길, 네트워크의 힘이 악용되는 것을 가려내기 위한 지혜의 도구로 이용되길 기원할 뿐이다.

_이소영(마이크로소프트 이사·『당신은 다른 사람의 성공에 기여한 적 있는가?』 저자)

왜 내 유튜브 채널은 구독자가 늘지 않지? 이번 정책은 왜 효과를 이끌어내지 못했을까? 분명히 홍보 캠페인을 대대적으로 펼쳤는데 왜 매출은 제자리일까? 코로나 확진자 수는 왜 줄어들 듯 하다가 안 줄어들까?

많은 조직들이 성공한 기업의 성공 방정식을 학습하고 시도하지만 결과가 탐탁지 않은 경우를 자주 목도하게 된다. 실제로 최고의 성과를 만들어가는 과정에서 그 방정식은 잘못된 관점으로 정리된 경우가 많은데, 데이먼 센톨라는 이 책에서 철저한 데이터 분석과 사례를 제시하며 이 잘못된 포뮬라에 대해 경종을 울린다. 더 나아가 변화와 혁신이라는 주제에 새로운 관점으로 접근해 성공 노하우를 결국 검증해내고 이를 친절히 소개하고 있다.

시중에 유행하는 표현처럼 "나만 알고 싶은" 내용들로 가득 찬 책이다. 디지털 시대에 맞는 적확한 성과와 변화를 만들어내는 저자의 방법론을 여러 스타트업, 조직, 기업, 개인이 꼭 실천했으면 하는 바람을 담아 강력하게 추천해본다.

_조용민(구글코리아 매니저)

사회 변화가 일어나는 방식의 핵심 가정에 이의를 제기하는 아주 발칙하고 흥미로운 책! 뛰어난 사회학자이자 소셜 네트워크 권위자인 데이먼 센톨라는 믿음과 행동을 바꾸길 원하는 사람들에게 인플루언서가 과대평가되고 있고, 고착성이 있는 아이디어만이 언제나 능사가 아니라는 사실을 보여주고, 운동의 부상과 혁신의 확산을 일으키는 진짜 원인을 설명한다. 로버트 치알디니가 쓴 『설득의 심리학』 이후 사회적 영향력을 다룬 가장 중요한 책!

_애덤 그랜트(와튼스쿨 조직심리학 교수 · 『오리지널스』 저자)

이 놀라운 책은 변화에 대해 생각하는 유력한 방법을 제공한다. 데이먼 센톨라는 네트워크과학, 사회학, 심리학의 최신 연구를 우아하게 종합해 개인의 삶과 비즈니스, 사회 그리고 그 밖의 것들을 변화시킬 수 있는 중요한 지침과 통찰을 제공한다.

_조나 버거(와튼스쿨 마케팅학 교수·『컨테이저스: 전략적 입소문』 저자)

데이먼 센톨라의 깊은 통찰력을 담은 이 책은 변화가 우리의 삶에서 어떻게 출렁이고 솟구치면서 나아가는지 설득력 있는 증거를 제공한다. 저항의 힘에 정면으로 맞서고 사람들의 긍정적 행동을 이끌어내고 싶은 리더라면 지금 반드시 읽어야 할 책이다.

_로저베스 모스 캔터(하버드대 경영대학원 석좌교수)

역사에서 뿌리 깊은 규범과 행동이 뒤집히는 이 순간에, 사회 변화에 대한 내러티브를 고쳐 쓴 데이먼 센톨라는 무엇이 뿌리를 내리고 무엇이 그냥 지나가는지, 그리고 이 지식을 사용해 긍정적 변화를 촉진하는 방법을 알려준다. 이 책은 소셜 네트워크와 규범이 우리 사회를 어떻게 변화시켜 나가는지 조명하는 여행이다.

_앨버트 라슬로 바라바시(통계물리학자·『포뮬러』 저자)

이 책을 통해 데이먼 센톨라는 소셜 네트워크가 예상치 못한 방법으로 변화를 일으키는 방식에 관한 수십 년간의 연구를 종합했다. 어떤 개념과 관행을 확산시키길 원한다면, 소셜 네트워크 중심에 위치하고 느슨한 연결이 많은 인플루언서보다 주변부에 위치한 중복적이고 강하게 연결된 네트워크가 더 중요할 수 있다. 신제품 출시를 앞둔 기업이나 사회적 움직임을 촉진하려는 사람에게 센톨라의 새 책은 성공으로 이끄는 신선한 통찰력을 제공한다.

_하비 V. 파인버그(의학 박사 · 고든앤드베티무어재단 회장)

머리말

과학은 무엇이 어떻게 퍼져나가는지 연구하는 분야다. 우리가 주변 사람들과 공유하는 연결은 질병이나 개념, 유행, 행동이 공동체와 사회 그리고 전 세계로 퍼져나가는 방식에 어떤 영향을 미칠까?

이 책의 작업이 막 끝나가던 2020년 봄, 새로 나타난 두 가지가 매우 강력한 힘으로 아주 빠르게 그리고 아주 멀리까지 퍼져나가면서 갑자기 세상을 확 바꾸어놓았다. 하나는 중국 우한 시장에서 나타난 코로나바이러스로, 불과 몇 주일 만에 중국 전역으로 퍼져나갔고, 그 다음에는 중동과 유럽으로, 그리고 세계 곳곳으로 퍼져나갔다.

이 바이러스의 치명적이고 파괴적인 위력은 높은 전염력에서 나온다. 이 바이러스는 아주 작고 죽이기가 힘들며 공기 중에서 전파된다. 이 바이러스는 몇 미터 떨어진 곳에 있는 환자에게서도 옮을 수 있고, 공기 중에 몇 시간 동안 머물 수 있다. 게다가 코로나바이러스는 감염된 사람에게 어떤 증상이 나타나기 전에, 그래서 자신이 감염되었다는 사실을 알기도 전에 다른 사람에게 전파될 수 있어 위험성이 더 높다. 그래서 모든 사람이 잠재적 감염원이고, 포옹, 악수, 우편물이나 택배 수령, 동료가 건네주는 문서 등 모든 접촉이 전염 방법이다. 그래서 코로나19●는 성가대, 장례식, 가족 모임, 병원, 요양원, 도축장을 통해, 그리고 부부와 가족뿐만 아니라 전혀 모르는 사람들 사이에서도 급속하게 퍼져나갔다. 6월까지 전 세계에서 600만 명 이상이 감염되었는데, 그중 3분의 1이 미국에서 발생했다. 코로나바이러스는 일단 어느 곳에 자리를 잡으면, 기하급수적으로 불어났다.

그런데 그해 봄에 급속도로 퍼져나간 것이 또 하나 있었다. 그것은 질병이 아니라 행동이었다.

전 세계의 각국 정부가 코로나바이러스 팬데믹(세계적 유행)에 대처한 방식은 제각각 달랐지만(어떤 정부는 다른 정부들보다 훨씬 신속하게 대응했다), 몇 달 내에 전 세계의 공중 보건 전문가들은 네 가지 기본 예방 수칙을 권고했다. 손을 자주 씻고, 되도록 집에 머물고, 마스크를 쓰고, 다른 사람과 최소한 1.8미터 이상 거리를 두라고 권고했다. 이 지침이 구체화되자, 새로운 질문이 떠올랐다. 과연 사람들이 이 지침을 따를까? 세상 사람들이 과연 극적인 방식으로 행동을 바꿀까?

사람들은 먼저 주변의 친구와 이웃을 살펴보았다. 그들은 마스크를 쓰는가? 사회적 거리 두기를 실천하는가? 놀랍게도 대부분은 그

● 영어로는 COVID-19. CO는 코로나, VI는 바이러스, D는 질병을 뜻하며, 19는 바이러스가 발견된 해인 2019년을 줄인 것이다.

랬다. 많은 지역 사회—소도시와 대도시—에서는 인도가 거의 텅 비었다. 사람들은 집 안에 머물렀다. 밖으로 나오지 않았고, 대개는 마스크를 썼다. 거리에서 걸을 때에는 다른 사람들과 상당히 넓은 간격을 유지했다. 모든 나라에서 일하고 교제하고 등교하고 아이를 기르고 데이트하는 방식이 바뀌었다. 거의 하룻밤 사이에 새로운 행동 규범이 나타나 전 세계로 퍼져나갔다.

이 행동들 덕분에 점차 질병의 확산세가 주춤해졌다. 죽음과 절망이 헤드라인을 장식했던 몇 주일이 지난 뒤, 몇 달 만에 처음으로 좋은 뉴스가 나왔다. 질병의 확산 속도가 느려지고 있다는 소식이었다. 발병 건수가 감소했다. 병원 중환자실에 여유가 생기기 시작했다.

그러다가 날씨가 따뜻해졌다. 사람들은 불안한 경계심을 늦추지 말라고 독려하는 일상적인 당부에 지쳐가기 시작했다. 여름이 다가오고 있었다. 그리고 새로운 규범이 흐트러지기 시작했다.

일부 사람들은 마스크를 벗기 시작했고, 어떤 사람들은 사회적 거리 두기를 소홀히 했다. 친구들과 이웃들은 무엇을 할까 궁리하기 시작했다. 허용되는 행동은 어떤 것이고, 조심성이 너무 지나친 행동은 어떤 것이며, 이기적이거나 무분별한 행동은 어떤 것일까? 그 답은 공동체마다 제각각 달랐다. 어떤 집단은 마스크를 썼지만, 어떤 집단은 쓰지 않았다. 어떤 집단은 모임을 가졌지만, 어떤 집단은 여전히 사회적 거리 두기를 실천했다.

한편, 코로나19는 이전과 똑같은 방식으로 계속 퍼져나갔다. 모든 사람과 모든 표면, 모든 접촉은 여전히 잠재적 감염원으로 남아 있었다. 그러자 발병 사례가 계속 증가했다.

거의 50년 동안 과학자들은 행동도 바이러스와 똑같은 방식으로 퍼져나간다고 믿었다. 하지만 2020년에 우리 모두 목격했듯이, 인간 행동의 확산은 질병의 확산과는 아주 다른 규칙들을 따른다.

오늘날 역학자와 공중보건 전문가는 바이러스의 경로를 예측할 수 있고, 과학을 사용해 확산 속도를 늦추는 정책을 개발할 수 있다. 하지만 새로운 **행동**의 확산은 어떻게 예측할 수 있을까? 긍정적 행동의 확산에 도움을 주는 정책을 어떻게 확인할 수 있을까? 의도치 않게 그런 행동을 와해시키는 정책은 어떻게 알 수 있을까? 왜 사회적 영향의 규칙은 문화와 정체성에 따라 달라지는 것처럼 보일까? 이러한 복잡성을 이해하려면 어떻게 해야 할까?

이 책은 이 질문들에 답하고자 한다. 나는 인간 행동이 어떻게, 왜, 언제 변하는지에 대해 최신 과학 분야인 네트워크과학이 알려주는 지식을 소개하려고 한다. 나아가 사회 변화의 확산을 결정하는 요인들을 보여주고, 우리가 왜 그토록 오랫동안 그것들을 잘못 이해했는지 설명하고, 그것들이 실제로 작용하는 방식을 밝힐 것이다.

행동 변화는 우연한 접촉을 통해 퍼져나가는 바이러스와 같지 않다는 사실이 밝혀졌다. 행동 변화는 규칙을 따르지만, 이 규칙을 알려면 질병의 확산을 뛰어넘어 더 심오하고 더 불가사의하고 훨씬 흥미로운 과정을 살펴보는 것이 필요하다.

차례

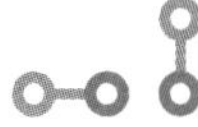

2부. 변화를 일으키는 자의 각본: 전염 인프라 설계하기

3부. 25% 티핑 포인트

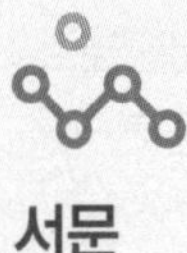

서문

베르너 포르스만은 놀라운 개념을 생각해낸 25세의 심장 전문 외과의였다. 1929년에 포르스만은 생명을 구할 수 있는 아주 급진적인 절차를 발명했고, 그것이 세상을 크게 바꿀 것이라고 생각했다. 하지만 의학계는 그의 발명을 경멸했다. 그는 동료들에게 조롱을 받았고 직장에서 해고되었으며 심장학계에서 쫓겨났다. 30년 뒤 포르스만은 독일의 외딴 산악 지역에 위치한 소도시에서 비뇨기과 의사로 일하고 있었다. 어느 날 저녁, 술집에 있던 그에게 전화가 걸려와 실로 놀라운 소식을 전했다. 오래전의 발명으로 그가 1957년도 노벨 생리의학상 수상자로 결정되었다는 소식이었다. 오늘날 심장 카테터는 전 세계의 모든 주요 병원에서 쓰이고 있다. 경멸받던 포르스만의 혁신적 발명이 어떻게 의학계에서 널리 사용되는 절차로 자리 잡았을까?

1986년, 미국에서는 마리화나를 소지했다가 적발되면 최대 5년까지 투옥될 수 있었다. 이것은 당사자의 경제적 성공과 결혼, 심지어 정치적 활동까지 확 바꾸어놓을 만한 처벌이었다. 오늘날 쇼핑몰 점

포들에서는 마리화나를 공공연히 판매하며, 판매 수익금에 대해 연방세를 지불한다. 불법이자 사회적 일탈로 간주되던 행위가 어떻게 합법화되어 이전에 '마약 밀매자'라는 오명을 받던 이들이 버젓이 미국 주류 산업계의 일원이 될 수 있었을까?

2011년, 최강의 인터넷 기업 구글이 새로운 소셜 미디어 관리 도구 구글플러스Google+를 출시했다. 구글은 전 세계 사용자가 10억 명을 넘지만, 검색 엔진 시장에서의 지배력을 소셜 미디어 시장에서도 재현하려고 노력했다. 하지만 2019년에 구글은 구글플러스 서비스를 종료하지 않을 수 없었다. 같은 시기에 신규 업체 인스타그램이 이 시장에 진입했다. 인스타그램은 두 달 만에 사용자를 100만 명이나 끌어들였다. 18개월 뒤 페이스북이 이 회사를 10억 달러에 인수했고, 2019년이 되자 인스타그램은 소셜 미디어 사용자들 사이에서 주류가 되었다. 구글은 도대체 무슨 실수를 했길래 참담한 실패를 했을까? 그리고 자원과 시간이 훨씬 빈약했던 인스타그램은 어떻게 검색 엔진 업계의 거함巨艦을 경쟁에서 이길 수 있었을까?

#BlackLivesMatter 해시태그는 2012년 4월에 소셜 미디어에 처음 등장했는데, 17세 소년 트레이번 마틴을 총으로 쏴 살해한 사람이 무죄로 풀려나자 그에 대한 반응으로 나온 것이었다. 그 후 2년 동안 아프리카계 미국인 남녀 여러 명이 경찰에게 살해되는 사건이 뉴스와 소셜 미디어에 소개되었지만, 2014년 6월까지 #BlackLivesMatter는 겨우 600번만 사용되었다. 하지만 두 달 뒤 미주리주 퍼거슨에서

18세 소년 마이클 브라운이 경찰의 총격에 사망한 사건이 혁명의 도화선에 불을 댕겼다. 몇 달 사이에 #BlackLivesMatter는 100만 번 이상 사용되었고, 경찰의 폭력에 항의하는 전국적 운동이 벌어졌다. 6년 뒤인 2020년 5월에 조지 플로이드가 살해당하는 사건이 일어나자 #BlackLivesMatter는 또 한 번 변신했다. 이번에는 200곳이 넘는 전 세계 도시에서 연대 시위가 벌어지면서 세계적 현상으로 진화했고, 그 결과로 경찰 폭력을 줄이기 위해 연방 법이 새로 제정되었다. 도대체 무슨 일이 있었길래 수십 년 동안 간과된 경찰 폭력에 저항하기 위해 강렬한 대중 운동이 자발적으로 조직되었을까?

이 책이 다루는 주제는 변화이다. 변화는 어떻게 일어나고, 실패로 끝나는 일이 왜 그토록 많을까? 이 책에서는 도저히 성공할 가망이 없어 보이던 혁신이 확산한 이야기, 비주류 운동의 성공 이야기, 인기 없는 개념이 널리 받아들여진 이야기, 논란 많던 새로운 믿음이 승리를 거둔 이야기를 다룬다. 그리고 변화의 성공을 돕는 전략도 다룬다. 모든 성공 사례는 한 가지 공통점이 있는데, 그 중심에 있는 급진적 개념이 소셜 네트워크를 통해 팽창하고 확산해나감으로써 성공을 거두었다.

소셜 네트워크 과학을 연구하는 사회학자인 나는 이 질문들을 독특한 관점에서 바라본다. 사실, 지난 20년 동안 내가 창안한 개념들은 이 새로운 분야가 체계를 잡는 데 도움을 주었다. 2020년 가을에 내가 발견한 일련의 개념들은 소셜 네트워크의 과학적 이해에 큰 변화를 가져왔고, 변화의 확산 방식을 연구하는 새로운 방법을 낳았다. 거기서 나온 통찰은 사회 변화를 예측하기가 왜 그토록 어려운지, 그리고 성공하는 전략과 실패하는 전략에 대해 우리가 굳게 믿는 개념들이 사회 변화 앞에서 왜 그토록 자주 무너지는지 설명하는 데 도움을 주었다.

수십 년 동안 사회 변화에 관한 표준 개념들은 변화가 바이러스처럼 퍼져간다는 은유에 기반을 두었다. 최근에 우리는 바이러스가 어떻게 활동하는지 다시 한 번 생생하게 목격했다. 한 사람이 감염된 뒤 한 명, 두 명 또는 세 명(혹은 100명)에게 바이러스를 옮기고, 그런 식으로 인구 집단을 통해 전염이 확산된다. '인플루언서influencer'가 혁신을 확산시키는 데 핵심적 위치를 차지한다는 개념은 연결이 많은 개인이 질병(예컨대 바이러스 팬데믹)의 확산에 특별히 큰 역할을 한다는 개념에 기반을 두고 있다. 이와 비슷하게 소셜 마케팅 캠페인의 성공에 고착성stickiness이 꼭 필요하다는 개념도 특정 바이러스가 특별히 전염성이 높다는 개념에 기반을 두고 있다.

이러한 바이러스 은유는 단순한 개념이나 정보(예컨대 화산 분화나 왕실 유명 인사의 결혼에 관한 헤드라인 뉴스)의 확산을 다룰 때에는 유용하다. 그리고 이러한 정보는 정말로 전염성이 있어 걸리기도 쉽고 옮기기도 쉽다. 하지만 바이러스 은유에는 큰 문제점이 있다. 진정한 변화를 일으키려면 단순히 정보를 퍼뜨리는 것만으로는 부족하다. 사람들의 믿음과 행동까지 변화시켜야 한다. 그런데 이러한 것들은 영향을 미치기가 훨씬 어렵다. 바이러스 은유는 정보가 빨리 퍼져나가지만 믿음과 행동은 그대로 머물러 있는 세계를 묘사하는 데에는 적절하다. 그것은 **단순한 전염**simple contagion이 일어나는 세계이다. 이러한 세계에서는 흥미를 끄는 개념과 밈이 모든 사람에게 빠르게 퍼져나가지만, 우리의 생각이나 살아가는 방식에는 영속적인 영향을 미치지 않는다.

하지만 사회 변화는 훨씬 복잡한 현상이다. 혁신적인 개념과 행동은 바이러스처럼 퍼져나가지 않는다. 단순한 노출만으로는 '감염'되기 어렵다. 새로운 행동이나 개념에 노출되었을 때, 우리는 자동적으로 그것을 받아들이지 않는다. 대신에 그것을 받아들일지 거부할지 결정을 내린다. 그 결정은 복잡하며 감정에 휘둘릴 때도 많다.

나를 비롯해 이 분야의 많은 사람들이 한 연구는 우리가 새로운 믿음이나 행동을 받아들일지 말지 생각할 때 자기도 모르게 자신의 소셜 네트워크에 큰 영향을 받는다는 사실을 보여주었다. 우리 주변의 네트워크는 사회적 영향력이라는 숨겨진 힘을 통해 우리가 혁신에 반응하는 방식의 틀을 형성하여 그것을 무시하거나 받아들이게 한다. 훨씬 더 깊은 수준에서 일어나는 이 사회적 확산 과정을 **복잡한 전염**complex contagion이라 부른다.

'소셜 네트워크'가 반드시 디지털 네트워크만 가리키는 게 아님을 명심해야 한다. '사회 연결망'으로 번역되는 소셜 네트워크는 인류가 존재한 시간만큼 오랫동안 존재해왔다. 함께 이야기하고 서로 협력하고 가까이에서 더불어 살고 찾으려는 사람들이 모두 이 네트워크에 포함된다. 우리의 개인적 네트워크가 우리의 사회적 세계를 이룬다. 소셜 네트워크 **과학**은 이러한 사회적 세계들—가까운 이웃에서부터 다른 대륙에 사는 이방인에 이르기까지—을 결합하는 망과 그 사이에서 사회적 전염이 퍼져나가는 방식을 연구한다.

이 책은 나를 포함해 사회학자, 컴퓨터과학자, 정치학자, 경제학자, 경영학자 수백 명이 지난 10년 동안 복잡한 전염을 가장 효율적으로 확산시키는 전략을 발견하고자 새로운 연구 노력을 기울인 끝에 나온 산물이다. 하지만 그 중심 개념은 아주 단순하다. 성공적인 사회변화의 열쇠는 정보가 아니라 규범에 있다는 게 핵심이다. 소셜 네트워크는 단순히 개념과 행동이 이 사람에게서 저 사람에게로 흘러가는 **관**이 아니다. 우리가 그러한 행동을 보고 개념을 해석하는 방식을 결정하는 **프리즘**이기도 하다. 새로운 개념이 우리에게 어떤 방식으로 다가오는가에 따라 우리는 그것을 거부하기도 하고 받아들이기도 한다.

눈이 시각 정보를 왜곡하는 지각 편향이나 경제 정보에 관한 생각을 왜곡하는 인지 편향과 달리, **네트워크 편향**network bias은 소셜 네트워크가 보이지 않게 우리의 믿음과 우리가 따르는 규범의 틀을 만든다.

공동체의 구성원들을 연결하는 소셜 네트워크는 사람들이 기존에 갖고 있던 편향을 부지불식간에 강화하여 혁신적 개념과 운동을 받아들이지 못하게 할 수 있다. 하지만 사소한 변화가 생기면, 같은 네트워크가 혁신에 대한 집단 열광을 촉발하여 전체 공동체가 그것을 더 빨리 받아들이게 할 수 있다.

이 책의 목표는 이러한 소셜 네트워크가 어떻게 그 기능을 발휘하는지 보여줌으로써 사회 변화의 수수께끼를 이해하는 데 도움을 주는 것이다. 거리의 시위에서부터 조직의 새로운 경영 전략에 이르기까지(그리고 건강에 좋은 식단의 확산에서부터 태양 에너지의 채택에 이르기까지) 소셜 네트워크는 사회 변화의 잠재력을 이끌어내는 힘이다.

우선 나는 당신을 실리콘밸리로 데려가 흔히 혁신을 촉진한다고 간주되던 '인플루언서'들이 어떻게 의도치 않게 혁신을 가로막는지 보여줄 것이다.

그리고 덴마크를 방문해 영리한 컴퓨터과학자 집단이 사회적 행동을 수많은 사람에게 전파하는 인간 소셜 네트워크들의 산모 역할을 하는 자동 트위터 봇 네트워크를 어떻게 만들었는지 보여줄 것이다.

또 하버드대학교를 찾아가 혁신 기술의 수용을 가속화하는 네트워킹 전략을 개발해 특허를 얻은 네트워크과학자들의 연구 현장에서 일어난 뒷이야기를 살펴볼 것이다.

마지막으로 버락 오바마 대통령이 대통령으로서 내리는 결정의 질을 높이기 위해 새로운 네트워킹 전략을 어떻게 사용했는지 보여줄 것이다.

처음 이러한 주제들을 탐구하기 시작할 때, 나는 민권 운동과 세계적인 소셜 미디어 기술의 성장을 조사하면서 주로 이론 영역에서 연구를 진행했다. 그러다가 사회 변화가 왜 성공하거나 실패하는지 제대로 알려면, 나의 네트워크 이론을 현실 세계에서 검증할 방법을 찾을 필요가 있다는 사실을 깨달았다. 2부와 3부, 4부에서는 전체 집단의 행동을 직접 조작하면서 진행했던 일련의 대규모 사회적 실험을 자세히 소개할 것이다. 그러한 집단 중에는 지역 헬스클럽에서 강습을 받던 젊은 전문직 집단, 기후 변화에 대해 논쟁을 벌인 민주당 지지자와 공화당 지지자 집단, 임상 진단을 전문으로 하는 의사 집단도 있다. 나중에 보게 되겠지만, 이 실험들은 사회 변화의 본질에 대해 심오하고 새로운 진실들을 드러냈다.

이 책을 다 읽을 때쯤이면 당신은 네트워크과학이 어떻게 자신의 소셜 네트워크뿐 아니라, 그 네트워크가 자신과 다른 사람들에게 미치는 영향을 제어하는 힘을 주는지 이해하게 될 것이다. 그리고 주변의 소셜 네트워크가 사람들의 행동, 혁신을 받아들이는 태도, 건강하고 생산적인 문화적 습관을 유지하는 능력을 어떻게 이끌어내는지 알게 될 것이다.

다음 장은 많은 사람들이 사회 변화에 관해 잘못 알고 있는 미신과 자주 저지르는 실수를 살펴보는 것으로 시작한다. 하지만 책 전체를 통틀어 나는 해결책에 중점을 두었다. 내가 사회 변화에 관한 새로운 관점을 소개하는 궁극적인 목표는 각계각층의 독자에게 그들이 원하는 변화를 만들어내는 데 필요한 자원을 손에 쥐게 하는 것이다.

1부

변화를 가로막는 세 가지 미신

1장

특별한 사람 vs 특별한 장소

인플루언서 미신

브랜드 마케팅 업계에는 오래된 농담이 하나 있다.

1969년 7월 20일, 광고 회사의 중역들이 밤늦게까지 사무실에 남아 있었다. 마감에 쫓겨서 그런 게 아니라, 인류가 달에 처음으로 발을 디디는 역사적 순간을 지켜보기 위해서였다. 그들을 비롯해 전 세계에서 약 5억 3000만 명이 닐 암스트롱이 달에 내리는 장면을 텔레비전으로 보았고, 그 사건을 "한 인간에게는 작은 한 걸음이지만, 인류에게는 위대한 도약이다"라고 묘사한 그의 목소리를 들었다.

모두들 역사상 최초로 일어난 이 사건을 축하하면서 들떴다. 그런데 한 중역은 예외였는데, 그는 고개를 절레절레 흔들면서 텔레비전 앞을 떠났다. 동료가 뒤따라가 뭐가 문제냐고 묻자, 그는 슬픈 표정으로 돌아보면서 "암스트롱이 콜라를 가져갔더라면 얼마나 좋았겠는가!"라고 말했다.

이것이 1960년대 후반의 지배적인 생각이었다. 판매는 일방통행 방송 채널로 수동적인 청중에게 전달되는 하향식 홍보를 통해 일어난다고 생각했다.

이제 여기서 수십 년을 훌쩍 건너뛰어 당신이 새로운 사회적 혁신—시간 관리 앱이나 피트니스 프로그램, 시집詩集, 투자 전략 또는 정치 개혁안—을 출시하려 한다고 상상해보자. 당신은 감정적으로나 경제적으로 자신의 캠페인에 완전히 몰입했고, 그것이 입소문을 통해 빨리 그리고 널리 퍼지길 원한다. 그러면 그것을 홍보해줄 사람으로 누구를 선택하겠는가? 광대한 소셜 네트워크의 중심에 위치하면서 많은 사람과 연결된 소셜 스타 케이티 페리나 오프라 윈프리 같은 사람을 원하는가? 아니면 네트워크 주변부에 위치하면서 연결이 훨씬 적은 '주변 행위자peripheral actor'를 원하는가?

만약 당신이 대다수 사람들과 같은 생각이라면 주변 행위자보다는 소셜 스타에게 캠페인을 맡길 것이다.

그러면서 큰 실수를 저지를 것이다.

연결이 많은 소셜 스타(혹은 우리가 인플루언서라고 부르는 사람)가 혁신을 전파하는 힘은 사회과학에서 가장 오래 지속된 미신 중 하나이다. 이 미신은 판매, 마케팅, 홍보, 심지어 정치 분야에까지 침투했다. 이 미신은 사람들의 머릿속에 너무나도 뿌리 깊게 박힌 나머지, 어떤 혁신이 주변부에서 출발해 세계적인 영향력을 발휘하더라도 우리는 여전히 인플루언서의 힘 때문에 성공했다고 믿는 경향이 있다.

오프라 오류

2006년 3월에 트위터가 출시되었을 때 지구는 움직이지 않았다. 창업자들과 초기의 몇몇 투자자들은 이 기술에 잔뜩 들떴지만, 이 마이크로블로깅microblogging● 사이트는 즉각 큰 성공을 거두지 못했다. 트위터의 현재 사용자가 3억 3000만 명 이상이나 되고 그것이 기업과 비영리 단체, 심지어 정치인 사이에서도 큰 인기를 끄는 마케팅 도구가 되었다는 점을 감안하면 의외의 사실이다.

그렇다면 무슨 일이 있었길래, 트위터는 또 하나의 낙오자로 전락할 뻔한 신세에서 벗어나 세상에서 가장 큰 소통 플랫폼으로 거듭날 수 있었을까?

트위터는 《뉴요커》의 전속 작가 맬컴 글래드웰과 와튼스쿨의 마케팅학 교수 조나 버거가 '전염성contagious' 기술이라고 부른 것과 같은 종류의 기술처럼 보인다. 2007년, 창업자들은 트위터의 성장에 시동을 걸기 위해 매년 텍사스주 오스틴에서 열리는 사우스 바이 사우스웨스트SXSW 기술·미디어 박람회에서 트위터를 홍보하기로 했다. SXSW는 아방가르드 미디어와 기발한 신기술에 환호하는 영화·음악·기술 부문 애호가들을 위해 열리는 일주일간의 환상적인 축제이다.

오늘날 SXSW는 세상에서 가장 큰 규모의 음악 및 미디어 축제

● 짤막한 메시지나 영상 등을 인터넷에 정기적으로 올리는 활동.

가 되었다. 매년 5만 명 이상이 참석하고, 버니 샌더스, 아널드 슈워제네거, 스티븐 스필버그를 비롯해 유명 정치인과 미디어 거물이 연설을 한다. 하지만 2007년만 해도 SXSW는 아직 주변부에서 주류로 편입하려고 애쓰는 단계였고, 트위터 같은 멋진 신기술이 시장성을 시험하기 위해 이곳에서 데뷔하는 일이 많았다. 여기서 트위터는 큰 성공을 거두었다.

이렇게 처음에 큰 히트를 친 후, 트위터는 2009년까지 조금씩 성장을 이어가다가 그해에 갑자기 폭발적으로 성장했다. 트위터의 폭발적 성공 이유에 대해 많이 떠도는 이야기는 오프라 윈프리가 큰 역할을 했다는 것이다. 2009년 4월 17일, 윈프리는 자신의 토크쇼에서 수백만 시청자가 지켜보는 가운데 첫 번째 트윗을 올렸다. 그달 말에 트위터는 사용자 수가 약 2800만 명으로 불어났다.

트위터의 성공에 관한 이 이야기는 아주 그럴듯하고 이해하기도 쉽다. 이 이야기는 성공의 열쇠가 적절한 인플루언서를 찾아 한 배에 태우는 데 있다고 말한다. 이 이야기는 스타트업(신생 벤처 기업)과 거기에 투자하는 사람들에게 성공에 이르는 로드맵을 제시한다.

문제는 이 로드맵이 우리를 길에서 벗어나게 한다는 점이다. 사실, 우리의 관심이 가장 큰 종류의 변화에서는 이 로드맵이 우리를 막다른 길로 안내한다.

오프라가 트위터를 사용한 것은 트위터가 성공한 이유가 아니라, 트위터의 성공이 가져온 **결과**이다. 오프라가 첫 번째 트윗을 올릴 무렵에 트위터는 이미 성장 곡선에서 가장 빠르게 상승하는 구간에 진입한 뒤였다. 2009년 1월부터 트위터는 매달 기하급수적 성장을 거듭해 2월에 800만 명이던 사용자가 4월 초에는 약 2000만 명으로 치솟았다. 사실, 오프라가 트위터를 사용한 것은 트위터의 성장 가속도가 정점에 이르렀던 무렵이다. 그 후로도 성장은 계속했지만 더 느린 속도로 성장했다.

트위터의 성공에 관한 질문으로는 "어떻게 오프라의 힘을 빌려 트위터를 확산시켰느냐?"가 아니라, "오프라마저 트위터를 사용해 이익을 얻을 만큼 트위터가 그토록 크게 성장한 비결은 무엇인가?"라고 묻는 편이 더 적절하다. 이 질문에 대한 답은 작은 스타트업 회사나 비주류 정치 캠페인, 미미한 이익 단체 등이 어떻게 잘 확립된 교우 관계 네트워크를 사용해 새로운 움직임을 누구나 아는 이름으로 만드는지 그 비결을 설명해준다. 그리고 여기에서 중요한 역할을 하는 것은 소셜 네트워크의 스타가 아니라 주변 행위자들이다.

에어로스미스 제스처

가상현실 플랫폼인 세컨드라이프Second Life에서 실시한 흥미로운 연구는 주변 행위자들—현실 세계의 케이티 페리나 오프라 윈프리가 아니라 우리 주변의 친구와 이웃—의 네트워크를 표적으로 삼을 때 왜 혁신의 확산이 가속화되는지 그 비밀을 엿볼 수 있는 통찰을 풍부하게 제공한다.

실제 세계와 마찬가지로 세컨드라이프에서는 상업이 실질 가치를 지닌다. 세컨드라이프가 출시된 초기에는 특히 그랬다. 이 사이트가 출시된 지 불과 3년밖에 안 된 2006년 2월, 세컨드라이프 커뮤니티의 한 구성원인 아일린 게이프(세컨드라이프에서는 '안시 청Anshe Chung'이란 닉네임을 사용)는 게임 속의 가상 경제에서 돈을 아주 많이 벌어 그 자산을 현실 세계에서 100만 달러 이상의 현금으로 바꿀 수 있었다. 안시의 가상 활동을 통해 아일린은 현실 세계에서 백만장자가 되었다.

수천 명의 사업가가 세컨드라이프로 몰려갔다. 사람들은 자신의 제품과 서비스에 대한 소문을 되도록 많은 사용자에게 퍼뜨리길(그러면서 부자가 되길) 원했다. 그들이 성공하기 위해 사용한 접근법은 현실 세계 시장에서 사용하는 것과 동일한 것이었다. 즉, 인플루언서를 찾아 그들을 자신의 아이디어를 전파하는 전도사로 만드는 것이었다. 다른 곳과 마찬가지로 세컨드라이프에서도 전통적인 지혜는 **연결이 많은 소셜 스타를 표적으로 삼는** 것이었다.

세컨드라이프에서는 살 것이 아주 많다. 예컨대 옷, 집, 반려동물, 식품 등이 있다. 그뿐만이 아니다. 세컨드라이프에서는 행동도 살 수 있다.

새로운 스타일의 대화 방식이나 힙한 악수법을 채택하고 싶다면, 그것을 **얻으려고** 의도적인 노력을 기울이기만 하면 된다. 돈이 필요한 경우(많게는 500달러)도 있고 필요 없는 경우도 있다. 하지만 항상 사전 계획과 행동이 어느 정도 필요하다.

2008년 가을에 유행한 제스처 중에 에어로스미스Aerosmith 제스처가 있다. 만화 속 캐릭터가 사용하는 이 제스처는 손을 머리 위로 올리면서 집게손가락과 새끼손가락으로 뿔 모양을 만들고 이를 강조하기 위해 엄지를 죽 뻗는 동작이다. 이 제스처를 사용하려면, 자기 캐릭터의 자산 목록에 그것을 공식적으로 추가해야 한다. 하지만 세컨드라이프의 제스처에서 중요한 점은 다른 사람들이 그것을 사용하지 않는 한 나 역시 그것을 사용하길 간절히 **원치** 않는다는 사실이다.

이것은 현실 세계에서 일어나는 일과 비슷하다. 술집에서 친구를 만나 에어로스미스 제스처로 인사를 하려고 하는데 친구가 악수를 하려고 손을 내미는 상황을 상상해보라. 다소 뻘쭘할 것이다.

이미 확립된 악수 규범이 있다는 사실을 감안할 때, 에어로스미스 제스처는 어떻게 그토록 크게 유행했을까? 현실 세계라면 이것은 답하기 무척 어려운 질문처럼 보인다. 얼마나 많은 사람들이 친구와 동료를 만날 때 악수를 하는지 아니면 에어로스미스 제스처를 사용하는지 정확하게 추적하는 것은 불가능에 가깝다. 하지만 세컨드라이프에서는 분석가가 이 제스처를 사용하는 플레이어의 수를 셀 수 있다. 뿐만 아니라 각자가 특정한 날에 행한 상호작용의 수와 각각의 상호작용이 어떻게 일어났는지 추적할 수 있고, 각자가 누구에게서 에어로스미스 제스처를 배웠으며 정확하게 어느 시점부터 사용하기 시작했는지까지 알 수 있다. 이 때문에 세컨드라이프는 사회적 혁신이 퍼져가는 방식을 측정하기에 완벽한 곳이다.

2008년, 물리학자 라다 아다믹과 데이터과학자 아이턴 백시와 브라이언 카러는 이러한 디지털 정밀성을 사용해 새로운 행동이 개인 간에 전달되는 양상을 측정해보기로 했다. 세컨드라이프에는 현실 세계와 마찬가지로 소셜 스타들이 있다. 이들은 메타버스metaverse●의 오프라 윈프리로, 다른 사람들보다 사회적 연결 고리가 훨씬 많다. 이들은 공동체에 사회적 영향력을 크게 미칠 수 있는 위치에 있다. 만약 이러한 유명 인사 중 한 명이 에어로스미스 제스처 같은 새로운 행동을 채택하면 어떨까? 아마 그것이 금방 많은 사람에게 퍼지리라고 생각할 것이다.

하지만 연구자들은 예상과 정반대되는 결과를 얻었다. 연결 고리가 가장 많은 사용자들은 실제로는 에어로스미스 제스처를 확산시키는 효율이 가장 **낮았다**. 왜 그럴까? 놀랍게도 연결이 많은 사람일수록 혁신을 받아들일 가능성이 낮았다. 즉, 에어로스미스 제스처를 사용하지 **않는** 사람들 중에서 연결이 많은 사람일수록 그것을 받아들이거나 직접 사용해보려는 노력을 덜 기울였다.

에어로스미스 제스처의 가치는 세컨드라이프의 대다수 자산과 마찬가지로 주변 사람들이 보편적으로 받아들이느냐 여부에 달려 있다. 다른 인사 제스처—포옹, 볼에 하는 키스, 하이파이브—와 같이, 만약 당신이 아는 사람이 모두 여전히 악수를 한다면, 당신은 새로운 사회적 상황에서 에어로스미스 제스처를 시도하려고 하지 않을 것이다. 오히려 자신이 먼저 시도하기 전에 이 제스처가 잘 알려진 인사법이라는 확신이 들 때까지 기다릴 것이다.

일단 새로운 사회적 유행이 자리를 잡고 나면, 남들보다 앞서 나가는 것은 좋은 일이다. 하지만 우리는 어떤 것을 너무 일찍 받아들여 혼자서 특출나게 튀는 행동을 하길 원치 않는다. 그것은 악수가 규범

● 컴퓨터가 만든 환경에서 사용자가 다른 사용자들과 상호작용할 수 있는 가상현실 공간.

인 세상에서 혼자만 하이파이브를 하는 것과 같다. 이것은 사회학자들이 **협응 문제**coordination problem라고 부르는 상황이다. 하이파이브에서부터 악수에 이르기까지 우리가 채택하려고 하는 사회적 제스처는 모두 다른 사람들과의 협응에 좌우되는 행동이다. 연구자들이 관심을 가진 질문도 바로 이것이었다. 얼마나 많은 사람들이 에어로스미스 제스처를 받아들여야 그 유행이 충분히 대중적인 것이 되었다고 간주하여 **우리**도 그것을 받아들이기로 결정할까? 그 답은 상대적인 것으로 밝혀졌는데, 자신의 소셜 네트워크 크기에 따라 달라진다.

아다믹이 이끄는 연구팀은 중요한 사실을 발견했는데, 이것은 그 후 페이스북에서부터 패션에 이르기까지 수십 가지 상황에서 확인되었다. 이 발견에 따르면, 우리는 대개 어떤 행동을 하는 사람들의 전체 수보다는 자신이 아는 사람들 중에서 그 행동을 하는 사람들의 비율에 영향을 받는다. 내가 세컨드라이프에서 단 네 명만 안다고 해보자. 만약 그중 두 사람이 새로운 인사 제스처를 사용하기 시작한다면, 나도 그것을 따라 할 가능성이 높다. 자신의 소셜 네트워크에서 50%는 상당히 큰 사회적 영향력이다. 하지만 만약 내가 세컨드라이프에서 100명을 안다면, 그중 두 명이 새로운 제스처를 사용한다고 하더라도 그것이 나의 행동에 큰 영향을 미치기는 어렵다. 나는 더 많은 사람들이 그것을 받아들일 때까지 기다렸다가 거기에 합류할지 여부를 천천히 결정할 것이다.

사실, 연구자들은 접촉자가 500명 정도로 인기가 아주 많은 사람은 접촉자가 50명 정도로 연결 수준이 보통인 사람에 비해 에어로스미스 제스처를 받아들일 확률이 10배쯤 **낮다는** 사실을 발견했다.

다시 말해서, 연결이 많은 사람일수록 새로운 개념이나 행동의 정당성을 확신하기가 더 어렵다. 접촉자가 많은 사람일수록 그 사람의 마음을 바꾸려면 어떤 개념이나 행동을 받아들이는 주변 사람이 더 많이 필요하다.

주저하는 CEO

이 상황을 현실 세계에 비추어 생각해보면 어떨까? 벤모Venmo• 같은 혁신 기술을 확산시키길 원한다고 하자. 우리는 지금 벤모의 마케팅 전략을 세우고 있는데, 누구를 공략 대상으로 삼아야 할지 결정해야 한다. 기술 부문 스타트업에서 일하면서 각자 접촉자가 수백 명인 소집단을 겨냥해야 할까, 아니면 전국적으로 유명한 브랜드 회사의 CEO이면서 접촉자가 수만 명인 사람을 겨냥해야 할까?

지금까지 충분한 정보를 읽었으니 이제 당신도 답을 알 것이다.

아무리 유명하다 하더라도, 브랜드 회사의 CEO 역시 사람들의 행동에 주의를 기울인다. CEO라고 해서 자신의 결정이 동료와 고객에게 어떻게 비칠지 신경 쓰지 않을 수는 없다. 그 자리까지 올라가는 데에는 그런 사회적 지각 능력도 어느 정도 기여하게 마련이다. 그래서 잘 모르는 기술을 받아들이기 전에 신중하게 생각하고, 얼마나 많

• 소셜 미디어에 기반을 둔 결제 서비스. 더치페이나 부채 상환, 소셜 피드를 통한 평점 공유가 가능하다.

은 동료나 회사가 이 기술을 받아들였는지 살펴볼 것이다. 이 CEO는 많은 접촉자가 채택하기 전에 눈에 아주 잘 띄는 제품을 먼저 채택함으로써 평판에 금이 갈 수도 있는 위험을 감수할 가능성이 아주 낮다.

막강한 영향력을 지닌 인플루언서에게 영향을 미치기 힘든 주된 이유는 바로 여기에 있다. 비록 방대한 소셜 네트워크 덕분에 인플루언서는 혁신을 받아들인 일부 사람들과 연결되긴 하지만, 그가 아는 사람들 중에는 혁신을 받아들이지 **않은** 사람이 훨씬 많다. 나는 이들을 **대항 영향력**countervailing influence이라 부른다. 이들은 단지 행동을 하지 않음으로써(혁신을 받아들이지 않음으로써) 소셜 스타에게 그 혁신이 아직 받아들여지지 않았다는 메시지를 강하게 보낸다.

대항 영향력은 조용하지만 놀랍도록 강한 사회적 신호를 보낸다. 이들은 어떤 혁신이 어떻게 받아들여지며, 동료들에게 정당한 (혹은 부당한) 것으로 간주될 가능성이 얼마나 높은지 알려준다. 다시 말해서, 연결이 많은 지도자는 접촉자들 중에서 소수의 얼리 어답터로부터 오는 긍정적 신호보다는 혁신을 받아들이지 않은 압도적 다수로부터 오는 대항 영향력에 훨씬 큰 영향을 받는다.

네트워크 주변부에 위치한 스타트업 직원들은 사정이 다르다. 연결이 비교적 적은 사람은 연결이 많은 CEO에 비해 소수의 동료 얼리 어답터로부터 훨씬 큰 영향을 받는다. 네트워크 주변부에 있는 사람들은 자기 주변에 존재하는 대항 영향력이 훨씬 적기 때문에, 자신의 소셜 네트워크에서 소수의 얼리 어답터가 차지하는 비율이 훨씬 높다. 이 때문에 네트워크 주변부는 혁신이 뿌리를 내리기 쉬운 장소이다. 혁신을 받아들이는 사람이 주변부에 많을수록 나머지 모든 사람에게 전달되는 신호가 강해진다. 바로 이런 과정을 통해 사회 변화가 추진력을 얻는다. 일단 어떤 혁신이 주변부에서 퍼지기 시작하면, 연결이 많은 인플루언서조차 자세를 고쳐 잡고 주목할 만큼 충분히 크게 성장할 수 있다.

트위터의 성장 과정에서 바로 이런 일이 일어났다. 세컨드라이프에서도 같은 일이 일어났다. 혁신이 정당하다는 확신을 줄 만큼 충분한 **임계 질량**에 도달하자, 새로운 행동을 일찍 받아들이길 주저하는 소셜 스타들도 열정적인 사용자가 되었다.

트위터의 성공 이야기는 우리의 직관과 크게 어긋난다는 점에서 특히 교훈적이다. 2006년에 출시된 트위터를 띄운 사람들은 샌프란시스코와 그 주변의 베이 에이리어Bay Area●에 사는 평범한 시민들로, 이들은 친구와 가족 네트워크를 통해 트위터를 국지적으로 확산시켰다. 새로운 인터넷 기술은 블록에서 블록으로, 이웃에서 이웃으로 전파되면서 도시 전체로 퍼져나가는 데 성공했다. 트위터는 이렇게 성장에 추진력을 얻으면서 미국 내에서 비슷한 지역들로 확산해나갔고, 2009년 1월 마침내 임계 질량에 다다랐다. 바로 그 시점에 트위터의 인기가 폭발했다. 불과 몇 달 만에 적극적인 사용자가 수십만 명에서 2000만 명으로 불어났다. 이런 폭발적인 성장 앞에서 소셜 네트워크의 슈퍼스타인 오프라 윈프리마저 자세를 고쳐 잡고 주목하지 않을 수 없었다.

● 샌프란시스코와 오클랜드와 위성 도시들을 포함한 샌프란시스코만 해안 지역.

오피니언 리더와 인플루언서 미신

1940년대에 텔레비전은 막 뜨기 시작한 기술이었다. 그전 수십 년 동안은 스포츠 매체에서부터 정치 슬로건에 이르기까지 모든 것을 전파하는 지배적인 수단은 라디오였다. 광고주들은 대규모 소비자 청중에 접근할 수 있다는 희망을 품고 라디오 광고에 수백만 달러(오늘날의 가치로는 수십억 달러)를 쏟아부었다. 텔레비전도 다를 바가 없어 보였다. 성공 공식은 단순했다. 흥미를 끄는 시엠송을 만들어 공중파에 띄우기만 하면 되었다.

이 구도에 균열이 생겼다는 낌새를 최초로 알아챈 사람은 컬럼비아대학교의 유명한 사회학자 폴 라자스펠드였는데, 그의 연구는 정치와 광고 양 분야에 혁명을 가져왔다. 1944년에 라자스펠드는 언론 매체에 나머지 사람들보다 훨씬 큰 영향력을 미치는 특별한 사람들의 집단을 **오피니언 리더**opinion leader라고 불렀다. 이들은 사회적 '인플루언서'가 되었고, 나머지 사람들은 이들로부터 언론 매체가 새로 언급하는 정보를 들었다. 라자스펠드의 개념은 언론 매체에 관한 전통적인 이론을 무너뜨렸다.

기존의 견해는 언론 매체의 메시지가 방송국에서 나와 수백만 명의 시청자에게 전달되면서 그들의 의견과 행동에 직접 영향을 미친다고 보았다. 청중은 쉽게 좌지우지할 수 있는 수동적 수용자였다. 그저 메시지를 공중파로 내보내기만 하면, 광고주는 제품을 팔거나 자신이 미는 후보를 쉽사리 띄울 수 있었다.

그런데 라자스펠드의 발견은 이 이론의 큰 결함을 드러냈다. 실제로 언론 매체는 청중 가운데 극소수 사람들에게만 영향을 미쳤다. 대다수 사람들은 그 메시지에 영향을 받지 않았다. 하지만 오피니언 리더라는 핵심 집단이 언론 매체에 큰 관심을 보였고, 이들이 나머지 모든 사람에게 영향을 미쳤다.

1955년 라자스펠드는 동료 사회학자 엘리후 카츠(나는 펜실베이니아대학교에서 카츠와 동료로 함께 일하는 행운을 누렸다)와 함께 연구 결과를 발표했는데, 이 연구는 오피니언 리더의 지도력, 타깃 마케팅, 정치 광고, 인플루언서 마케팅의 기반을 이루었다.

그 개념은 단순하면서도 혁명적이었다. 언론 매체의 광고는 대부분 쇠귀에 경 읽기나 다름없었지만, 광고주에게 큰 희망인 오피니언 리더들이 있었다. 연결이 많은 소셜 스타인 이들은 광고주의 메시지를 대중에게 잘 전달할 수 있었다. 그래서 광고주나 정치인 또는 공중 보건 담당자가 언론 매체에 어떤 신호를 내보낼 때에는 오피니언 리더를 겨냥할 필요가 있었다. 이들은 더 광범위한 사회에 접근해 영향을 미치는 문지기였다.

여기에는 엄청난 의미가 내포돼 있었다. 1조 달러가 걸린 산업의 성패를 좌우하는 열쇠를 특별한 사람들로 이루어진 이 소집단이 쥐고 있었던 것이다. 오피니언 리더들을 손에 넣으면, 세상을 손에 넣을 수 있었다.

연결이 많은 인플루언서가 사회 운동에서부터 혁신 기술에 이르기까지 모든 것을 확산시키는 열쇠라는 이 개념(카츠와 라자스펠드의 연구를 바탕으로 한)은 20년 전에 맬컴 글래드웰이 '소수의 법칙the law of the few'이라는 불길한 표현으로 구체화했다. 카츠와 라자스펠드와 마찬가지로 글래드웰은 사회 변화가 이 **특별한 사람들**—소셜 네트워크에서 새로운 개념과 행동을 나머지 사람들에게 전파시키는 데 핵심 역할을 하는 소수의 빛나는 스타들—에 달려 있다는 가설을 세웠다.

'소수의 법칙'이 널리 받아들여진 이유 중 하나는 이것이 놀랍게도 잘 들어맞는 상황들이 있기 때문이다.

글래드웰과 여러 사람은 미국 독립 혁명의 영웅인 폴 리비어처럼 영향력이 큰 사람들에 관한 전설적 이야기를 들려준다. 리비어가 1775년에 영국군의 공격이 임박했다는 소식을 아주 효율적으로 전파할 수 있었던 것은 놀라운 사회적 연결 관계를 잘 활용했기 때문이다. 패션 디자이너 아이작 미즈라히 이야기도 있다. 한물간 어린이 신발 브랜드가 어른들 사이에 패션 열풍을 일으킨 데에는 미즈라히의 지위와 인기가 큰 역할을 했다. 글래드웰은 이 특별한 사람들이 유명한 사회적 '유행병'에서 어떻게 핵심 역할을 했는지 보여주는 데 초점을 맞추었다. 매우 그럴듯한 이야기들이다. 연결이 많은 사람들이 정보와 개념의 확산을 결정하는 힘을 보면, 모든 사회 변화 노력의 성공은 당연히 이들의 관여에 달려 있는 것처럼 보인다.

오늘날 우리는 이것을 '인플루언서 마케팅influencer marketing'이라 부른다. **인플루언서**는 소셜 미디어 시대의 오피니언 리더이다. 인플루언서 마케팅은 그 기본 개념이 나온 지 75년이 지났지만, 아직도 산업 지도자들이 가장 신뢰하는 방법 중 하나이다.

하지만 알고 보면 이것은 미신에 기반을 두고 있다. 나는 그것을 **인플루언서 미신**myth of the influencer이라고 부른다.

인플루언서 미신은 우리가 어떤 개념이나 유행 또는 운동을 확산시키길 원할 때마다 이 특별한 사람들을 찾아야 한다고 말한다. 이 미신은 역사에서 특정 사건들을 묘사하는 데에는 아주 잘 들어맞는다. 반면에 뉴스의 확산에서 트위터 사용으로, 유행하는 신발의 성공에서 미국 민권 운동의 성장으로 초점을 옮기면, 그것은 사실에서 허구로 변하고 만다.

1970년대에 사회학자들은 정보의 확산에 관한 새로운 진실을 발견했고, 이것은 당시의 지배적인 생각—소비자 마케팅과 정치 캠페인의 연구뿐 아니라, 수학과 물리학, 역학, 컴퓨터과학 분야에서도—을 바꾸어놓았다. 나아가 경영과 교육, 금융, 정부 분야에서 개념을 확산시키는 데 쓰이던 최선의 관행을 돌이킬 수 없게 바꾸어놓았다.

이 지적 혁명을 '**네트워크과학**network science'이라 부른다. 그 핵심 개념은 소셜 스타만으로는 영향력의 확산 방식을 제대로 설명할 수 없다는 것이었다. 대신에 스타들의 접촉자들, 접촉자들의 접촉자들, 그리고 그들의 접촉자들이 모든 사회의 바탕이 되는 거대한 기하학적 패턴을 이룬다. 이 패턴은 언론 매체의 신호가 어떻게 확산되는지, 그리고 어떤 사회 변화 노력이 왜 성공하거나 실패하는지 설명해준다.

이 패턴은 전문 용어로 소셜 네트워크의 **토폴로지**topology라고 부른다. 여기에는 획기적인 기술 혁신이 언제 어떻게 시작하는지, 논란이 되는 정치적 개념이 주류에 진입할지 말지, 어떤 상황에서 문화적 변화를 추구하는 운동이 사회 내에서 확산될지 말지 등이 포함되기 때문에, 소셜 네트워크의 토폴로지는 사회 변화에 관한 모든 것을 해독하는 데 꼭 필요하다. 새로운 과학적 통찰에 따르면, 소셜 스타는 네트워크 연결의 사슬에서 그저 하나의 연결 고리에 불과하다. 가끔 소셜 스타가 사슬에서 가장 중요한 연결 고리가 될 때도 있다. 하지만 많은 경우에는 에어로스미스 제스처나 트위터의 확산 사례에서처럼 소셜 스타는 혁신을 확산시키는 데 별로 큰 도움이 되지 않는다. 게다가 이들은 혁신의 확산을 적극적으로 방해할 수 있다.

소셜 스타의 문제점은 확산되는 것이 뉴스가 아니라 사회 변화—받아들이려고 하지 않는 사람들의 대항 영향력에 맞닥뜨리는 새로운 개념이나 행동—일 때 나타난다. 연결이 많은 사람들은 변화 캠페인에 동승하기 어려울 때가 많기 때문에, 이들은 소셜 네트워크에서 장애물이 되어 혁신과 새로운 개념의 확산을 방해한다. 실제로 이런 일은 아주 빈번하게 일어난다. 큰 영향력을 떨친 혁신 중 많은 것들은 대체 경로(소셜 스타들을 피해 돌아가는 길)로 소셜 네트워크에서 퍼져나감으로써 성공을 거두었다. 이 때문에 연결이 많은 소셜 스타들은 변화 과정에서 **마지막** 단계가 되는 경우가 많다.

사회 변화의 경우, 인플루언서 미신은 도전적이고 심지어 논란을 불러일으키는 사회적, 상업적, 정치적 계획을 성공으로 이끄는 진짜 경로를 가린다. 변화가 실제로 어떻게 일어나는지 보려면, 그 첫 단계는 네트워크에서 특별한 **사람들**을 바라보길 멈추고 대신에 특별한 **장소들**을 바라보는 것이다.

베를린 연구

1989년 가을, 소련은 붕괴 직전에 이르렀다. 제2차 세계대전 이래 지정학적으로 가장 중요한 순간이 도래했고 모두가 그 사실을 알았다. 동독 주민은 매일 자유 서방 세계와 자신들을 갈라놓은 장벽 앞에 모여 실탄이 장전된 기관총으로 군중을 겨냥한 소련 경찰과 대치했다.

뉴스 매체들은 생중계를 통해 중요한 역사적 사건이 일어나는 현장을 모든 사람들의 눈앞에 생생하게 보여주었다. 하지만 그것을 과학적으로 연구할 수 있는 방법이 있을까?

베를린 장벽 붕괴 이후 몇 주일 동안 독일의 유명한 사회학자 카를-디터 오프는 당대의 사회적 소동을 가장 뛰어난 과학적 방법으로 연구했다. 그가 사용한 절차는 아주 정밀했고 쉽게 따라 할 수 있었다. 함부르크에서 자동차로 출발한 오프는 이전의 동독 국경을 넘어 380킬로미터를 달려 시위의 시발점인 라이프치히로 갔다. 라이프치히에 도착한 그는 차에서 내려 숨을 한 번 깊이 들이쉬었다. 그러고 나서 주변을 돌아다니면서 만나는 사람들을 인터뷰했다. 그것은 분명히 저기술 접근법이었지만, 당시 사회학 분야에서는 첨단 연구 기법이었다.

오프는 사람들에게 물었다. "당신은 왜 시위에 참여했나요? 살해되거나 투옥되는 것이 두렵지 않나요?"

이렇게 라이프치히 시민 1000명 이상을 붙잡고 대화를 시도했다. 오프는 그들에게 설문 조사에 응해달라고 요청했고, 자신의 공책에 맹렬하게 메모를 휘갈겼다.

오프는 이렇게 발견한 사실들을 거의 즉각적으로 발표하기 시작했고, 이것은 곧 베를린 장벽 붕괴 과정을 탁월하게 기술한 과학적 기록이 되었다. 1994년까지 오프는 이 사회적 시위가 어떻게 일어났고 왜 성공했는지 설명한 과학적 논문을 여섯 편 이상 발표했다. 오프는 사람들이 불행해서 혁명에 가담한 게 아님을 보여주었다. 사람들을 봉기로 이끈 것은 단순히 시민 억압에 대한 분노가 아니었다. 가난으로 인한 좌절도 부의 꿈도 자유의 약속도 아니었다.

핵심 요인은 바로 소셜 네트워크였다.

독일 시민들이 베를린 장벽 시위에 가담한 것은 친구와 가족이 함께 가담했기 때문이다. 그들은 그것을 함께 해냈다. 그것은 집단 공동의 사회적 협응 과정이었다. 자신과 같은 시민들이 시위에 가담하는 것을 본 사람들은 스스로 큰일을 해낼 수 있다는 믿음이 생겼고 자신도 거기에 참여해 거들길 원했다.

그로부터 몇 해 전인 1988년, 스탠퍼드대학교의 사회학자 더그 매캐덤은 오프와 비슷한 방법을 사용해 미국 민권 운동을 처음으로 과학적으로 엄밀하게 연구했다. 미국의 민권 운동은 동독 시민의 시위와 역사적으로나 문화적으로나 달라도 너무 달랐다. 하지만 매캐덤은 오프가 발견한 것과 정확하게 똑같은 행동 패턴을 발견했다. 아주 위험하고 중요했던 1960년대의 사회적 시위에 미국 시민들이 왜 참여했는지 설명하는 핵심 요인은 바로 같은 소셜 네트워크의 다른 사람들이 참여했다는 사실이었다.

로자 파크스 같은 사람들은 몽고메리 버스 보이콧 사태 때 민권 운동의 구심점이 되었다. 로자 파크스는 정부의 억압에 공개적으로 저항하고 나섬으로써 다른 사람들에게도 동참할 동기를 제공했다. 하지만 그 행동이 큰 효과를 발휘한 이유는 로자 파크스가 혼자가 아니었기 때문이다. 로자 파크스는 시민들로 이루어진 거대한 소셜 네트워크의 일원이었고, 이들이 힘을 합쳐 미국 남부의 인종 분리 정책에 저항하는 노력을 조직적으로 전개했다.

1955년에 시내버스에서 로자 파크스가 뒤편의 유색인 좌석으로 옮기라는 운전기사의 지시•를 거부하여 체포당한 사건이 일어나기 전부터 몇 달 동안 몽고메리에는 인종 분리 좌석 정책에 따르길 거부하다가 체포당한 여성이 적어도 여섯 명이나 있었다. 아마도 대다수 사람들은 클로데트 콜빈이나 다른 거부자의 이름을 들어보지 못했겠지만, 이들 역시 로자 파크스만큼 인종 평등 운동에서 용감하고 중요한 역할을 했다. 다만 그 영향력에서 큰 차이가 난 이유는 이들이 자기 주변의 거대한 소셜 네트워크에서 조직적 지원을 받지 못한 데 있었다. 이들이 소셜 네트워크에서 혁명의 불을 댕기기에 적절한 장소에 있지 않았던 것이 큰 이유였다.

자유를 얻기 위한 투쟁에서는 용감하게 압제에 맞서 일어서는 사람들이 아주 많다. 대부분은 금방 정부의 억압에 굴복해 조용해지고 만다. 하지만 그런 결과는 홀로 행동할 때에만 나타난다. 소셜 네트워크는 전체를 협응시키는 힘줄로 작용해, 다양한 분야의 많은 사람

• 버스의 앞쪽 좌석은 백인 전용이고, 유색인은 뒤쪽 좌석에 앉게 돼 있었다. 로자 파크스는 유색인 좌석 맨 앞줄에 앉아 있었는데, 백인 승객들이 서 있자 운전기사가 유색인 좌석의 맨 앞줄을 백인 전용석으로 변경해 로자에게 자리를 옮기라고 요구했다.

들을 함께 행동하게 해준다. 사람들이 잘 협응된 전체로 행동하면, 한 사람의 행동(예컨대 로자 파크스의 행동)에 익명의 다수가 동참한다. 바로 이런 방식으로 혁명의 도화선에 불이 붙는다.

1994년 무렵에 사회학자들은 소셜 네트워크가 사회 변화의 핵심 요소라고 생각했다. 하지만 그러한 네트워크가 실제로 작용하는 모습을 보여주는 기술은 21세기가 되어서야 나타났다. 그 결과로 얻은 발견은 거의 100년간 지속된 사회과학 이론을 정면으로 부정했다.

그 기술은 바로 소셜 미디어였다.

타흐리르 광장에서 일어난 (그리고 일어나지 않은) 일

2011년 1월 18일, 26세의 이집트인 운동가 아스마 마흐푸즈는 혁명을 일으킬 계획을 세우고 있었다. 몇 주일 전에 전 세계 사람들은 튀니지에서 자연 발생적인 혁명이 일어나 전제 정권을 무너뜨리는 모습을 목격했다. 마흐푸즈는 이집트도 튀니지의 전철을 밟길 기대했다. 그리고 그것은 혼자만의 생각이 아니었다.

마흐푸즈는 이집트의 주요 운동 단체인 '4월 6일 청년 운동'의 창립 멤버였다. 전해 봄인 4월 6일, 이 단체는 이집트 노동자들이 겪는 비인간적 처우에 항거해 대규모 노동자 시위를 조직했다. 이 시위가 성공하고 난 뒤 혹독한 탄압이 뒤따랐다. 많은 시위자가 구속되었고, 심하게 구타당한 사람도 있었다. 아무도 이집트의 독재자 호스니

무바라크의 분노를 피할 수 없었다.

마흐푸즈는 카리스마가 넘치는 지도자로 많은 사람의 지지를 받았다. 마흐푸즈는 소셜 미디어를 잘 알았고, 페이스북과 트위터 계정을 효과적으로 사용해 자신의 운동을 지지하는 팔로워를 수만 명이나 얻었다. 즉, 마흐푸즈는 거대한 소셜 미디어와 운동가 커뮤니티 중심에 위치한 '연결자connector'였다. 마흐푸즈는 과거에 시위를 성공적으로 조직한 경험이 여러 차례 있었고, 무바라크 정권에 맞서는 또 한 번의(특히 시의적절한) 시위를 조직하기에 유리한 위치에 있었다.

얼마 전에 성공한 튀니지 혁명은 중동의 운동가들에게 새로운 자신감을 불어넣었다. 혁명의 기운이 무르익고 있었다. 누구나 그것을 느낄 수 있었다.

온 나라가 언제 폭발할지 모르는 일촉즉발의 상황에 있었는데, 마흐푸즈는 그 화약통에 불을 지피기에 완벽한 적임자였다. 사회적으로나 기술적으로 사람들과 잘 연결돼 있었을 뿐 아니라, 앞선 시위 운동 경험에서 성공적인 방법과 기술을 터득해 유능한 사회 운동 조직가였다. 마흐푸즈의 행동주의 블로그는 팔로워가 수만 명이나 되었다.

마흐푸즈는 자신을 따르는 많은 청중에게 마침내 때가 왔다고 선언했다. 그리고 자신의 팔로워들에게 1월 18일 타흐리르 광장에서 열리는 집회에 함께 참석하자고 독려했다. 목표는 이집트 혁명을 시작하는 것이었다.

마흐푸즈의 메시지는 광범위하게 퍼져나갔다.

하지만 그녀가 일으킨 운동은 그렇지 않았다.

마흐푸즈는 얼마 안 되는 친구들과 함께 팔짱을 끼고 타흐리르 광장으로 진입했다. 하지만 그곳에는 경찰 외에는 아무도 없었다.

무엇이 잘못되었을까?

이집트 시민들은 마흐푸즈가 믿을 만한 사람임을 알고 있었다. 블로그에 올린 글이 진지하고, 행동에 나서자는 외침이 진정성이 있다는 것도 알았다. 연결이 많은 소셜 스타에 대해 우리가 아는 상식으로 판단할 때, 마흐푸즈는 혁명에 불을 지필 적임자로 보였다.

하지만 바로 여기에 숨은 문제점이 있었다. 마흐푸즈가 헌신적인 젊은 운동가라는 사실은 그녀가 대다수 사람들과 다르다는 것을 뜻했다. 대다수 사람들은 돌봐야 할 자녀와 배우자 또는 부모가 있고, 고려해야 할 직장이나 보호해야 할 집이 있다. 다시 말해서, 우리는 세상에서 마흐푸즈 같은 사람들을 존경하긴 해도, 그들의 관심사는 우리의 관심사와 다르다는 사실을 안다. 그들은 대개 젊고 정의롭고 도덕적 명확성을 지니고 있다. 그들은 또한 고려해야 할 가족이나 사업, 명성이 있는 대다수 사람들과 달리 위험 속으로 몸을 내던질 수 있다. 운동가들은 함께 행동하자는 외침을 널리 전파할 수는 있어도, 수만 명의 시민을 감동시켜 경찰의 보복에 용감히 맞서면서 거리로 나서게 하는 일은 드물다.

그렇다면 베를린과 미국 남부, 튀니지는 어떤 차이점이 있었길래 보통 사람들도 기꺼이 사회 혁명에 동참하려고 나섰을까?

7일 뒤에 밝혀진 그 답은 바로 소셜 네트워크였다.

1월 25일, 마흐푸즈는 친구들과 함께 또다시 타흐리르 광장으로 걸어갔는데, 이번에는 이집트 시민 수만 명이 동참했다. 그것은 소련 붕괴 이후 가장 충격적인 민중 봉기 중 하나였다. 타흐리르 광장 시위는 이집트 혁명으로 번져 무바라크 정권을 무너뜨렸다.

그 후 몇 년 동안 전 세계의 언론 매체와 많은 국제 인권 단체는 당연히 탁월한 용감성과 결단을 보여준 마흐푸즈를 칭송했다. 마흐푸즈가 블로그에 올린 글들은 열정적이고 설득력이 있었고, 그 때문에 큰 위험에 처할 수도 있었다. 하지만 이것만으로는 이집트 혁명의 성공을 완전히 설명할 수 없다. 1월 18일 시위를 호소한 그녀의 글들은 그토록 효과가 없었던 반면, 1월 25일 시위를 호소한 글들은 어떻게 정부를 전복시키는 결과를 낳았을까?

어떤 일이 일어났는지(이집트뿐만 아니라 튀니지, 예멘, 모로코, 리비아에서도) 제대로 이해하려면, 세상에서 마흐푸즈 같은 사람들과 혁명에 동참하기를 요구하는 그들의 열정적인 호소를 넘어서서 그 이상의 것을 보아야 한다. 즉, 행동주의가 어떻게 흘러넘쳐 비운동가들의 소셜 네트워크로 스며들었는지 이해할 필요가 있다. 이집트 시민들 사이에서 확대돼간 소셜 토폴로지가 어떻게 그들을 적극적으로 협응시켜 단일 행동에 나서게 했을까?

이집트 민중 봉기 이야기는 곧 소셜 네트워크 이야기이다. 그것은 대다수 사람들이 살고 있는, 연결이 비교적 적은 네트워크 주변부 이야기이다. 네트워크 주변부는 아주 크고 평범하기 때문에, 연결이 아주 많은 소셜 스타들의 네트워크보다 덜 중요해 보일 수 있다. 하지만 진실은 정반대이다. 사회 변화에 관한 한, 모든 행동이 일어나는 곳은 바로 네트워크 주변부이다.

다수의 사려 깊은 사람들은 아랍의 봄이 성공한 데에는 소셜 미디어가 중요한 역할을 했다고 추측했다. 페이스북이나 트위터 같은 뉴미디어 도구가 중동에서 사람들을 연결한 방식 때문에, 이러한 소셜 기술이 마흐푸즈 같은 소셜 스타들에게 이전보다 더 광범위하고 큰 영향력을 발휘하게 했다고 생각하기 쉽다. 하지만 그해에 나온 방대한 과학적 증거는 정반대의 결론을 가리킨다.

2011년, 소셜 미디어에서 사람들의 연결은 오늘날과 마찬가지로 놀랍도록 단조로웠다. 소셜 미디어에서 개인적 영향력의 윤곽은 소셜 미디어가 등장하기 이전인 몇 세대 전의 소셜 네트워크가 작동한 방식과 별반 다르지 않았다. 지난 50년 동안 네트워크 연구들은 모두 동일한 사회적 유대의 기본 패턴을 보고했는데, 개인의 네트워크는 친구와 가족, 이웃, 직장 동료로 이루어져 있었다. 1960년대에 미국 남부에서 민권 운동의 성공을 낳은 네트워크는 1989년에 동독에서 베를린 장벽 붕괴를 낳은 네트워크와 놀랍도록 비슷하다. 그리고 이 둘은 2011년에 아랍의 봄 혁명을 촉발한 네트워크와 놀랍도록 비슷하다. 아랍의 봄의 경우, 중요한 차이점은 이 네트워크가 실시간으로 어떻게 작동하는지 **측정하는**(최초로) 방법이 있었다는 점이다.

2011년, 소셜 미디어는 우리에게 사회 변화를 연구하는 데 예외적으로 강력한 도구를 제공했는데, 그것은 지도자와 친구, 이웃, 학생, 교사, 기업가, 부모 사이에서 행동주의가 어떻게 퍼져나가는지 사회과학자들이 관찰할 수 있는 렌즈였다. #jan25 같은 해시태그는 사회적 전염의 원천이 되어 혁명 행동이 실시간으로 확산돼가는 양상을 드러냈다. 시간이 표시되어 업로드된 사진들은 거리에 모인 사람들의 수를 실시간으로 기록하면서 소셜 미디어 활동과 시위행진, 경찰 폭력, 고조되는 시민의 불안 사이의 상관관계를 드러냈다. 사회과학자들은 처음으로 사회 운동이 어떻게 펼쳐지는지 보여주는 정확한 기록을 얻게 되었다. 그리고 이 기록은 연결이 아주 많은 인플루언서가 활동의 중심에 있지 **않다는** 사실을 처음으로 분명하게 보여주었다.

아랍의 봄 분석

재커리 스타이너트-스렐켈드는 캘리포니아대학교 로스앤젤레스 캠퍼스UCLA의 열정적인 정치학자이다. 거의 10년 동안 튀니지와 이집트 같은 나라들의 소셜 미디어 기록 연구에 몰두해왔는데, 사회적 연결 패턴이 2011년 봄에 일어난 예상 밖의 사건들에 어떤 기여를 했는지 파악하기 위해서였다. 스타이너트-스렐켈드는 샌디에이고의 캘리포니아대학교에서 박사 과정을 마친 뒤, 이집트와 리비아, 모로코를 혁명이 일어난 그 밖의 모든 장소와 연결하는 공통의 패턴이 있는지 알아보기 위해 1300만 개 이상의 트윗을 조사했다. 그 결과 한 가지 패턴이 드러났다. 모든 사례에서 소셜 미디어 활동이 실제 사회적 행동주의로 변할(즉, 사람들이 거리에서 시위를 벌이며 행진할) 때마다 대다수 메시지는 소셜 네트워크에서 연결이 많은 스타들로부터 나오지 않았다. 그보다 행동주의를 가장 잘 예측하는 요소는 네트워크 주변부의 협응된 온라인 활동이었다.

2011년 1월 후반, 이집트 소셜 네트워크 주변부에 위치하여 비교적 연결이 적은 보통 사람들 집단 사이에서 일어난 연쇄 반응이 강화된 관여 패턴을 만들어냈다. 그 결과로 강력한 사회적 전염이 확산되었다.

이집트에서 시위가 날로 격화되자, 네트워크 주변부에 위치한 시민들은 서로에게 경찰의 움직임과 시위 중심 지역, 봉쇄 지역 등에 관한 정보를 제공했다. 이들의 협응은 병참적 성격이 강했지만 정서적 측면도 있었다. 시민들은 #egypt, #jan25와 같은 해시태그를 사용해 서로의 연대를 보여주었다. 그들은 카이로 밖의 사람들에게 시위 운동에 대한 관심을 확산시키는 사진을 올리고 직접 연결된 계정들을 공유했다. 시민들의 메시지와 게시글, 동영상, 채팅 대화는 친구와 가족 사이에 정서적 연결을 촉발했고, 이를 통해 그들이 자기 주위를 둘러싸고 있는 운동의 일원이라는 느낌을 받았다. 그 느낌이 시민들을 움직여 거리로 나서게 했다. 이러한 주변부 네트워크들이 곧 이집트의 한 도시에서 다른 도시로(카이로에서 기자로, 그리고 다시 와라크알하다르로) 퍼져가는 시위 사건의 연쇄 반응을 촉발했다.

아랍의 봄에서 얻은 데이터는 미국의 민권 운동과 동독의 시위에서 관찰된 것과 동일한 역사적 패턴을 보여주지만, 그 패턴이 훨씬 명확하고 선명하게 드러난다. 이것은 아다믹의 연구팀이 세컨드라이프에서 에어로스미스 제스처가 확산돼가는 양상에서 본 것과 같으며, 미국에서 트위터의 폭발적 성장을 낳은 것과 동일한 네트워크 특징이다.

폴 라자스펠드가 오피니언 리더를 발견하고 나서 몇 세대가 지난 후, 우리는 마침내 새로운 종류의 데이터를 손에 쥐게 되었다. 이제 우리는 사회 변화의 중요한 네트워크는 연결이 많은 '인플루언서'를 중심으로 바퀴살처럼 뻗어나가는 패턴이 아니라, 네트워크 주변부에 퍼져 서로 긴밀하게 맞물린 유대라고 자신 있게 말할 수 있다. 어떤 사회 변화가 추진력을 얻으려면, 바로 이곳, 우리와 동일한 선택과 도전에 직면하는 사람들, 그리고 서로의 협응과 수용이 일상적으로 보이지 않지만 필수적인 부분을 차지하는 사람들 사이에서 시작해야 한다. 네트워크 주변부는 강한 힘이 축적된 곳이다. 사회 변화의 강하고 폭넓은 흐름이 뿌리를 내리고 팽창해가는 곳이 바로 이곳이다.

적절한 장소

인플루언서 미신은 영웅을 사랑하는 우리의 구미에 딱 맞는 변화 이야기이다. 특별한 사람이 온갖 역경을 이겨내고 역사의 방향을 바꾼다는 이야기는 아주 낭만적이다. 이 이야기의 치명적인 결점은 한 사람이 큰 영향력을 행사한다는 개념이 아니다. 뒤에서 다룰 미투#MeToo 운동 이면에 숨어 있는 과학은 소수의 사람들(때로는 단 한 사람)이 어떤 운동의 성패를 좌우하는 차이를 만들어낼 수 있음을 보여준다. 내 이야기와 지난 75년 이상 회자돼온 이야기 사이의 주요 차이점은 이 핵심 인물들이 **특별하지** 않다는 데 있다. 그들은 나머지 사람들과 별반 다르지 않다. 실제로 그들은 우리 **자신일** 수도 있다. 그들은 단지 적절한 시간에 소셜 네트워크의 적절한 장소에 있을 뿐이다. 그리고 바로 그 순간, 그들이 취하는 행동이 큰 차이를 빚어낸다.

그렇다고 해서 사회 변화가 단순히 일련의 무작위적 사건들에 불과하다는 이야기는 아니다. 만약 그렇다면, 그것을 과학적으로 유용하게 연구할 수 있는 방법이 없을 것이다. 그리고 예측하는 것도 불가능할 것이다.

이 책은 사회 변화를 예측하는 것이 어렵지만 왜 불가능하지 않은지 보여줄 것이다. '적절한 시간과 장소'가 무작위로 생겨나는 것이 아니라, 소셜 네트워크의 측정 가능한 특징임을 보여줄 것이다. 그리고 이러한 필수적인 네트워크 패턴을 확인하는 방법과 그것을 표적으로 삼는 방법을 보여줄 것이다.

이 책의 영웅은 유명 인사나 소셜 스타가 아니라, 우리의 소셜 네트워크 내부에 있는 어떤 **장소**이다. 다시 한번 강조하지만 핵심은 사람이 아니라 장소이다. 그것은 서로 다른 사회 집단들 사이의 사회적 유대가 융합하여 가족들 사이의 유대와 조직들 사이의 동반자 관계, 국가들 사이의 연대를 강화시키는 일이 일어나는 장소이다.

소셜 네트워크과학은 이런 장소들이 온라인에도 존재한다는 것을 보여준다. 아랍의 봄 혁명을 이끈 영웅은 트위터나 페이스북이 아니라, 이 가상 네트워크들에서 형성된 커뮤니티의 패턴이다. 이것은 사회적 협응을 팽창시키는 데 놀랍도록 효율적인 경로를 만들어냈다. 이 책의 나머지 부분에서는 소셜 네트워크에서 이 특별한 장소들을 확인하는 방법과 당신의 변화 계획을 확산시키기 위해 그것을 활용하는 방법을 보여줄 것이다. 나아가 모든 부모와 교사, 유권자, 사업가, 정책 입안자, 공중 보건 종사자, 기업가, 운동가가 가장 알고 싶어 하는 다음의 두 가지 질문에 답하는 데 도움을 줄 것이다. 변화는 어떻게 일어나며, 변화를 돕기 위해 우리가 할 수 있는 일은 무엇인가?

2장

행동은 바이러스처럼 전염되지 않는다

바이럴리티 미신

1347년 봄, 프랑스 마르세유에 흑사병이 상륙했다. 시칠리아와 크레타에서 배를 타고 온 쥐들이 감염된 열대쥐벼룩*Xenopsylla cheopis*을 지닌 채 도시로 침입했다. 쥐벼룩의 창자에는 페스트균이 들끓고 있었다. 쥐벼룩에게 물릴 때마다 다량의 페스트균이 직접 혈액 속으로 들어와 그 사람을 즉각 감염시켰다. 얼마 지나지 않아 쥐들은 도시 전체에 우글거렸고, 그와 함께 흑사병이 창궐했다.

마르세유를 휩쓴 흑사병은 유럽을 가로지르며 동쪽으로 뻗어갔다. 1348년 중엽에 이르자, 서쪽으로는 바르셀로나, 동쪽으로는 피렌체까지 퍼졌다. 흑사병이 창궐한 도시들이 늘어날수록 그 물결이 퍼져나가는 파면波面의 범위도 커졌다. 6개월 뒤에는 에스파냐 서부와 이탈리아 남부, 그리고 프랑스 북부의 모든 도시에 흑사병이 창궐했다. 파리가 함락되었고, 프랑스 북해안의 루앙과 프랑크푸르트도 함락되었다. 프랑스 북부에서 배를 타고 런던으로 건너온 승객들을 통해 흑사병은 영국 해협까지 건넜다. 그해 가을, 런던에서 흑사병이 창궐했고 1349년 후반에는 스코틀랜드까지 퍼졌다. 유럽 대륙에서는 흑사병이 유럽 북동부의 산악 지역을 넘어 프라하와 빈, 심지어 스칸디나비아까지 퍼져갔다. 1351년까지 전체 유럽 인구 중 3분의 1이 사망했다. 도시들이 하나씩 차례로 흑사병 앞에 스러져갔다.

약한 유대의 중요성

흑사병은 유럽의 역사에서 질병의 전파가 가장 극적으로 나타난 예 중 하나이다. 이것은 또한 오늘날의 상황이 그때와 얼마나 다른지 상기시킨다. 14세기에는 대륙의 지리학과 저기술 운송이 커뮤니케이션 네트워크를 결정했다. 감염된 쥐벼룩은 감염된 동물의 몸에 붙어 수레나 외바퀴 손수레, 마차, 배에 실려 한 도시에서 다른 도시로 옮겨갔다. 오늘날 질병은 육지나 바다로 여행하느라 시간을 낭비하지 않는다. 항공 여행은 감염병의 확산을 극적으로 증가시켰다. 2009년, H1N1(A형 독감의 아형) 바이러스는 불과 몇 주일 만에 뉴욕에서 샌프란시스코와 런던, 리우데자네이루, 시드니, 프랑크푸르트, 도쿄, 홍콩 등 전 세계로 퍼졌다.

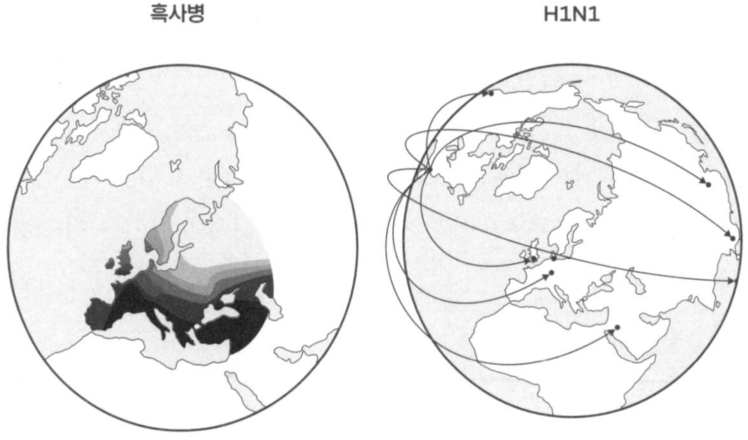

흑사병과 H1N1의 전파 경로

2020년, 코로나19가 그에 못지않게 빠르게, 그리고 훨씬 큰 위력을 떨치면서 전 세계로 퍼졌다. 흑사병이 유럽을 정복하는 데에는 수년이 걸린 반면, 현대의 질병은 불과 몇 주일 만에 전 세계의 모든 도시로 퍼지는 이유는 무엇일까? 그 답은 명백한데, 빠르고 효율적인 운송 네트워크 때문이다.

이제 이것이 무엇을 의미하는지 생각해보자.

흑사병이 퍼져간 경로는 H1N1이나 코로나19 같은 현대 질병이 퍼져간 경로와 달라 보이긴 하지만, **바이러스성 확산**viral spreading 개념은 이들 모두에 똑같이 적용된다. 엄밀하게 말하면, 흑사병의 병원균은 세균이고 코로나19는 바이러스이지만, 둘 다 질병을 일으킨다. 적절한 운송 수단만 있다면 흑사병과 코로나19는 동일한 방식으로 퍼져나간다—전 세계로 아주 빨리.

이것들은 밀접 접촉을 통해 퍼져나가는 전염이며, 둘 다 광범위한 네트워크를 활용해 훨씬 빠르게 전 세계로 확산된다.

최대한 많은 장소에서 최대한 많은 사람에게 노출시키는 더 효율적이고 빠른 네트워크를 발견할 수만 있다면, 한때 육지와 바다를 통해 천천히 퍼져나가던 것이 지금은 훨씬 빠르게 바이러스처럼 퍼져나가는 것은 이것들 말고 또 어떤 것이 있을까?

1970년대 초에 사회학자 마크 그래노베터가 최종적인 답을 내놓았다.

그 답은 바로 **모든 것**이다!

이 답은 현대적인 네트워크과학 분야를 세우는 데 일조했다. 이 주제에 관한 그래노베터의 연구는 아주 큰 영향력을 미쳐 그는 얼마 전에 톰슨로이터가 예측한 노벨경제학상 유력 후보에 포함되었는데, 사회학자가 이런 영예를 누린 것은 처음 있는 일이었다. 그에게 이런 명성을 가져다준 연구 중에서 가장 돋보이는 것은 「약한 유대의 힘The Strength of Weak Ties」이라는 첫 번째 논문이었다. 이 연구는 아주 큰 영향력을 떨쳐 오늘날 사회학 전 분야에서 가장 많이 인용되는 논문이다.

그래노베터의 개념은 강력하고 명쾌하다. 이것은 '강한' 유대와 '약한' 유대를 분명하게 구분하는 것에서 시작한다. 가까운 친구와 가족은 우리가 신뢰하는 강한 유대이다. 이들은 우리의 소셜 네트워크에서 내집단을 이룬다. 가끔 만나는 사람들(학회나 수업 또는 휴가에서 만나는 사람들)은 약한 유대이다. 이들은 우리의 궤도에서 무작위적 연결에 해당하는 외집단을 이룬다. 이들은 우리의 통상적인 궤도 바깥에 존재하기 때문에, 우리를 다른 방법으로는 마주칠 일이 결코 없을 새로운 사람들에게 연결시킨다.

강한 유대와 약한 유대의 구별이 질병 확산에 어떻게 적용되는지는 쉽게 알 수 있다. 흑사병은 강한 유대(사람들을 가족과 친구와 이웃과 이어주는 긴밀한 사회적 연결)를 통해 확산되었다. 하지만 그 이유는 그저 1340년대에는 약한 유대가 많이 존재하지 **않았기** 때문이다. 대다수 사람들은 모두가 서로를 잘 아는 소규모 공동체에서 평생을 보냈다. 공동체 밖으로 여행을 떠나는 일은 아주 드물었다. 그것은 정체와 느린 기술과 강한 유대가 큰 특징을 이루는 세계였다.

물론 현대의 운송과 통신 기술은 모든 것을 바꾸어놓았다. 이제 우리는 의식하건 않건, 늘 전 세계 각지의 사람들과 접촉한다. 이렇게 무작위로 접촉하는 사람들도 가족과 친구가 있는데, 그들의 경로는 우리의 경로와 겹칠 가능성이 거의 없다. 그들은 우리가 직접 접하는 소셜 네트워크 밖에 존재하기 때문에, 그들과의 접촉은 **그들의** 소셜 네트워크(우리가 실제로 만날 가능성이 거의 없는 사람들)에 연결되는 드문 기회를 제공한다. 이러한 '약한' 연결은 대체로 '강한' 유대로 발전하지 않는다. 우리는 이들과 공유하는 친구나 접촉자가 없기 때문에, 약한 유대는 대개 지속적인 사회적 유대를 낳지 않는다. 하지만 약한 유대는 코로나19 같은 바이러스를 전 세계로 빨리 그리고 널리 확산시키는 데에는 매우 효율적이다.

중복성 효과

약한 유대와 강한 유대에 관한 그래노베터의 획기적인 연구는 일자리 기회 정보를 어떻게 찾는지 연구한 것에서 비롯되었다. 그래노베터는 강한 유대로 연결된 사람들은 분명히 우리에게 가장 중요한 사람들이지만, 우리가 그 일부를 차지하는 대규모 확산 과정 중 대부분은 약한 유대로 연결된 사람들을 통해 일어난다고 주장했다.

그래노베터의 개념이 왜 그토록 큰 영향력을 발휘했는지 이해하고 싶으면, 자신의 인생에서 강한 유대를 맺고 있는 사람들을 잠깐 생각해보라. 이들은 우리가 조금도 망설이지 않고 돈을 빌려주거나 저녁에 아이를 대신 봐달라고 부탁할 수 있는 사람들이다. 다시 말해서, 이들은 우리가 믿을 수 있는 사람들이다. 그런데 잘 알고 믿을 수 있는 이들을 떠올리면, 이들의 소셜 네트워크가 자신의 소셜 네트워크와 겹친다는 사실을 금방 알 수 있다. 나의 강한 유대 중 많은 사람들은 이미 서로 아는 사이이며, 이들은 또한 서로의 **다른** 접촉자들도 많이 안다. 이처럼 우리의 강한 유대들은 서로 긴밀하게 연결돼 있는 경우가 많다.

그래노베터는 강한 유대들은 서로 겹치는 구조 때문에 정보와 생각을 퍼뜨리는 데 비효율적이라고 설명했다. 왜 그럴까? 서로 겹치는 구조는 **중복성**redundancy을 낳기 때문이다. 누군가 강한 유대를 사용해 새로운 생각을 전파하려고 시도한다면, 그것을 전하려는 사람은 나 자신이나 공통의 친구에게서 이미 그것을 들은 사람에게 이야기하는 결과를 맞이할 가능성이 높다. 설령 메시지가 직관적이고 '고착성'(이에 대해서는 잠시 후에 자세히 설명할 것이다)이 있다고 해도 순전히 강한 유대를 통해서만 퍼져간다면, 아주 멀리 나아가지 못하고 동일한 공동체 내에서 쳇바퀴를 도는 데 그칠 것이다.

내 생각이 다른 수많은 생각과 함께 관심을 받기 위해 각축을 벌이는 경쟁적 환경에서 중복성은 특별히 큰 문제점이다. 누가 내 생각을 이미 그것을 들은 사람에게 설명할 때마다 네트워크의 연결이 '낭비'된다. 그 연결은 내 생각을 새로운 사람에게 전달할 수도 있지만, 대신에 이미 그것을 들은 사람에게 되돌아가게 한다.

만약 나의 접촉자들이 모두 내 생각을 그것을 듣지 못한 사람들에게 전달한다면, 나의 네트워크는 나에게 훨씬 도움이 될 것이다. 내 생각은 중복 네트워크에서 쳇바퀴를 도느라 시간을 낭비하는 대신에 새로운 접촉자들을 통해 아주 먼 곳으로 전달될 수 있고, 거기서 다시 많은 사람들에게 훨씬 빨리 퍼져갈 수 있다. 강한 유대의 **약점**은 결국은 이미 그것을 들은 우리 사이에서 이야기하는 것으로 끝날 수 있다는 데 있다. 이것은 이미 같은 종교로 귀의한 사람에게 전도를 하려고 시도하는 것과 같다. 약한 유대의 **힘**은 개인적으로 결코 만날 일이 없지만 그래도 우리의 생각을 알고 싶어 하는 사람들로 이루어진 광대한 세계 네트워크에 우리의 생각을 노출하는 데 있다. 약한 유대는 **영향력 범위**reach를 제공한다.

중복성과 달리 영향력 범위가 지닌 이 중요한 이점을 바탕으로 그래노베터는 우리가 약한 유대를 통해 아는 사람들이야말로 구직 활동이나 판촉 홍보, 제품 광고 계획, 사회적 문제 해결 노력에 도움을 줄 수 있는 최적의 사람들이라고 결론 내렸다. 약한 유대는 영향력 범위가 아주 넓어서 훨씬 많은 사람들과(더 중요하게는 아주 다양한 종류의 사람들과) 연결시켜주는 통로이다.

스탠리 밀그램의 엽서 실험

그래노베터가 대학원생에 불과했던 1967년, 소셜 네트워크의 역사에서 또 한 명의 빛나는 권위자인 스탠리 밀그램이 그래노베터의 획기적인 통찰을 위한 무대를 마련하고 있었다.

1960년대 초에 밀그램은 복종과 권위에 관한 유명한 연구(흔히 '밀그램 실험'이라고 부르는)를 발표해 국제적 명성을 얻었다. 1960년대 중엽에 밀그램은 자신의 명성을 활용해 예일대학교에서 하버드대학교로 옮겨갔고, 그곳에서 새로운 문제에 집중했다. 밀그램은 미국인들 사이의 전형적인 사회적 거리가 얼마나 되는지 발견하고자 했다.

이것은 그 당시 뜨거운 주제였다. 많은 과학자가 소셜 네트워크의 이 수수께끼를 푸는 방법을 찾아내려고 애썼다. 매사추세츠공과대학교의 진취적인 수학자 집단은 미국인 사이에서 사회적 연결성의 기반을 이루는 수학적 원리를 알아내려고 수백 명을 인터뷰하기 시작했다. 그 계산을 바탕으로 매사추세츠공과대학교 수학자들은 대다수 사람들은 단 두 단계만 떨어져 있다고 추측했다.

이것은 좋은 출발이었지만, 밀그램은 이 접근법에 큰 결함이 적어도 두 가지 있다는 사실을 알아챘다. 첫째, 많은 사람들은 대다수 접촉자가 강한 유대이다. 따라서 모두가 서로를 아는 같은 지역에서 온 수백 명을 인터뷰한다면, 그 결과만으로는 이들이 전국의 나머지 지역 사람들과 어떻게 연결돼 있는지 알 수 있는 것이 별로 많지 않다. 둘째, 사람들의 소셜 네트워크는 분명한 사회경제적 경계가 그어져 있는 경우가 많다. 밀그램은 이를 "가난한 사람들은 가난한 사람들 속에 섞이는 경향이 있다"라고 표현했다. 표현은 좀 거칠지 몰라도 밀그램은 핵심을 잘 꿰뚫었다.

1960년대의 소셜 네트워크는 무작위로 얽히고설킨 유대들의 집단이 아니었다. 사람들은 작은 공동체 내에서 생활하고 일하는 경향이 있었다. 부자는 부자와 어울리고, 가난한 사람은 가난한 사람과 어울렸다. 이러한 분리는 단지 경제적인 것에만 그치지 않았다. 인종 분리는 미국의 소셜 네트워크에서 중요한 요소였고, 종교 분리 역시 그랬다. 개인 네트워크의 소집단에서 표본을 추출하려는 접근법에서는 전국적 연결성에 대해 의미 있는 결과를 얻기가 어려웠다. 다시 말해서, 한 사회 집단을 다음 사회 집단과 이어주는 약한 유대들을 찾아내지 못하는 한은 그랬다.

하버드대학교에서 첫해를 보내는 동안 밀그램은 소셜 네트워크를 연구하기 위해 특이한 '실험적' 접근법을 고안했다. 그것은 한 집단에는 치료약을 투여하고 다른 집단에는 투여하지 않는 임상 시험 같은 대조 실험은 아니었다. 밀그램의 접근법은 일련의 반복 관찰에 가까웠다.

밀그램은 하버드대학교 사회관계연구소의 연구 기금 관리자들에게 자신의 아이디어를 설명했다. 밀그램은 그들에게 무작위로 선택한 두 사람, 미국 중심부에 사는 어떤 사람(예컨대 네브래스카주 오마하에서 배우자를 잃고 식료품점 점원으로 일하는 사람)과 동해안에 사는 사람(예컨대 매사추세츠주 섀런에 사는 주식 중개인) 사이의 사회적 단계를 측정하는 것이 가능하다고 생각하느냐고 물었다. 일단 이렇게 흥미를 동하게 한 뒤, 밀그램은 그 해결책을 제시했다.

만약 연구비를 지원해준다면, 중서부에서 수십 명(배우자를 잃은 식료품점 점원을 포함해)을 무작위로 선택한 뒤 그들에게 요금이 미리 지불된 엽서 뭉치를 보내겠다고 했다. 그러면 그들은 표적으로 선택된 사람(매사추세츠주의 주식 중개인)에게 엽서의 메시지를 전하기에 가장 적절하다고 생각하는 사람들 앞으로 그 엽서를 보내야 했다. 하지만 주의할 점이 하나 있었다. 중서부 사람들은 전화번호부에서 주식 중개인이 사는 곳을 찾아서는 안 되었다. 이들은 자신이 **개인적으로** 아는 사람에게만 엽서를 보낼 수 있었다. 중서부에서 선택된 사람들이 매사추세츠주의 주식 중개인을 개인적으로 알 가능성은 거의 없었으므로, 밀그램은 그들이 매사추세츠주의 주식 중개인과 사회적으로 비슷하거나 '가깝다고' 생각한 사람들(예컨대 시카고의 금융업계에서 일하는 사람이나 매사추세츠주에 살고 있는 지인)에게 엽서를 보낼 것이라고 가정했다.

밀그램은 중서부에 사는 최초의 발송자가 엽서를 중간 표적에게 보내면, 그다음에는 이 사람이 다음 차례의 발송자가 되어 같은 과정을 반복하리라고 생각했다. 그러면 발송자와 표적으로 이루어진 이 사슬이 계속 이어져 마침내 엽서가 최종 목적지(매사추세츠주 섀런에 사는 주식 중개인)에 도달할 것이라고 보았다. 밀그램은 연구비 집행자에게 "중서부에서 매사추세츠주 사이의 사회적 연결 사슬은 얼마나 많은 단계로 이루어져 있을까? 엽서가 친구에게서 친구에게로—발송자로부터 표적으로—전달되는 사건이 얼마나 많이 일어나야 마침내 주식 중개인에게 도착할까?"라는 질문을 생각하면서 자신의 제안을 검토해보라고 요청했다.

밀그램의 제안은 네트워크과학의 한 가지 핵심 원리를 말해주었다. 만약 이 연구를 한 번만 실시한다면, 중서부에서 매사추세츠주 사이의 사회적 연결 사슬의 길이는 식료품점 점원의 특유한 개성이나 주식 중개인의 특유한 사회적 습성을 반영한 특징일 수도 있다. 하지만 만약 충분히 무작위로 선택한 사람들을 대상으로 이 과정을 충분히 많이 실시한다면, 모든 사슬들의 평균 거리를 믿을 만하게 계산할 수 있다. 이 단순한 절차는 대다수 미국인이 서로 얼마나 멀리 떨어져 있는지 대략적으로 알려줄 것이다.

이것은 정말로 독창적인 계획이었다. 밀그램은 자신이 요청한 연구비(680달러)를 받아 즉각 실험에 착수했다.

이 연구에서 밀그램이 발견한 답은 지금은 너무나도 유명해져서 '6단계 분리six degrees of separation'라 불리는 전설이 되었다. 어떤 엽서 사슬은 네브래스카주에서 뉴잉글랜드까지 단 3단계만으로 연결되었다. 그런가 하면 7단계로 이루어진 사슬도 있었다. 하지만 평균 거리는 6단계였다.

밀그램의 놀라운 발견이 헤드라인을 장식할 무렵, 그래노베터는 하버드대학교에서 대학원 과정을 시작했다. 그래노베터가 예리한 지성으로 밀그램의 연구를 소셜 네트워크의 본질을 꿰뚫는 기본적인 통찰로 요약하는 데에는 4년밖에 걸리지 않았다.

그래노베터는 약한 유대가 메시지를 한 커뮤니티에서 다음 커뮤니티로 전달하는 데 중요한 연결 고리라는 사실을 깨달았다. 약한 유대는 다양한 커뮤니티를 이어주는 다리 역할을 하여 인종적으로, 경제적으로 분리된 전국 지역들을 하나의 연결된 네트워크로 만든다.

그래노베터의 개념은 그 범위가 엄청나게 넓었다. 약한 유대는 단지 사람들이 새 일자리에 관한 정보를 얻는 인적 자원에만 그치지 않는다. 약한 유대는 전국적 연결뿐만 아니라 국제적 연결의 중추를 이룬다. 약한 고리는 커뮤니티 밖으로 뻗어나가 커뮤니티들과 나라들을 연결시키는 비중복성 연결 고리이다. 이런 이유 때문에 약한 유대는 새로운 제품이나 변화 계획, 정치 후보에 관한 소문을 퍼뜨리는 데 가장 빠른 방법이기도 하다.

1967년 당시 미국의 인구는 약 2억 명이었다. 밀그램은 이들이 모두 단 6단계로 연결된다는 것을 보여주었다. 그리고 얼마 후 그래노베터가 그 이유를 설명했다.

오늘날에는 인터넷 덕분에 약한 유대가 훨씬 광범위하다. 약한 유대는 우리가 데이트 웹사이트, 스포츠 동호회, 정치 토론방, 멀티플레이어 게임, 투자 네트워크, 그리고 소셜 미디어로 연결되는 모든 곳에서 만나는 사람들을 연결해준다. 70억 명이 사는 행성에서 약한 유대는 모든 사람을 어느 누가 생각했던 것보다 훨씬 더 가깝게 연결해준다.

그래노베터의 개념이 미치는 영향력은 소셜 미디어의 팽창과 함께 오히려 더 커져갔다. 아랍의 봄에서부터 에어로스미스 제스처에 이르기까지 효율적으로 확산되는 것은 모두 다 국지적 중복성을 피하기 위해 약한 유대의 능력에 의존해 성공을 거둔다는 것이 현재의 주류 견해이다.

약한 유대의 약점

그래노베터가 발견한 약한 유대의 힘 개념은 감염병 과학에서 나온다. 코로나19 바이러스나 홍역 바이러스 같은 생물학적 병원체의 경우, 감염된 사람과 단순 접촉(악수나 대화)을 통해 바이러스가 옮을 수 있다. 감염된 사람의 네트워크에 약한 유대가 많을수록 그 질병이 널리 퍼져가기가 더 쉽다.

정보도 마찬가지다. 예를 들면, 밀그램의 연구에서 아이오와주 카운실블러프스에 사는 화가와 매사추세츠주 벨몬트에 사는 편집자 사이에서는 단 한 번의 접촉만으로 메시지를 중서부에서 뉴잉글랜드로 전달하기에 충분했다. 수십 년 동안 우리는 모든 것(병원체와 정보뿐 아니라, 제품과 사회 규범, 정치 운동, 소셜 테크놀로지, 심지어 종교적 믿음까지)이 감염병과 동일한 방식으로 퍼져간다고 생각했다. 특히 전 세계가 연결된 오늘날에는 약한 유대가 혁신 기술과 사회 변화 노력을 성공적으로 확산시키는 열쇠라는 사실이 그 어느 때보다도 명백해 보인다.

과연 그럴까?

그렇지 않다.

변화가 어떻게 일어나는지 알기 위해 연구를 시작했을 때, 나는 소셜 미디어 기술이나 사회 운동, 사회 규범의 확산에 관한 데이터 중 약한 유대의 중요성을 확인해주는 것이 하나도 없다는 사실을 발견하고서 깜짝 놀랐다. 사실은 정반대였다. 트위터 같은 기술은 약한 유대를 통해 전 세계로 퍼져나가지 않았다. 그것은 **강한** 유대의 중복적 네트워크를 통해 대개 지리적으로(이웃에서 이웃으로, 혹은 도시에서 도시로) 퍼져나갔다. 몇 년 만에 3억 명의 사용자에게 퍼져나가면서 트위터가 사용한 특징적인 네트워크 경로는 바이러스 확산 경로와 닮은 데가 전혀 없어 보였다. 트위터는 놀라운 속도로 **확산**했지만, 바이러스처럼 확산하지는 않았다.

페이스북이나 스카이프도 마찬가지였다. 사실, 유무선으로 연결된 우리 세계를 지배하는 커뮤니케이션 기술 중 바이러스처럼 확산한 것은 하나도 없다. 그리고 현대 커뮤니케이션 기술들도 예외가 아니다. 아랍의 봄이나 블랙 라이브스 매터Black Lives Matter(흑인의 생명은 중요하다) 같은 현대의 사회 운동도, 동성 결혼이나 마리화나 합법화를 향한 지지 증가 같은 현대의 사회 규범도, 대안 정치 후보의 지지도 급증도 마찬가지다. 지난 50년 동안 일어난 주요 행동 변화나 사회 변화 중에서 바이러스와 같은 방식으로 확산된 것은 하나도 없다. 그것들은 **영향력 범위**를 통해 확산한 것이 아니라, 다년간 네트워크과학자들이 효율적인 전염의 주적이라고 믿었던 현상인 **중복성**을 통해 확산했다. 이 발견은 50년 동안 받아들여져 온 일반 통념을 뒤집어엎고 약한 유대의 **한계**를 드러낸다.

중복성은 홍역을 전파하는 데에는 도움이 되지 않는다. 홍역은 같은 사람을 두 번 감염시키지 않는다. 감염은 한 번의 접촉만으로 충분하다. 하지만 새로운 개념의 경우, 강한 유대로 이루어진 자신의 네트워크 내에서 두 사람, 세 사람 혹은 네 사람을 통해 그것에 노출되는 경험은 그 개념을 규범으로 변화시킨다. 그것은 우리가 그것을 생각하고 느끼는 방식을 변화시킨다. 그동안 우리는 이 중복성의 힘을 간과해왔다.

트위터 지진

2005년 말, 인터넷 스타트업 오데오Odeo는 명백히 실패할 것처럼 보였다. 구글 출신으로 오데오 창립에 도움을 준 에번 윌리엄스는 애플이 새로 내놓은 팟캐스팅 플랫폼 아이튠스iTunes가 하룻밤 사이에 오데오의 팟캐스팅 기술을 한물간 것으로 만들었다는 사실을 깨달았다. 에번과 동료들(비즈 스톤, 노아 글래스, 잭 도시)은 다른 아이디어가 필요했다. 몇 주일 동안 무제한 마라톤 회의와 브레인스토밍을 한 뒤에 노아가 유망한 아이디어를 내놓았다. 그것이 바로 마이크로블로깅 플랫폼인 'Twttr'였다.

샌프란시스코의 이 스타트업을 오늘날 트위터Twitter로 알려진 인터넷 거대 기업으로 변화시키는 데에는 기술과 마케팅 측면에서 여러 번의 핵심 단계들이 꼭 필요했다. 하지만 이 기술을 제 궤도를 향해 출발하게 한 핵심 요인은 자연적으로 일어난 사건인 지진이었다. 트위터가 공식적으로 출시된 지 불과 몇 달 뒤인 2006년 8월, 샌프란시스코에 지진이 일어났다. 진도 3.6의 그 지진은 베이 에어리어의 기준으로는 경미한 것이었지만, 지진에 대한 공포는 일단 시작되면 그 지진이 얼마나 큰 규모로 일어날지 알 수 없다는 데에서 비롯된다. 그때까지만 해도 점심에 관한 일상적인 잡담이나 올리는 데 쓰이던 서비스가 최초의 진동이 시작되고 나서 몇 분 안에 갑자기 친구와 가족에게 꼭 필요한 구명줄이 되었다. 지진이 닥친 이웃 지역들에서 실시간으로 일어나는 상황을 보고하고 진동과 여진에 관한 정보를 전달하는 메시지들이 네트워크에서 수없이 오가면서 트위터의 서버 활동이 폭발적으로 증가했다. 트위터는 즉각 베이 에이리어 사람들 사이에서 중요한 사회적 가치를 인정받게 되었다. 그들은 그날 하루 중 상당 시간을 트위터 계정을 들여다보면서 보냈다.

그것은 회사와 투자자들에게 '아하 순간aha moment'("아하!" 하고 중요한 것을 깨닫는 순간)이었다. 몇 주일 안에 트위터 사용자는 수백 명에서 수만 명으로 늘어났다. 트위터에 성공을 가져다준 한 가지 핵심 요소가 처음으로 드러난 순간이었다—그것은 2년 뒤인 2008년 미국 대통령 선거 때 전국적인 규모로 그 위력을 발휘했다. 트위터는 사회적으로뿐만 아니라 시사적으로도 가치가 있었다. 트위터는 뉴스와 업데이트의 강력한 원천이었지만, 주류 미디어와 달리 매일 뉴스를 분류하고 조직하지 않았다. 대신에 전개되는 사건들을 상당수의 보통 사람들이 어떻게 경험하는지 실시간으로 알려주었다. 모두에게 중요한 사건에 대해 각자 독특한 관점을 갖고 있었다.

그 사건이 퍼레이드나 콘서트, 지진, 시위, 선거를 비롯해 무엇이건 간에, 전개되는 사건에 피드백을 즉각 제공한다는 점 때문에 사람들은 트위터에 올라오는 글들에 관심을 기울이지 않을 수 없었다.

텔레비전 방송국과 달리 트위터의 특별한 가치는 사람들이 함께 대화를 나누고 싶은 사람들로부터 뉴스를 직접 들을 수 있다는 데 있었다. 트위터를 받아들인 사람들은 자신의 연결에 선택적 성향을 보였다. 이런 종류의 선택적 소셜 테크놀로지가 샌프란시스코의 몇몇 이웃 사람들로부터 3억 명의 사용자로 퍼져나갈 수 있었던 이유는 무엇일까?

놀랍게도 트위터는 코로나19처럼 퍼져나가지 않고 흑사병처럼 퍼져나갔다. 트위터 가입자는 국지적으로 증가해갔다. 트위터는 강한 유대를 통해 전국으로 퍼져나갔다.

2007년, 트위터는 샌프란시스코 전역으로 팽창해갔다. 2008년 2월에는 베이 에이리어에서 임계 질량에 도달했고, 이 지역의 주류 소셜 테크놀로지 중 하나가 되었다. 하지만 아직도 전체 인터넷(혹은 실제로는 그 밖의 어느 곳에서도)에서는 폭발적으로 증가하지 않았다.

계속 퍼져나가고는 있었지만 바이러스처럼 퍼져나가진 않았다.

트위터가 베이 에이리어에서 처음 뿌리를 내린 것은 일리가 있는데, 이 기술이 시작된 곳이 이곳이기 때문이다. 하지만 웹에서는 지리적 위치가 아무런 제약 조건이 되지 않는다. 트위터는 샌프란시스코에서 출발해 어느 곳으로든 갈 수 있었다. 왜 트위터는 현대의 바이러스와 달리 샌프란시스코에서 뉴욕이나 로스앤젤레스처럼 인구 밀도가 높은 타 지역으로 훌쩍 건너가지 않았을까?

미국 지도를 바라보면서 2008년 2월부터 2009년 2월까지 트위터가 성장해간 패턴을 지도 위에 나타내보면, 트위터의 성장이 미국의 지형을 따라 죽 뻗어갔다는 것을 알 수 있다.

트위터는 샌프란시스코에서 시작해 지역적으로 팽창해갔다. 2008년 3월과 4월에는 인근 도시인 샌머테이오, 샌타클래라, 마운틴뷰, 샌타크루즈, 산호세, 버클리에서 임계 질량에 도달했다.

트위터는 캘리포니아주 시골 지역을 가로지르며 퍼져나갔다. 2008년 4월, 트위터는 며칠 안에 산악 지역에 위치한 소도시 포톨라(샌프란시스코에서 불과 몇 시간 거리에 있는)에까지 이를 것처럼 보였다.

그때 뭔가 기묘한 일이 일어났다. 트위터 기술의 지리적 확산이 딱 멈추었다. 로스앤젤레스와 샌디에이고에서 마침내 임계 질량에 도달할 때까지는 반년이 더 걸렸고, 포톨라에 당도하기까지는 꼬박 1년이 더 걸렸다.

트위터는 계속 성장했지만 캘리포니아주에서는 성장을 멈췄다. 대신에 완전히 예상 밖의 경로를 따라 성장했는데, 이것은 현대에 혁신이 퍼져나가는 양상에 대해 새로운 사실을 보여주었다.

트위터의 다음번 주요 경유지는 뉴욕도 시카고도 아니었다. 트위터는 곧장 매사추세츠주 케임브리지로 건너뛰었다.

이렇게 대륙을 가로질러 전파되는 양상은 그래노베터의 약한 유대 이론을 뒷받침하는 완벽한 예처럼 보인다. 트위터 이야기에서 지리적 확산은 이제 끝난 것처럼 보였다. 이제 동해안과 서해안 양쪽에 모두 출몰했으니, 트위터는 코로나19처럼 확산해가다가 몇 주일 만에 모든 주요 도시를 점령할 것처럼 보였다.

정말로 그럴 것처럼 보였고, 트위터의 창립자들도 그렇게 기대했다.

하지만 트위터의 성장은 다시 상식에서 벗어나는 행보를 보였다. 다음번 팽창 단계는 또 한 번 지리적 확산으로 돌아섰다. 이번에는 트위터 가입자가 보스턴 지역을 중심으로 늘어나기 시작해 샌프란시스코에서 그랬던 것처럼 인근 도시와 교외 지역으로 퍼져나갔다. 그러고 나서 흑사병처럼 시골 지역을 가로지르며 퍼져나갔다.

그야말로 불가사의한 성장 패턴이었다.

만약 트위터가 지리적으로 확산한다면, 어떻게 캘리포니아주 포톨라보다 매사추세츠주 케임브리지에 먼저 당도했을까?

절대로 그럴 수 없었다. 따라서 트위터는 바이러스처럼 약한 고리를 통해 퍼져나간 것이 분명하다.

하지만 만약 트위터가 바이러스처럼 퍼져나간다면, 왜 다른 도시들에 당도하기 전에 먼저 베이 에이리어 지역에서 확산했을까? 그리고 매사추세츠주 케임브리지로 확산된 뒤에는 왜 뉴욕이나 로스앤젤레스로 퍼지는 대신에 같은 매사추세츠주의 보스턴 교외와 주변 도시들로 퍼져나갔을까?

사실, 트위터는 뭔가 다른 방식으로 확산해갔다. 트위터는 강한 유대를 기반으로 한 새롭고 보이지 않는 패턴을 따랐는데, 그 패턴은 국지적으로 이웃들 사이에 존재하지만 전국에 걸쳐 뻗어 있는 것이기도 했다. 트위터는 현대 사회의 독특한 특징을 활용해 퍼져나갔는데, 그 특징은 바로 사회적으로 가깝지만 지리적으로는 멀리 떨어져 있는 사람들의 네트워크이다.

트위터가 샌프란시스코에서 곧장 보스턴으로 건너뛴 양상은 네트워크과학자들이 이전에 본 것과는 너무나도 다른 것이었다. 그것은 치명적인 바이러스를 실어 나르는 비행기나 새로운 정보를 담은 엽서의 양상과도 달랐다. 그것은 소셜 네트워크에서 일어난 모병 운동 같은 것으로, 지리적으로 가깝건 멀건 상관없이 거의 순전히 강한 친구 네트워크를 통해 퍼져나가면서 성장했다.

이 아주 독특한 네트워크 팽창의 현대적 패턴을 이해하려면 다음 질문을 고려할 필요가 있다. 샌프란시스코 사람들과 케임브리지 사람들에게 공통된 특징이지만, 산악 지역의 소도시 포톨라 사람들에게는 공통되지 **않은** 특징은 무엇일까? 우선 매사추세츠공과대학교, 스탠퍼드대학교, 하버드대학교, 노스이스턴대학교, 버클리대학교, 보스턴대학교 등이 있고, 일부 사람들에게는 터프츠대학교가 있다. 미국에서 손꼽는 이 대학교들은 1990년대 후반과 2000년대 전반에 상업적, 기술적 능력이 뛰어난 수만 명의 젊은 졸업생을 배출했다. 그중 다수는 보스턴에 머물면서 루트128을 따라 늘어선 첨단 기술 산업단지에서 일하거나 실리콘밸리의 꿈을 찾아 서부로 갔다. 대륙의 동쪽 끝과 서쪽 끝으로 분리되었지만, 이 졸업생들은 함께 보낸 학창 시절과 공통된 직업적 야심을 통해 강한 유대의 네트워크를 유지했다. 많은 사람들은 서로를 알고 공통의 친구들이 있었다. 2000년대 중엽에 실리콘밸리와 보스턴 사이의 소셜 네트워크는 아주 촘촘하게 얽혀 있었고, 급성장하던 소셜 미디어 세계에 열정적인 사람들이 많아서 새로운 소셜 테크놀로지의 사용에 대해 서로의 관심을 증강시킬 수 있었다.

강한 유대는 국지적인 경우가 많다. 물리적 근접성이 유대의 강도와 밀접한 상관관계가 있는 것은 자연스러운데, 트위터 같은 사회적 전염이 지리적으로 퍼져나가는 한 가지 중요한 이유가 바로 이 상관관계이다.

하지만 강한 유대는 먼 거리를 두고도 존재할 수 있다. 밀그램 세대의 소셜 네트워크와 현재의 소셜 네트워크 사이의 큰 차이점은 오늘날에는 공간적으로 멀리 떨어진 지역들이 강한 유대로 연결되는 경우가 훨씬 많다는 점이다. 오늘날 강한 유대는 역사상 그 어떤 시대보다도 물리적 공간에 제약을 덜 받는다.

강한 유대의 이 새로운 패턴은 트위터뿐만 아니라 2000년대 중엽에 페이스북과 스카이프, 그 밖의 소셜 테크놀로지가 전국적으로 확산해간 현상을 이해하는 데 본질적인 통찰력을 제공한다. 이 혁신들은 모두 강한 유대의 광범위한 네트워크를 통해 추진력을 얻었다.

페이스북의 블루 서클

2016년, 미국인 네 명 중 세 명은 페이스북에 있었다. 사용 빈도나 접속 후 활동량은 저마다 달랐다. 하지만 미국인 가입자만 2억 3900만 명인 페이스북은 미국 역사상 가장 크고 광범위한 소셜 네트워크를 보여주었다.

그해 여름, 하버드대학교와 프린스턴대학교, 뉴욕대학교의 젊은 경제학자 팀과 페이스북은 페이스북의 유례없는 소셜 네트워크 데이터를 사용해 "미국인들은 서로 어떻게 연결돼 있는가?"라는 밀그램의 고전적인 질문을 다시 다뤄보기로 결정했다. 하지만 이번에는 표본의 크기가 달랐다. 이들은 미국 인구 전체를 거의 다 관찰할 수 있었다.

밀그램 이전에도 1940년대 이래 폴 라자스펠드와 엘리후 카츠 같은 사회과학자들이 각자에게 연결된 사람의 수가 얼마나 되고, 그 연결들의 모양이 어떤 것인지 알려고 노력했다. 이것은 중요한 질문인데, 사회적 연결성은 미국인이 관심을 가진 모든 주요 사회적 결과(민권 운동의 성공에서부터 전국적 자살률, 중산층의 경제적 안녕에 이르기까지)와 밀접한 관계가 있기 때문이다.

연구자들은 우리의 삶에 큰 차이를 만들어내는 요소는 단지 연결의 수뿐만 아니라 그 연결들의 **패턴**이라는 사실을 알아냈다. 더 안정적이고 강화 능력이 더 뛰어난 소셜 네트워크 내에서 살아가는 사람은 더 오래 그리고 더 성공적으로 사는 경향이 있다. 훨씬 넓게 퍼져나가는 약한 유대의 네트워크를 광범위하게 형성하는 것은 경제적으로 분명히 이득이 있다. 하지만 약한 유대가 **너무 많은** 것은 사회적 자본의 빈곤을 나타내는 징후이다. 사람들은 균형이 필요하며, 경제적 성공과 개인적 안녕을 보여주는 주요 특징 중 하나는 네트워크에 강한 유대가 많은 것이다.

2016년의 경제학자 팀은 미국인들이 서로 어떻게 연결돼 있는지 파악하기 위해 광대한 페이스북 네트워크 지도를 만들었다. 그들은 어지럽게 뒤엉켜 전국을 가로지르는 선들(소셜 미디어 시대를 살아가는 미국인의 삶을 나타내는 카오스적 상황)이 나타나리라고 예상했다. 하지만 실제로는 아주 다른 모습이 나타났다. 페이스북에서 접촉하는 사람들 중 대다수는 당사자와 지리적으로 아주 가까운 곳에 있었다.

이 경제학자들이 만든 페이스북 네트워크의 디지털 지도를 보면 아주 경이롭다(지도의 링크는 이 책 뒤에 실린 '참고 문헌'을 참조하라). 전국

지도 위의 어느 지점에 커서를 갖다놓으면, 그 지점과 페이스북 네트워크로 연결된 모든 지점이 파란색으로 빛난다.

이 지도에서 미국 내 어떤 지역보다도 연결된 장소가 유독 많은 지역이 하나 있다. 이곳 위에 커서를 갖다놓으면 미국 전역에 불이 들어온다. 그곳이 어디인지 짐작이 가는가? 힌트를 주면, 그곳은 뉴욕도 로스앤젤레스도 시카고도 아니다. 이 도시들에 사는 사람들의 연결은 대부분 지역 커뮤니티 내에 집중돼 있다.

정답은 노스캐롤라이나주 온슬로이다.

이 지명을 한 번도 들어보지 못한 사람이 많을 것이다. 하지만 해병대 출신 가족이나 친구가 있는 사람이라면, 베이스캠프 러전을 들어보았을 것이다. 여기에는 해병의 기초 군사 훈련소와 배치 본부가 있는데, 그래서 많은 사람들이 온슬로를 방문한다. 더 정확하게 말하자면, 이것은 아주 많은 사람들이 온슬로를 **경유하는** 이유이다. 이곳 페이스북 네트워크의 미국 내 영향력 범위는 따라올 곳이 없는데, 사람들이 이곳에 계속 머무는 것이 아니라 그냥 잠깐 머물다가 지나가기 때문이다. 이들의 가까운 친구와 가족(강한 유대)은 다른 지역에 있다. 이와는 대조적으로 텍사스주 오스틴이나 캘리포니아주 버클리, 인디애나주 블루밍턴 같은 대학 도시들조차 연결은 당사자가 거주하는 커뮤니티 내에 놀랍도록 많이 집중돼 있다. 비록 오늘날 전 세계가 아주 긴밀하게 연결되었다곤 하지만, 사람들은 여전히 자신이 사는 곳을 중심으로 네트워크를 형성한다. 심지어 페이스북에서조차 사람들의 삶은 자신들이 어울리고 연애하고 공부하고 결국에는 정착해 살아가는 도시에 깊이 뿌리를 내리고 있다. 하지만 온슬로는 특이값

outlier에 해당한다.

미국 하원 의장을 지낸 팁 오닐은 "모든 정치는 지역적이다"라는 유명한 말을 남겼다. 이것은 오늘날에도 여전히 유효한데, 정치뿐만 아니라 다른 영역에서도 유효하다. 사람들은 자신이 사는 고장과 이웃에 신경을 쓴다. 이러한 연결의 핵심은 단지 지리에만 있는 게 아니다. 강한 유대도 핵심이다.

미국의 일부 도시들은 정치적으로나 문화적으로 주변의 더 넓은 지역과 확연히 차이가 난다. 예를 들면, 진보적인 아방가르드 문화를 자랑하는 오스틴은 보수의 가치라는 바다로 둘러싸인 외딴섬과 같다. 트위터의 데뷔 무대였던 오스틴의 SXSW 미디어 축제는 목장과 석유 시추탑이 널려 있는 주변 환경과 극명한 대조를 이룬다. 당연한 일이지만, 페이스북 지도에서 샌프란시스코 위에 커서를 갖다놓으면 텍사스주에 그다지 불이 많이 들어오지 않는다. 하지만 오스틴 주변 지역은 환하게 빛난다. 트위터는 텍사스주의 다른 지역에 당도하기 몇 달 전에 오스틴에서 임계 질량에 이르렀다.

트위터(그리고 그 밖의 여러 21세기 기술)의 성장 패턴은 강한 유대 특유의 확산 과정을 드러낸다. 이 기술들의 확산 패턴은 완전히 새로워 **보인다**. 하지만 그 설명은 이미 수백 년 전부터 나와 있었다. 다만 지금까지 그것을 분명히 볼 수가 없었을 뿐이다.

○-○ 바이러스 주형

바이러스 이론이 그렇게 오랫동안 지속된 데에는 그럴 만한 이유가 있다. 기록된 역사 동안 바이러스는 사회적 확산을 설명하는 주형鑄型으로 사용되었다. 주요 사회적 전염(문자, 기독교, 흑사병을 비롯해)은 모두 동일한 지리적 윤곽을 따라 한 공동체를 '감염'시키고 나서 이웃 공동체를 감염시키며 서서히 나아갔다. 따라서 나머지 모든 것도 동일한 방식으로 확산되리라고 가정하는 것이 직관적으로 타당해 보인다. 현대의 운송과 통신 기술로 질병이 더 빨리 그리고 더 멀리 여행할 수 있게 되면서 약한 유대를 통해 나머지 모든 것도 같은 방식으로 퍼져가리라고 가정하는 것 역시 타당해 보인다. 하지만 새로운 소셜 네트워크과학에서 나온 가장 놀라운 발견은 많은 행동과 믿음이 다른 방식으로 퍼져간다는 것이다. 게다가 이것들은 항상 그렇게 확산돼왔다.

트위터 같은 사회적 전염이 보여주는 독특한 확산 방식은 그 데이터에 접근하기 전까지는 관찰하기가 사실상 불가능했다. 모든 곳이 네트워크로 연결된 세계에서 정확하게 측정되고 교통량이 아주 많은 네트워크를 통해 질병과 정보는 새로운 방식으로 확산할 기회를 얻었다. 행동과 믿음 역시 마찬가지다. 현대의 통신 기반 시설은 처음으로 인구 집단 사이에서 행동이 전파되는 경로를 정확하게 드러냈고, 질병과 단순한 정보 전염이 나아가는 경로와 비교할 때 이 경로가 얼마나 독특한지 보여주었다.

3장

위대한 혁신이 실패하는 이유

고착성 미신

랠프 월도 에머슨은 제품의 혁신과 그것이 제공하는 기회를 다음과 같이 매우 고무적으로 표현했다. "만약 어떤 사람이 팔 수 있는 훌륭한 곡물 또는 나무, 판자, 돼지를 갖고 있거나 누구보다 나은 의자 또는 칼, 도가니, 파이프오르간을 만들 수 있다면, 설사 숲속에 있더라도 그 사람의 집 앞까지 널따랗고 단단하게 다져진 도로가 뚫릴 것이다." 좀 더 일상적인 용어로 표현한다면, "만약 당신이 더 나은 쥐덫을 만든다면, 세상 사람들이 당신 집 앞까지 도로를 뚫을 것이다."

이것은 실로 고무적인 말이지만 불행하게도 틀린 말이다. 시장이 더 못한 혁신에 더 큰 성공으로 보답하는 일은 흔하게 일어난다. 쿼티QWERTY 자판과 드보락Dvorak 자판을 생각해보라. 우리가 일상적으로 사용하는 자판은 쿼티 자판이다. 인기가 훨씬 떨어지는 드보락 자판은 1936년에 한 심리학자가 타자 속도를 높이고 손가락의 부담을 줄이기 위해 개발했다. 설계 관점에서 보면 드보락 자판이 월등히 낫다. 전체 키 중 70%가 자판의 중앙인 타자 기본 자리home row에 위치하고 있어, 수천 단어를 기본 자리에서 훨씬 수월하게 타자할 수 있다. 쿼티 자판에서는 수백 단어만 기본 자리에서 타자할 수 있다. 한 드보락 자판 애호가는 쿼티 자판을 "콘크리트로 만든 운동화"라고 혹평했다. 그는 그저 변화를 거부하며 기이한 브랜드에 집착하는 외로운 애호가가 아니었다. 1930년대부터 1970년대까지 사람들을 대상으로 실시한 적어도 여섯 차례의 과학적 실험에서 드보락 자판의 설계가 훨씬 우수하다는 사실이 입증되었다. 그런데도 오늘날 완고하게 드보락 자판을 사용하는 사람들은 겨우 1만여 명에 불과하다. 드보락 자판은 명백한 이점에도 불구하고 쿼티 자판에 압도적으로 패배하고 말았다.

비디오카세트 리코더 시장의 두 축을 이룬 VHS와 베타맥스의 경우도 비슷하다. 전문가들은 베타맥스가 VHS보다 설계가 뛰어나고 가성비가 좋다는 데 의견을 같이했다. 베타맥스는 자신의 제품이 훨씬 우수하다는 사실을 알고 값비싼 마케팅과 광고 캠페인을 통해 그 소문을 퍼뜨리려고 열심히 노력했다. 하지만 아무 소용이 없었다. 결국은 VHS가 승리했다. 이처럼 열등한 제품이 우수한 제품을 경쟁에서 물리치는 이야기는 경제학에서 비교적 흔하다. 역사의 쓰레기통에는 '시장의 불완전성'을 보여주는 사례(더 낫다고 널리 인정되는 제품이 시장의 선택을 받지 못한 사례)가 가득 들어 있다.

그렇다면 왜 '가장 적합한'(설계와 성능이 가장 우수하고 가성비도 가장 높은) 제품이 살아남지 **못하는** 경우가 많을까? 주된 이유는 **더 우수한 제품**보다는 **네트워크를 잘 사용하는 방법**이 시장에서의 성공을 좌우하는 경우가 많기 때문이다. 만약 열등한 제품이 중요한 네트워크 장소들에서 개인들 사이에 먼저 큰 호응을 얻는다면, 더 우수한 경쟁 제품이 그것을 밀어내기가 힘들다. 선점의 위력은 아주 크다.

이런 문제에 맞닥뜨렸을 때 사람들은 대개 제도판 앞으로 돌아가 혁신을 수정하고 재설계하고 재포장해 '고착성'을 높이려고 노력했다—즉, 사용하기 더 쉽고 더 눈길을 끌고 토론할 가치가 더 있거나 더 흥미로우면서도 값은 더 싼 제품을 만드는 것이었다.

하지만 실리콘밸리에서 대한민국에 이르기까지 혁신가들은 흥미를 끄는 광고와 공격적 마케팅과 인상적인 과학만으로는 사람들의 믿음과 행동을 바꾸기에 충분치 않을 때가 많다는 사실을 알게 되었다. 우리의 네트워크에 뿌리박혀 있는 문화적, 사회적 규범은 변화에 지속적으로 저항하는 행동을 만들어낼 수 있다. 변화 이야기에는 단지 시장을 파괴하고 기득권에 도전하는 선구적인 사회 혁신 이야기만 있는 게 아니다. 놀랍게도 그것은 새로운 해결책이 가장 필요한 사람들이 혁신에 저항하는 이야기이기도 하다. 유망한 사회적, 기술적 혁신(예컨대 지속 가능한 영농 기술, 재생 에너지원, 새로운 교육 프로그램, 심지어 생명을 살리는 의약품)에 대해 누구보다도 그것이 필요한 사람들이 저항하는 일이 자주 일어난다. 새로운 제품과 개념은 아무리 잘 포장한다 하더라도, 기존의 믿음과 사회 규범을 위협할 때에는 쉽게 받아들여지지 않는다.

나중에 우리는 티핑 포인트(급변점)를 사용해 사회 규범을 파괴하는 방법을 보여주는 과학적 발견을 살펴볼 것이다. 또 전국적인 실패로 끝날 뻔한 혁신 캠페인이 어떻게 미국 역사상 가장 성공적인 계획 중 하나가 되었는지도 보게 될 것이다. 나는 실패한 마케팅 노력을 소셜 네트워크가 어떻게 놀랍도록 효율적인 제품 캠페인(100% 시장 포화 상태에 이르고 그 과정에서 수천 가구를 구한)으로 변신시켰는지 보여줄 것이다.

하지만 먼저 나는 제품의 고착성 개념(어떤 혁신의 성공 여부는 실용성, 참신성, 실감성, 정서적 유발성 같은 특정 성질을 갖고 있는지 여부에 달려 있다는 개념)이 어떻게 오도되어 전체 제품 라인을 실패로 이끌 뿐만 아니라 **역효과**를 낳는지 보여주려고 한다. 나아가 유명한 혁신 캠페인(착용 기술을 확산시키려고 한 구글의 시도에서부터 생명을 구하는 의약품을 확산시키려고 한 미국 국립보건원의 시도에 이르기까지)에서 얻은 교훈이 새로운 행동이 유행하거나 유행하지 않는 이유에 대한 우리의 생각을 어떻게 바꾸는지도 살펴볼 것이다.

구글의 그레이프프루트 문제

2013년, 구글은 무적의 기업처럼 보였다. 10년 넘게 구글은 전 세계의 검색 엔진 시장을 지배했고, 웹을 기반으로 한 구글의 이메일 클라이언트 지메일은 얼마 전에 야후 메일과 AOL 메일을 추월해 세계 최고의 웹메일 클라이언트가 되었다. 구글은 또다시 팽창할 준비가 돼 있었다. 구글의 지도자들은 이제 하드웨어로 옮겨갈 때가 되었다고 판단했다.

그들이 내놓은 혁신은 구글 글래스Google Glass였다.

구글 글래스는 사이보그 기술이다. 구글 글래스는 음성을 인식해 작동하는 디지털 안경으로, 사용자에게 인터넷 콘텐츠에 직접 접근하게 해주는 동시에 주위 환경과 실시간으로 상호작용하는(예컨대 시야에 들어온 물체들을 녹음하고 사진으로 찍으면서) 능력까지 제공한다. 이 기술은 일견 섬뜩하면서도 아주 근사해 보인다. 그리고 분명히 미래 지향적 기술처럼 보인다. 구글 지도자들도 그렇게 생각했고 그렇게 홍보했다.

그들은 문화적으로 아방가르드 기질이 강하고 기술적으로 정교한 사용자들로 이루어진 특별한 집단을 최초의 베타테스트•에 참여하도록 초대했다. 이들은 인플루언서로 활용하기 위해 선택된 사람들이었다. 이들은 더 광범위한 인구 집단에 그 제품을 널리 소개할 것으로 기대되었다. 이것은 대다수 사람들이 흔히 상상하는 종류의 마케팅 전략이다.

1단계: 미래형 신기술을 받아들일 가능성이 높은 사람들을 찾는다.

2단계: 그들을 '얼리 어답터'로 만든다.

3단계: 뒤로 물러나서 이들 소셜 엘리트(개당 1500달러인 이 안경을 구입할 능력이 충분히 있는)가 신기술을 모두에게 확산시키는 것을 지켜본다.

• 하드웨어나 소프트웨어 제품을 정식으로 출시하기 전에 오류가 있는지 알아보기 위해 사전에 정한 사용자 집단에게 써보게 하는 테스트.

이것은 기본적인 인플루언서 마케팅이다. 그런데 구글은 여기서 그치지 않았다. 구글은 이 제품의 '고착성'을 높이길 원했다.

즉, 이 제품이 경이롭고 기억에 분명히 남고 토론할 가치가 있으며 예상 밖의 기능을 보여주길 원했다. 모두 혁신을 성공으로 이끈다고 여겨지는 요소들이었다.

구글은 또한 그 제품이 고급의 반열에 오르길 원했다. 구글 글래스를 경이롭고 기억에 분명히 남고 토론할 가치가 있게 만든 요소 중 일부는 그것이 소셜 테크놀로지에서 새로운 종류의 정교성을 구현한 데 있었다.

이것은 BMW와 페라리, 롤렉스 같은 회사들이 시장 지위를 확고히 하는 동시에 확대하기 위해 수십 년 동안 사용해온 전략과 비슷하다. 이런 제품을 구매하는 소비자는 다른 사람들에게 그것을 알리고 싶어 하는데, 그 제품이 자신의 부와 안목과 생활 방식에 대해 뭔가 특별한 것을 말해주기 때문이다. 제품이 소유자의 지위를 광고하는 셈이다. 구글 글래스의 경우, 사용자가 디지털 문화의 최첨단을 걷고 있음을 알려줄 것으로 기대되었다.

기묘하게도 이 수조 달러짜리 다부문 전략은 전 세계의 어린이들이 익히 아는 것이다. 닥터 수스의 책을 읽으면서 자란 어린이는 스타벨리 스니치즈Star-Belly Sneetches(배에 별이 있는 스니치들)에 관한 고전 이야기를 알고 있다. 이 이야기에서 엘리트(스타벨리) 스니치와 보통(플레인벨리) 스니치는 지위로 구분된다. 한 진취적인 스니치는 스니치 사회에 천부적으로 주어진 것처럼 보이는 이 사실을 아주 영리하게 활용해 자신의 큰 계획을 달성한다. 먼저 플레인벨리 스니치에게 큰 돈을 내면 배에 별을 새겨주겠다고 제안해 모두의 배에 별을 새겨 넣었다. 물론 여기에는 반전이 있다. 그다음에는 한때 지위가 높았던 스타벨리 스니치의 배에서 별을 제거하는 기계를 만드는데, 이제는 별이 없는 배가 새로이 '특별한' 것이 되었기 때문이다. 다른 스니치들도 그것을 알고 자신의 별을 없애기 시작하자, 이번에는 엘리트들에게 더 많은 돈을 받고 다시 별을 새겨넣어준다. 이렇게 별을 넣었다 없앴다 하길 몇 차례 반복하자, 모두들 어느 집단이 엘리트인지 헷갈리게 되어 별은 아무 의미가 없게 되고 끝내 계급 제도가 무너지고 말았다. 진취적인 스니치의 큰 계획이 성공한 것이다.

구글의 큰 계획은 별을 제거하는 것이 아니라, 자신의 새로운 별을 시장에 내놓는 것이었다. '고착성' 각본을 바탕으로 구글은 글래스를 최첨단 엘리트 착용 기술로 홍보하면서 모두가 그것에 주목하고 그것에 대해 이야기하고 그것을 갖고 싶어 하길 기대했다.

하지만 아무리 잘 만들고 홍보를 잘한 제품도 사회 규범과 충돌하면 실패할 수 있고 심지어 역효과를 낳을 수 있다.

구글이 선택한 얼리 어답터 집단은 대다수 사람들과는 아주 달랐다. 그들은 젊고 부유하고 기술에 해박한 남성이었다. 다시 말해서, 전형적인 '기술 전문가techie'였다.

글래스 시장이 이들에게만 국한되지 않도록 하기 위해 구글은 이 제품을 널리 홍보했다. 보도 자료와 미디어 이벤트와 사회적 이슈 부각을 통해 구글 글래스가 곧 출시되고…… 모두가 그것을 원하리라는 사실을 널리 알렸다.

이 모든 것은 충분히 타당해 보인다.

그런데 이 모든 것이 역효과를 낳았다.

왜 그랬을까?

구글 글래스는 예상치 못했던 사회 규범 문제에 맞닥뜨렸는데, 나는 이것을 **그레이프프루트 문제**grapefruit problem라고 부른다.

구글 글래스의 홍보 캠페인은 개별적으로 성공에 도움을 주는 두 요소로 이루어져 있었다. 하지만 이 둘을 합치자 치명적인 효과가 나타났다.

그 두 요소는 **인지도**awareness와 **차별화**differentiation이다.

구글 글래스가 나왔을 때, 모두가 그것에 대해 들은 적이 있었다—그것도 아주 많이. 사람들은 그것이 구글의 야심찬 착용 기술 신제품이라는 사실을 알고 있었다. 이렇게 인지도 요소는 소기의 목적을 달성했다.

그런데 실제로 글래스를 **착용한** 사람은 기술 전문가들뿐이었다. 이들은 글래스를 착용하지 않았지만 그것을 아는(그리고 자신들도 그것을 원할 것이라고 알고 있는) 나머지 사람들과 문화적, 경제적, 사회적으로 달랐다. 구글의 제품 출시 전략은 배타적인 느낌을 만들어냈다. 하지만 페라리를 원하는 것과 같은 갈망을 불러일으키지는 못했다. 대신에 적대감을 불러일으켰다(심지어 만들어내기까지 했다).

구글의 광고 캠페인은 잠재돼 있던 형태의 사회적 차별화를 명확히 구체적으로 드러냈다.

이것을 그레이프프루트 문제라고 부르는 이유는 이 때문이다.

그 자체만 놓고 볼 때 그레이프프루트 주스는 건강에 좋은 음료이다. 그리고 그 자체만 놓고 볼 때 리피토 같은 콜레스테롤 억제제는 매일 복용하면 생명을 구할 수 있다. 하지만 둘을 함께 섞으면 그 상호작용으로 독성 효과가 나타나며 치명적인 결과를 낳을 수도 있다.

인지도와 차별화의 경우에도 이와 똑같은 효과가 나타난다. 그 자체만 놓고 볼 때 대중의 인지도를 높이는 것은 신제품을 홍보하기에 아주 좋은 방법이 될 수 있다. 마찬가지로 그 자체만 놓고 볼 때 시장 내에서의 차별화(예컨대 10대 초반과 10대 중후반의 차별화)는 자신의 제품을 다른 유사 제품과 차별화하는 데 도움을 줌으로써 원하는 소비자를 끌어들이는 데 유용한 방법이 될 수 있다.

하지만 광범위한 사회 계층을 겨냥해 대중의 인지도를 높이는 동시에 얼리 어답터를 얼리 어답터가 아닌 사람과 분리하는 사회적 차별화를 한다면, 그 결과는 치명적일 수 있다.

구글의 전략은 의도치 않게(그리고 그들에게는 당황스럽게도) 규범적 역효과를 일으켰다.

《와이어드》 잡지의 한 기자는 이렇게 썼다. "사람들은 글래스에 분노한다. 그들은 글래스를 착용한 사람에게 분노한다. 그런 사람에 대해 공개적으로 이야기한다. 그것은 소극적 공격성 중에서 가장 공격적인 반응을 불러일으킨다."

글래스는 대면 관계의 상호작용에서 지켜야 할 예의에 관한 사회 규범 그리고 공공장소에서 감시 기술의 적절한 사용에 관한 사회 규범과 정면으로 충돌했다. 구글의 혁신은 글래스를 쓰려는 사람들(당시 '글래스홀Glasshole'이라고 지칭된)과 쓰지 않으려는 사람들을 나누는 문화적 경계를 상징하는 물건이 되었다.

그것은 큰 재앙이었다. 전체 생산 라인이 취소됐을 뿐만 아니라 회사의 전반적인 명성에 큰 금이 갔다. 구글의 이미지도 변했다. 자사 웹사이트를 사용해 예술과 과학 분야에서 여성과 소수 집단의 기여를 높이 인정하던 멋진 검색 엔진 회사에서 부자를 위해 감시 기술을 제공하는 거대 기술 회사로 변했다.

그 제품은 단지 실패하는 것에 그치지 않았다. 엄청난 역효과를 낳았다.

글래스는 정말로 고착성이 높았다. 제품 출시(그리고 그에 따른 문화적 반발)를 목격한 사람들은 모두 그것에 대해 이야기하고 기억했다. 그 후 구글은 사람들이 이 기억을 잊도록 하기 위해 매우 열심히 노력했다.

한국의 양자 도약

1960년대에 세상은 크게 변하고 있었다. 인도와 대만, 한국에서는 산업화가 일어나고 있었다. 또 세 나라는 각자 **인구 변천**demographic transition 이라는 역사적 순간을 지나고 있었는데, 이것은 많은 현대 국가들이 거치는 하나의 통과 의례였다.

수 세대 전에 미국과 영국, 독일, 프랑스를 비롯해 그 밖의 서양 국가들도 모두 동일한 변천을 겪었다. 하지만 그때에는 사정이 달랐다. 19세기 후반과 20세기 초에 의학과 산업 기술은 여전히 비교적 새로운 것이었고, 이 나라들이 현대화로 이행하는 과정은 느리고 점진적으로 일어났다.

1960년대에는 그렇지 않았다. 20세기 전반에 과학과 산업의 놀라운 결합으로 파상풍과 백일해, 소아마비, 디프테리아, 천연두 백신이 전 세계에 보급되었다. 그와 동시에 위생과 수질 안전, 식량 생산 부문에서 일어난 혁신들이 합쳐져 기대 수명이 크게 늘어났다.

이러한 현대의 기적들은 개발도상국에 새로운 문제를 안겨주었다. 개발이 덜 된 나라들에서는 유아 사망률이 아주 높아 인구를 현 상태로 유지하려면 각 가정에서 아이를 많이 낳을 필요가 있었다. 높은 출산율과 높은 사망률이 균형을 이루어 인구 수준을 안정하게 유지할 수 있었다.

1960년대에 인구 변천 단계에 접어든 많은 나라들은 그때까지 인구 변천을 경험한 어떤 사회보다도 더 나은 의료 서비스와 더 빠른 경제 성장을 갑자기 누리게 되었다. 역설적이게도 이렇게 갑자기 밀어닥친 위생 개선과 백신 보급 확대, 식량 공급 증대가 재앙에 가까운 인명 손실을 초래할 위험이 커졌다. 만약 가족계획에 관한 사회 규범이 변하기 전에 이 혁신들이 동시에 밀어닥친다면, 재앙에 가까운 인구 폭발 사태를 초래할 것이 불 보듯 뻔했다.

100년 전에는 사람들이 가족계획에 대한 생각을 발전시키기까지 몇 세대의 시간이 있었다. 서양에서는 느린 산업화 과정 동안에 사람의 성장 과정에서 분명히 구분된 시기인 '아동기'처럼 현대적인 개념들이 만들어졌다. 의학과 식량 생산이 점진적으로 발전하면서 문화적 변화가 점진적으로 도입되었고, 그에 따라 가정의 사회 규범도 서서히 변해갔다.

20세기로 넘어올 무렵에 미국의 현대화 과정에서 여성의 권리와 피임을 옹호하는 진보적인 운동가들이 등장했다. 가족계획연맹Planned Parenthood을 설립한 마거릿 생어 같은 운동가들은 50년 동안 활동하면서 미국의 출산율을 낮추는 데 일조했다. 미국 대법원은 1965년이 되어서야 경구 피임약의 사용을 합법화했다(비록 결혼한 부부에게만 허용하고 독신 여성에겐 허용하지 않았지만). 하지만 경구 피임약이 합법화되기 약 100년 전부터 미국 전역의 여성들 사이에서는 산아 제한이 보편적으로 일어났고, 그 결과 1850년부터 1900년 사이에 출산율이 50%나 감소했다. 1960년대에 이르러서는 전국 대부분 지역에서 산아 제한이 받아들여졌다.

하지만 한국은 그러한 시간이 없었다.

불과 몇 년 사이에 식량 공급이 넉넉해지면서 유아 사망률이 급감했다. 오랜 사회 규범은 여전히 자녀가 5~6명인 대가족을 유지하도록 권장했다. 하지만 이제 이들 자녀가 모두 살아남아 다시 각자 5~6명의 자녀를 낳을 것이고, 그런 상황이 계속 이어질 것으로 보였다. 계산은 아주 단순했다. 불과 두 세대가 지나기 전에 엄청난 인구 과잉이 발생해 사람들이 거리에서 굶어 죽어갈 것으로 예상되었다.

파국을 피하려면 한국 사람들은 산아 제한을 널리 받아들여야 했다. 그것도 아주 빨리. 그러기 위해서 한국인은 유례없는 사회적 도전을 극복해야 했다. 성별 역할, 여성의 권리, 많은 자녀를 거느려야 할 가족의 의무에 관한 전통적인 믿음이 한국의 민족 문화에 깊이 뿌리박혀 있었다. 높은 출산율은 사회적 지위와 개인의 성취를 보여주는 것으로 간주되었다.

이런 상황에서 피임은 뿌리내리기가 어려웠다.

게다가 서양에는 롤 모델로 내세울 만한 나라가 없었다. 비록 새로운 의학 및 기술의 혁신은 서양에서 들어오긴 했지만, 서양 국가들은 이런 종류의 급격한 문화적 전환을 경험한 적이 없었다. 한국이 직면한 것과 같은 문제를 해결한 선례도 전혀 없었다.

그 당시 인도와 대만, 인도네시아, 파키스탄을 비롯해 비슷한 도전에 직면한 나라들이 많았다. 이들 나라는 모두 공격적인 피임 계획을 개발하려고 열심히 노력하고 있었다. 오늘날과 마찬가지로 공중보건 목적의 메시지를 전파하고자 할 때 주로 사용했던 전략은 방송매체 이용이었다.

파키스탄처럼 주로 방송 매체 전략에 의존한 나라들은 출산율 목표를 달성하는 데 어려움을 겪었다. 하지만 한국은 모든 정책 목표를 예정보다 **일찍** 달성했다. 불과 20년 만에 피임은 전국으로 퍼졌다. 한국의 성공적인 산아 제한 계획은 지금까지도 전 세계에서 깨지지 않는 기록으로 남아 있다.

비교를 위해 1970년대에 시작된 미국 정부의 '마약과의 전쟁'을 생각해보자. 수십억 달러의 비용을 들여 거의 50년 동안 마약과의 전쟁을 벌인 뒤, 2011년 미국 의회는 이 전쟁에서 이기지 못했을 뿐만 아니라 마약 문제가 오히려 악화되었다고 인정했다.

한국에서는 도대체 무슨 일이 일어났길래, 불과 20년 만에 문화 전체가 확 바뀌었을까?

한국의 산아 제한 계획은 아주 단순하게 시작했다. 전국 마을들에 경구 피임약, 콘돔, 페서리pessary, 자궁 내 피임 기구, 정관 절제술 등이 열거된 피임 방법 목록을 제공했다.

다수가 피임을 받아들인 마을도 있었고, 별로 성과를 거두지 못한 마을도 있었다. 성과를 거두지 못한 마을 사람들도 성공한 마을 사람들과 동일한 산아 제한 방법을 소개받았고 동일한 광고 메시지와 인센티브 제안을 받았지만, 그들의 태도에는 변화가 없었다.

20여 년 뒤, 케냐에서도 이와 비슷하게 불가사의한 패턴이 나타났다. 1977년에 피임 방법을 사용한 케냐 가정은 1.7%에 불과했다. 1980년대 중엽에 케냐 정부는 전국에 걸쳐 공격적인 피임 홍보 정책을 펼쳤다. 일부 마을에서는 큰 성공을 거두어 전체 가구 중 40%가 금방 피임을 받아들인 반면, 다른 마을들은 성과가 지지부진했다.

왜 어떤 마을은 성공한 반면, 다른 마을은 실패했을까?

한국과 케냐를 비롯해 인구 변천을 겪는 다수의 나라에서 동일한 패턴이 관찰되었다. 마을에 따라 서로 다른 결과가 나온 이유는 피임 방법이나 마케팅 접근법 때문이 아니라, 각 마을의 **사회적 유대** 때문이었다. 이러한 소셜 네트워크가 성공과 실패를 좌우했다.

성공한 마을과 실패한 마을 사이에는 분명한 차이점이 있었다. 성공한 마을들은 모두 소셜 네트워크 패턴이 비슷했다. 친구와 이웃 사이에 강한 유대로 이어진 군집들이 있었다. 다양한 군집들 **사이에도** 강한 유대가 있었다. 이러한 중복적 연결은 마을에서 서로 다른 사회적 집단들을 가로지르며 한 군집에서 다음 군집으로 피임을 확산시키는 강화 경로가 되었다. 실패한 마을들은 이러한 강화 네트워크가 없었다.

확산이 성공을 거둔 한국 마을들에서 여성은 친구나 이웃과 같은 피임법을 채택하는 경향을 보였다. 사실, 각각의 성공한 마을들 내에서 사용된 피임법은 일반적으로 광범위한 동의를 얻었다.

'고착성' 렌즈를 통해(즉, 특정 경향이나 기술이 본질적으로 더 매력적이고 받아들여지기 쉽다는 믿음을 가지고) 한국 이야기를 바라보면, 실제로 일어난 일은 아주 단순해 보일 수 있다. 단순히 어떤 피임법이 다른 피임법보다 더 매력적이었다고 결론 내리기 쉽다. 어쩌면 그것은 다른 피임법보다 사용하고 기억하기가 더 쉽거나 문화적으로 더 적절해 보였을 수 있다. 어쨌든 그것은 다른 피임법보다 훨씬 쉽게 확산됐다. 그것이 어떤 방법이건 간에, 한 마을에서 성공을 거두었다면 당연히 나머지 모든 마을에서도 성공을 거둘 것이라고 예상할 수 있다.

하지만 한국에서는 이런 일이 일어나지 않았다. 각각의 마을 **내에서는** 모두가 사용하는 피임법에 대해 완전한 동의가 있었던 반면, 마을들 **사이에서는** 그러한 일관성을 찾아볼 수 없었다. 어떤 마을은 '자궁 내 피임 기구'를 사용한 반면, '경구 피임약'을 주로 사용한 마을도 있었고, '정관 절제술'을 선호한 마을도 있었다. 성공의 열쇠는 특정 피임법에 있는 게 아니었다.

성공을 거둔 마을들이 모두 똑같은 피임법을 사용하지 않은 이유는 무엇일까? 그 답은 사회 규범의 힘에 있다.

한국인은 친구와 이웃으로부터 피임법에 관한 정보를 얻었다. 피임을 시작하려는 결정은, 피임에 관한 정보를 제공하고 장점과 단점을 논의하고 피임법의 사용을 지지하는 지인들의 조언을 바탕으로 이뤄졌다. 결국 마을 사람들이 피임을 받아들이기로 결정하는 데에는 특정 피임법의 질이 아니라, 다른 사용자로부터 받은 사회적 승인이 중요한 역할을 했다. 지인이 채택한 피임법이 무엇이건 상관없이 당사자도 같은 피임법을 사용하는 경우가 많았다. 한국의 마을들을 통해 퍼져나간 전염은 특정 피임법이 아니라, 사회의 일반적인 피임법 수용이었다.

피임법을 먼저 받아들인 사람들은 친교와 조언을 위해 조직된 각 마을의 '여성 단체들'로, 현지 여성들이 이 단체에 모여 피임에 대해 이야기를 나누고 경험을 공유했다. 여성 단체 회원들이 특정 피임법을 받아들이면, 먼저 받아들인 집단으로부터 그 방법이 마을 네트워크의 다른 사회 군집들로 퍼져나갔다.

한국의 가족계획이 거둔 믿기 힘든 성공은 구글의 글래스 캠페인과 극명하게 대비된다. 둘 다 사회 규범에 도전했다. 한국의 성공과 구글의 실패는 소셜 네트워크가 어떻게 사회 규범의 변화를 가속시키거나 그러한 변화를 완전히 봉쇄할 수 있는지 보여준다.

구글의 또 다른 그레이프프루트 문제

글래스를 출시하기 2년 전인 2011년, 구글은 소셜 네트워크 시장에 진입하려고 시도했다. 원해서 그랬다기보다 어쩔 수 없었던 것에 가까웠다. 페이스북이 기업 공개를 준비 중이었는데, 기업 가치가 1040억 달러라는 사상 최고액을 기록할 것으로 전망되었다. 2007년에 마이크로소프트는 구글보다 높은 가격을 제시해 이 회사의 지분 1.6%를 확보했는데, 이제 구글은 이 시장에서 완전히 배제되고 있다는 압박을 느끼고 있었다.

구글이 소셜 네트워크 시장에 뛰어들려고 시도한 것은 이번이 네 번째였다. 오르컷Orkut(2004), 구글 프렌드 커넥트Google Friend Connect(2008), 구글 버즈Google Buzz(2010)는 모두 실패했다. 같은 기간에 페이스북은 기록적인 속도로 계속 성장했고, 사진 공유 스타트업인 인스타그램도 시장에 뛰어들었다. 인스타그램은 시장에 진입한 지 두 달 만에 회원을 100만 명이나 확보했고, 18개월 만에 페이스북은 10억 달러에 이 회사를 인수했다.

구글은 시장에서 가장 뛰어난 테크놀로지 회사 중 하나로 명성이 자자하다. 2000년대에 구직 시장에 뛰어든 젊은 엔지니어에게 구글에서 프로그래머 일자리를 얻는 것은 단순히 좋은 직장에 취직한 것이 아니라 성공의 징표나 다름없었다. 그런데 구글은 그 모든 재능과 자원을 가지고도 왜 소셜 네트워크 시장에서 지배적인 위치는커녕 경쟁력을 갖추는 방법을 알아내지 못했을까?

구글은 마지막 시도로 새로운 소셜 네트워킹 플랫폼인 구글플러스를 내놓았다. 구글은 인지도를 높이기 위해 단순한 계획을 세웠다. 사람들을 자동으로 구글플러스에 가입하게 했다. 구글플러스를 구글의 나머지 모든 제품과 서비스를 관통하는 '소셜 층위social layer'로 만들었다. 지메일 계정이 있는 사람이라면 자연히 구글플러스에도 가입된다. 구글 주소록에 등록하거나 구글의 비디오 공유 사이트인 유튜브에서 댓글을 달려고 하면 자연히 구글플러스에 가입된다. 사실은 직접 구글플러스에 가입한 사람은 극소수였다. 이것은 시장을 장악하기에 아주 기발한 전략처럼 보였다.

구글은 이 소셜 네트워킹 플랫폼의 초기 성장이 놀라운 수준이라고 보고했다. 구글플러스는 없는 곳이 없었다. 구글과 관련된 것을 사용할 때마다 구글플러스에 관한 언급이 보였다. 이 제품은 유례없는 인지도를 달성했는데, 대다수 사람들이 그것을 소유하고 있었기 때문이었다—직접 가입했건 않았건 간에.

바로 여기에 이 전략의 문제점이 있었다. 제품의 인지도를 크게 높이더라도 사람들이 그 제품을 사용하지 않는다면, 인지도는 오히려 역효과를 낳을 수 있다.

또다시 그레이트프루트 문제가 나타난 것이다.

이번에 두 가지 핵심 요소는 인지도와 차별화가 아니었다. 그것은 인지도와 **사용 부족**이었다.

그 자체만 놓고 볼 때 인지도는 어떤 제품 캠페인에도 분명히 좋은 효과를 발휘한다. 그리고 그 자체만 놓고 볼 때 사용 부족은 반드시 문제가 되는 것은 아닌데, 제품이 이제 막 출시되었다면 더욱 그렇다. 하지만 만약 높은 인지도와 광범위한 사용 부족이 결합되면, 그 결과는 또다시 치명적인 것이 될 수 있다.

왜 그럴까?

세상의 모든 사람이 기억하기 쉽고 놀랍고 토론할 가치가 있는 제품을 안다면, 주변에서 그것을 사용하는 사람이 아무도 없다는 사실도 금방 알아챌 것이기 때문이다. 어떤 제품의 인지도가 실제 사용 빈도를 앞설수록 그것을 사용하지 않는 사람들로부터 나오는, 그 제품에 뭔가 문제가 있다는 암묵적 신호가 더 강해진다.

이것은 대항 영향력 문제이다.

1장에서 나는 연결이 많은 사람들은 자신의 네트워크에서 어떤 것을 받아들이지 않는 사람들이 많다는 사실을 자주 의식한다는 점을 보여주었다. 이러한 사회적 신호는 연결이 많은 사람에게 아주 특이하거나 토론할 가치가 있거나 눈길을 끄는 혁신의 채택을 망설이게 할 수 있는데, 채택을 선택하는 것은 많은 사람들에게 드러나고 비평을 받을 수 있는 결정이기 때문이다.

일단 혁신이 더 많은 사람에게 받아들여지면, 이러한 대항 영향력도 소셜 스타가 뒤늦게 혁신을 채택하는 것을 방해하진 못한다. 하지만 사회적 증거가 충분히 많이 쌓일 때까지 소셜 스타의 결정을 늦출 수는 있다. 1장에서 나는 세컨드라이프에서 에어로스미스 제스처 사용을 두고 바로 이런 일이 일어난 것을 보여주었다.

하지만 구글플러스의 문제는 더 심각했다. 에어로스미스 제스처의 경우, 다른 사람보다 먼저 혁신적인 인사법을 안 소셜 스타는 사람들이 그것을 받아들이는지 기다렸다가 그것이 정당화된 다음에 받아들일 여유가 있었다. 하지만 과도한 성공을 거둔 구글의 인지도 캠페인은 너무 많은 사용자를 구글플러스에 노출시켜, 모두가 **나머지 사람들도 모두 구글플러스를 안다는**(그리고 그들이 그것을 사용하지 않는다는) 사실을 알았다. 구글은 의도치 않게 전 세계 사람들이 자신의 기술을 **거부하는** 사회적 증거를 만들어낸 것이다.

이것은 어떤 혁신에서도 문제가 될 수 있다. 하지만 소셜 테크놀로지에는 특별히 치명적인 문제가 된다. 예컨대 이메일 클라이언트나 검색 엔진과 소셜 네트워킹 플랫폼 사이의 중요한 차이점은 앞의 두 가지는 다른 사람과 협응하지 않고도 받아들일 수 있다는 데 있다. 하지만 소셜 테크놀로지는 사회적 협응이 **필요**하다. 사람들은 함께 손을 잡고 나아갈 필요가 있다.

구글플러스가 소셜 네트워크 시장에 뛰어든 것은 아주 강력한 기존 세력인 페이스북에 도전한 것이나 다름없었다. 기존의 기술을 끌어내리는 일은 혁명을 도모하는 것과 비슷하다. 사회 운동을 성공적으로 성장시키려면, 운동가들이 보통 사람들의 상호 협응을 이끌어내야 한다. 참여자들은 모두 뜻을 같이해 대업에 동참한다는 느낌을 받아야 한다. 그리고 1장에서 보았듯이, 반란을 동원하기에 가장 좋은 장소는 네트워크 주변부의 강한 유대들이다.

구글은 단번에 전체 인구를 동원하는 전략을 사용했다. 그러나 구글플러스의 채택 빈도는 인지도보다 한참 뒤졌기 때문에, 그 결과는 단순히 지연을 낳는 데 그치지 않고 붕괴로 이어졌다.

2019년 4월, 구글플러스는 문을 닫았다.

짐바브웨 실험

구글플러스는 아직도 모두가 기억한다. 그리고 그것이 실패했다는 것도 기억한다. 구글 글래스를 모두가 기억하고 **그것**이 어떻게 실패했는지 모두가 기억하는 것처럼. 고착성에 의존하는 마케팅 전략에서 한 가지 중요한 주의 사항은 그것이 단지 실패의 잠재성뿐만 아니라, 영속적인 기억을 남길 가능성이 있다는 점이다. 심지어 미래의 캠페인에까지 악영향을 미칠 수 있다.

오늘날 미국 국립보건원은 비슷한 문제에 직면하고 있다. 이 문제는 착용 기술이나 네트워킹 플랫폼이 아니라, 생명을 구하는 의약품에서 나타났다.

이 이야기는 짐바브웨가 에이즈 대유행으로 처참하게 무너진 2001년에 시작되었다. 한때는 짐바브웨인 네 명 중 한 명이 HIV 양성이었다.

과학자들은 해결책을 찾으려고 열심히 노력했다.

사용할 수 있는 전략은 여러 가지가 있었다. 가장 잘 알려진 HIV 예방법 중에는 콘돔 사용과 포경 수술이 포함돼 있었다. 하지만 콘돔 사용률은 아주 낮았고(사용하려는 이가 아무도 없었다), 포경 수술 캠페인은 역효과를 낳았다. 이 계획들은 마을 사람들의 종교적 믿음에 위배되는 문화적 모독으로 간주되었다. 일부 나라들에서는 구호 봉사대원들이 폭력적 보복에 맞닥뜨리는 바람에 당국이 대원들을 철수시키고 새로운 계획을 추진해야 했다.

과학자들은 HIV 예방법의 고착성을 높이는 방법을 찾아낼 필요가 있었다.

해결책으로 등장한 것도 바로 그 방법이었다. 2005년, 연구자들은 HIV 예방에서 최고의 성과를 공개했다. 그것은 노출 전 예방pre-exposure prophylaxis, PrEP이라 부르는 방법으로, 세상을 구하기 위해 설계된 것이었다.

PrEP는 기적의 약이다. 하루에 한 알만 복용하면(아침에 아스피린을 한 알 먹는 것과 비슷하게) HIV 전파를 근본적으로 차단할 수 있다. 2009년부터 의사들과 짐바브웨 정부는 감염 위험에 놓인 마을들에 PrEP를 확산시키기 위한 대규모 지원 활동을 전개했다. 계획을 실행하는 공무원들과 연구자들 사이에 흥분의 분위기가 고조되었다. 이 계획의 성패가 전 세계의 HIV 예방에 미치는 의미는 아주 컸다.

이 캠페인은 바이럴 마케팅의 각본을 완벽하게 따랐다.

이 혁신은 공짜였다. 그리고 접근이 쉬웠다. 마을 사람들에게 친구와 이웃과 함께 PrEP에 관한 대화를 많이 나누도록 권장했다. 정기적 선별 검사와 건강 진단을 통해 마을 사람들에게 약 복용을 유지해야 한다는 사실을 상기시켰다.

이 캠페인은 PrEP는 공짜이고, 사용하기 쉬우며, 당신의 목숨을 구한다는 핵심 메시지를 잘 전달했다.

하지만 충격적이게도 이 캠페인은 효과가 없었다.

이 계획의 일환으로 정기적으로 면담을 한 대다수 마을 사람들은 의사에게 매일 PrEP를 복용한다고 말했지만 정작 혈액에서 그 약을 복용한 흔적이 나타나지 않았다. 그들은 적극적으로 혁신에 저항하고 있었다.

왜 그랬을까?

그 이유는 사회 변화 캠페인이 왜 실패하는가에 대해 많은 것을 말해준다.

이들은 친구와 이웃이 자신의 약 복용 사실을 알면 이미 HIV에 감염된 것이 아닌가 의심할까 봐 두려워했다. 만약 약을 먹는 모습이나 집 안에 있는 약봉지를 이웃에게 들킨다면, 금방 온 마을에 소문이 퍼질 게 뻔했다. 마을 사람들은 HIV 감염이 가져다주는 오명과 감염자를 대하는 사회 규범을 잘 알고 있었다. 이들은 자신의 HIV 상태에 관한 오해나 소문을 촉발할 위험을 감수할 생각이 전혀 없었다. 일단 그런 오해나 소문이 퍼지기 시작하면, 그것을 불식시키기란 매우 어렵거나 심지어 불가능했다.

어떤 사람들은 그 약이 HIV를 **가져다줄지** 모른다고 염려했다. 처음에는 이상하게 들릴지 모르지만, 미국인 중에도 상당한 비율의 사람들이 독감 백신이 독감을 가져다준다고 염려한다. 짐바브웨에서는 설령 PrEP가 HIV 감염을 낳지 않는다 하더라도, 친구와 이웃이 그런 불안감을 갖고 있다는 사실 때문에 주민들 사이에 약에 대한 불안감이 더욱 커졌다. 만약 누가 PrEP를 복용한다면, 이웃 사람들은 그 사람이 HIV에 감염될 **위험이 커졌다고** 생각할지 모른다. 의사가 아무리 단호하게 말하고 마케팅의 설득력이 아무리 높더라도, 이것은 HIV에 감염된 사람에게 낙인을 찍는 사회 규범과 결합하여 약을 복용하지 말아야 할 명확한 사회적 이유를 제공했다.

PrEP 캠페인을 진행하던 의사들은 화가 났다. 이제 더 이상 무엇을 할 수 있단 말인가?

고착성 미신은 제품의 핵심 특징이 문제의 해결책을 제시한다고 말한다. 만약 어떤 계획이 실패한다면, 그 해결책은 이런 특징을 염두에 두고 혁신을 재설계하거나(사용하기 더 쉽게 만들거나, 눈에 더 잘 띄게 혹은 기억하기 쉽게 만들거나, 비용이 덜 들게 만듦으로써) 메시지를 더 재미있게 만들거나 정서적으로 더 매력이 있도록 캠페인을 새로 꾸미는 것이다.

하지만 문화적, 사회적 규범은 극복하기가 쉽지 않다.

백신에서부터 환경 기술과 새로운 경영 기법에 이르기까지 모든 것을 전파하려는 시도들은 동일한 도전에 직면했다. 혁신이 더 낯선 것일수록 그리고 더 획기적인 것일수록 대개 저항이 더 크다. 사회 변화가 그토록 어려운 주요 이유는 바로 이것이다.

그렇다면 어떻게 해야 할까?

그 답은 인플루언서도 바이럴 마케팅도 고착성도 아닌 **전염 인프라**에 있다. 소셜 네트워크는 단순히 정보나 질병을 확산시키는 관에 불과한 것이 아니라, 사람들이 새로운 개념과 혁신을 받아들이는 방식에 색을 입히는 프리즘이다. 이어지는 장들에서는 전염 인프라가 어떻게 네트워크 전파의 필수적인 사슬을 촉발하여 저항에 부닥쳐 악전고투하던 계획(예컨대 새로운 세대의 소셜 테크놀로지를 확산시키거나 새로운 정치인 후보에 대한 지지를 늘리거나 새로운 질병 예방법의 수용을 증가시키는)을 사회 변화의 폭발로 변화시키는지 살펴볼 것이다.

2부

변화를 일으키는 자의 각본

전염 인프라 설계하기

4장

변화는 어떻게 일어나는가

복잡한 전염의 발견

과학적 발견 이야기는 모두 각고의 노력과 뜻밖의 행운이라는 두 가지 요소의 결합으로 이루어져 있다. 생물학에서는 찰스 다윈의 예가 대표적이다. 다윈이 젊은 박물학자였을 때 비글호 항해에 따라나설 기회를 얻었는데, 운 좋게도 비글호가 항해 도중에 갈라파고스 제도에 들렀다. 지구에서 가장 희귀한 장소 중 하나로 진화의 경로가 아주 독특한 방향으로 진행된 이곳에 들른 것은 실로 뜻밖의 행운이었다. 물론 순전히 행운만으로 위대한 발견이 일어나는 것은 아니다. 갈라파고스 제도에 들른 사람은 다윈 말고도 많았다. 하지만 다윈은 자신이 발견한 것이 무엇인지 알아챘다.

복잡한 전염의 발견은 그러한 행운의 순간과 함께 시작되었다.

내가 대학원에 막 들어갔을 때, 정치 캠페인이나 사회 운동에서 입소문을 통한 지지자 확보 노력은 바이러스와 동일한 방식으로 퍼져간다는 것이 주류 견해였다. 약한 고리(인구 집단 내에서 아주 멀리까지 뻗어 있는 네트워크 연결)는 모집 속도를 더 가속화한다고 생각했다. 오늘날 대다수 사람들은 **아직도** 이 개념을 당연하게 여기는 것처럼 보인다. 이 개념은 여전히 대다수 사람들이 변화와 혁신의 과정을 이해하는 방식에 큰 영향을 미치고 있다.

대학원생 시절에 나는 마크 그래노베터의 약한 유대 이론을 통해 1960년대에 전국적으로 급성장한 미국 민권 운동을 이해하려고 시도했다. 하지만 놀랍게도 사회학자 더그 매캐덤이 다년간 수집한 광범위한 데이터를 분석해 내가 발견한 결과는 바이러스성 확산처럼 보이지 않았다. 그것은 바이러스성 확산과 전혀 달랐다. 지지자 확보 노력은 약한 유대가 아니라 강한 유대를 통해 일어났다. 그것은 영향력 범위가 광범위한 소셜 네트워크보다는 중복이 많은 소셜 네트워크를 통해 가장 빨리 확산되었다.

나는 끝까지 가면 어떤 결과가 나오는지 보려고 이 개념을 더 깊이 파고들었다. 민권 운동에 관한 데이터는 여성 참정권 운동의 확산과 어떤 관계가 있을까? 유럽에서 노동조합이 확산한 패턴은? 온라인 커뮤니티의 성장은? 각각의 사례에서 나는 동일한 패턴을 발견했다. 그 일관성에 크게 놀라 나는 조사를 확대했다. 아랍의 봄 혁명의 확산은 어떨까? 블랙 라이브스 매터 운동은? 미투 운동은? 스카이프와 페이스북, 트위터 같은 신기술의 폭발적 성장은? 새로운 정치인 후보의 급부상은? 이 개념을 더 깊이 파고들수록 사회 변화의 확산 방식에 관한 종래의 견해가 눈앞에서 와르르 무너졌다.

결국 새로운 그림이 나타났다. 그래노베터의 네트워크 이론이 데이터와 일치하지 않은 이유는 **모든 것**이 바이러스처럼 퍼져나간다고 가정한 데 있었다. 하지만 이 가정이 틀렸다는(그리고 그 때문에 값비싼 대가를 치러야 했다는) 사실이 갈수록 점점 더 명확해졌다. 데이터는 다른 종류의 전염을 보여주었다. 단순한 개념은 가끔 바이러스처럼 약한 유대를 통해 **퍼져나갔지만**, 개인 차원에서 상당한 투자가 필요한 개념—내가 초점을 맞춘 세계사의 중요한 사회적, 정치적 운동에서부터 여러 풀뿌리 정치 캠페인과 매일 일어나는 제품 마케팅 노력까지 그 모든 것—은 바이러스의 경로와는 완전히 다른 경로로 나아갔다. 바로 여기서 나는 **단순한 전염**과 **복잡한 전염**이라는 서로 아주 다른 두 가지 확산 과정을 확인했다.

채택을 방해하는 네 가지 장애물

단순한 전염의 작용 방식은 이미 2장에서 보았다. 단순한 전염의 전형적인 예는 바이러스이다. 이것은 한 사람으로부터 다른 사람에게 쉽게 전파되는 종류의 전염이다. 전염에 필요한 조건은 '감염된' 사람과 접촉하는 것만으로 충분하다. 바이럴 동영상(온라인에서 입소문으로 널리 퍼진 동영상)도 단순한 전염이다. 소문도 뉴스도 그렇다. 채용 공고에 관한 정보(그래노베터의 유명한 예)도 그렇다. 사실, 입소문으로 전파되는 과정은 모두 단순한 전염이다.

단순한 전염의 확산에는 소셜 네트워크의 영향력 범위가 큰 도움을 준다. 그래서 소셜 스타는 단순한 전염을 퍼뜨리는 데 중요한 역할을 한다. 소셜 스타는 아주 멀리까지 뻗어 있는 접촉자가 아주 많기 때문이다. 어떤 소문이나 정보를 널리 퍼뜨리려면(속된 표현으로 '입소문'이 나게 하려면) 연결이 많은 개인을 '감염'시키기만 하면 된다.

단순한 전염은 소셜 네트워크에서 일어나는 확산에 대해 우리가 생각하는 방식을 100년 넘게 정의해왔다. 그것은 혁신과 변화 캠페인의 기본 모형이 되었다. 문제는 단순한 전염의 동역학이 단순한 개념의 확산에만 적용된다는 점이다. 믿음과 행동의 변화는 다른 방식으로 그리고 다른 경로로 확산된다. 실제적인 위험(경제적 위험이나 심리적 위험, 혹은 평판에 금이 갈 위험)을 포함하는 변화는 단순히 임의의 채택자나 '운반자'를 한 사람만 접촉하는 것 이상의 노력이 필요하다.

나를 복잡한 전염의 발견으로 이끈 것은 바로 이 깨달음이었다. 복잡한 전염은 사람들의 **저항**에 부닥치는 종류의 전염이다. 혁신에 대한 저항이 왜 일어나는지 쉽게 이해할 수 있는 경우가 가끔 있다. 한국의 마을 사람들이 가족계획에 대한 문화적 규범에 어긋난다는 이유로 산아 제한을 받아들이려 하지 않은 게 그런 예이다. 하지만 예컨대 세컨드라이프에서 활동하면서 아직 광범위하게 사용되지 않는다는 이유로 에어로스미스 제스처를 받아들이려 하지 않은 이들처럼 저항을 예상하기 힘든 경우도 있다. 두 경우 모두 단 한 명의 채택자와 접촉하는 것만으로는 충분하지 않다. 사람들이 충분한 확신을 얻으려면, 그리고 새로운 행동이 전파되려면, 다수의 채택자로부터 강화(혹은 '사회적 증거')를 받을 필요가 있다. 새로운 개념이나 행동에 대한 저항이 많을수록 사람들에게 그것을 채택하게 하려면 더 많은 사회적 강화가 필요하다.

우리가 관심을 가진 행동—시장에 투자를 하고, 정치 지도자나 앞으로의 경력이나 함께 살 이웃을 선택하고, 피임을 할지 말지 결정하고, 값비싼 기술을 택하고, 사회 운동에 참여하는 등—은 대부분 복잡한 전염이다. 복잡한 이유는 위험을 포함하기 때문이다. 어떤 결정에 걸린 것이 많고 불확실성이 클수록 사람들은 결단을 내리기 전에 더 많은 '증거'(다수의 동료들로부터 얻는 확인의 형태로)를 원한다.

그렇다면 혁신적인 개념이나 제품의 확산 과정이 단순한 전염인지 복잡한 전염인지 어떻게 알 수 있을까? 어떻게 하면 사전에 그것을 알아내 그에 따라 자신의 변화 전략을 설계할 수 있을까? 그 답은 **저항** 개념에 있다. 새로운 개념이 극복해야 할 저항이 클수록 그것은 복잡한 전염일 가능성이 높다.

연구를 통해 나는 복잡성을 만들어내는 저항의 주요 원천 네 가지를 확인했다. 이것들은 채택을 방해하는 장애물이다. 어떤 혁신이 이 장애물 중 어느 하나와 또는 모두와 맞닥뜨릴지 사전에 안다면, 그 혁신이 단순한지 복잡한지(그리고 얼마나 많은 저항에 맞닥뜨릴지) 판단할 수 있다. 이에 못지않게 중요한 점이 있는데, 채택을 방해하는 특정 장애물(혹은 장애물들)을 확인하면, 혁신의 성공을 가장 효과적으로 도울 수 있는 전략이 드러난다.

채택을 방해하는 네 가지 장애물은 다음과 같다.

협응: 어떤 혁신은 사람들이 그것을 **함께** 사용할 때에만 매력적이다. 만약 어떤 혁신이나 행동의 가치가 그것을 채택하는 사람들의 수에 달려 있

다면, 그 확산에는 사회적 강화가 필요하다. 스카이프와 문자 메시지(이전에는 팩스)에서부터 트위터와 페이스북처럼 공짜인 데다가 채택하기 쉬운 미디어 공유 플랫폼에 이르기까지, 인기 있는 커뮤니케이션 기술 중 상당수는 자신이 아는 사람들 중 다수가 사용하기 전에는 사실상 아무 쓸모가 없다. 그 가치는 자신이 아는 사용자 수에 달려 있다. 채택하는 사람이 많을수록 혁신의 가치가 커지고 확산되기가 더 쉽다.

신뢰성 : 어떤 혁신은 그 효과나 안전성을 의심받는다. 어떤 행동을 채택하는 사람이 많을수록 우리가 두려워했던 것만큼 그것이 위험하지 않다는 사회적 증거가 많아지는 셈이다. 그럴수록 우리는 그 행동을 채택하기 위해 비용이나 노력을 들일 가치가 있다고 믿는 경향이 있다. 개인이나 조직이 값비싼 신기술이나 시간이 많이 드는 실행 방식에 투자하기로 결정할 때 사회적 확인은 아주 중요하다. 새로운 클라우드 컴퓨팅 인프라의 채택 여부를 결정해야 하는 소프트웨어 회사나 새로운 다이어트 시도 여부를 결정해야 하는 과체중 환자를 생각해보라. 이들은 혁신을 채택하기 전에 그것이 믿을 만한지 확인하길 원한다. 신뢰하는 사람들로부터 반복적인 확인을 받으면, 신뢰성 장애물을 극복할 수 있다.

정당성 : 어떤 혁신은 채택되기 전에 사회적 승인을 요구한다. 여기서 장애물은 창피를 당하거나 평판에 먹칠을 할 위험이다. 어떤 행동을 채택하는 사람이 많을수록 자신의 채택 결정에 대해 다른 사람들로부터 승인을 받으리라는 기대가 커지고, 창피를 당하거나 처벌을 받을 위험이 줄어든다. 패션을 생각해보라. 주먹 인사나 에어로스미스 제스처처럼 새로

운 인사법을 시도하는 상황을 생각해보라. 동성 결혼을 지지한다는 의사를 표시하기 위해 자신의 소셜 미디어 프로필에 무지개 깃발을 내걸려는 상황을 생각해보라. 자신이 아는 사람들 중에서 어떤 혁신을 받아들이는 사람이 많을수록 같은 행동을 하는 데 따르는 사회적 위험이 적다고 인식할 것이다. 존경받는 동료들로부터 받는 사회적 강화는 정당성 장애물을 극복하는 데 도움을 준다.

열광 : 어떤 혁신과 행동은 사람들이 서로에게서 벅찬 감정적 에너지를 받을 때에만 매력적이다. 어떤 행동을 채택하는 사람이 많을수록 우리는 더 크게 열광하여 그것을 채택한다. 사회적 열광은 이런 식으로 자라난다. 이것은 스포츠 경기나 시위행진, 심지어 아랍의 봄 혁명에서 참여의 확산에 기름을 끼얹는다. 우리 주변 사람들의 열정은 우리 자신의 열정에 불을 댕긴다. 만약 이러한 열광을 느끼지 못한다면, 우리는 거기에 참여하지 않을 것이다. 이러한 정서적 전염이 확산되려면, 열광한 동료들 사이의 사회적 강화가 꼭 필요하다.

채택을 방해하는 이 장애물들은 사회적 강화를 통해 극복할 수 있다. 새로운 시장에 투자하거나 새로운 비즈니스 플랫폼으로 전환하는 경우처럼 채택 결정에 걸린 것이 많은데 위험을 줄이고 싶을 때, 모든 사람은 사회적 강화를 찾는 경향이 있다. 만약 새로운 시장이나 비즈니스 접근법을 보증하는 사람을 여럿 안다면, 훨씬 마음 편하게 거기에 뛰어들 수 있다. 이것은 혁신의 **인식**과 그것을 **채택**해야겠다는 확신 사이의 차이에 해당한다.

하지만 복잡한 사회적 전염의 확산을 어렵게 만드는 이 장애물들(예컨대 정당성이나 사회적 협응의 필요성)은 일단 어떤 행동이 채택되고 나면 '고착성'을 높일 수 있다. 예를 들어 포켓몬고 같은 새로운 증강 현실 게임의 정당성은 그것을 채택하는 사람들의 수에 달려 있다. 다른 사람들이 그것을 받아들일 만한 행동으로 간주하지 않는 한, 당신은 증강 현실 게임을 하면서 거리를 배회하길 원치 않을 것이다. 하지만 일단 그 게임이 받아들일 만할 뿐 아니라 다른 사람들과 함께 즐길 수 있다는 확신이 들 만큼 사회적 지지를 충분히 얻는다면, 다른 사람들이 그 게임을 하는 한 당신도 게임을 계속 하고 싶을 것이다.

화상 회의에서부터 이메일에 이르기까지 새로운 커뮤니케이션 기술도 마찬가지다. 그 사회적 가치가 명백하게 드러나기 전에 당신이 그 기술을 받아들이려면 다수의 접촉자가 필요하다. 하지만 어떤 커뮤니케이션 기술이 일단 널리 사용되면, 그것은 사회적 필수품이 되어 떨쳐내기 어렵다.

여기서 시사하는 바는 역설처럼 보이는데(사람들이 정당성이나 협응, 혹은 사회적 증거 문제에 민감하기 때문에) 가장 큰 저항에 맞닥뜨리는 혁신은 일단 사람들이 그것을 받아들이고 나면 가장 큰 충성심을 보이는 경우가 많다. 이것은 사회학자들이 **고착화**entrenchment라고 부르는 현상이다. 고착화는 사회 변화를 방해하는 장애물처럼 보일 때가 많지만, 실제로는 그것을 이루는 데 필요한 핵심 요소이다.

진정한 사회 변화는 고착화를 달성하는 것이다. 문제의 제품이 생명을 구하는 공짜 의약품이건 값비싼 장비이건, 변화에 대한 사람들의 저항은 그저 사회적 승인을 원한다는 신호에 불과한 경우가 많다. 일단 저항을 이렇게(즉, 변화를 방해하는 장애물이 아니라, 지속적인 충성을 만들어내는 기회로) 이해하면, 당신의 변화 전략을 보정하는 데 큰 도움이 된다.

친구들의 힘

1914년 8월, 영국군은 매우 불리한 처지에 놓여 있었다. 제1차 세계대전이 막 벌어졌는데, 독일군은 병력 면에서 10대 1로 영국군을 압도했다. 게다가 독일군은 직업 군인 제도를 바탕으로 조직된 반면, 영국군은 대체로 지원병 제도를 근간으로 조직되었다.

이 시점에서 영국이 경쟁력 있는 군대를 조직한다는 것은 거의 불가능해 보였다. 유일한 희망은 모든 사회 계층에서 광범위하게 모병을 하는 것이었다. 하지만 이 아이디어는 굳게 확립된 영국 사회의 규범과 충돌했다. 전통적으로 소수의 장교(상류층 출신)와 사병(하층민 출신)만이 군 입대를 선택했다. 금융가나 상인처럼 전문 직종에 종사하는 사람들을 모병하는 일은 거의 없었다.

영국 육군성은 전쟁에 승리하려면 이 모든 것이 변해야 한다는 사실을 알고 있었다. 하지만 그 노력은 처음부터 큰 난관에 봉착했다.

첫째, 전쟁은 무서운 것이라는 사실이 저항을 야기하는 명백한 원인이었다. 전쟁에 뛰어드는 사람은 누구나 매우 실감나는 존재론적 위협에 맞닥뜨리게 된다. 둘째, 용감한 사람이라 하더라도 전통적으로 군에 입대하는 것은 사회적으로 받아들일 만한 행동으로 간주되지 않았다. 가족이 있는 남자(특히 전문 직종에 종사하는 남자)는 입대를 위해 사회적 계급과 지위를 포기해야 한다는 생각에 불편을 느꼈다.

리버풀 시장을 지낸 더비 경은 이 문제를 해결하려면, 개개인을 표적으로 삼는 대신 그들의 소셜 네트워크를 표적으로 삼아야 한다는 사실을 깨달았다. 그래서 그는 육군성 장관이자 육군 원수였던 키치너 경에게 사람들의 강한 유대를 통해 병력을 증원하라고 제안했다.

더비가 제안한 혁신인 '팰스 대대Pals Battalions'(친구들 대대) 캠페인은 놀랍도록 큰 성공을 거두었다.

키치너의 캠페인은 함께 입대한 사람들이 같은 대대에서 함께 싸울 것이라고 약속했다. 이 전략은 같은 동네 주민과 전문직 공동체를 겨냥했는데, 그때까지만 해도 이 공동체들에는 전문직 종사자의 모병에 **반대하는** 강한 사회 규범이 있었다. 키치너는 이 강한 유대를 기회로 바꾸었다. 즉, 모병을 장려하는 사회적 증거의 원천으로 바꾼 것이다. 이 네트워크를 통해 감정적 열광과 연대감이 쉽게 퍼져나갔다. 입대는 정당성이 있을 뿐 아니라 기대되는 행동이 되었다. 이 캠페인은 입대에 **저항하는** 이유를 입대에 **응하는** 주요 이유로 바꾸어놓았다.

놀랍게도 수백 년 전부터 반군들이 이것과 동일한 방법을 사용해왔다. 아프리카와 중앙아메리카, 인도(키치너가 근무한 장소)에서는 이웃을 기반으로 한 모병 캠페인을 사용해 식민지 정부에 대항하는 혁명군을 조직했다. 키치너는 혁명가의 각본에서 한 페이지를 빌려와 이웃을 기반으로 한 모병 방식으로 각 마을과 도시에서 나라를 지킬 군대에 대한 지지를 불러일으키길 기대했다.

그 방법은 효과가 있었다. 전국의 마을과 도시에서 전쟁 노력에 동참하려는 열기가 고조되었다. 시민들 사이의 가까운 사회적 유대가 영국군의 뼈대가 되었다. 이웃을 기반으로 한 지역주의가 영국의 국제적 힘의 원천이 되었다.

최초의 주요 성과는 '증권 중개인 대대Stockbrokers Battalion'였다. 런던의 증권 중개인과 시티오브런던City of London•의 회사원 1600여 명으로 이루어진 이 집단은 키치너가 모병 캠페인을 시작한 지 일주일 이내에 입대했다. 이틀 뒤에는 리버풀 시민 1500여 명이 입대했다. 그리고 그로부터 사흘 동안 리버풀 시민으로 이루어진 대대가 셋 더 합류했다. 맨체스터도 그 뒤를 이어 상인과 사업가가 주축이 된 4개 대대를 조직했다.

한 달 만에 영국 전역에서 50개 이상의 도시가 전쟁 노력에 동참하기 위해 대대를 조직했다. 첫 번째 해가 끝날 무렵에는 약 50만 명이 입대했다. 도시들은 누가 가장 많이 모병하는지를 놓고 경쟁하기 시작했다. 키치너가 기대했던 것처럼 전쟁 노력을 위한 동원은 지역의 자부심이 걸린 문제가 되었다.

모병 운동이 너무나 큰 성공을 거둔 나머지 모병소로 몰려드는 병사들을 예산으로 감당하기 어려울 지경이 되었다. 그 많은 군대를 먹이고 재우는 비용을 대기가 어려웠다.

그러자 또다시 강한 유대가 도움의 손길을 뻗었다. 지방 자치 정

• 그레이터런던에서 가장 작은 행정 구역으로, 5000개가 넘는 금융 기관이 밀집한 금융가의 중심. 간단히 더 시티the City라고도 부른다.

부들과 각 지역의 기업들이 자발적으로 나서서 전쟁 노력에 필요한 비용을 지원했다. 각 도시의 시민들도 자기 고장 출신의 신병들에게 쓰라고 식량과 돈을 기탁했다. 이웃을 기반으로 한 지역별 모병 캠페인은 전국적으로 생생하게 느낄 수 있고 전염성이 있는 큰 열광을 불러일으켰다.

심지어 중등학교와 스포츠 단체도 대대를 동원했다. 프로 축구 선수로 이루어진 3개 대대가 국가의 부름에 호응했다. 스코틀랜드의 프로 축구팀 하트오브미들로디언FC는 주전 선수와 2부 리그 팀 선수뿐만 아니라 중역과 직원, 그리고 상당수의 지역 팬까지 모집했다.

전쟁 후 처음 2년 동안 팰스 대대를 향한 열정이 전국 방방곡곡으로 퍼져나갔다. 모두 합쳐 200만 명 이상이 자원하고 나섰다. 그것은 영국 역사상 최대 규모의 모병 군대였다.

네트워크의 기하학

팰스 대대의 성공(혹은 어떤 종류의 것이건 복잡한 전염의 확산)을 이해하는 열쇠는 강한 유대와 약한 유대의 기반을 이루는 네트워크의 연결 패턴에 있다.

스탠리 밀그램의 메시지 전달 실험을 기억하는가? 밀그램은 미국 중서부 사람들의 소셜 네트워크에서 메시지를 출발시킨 뒤, 이 '씨앗' 인물로부터 무작위로 선택한 매사추세츠주 섀런의 '표적' 인물에게 메시지가 전달될 때까지 몇 단계가 걸리는지 관찰했다.

대학원생 시절에 나는 팰스 대대도 똑같이, 즉 소셜 네트워크의 '근원' 지점으로부터 바깥쪽을 향해 퍼져나가는 확산 과정으로 생각하기 시작했다. 한 가지 중요한 차이점은 밀그램의 엽서는 단순한 전염(약한 유대를 통해 퍼져나가는)에 해당한다는 사실이었다. 하지만 팰스 대대의 조직에는 단순히 엽서를 보내는 것보다 훨씬 깊은 헌신이 관여했다. 팰스 대대는 강한 유대를 통해 퍼져나간 복잡한 전염이었다. 이 점에서 팰스 대대는 트위터와 아랍의 봄, 에어로스미스 제스처, 한국의 가족계획과 공통점이 있는데, 이것들은 모두 복잡한 전염이다.

그 과정에서 나는 한 가지 수수께끼에 맞닥뜨렸는데, 이 때문에 그 후 몇 년 동안 그것을 연구하는 데 몰두했다. 에어로스미스 제스처를 확산시킨 세컨드라이프의 네트워크와 거의 100년 전에 팰스 대대를 확산시킨 영국의 이웃 네트워크는 어떤 공통점이 있는가? 이 둘은 서로 아주 달라 보였다. 샌프란시스코를 케임브리지와 연결시키는 친교 네트워크는 아랍의 봄에 시민을 동원시킨 온라인 소셜 네트워크의 연결과 어떤 공통점이 있는가? 복잡한 전염을 그토록 효율적으로 확산시킨 이 네트워크들의 특징은 무엇인가?

소셜 네트워크에 강한 유대와 약한 유대로 이루어진 두 종류가 있다는 사실은 이미 알고 있을 것이다. 이것들은 각자 특유한 기하학을 갖고 있다.

약한 유대 네트워크의 기하학은 불꽃놀이와 비슷하다. 사람들은 각각 자기 '폭발'의 진앙에 위치하고, 각자의 약한 유대들은 모든 방향으로 무작위로 뻗어 있다. 각각의 유대는 다른 장소로 훌쩍 건너뛰는데, 때로는 멀찌감치 떨어진 장소로 건너뛴다. 약한 유대는 사회적 중

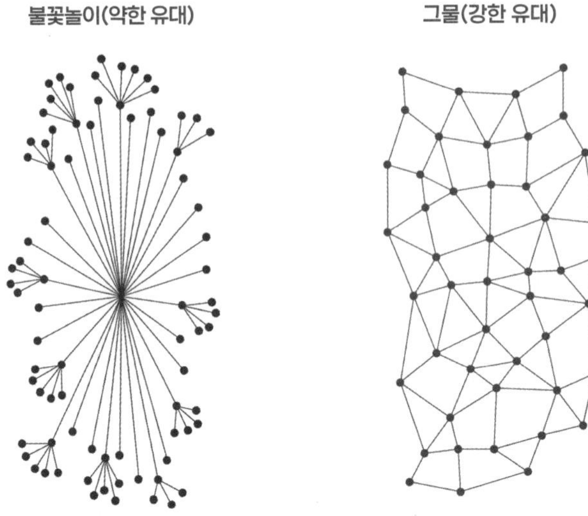

폴 바란의 1962년 논문에 실린 이미지를 변형한 것

복이 아주 적다. 약한 유대들은 공동의 친구를 통해 연결되는 경향이 잘 나타나지 않는다.

반면에 강한 유대 네트워크의 기하학은 그물과 비슷하다. 이 네트워크에는 많은 삼각형과 사각형이 서로 맞물려 있다. 흔히 **네트워크 군집화**network clustering라 부르는 이 패턴은 사회적 중복성이 풍부한 것이 특징이다. 사람들은 공동의 친구를 통해 연결돼 있다.

현실 세계의 네트워크는 이 두 패턴의 결합으로 나타난다. 사실, 우리는 거의 매일 이 두 패턴을 경험하지만, 각 패턴의 효과는 아주 다르다.

그물 패턴은 신뢰와 친밀감을 조성한다. 사회적 중복성이 사람들에게 책임감을 느끼게 하기 때문이다. 이런 종류의 네트워크에서는 만약 누가 당신을 부당하게 대하면, 당신은 그 사람의 나쁜 행동을 공동의 지인에게 알릴 수 있다. 직업 커뮤니티나 지역 커뮤니티에서는 공동의 접촉자가 있으면 자신의 행동에 책임을 져야 한다는 사실을 모두가 안다. 이것은 사회적 협력과 연대를 촉진한다.

반대로 불꽃놀이 패턴에 속한 사람들은 공동의 접촉자가 없거나 아주 적다. 이들은 그냥 서로 아는 사람들에 불과하다. 이들의 유대에는 중복성이 없기 때문에, 이들 사이의 친밀감과 신뢰에는 한계가 있다. 이 네트워크의 기하학은 협력이나 연대에 강한 기반을 제공하지 않는다.

사고 실험을 하나 해보자. 만약 이 각각의 네트워크 패턴에서 밀그램의 메시지 전달 실험을 하면 어떤 일이 일어날까? 밀그램이 한 것처럼 각각의 네트워크에 '씨앗' 메시지를 뿌린다고 하자. 어느 쪽이 메시지를 더 빨리 확산시킬까? 그래노베터는 명확한 예측을 제시했는데, 기하학적 배열만 놓고 본다면 불꽃놀이 네트워크가 그물 네트워크보다 사회적 전염을 훨씬 빨리 확산시킬 것이라고 했다.

당연히 그럴 것 같다. 불꽃놀이 네트워크는 속도의 화신처럼 보인다. 우리는 메시지가 어느 장소에서 퍼지기 시작해 중심에 당도한 뒤, 다시 나머지 모든 사람에게 퍼져가는 양상을 상상할 수 있다. 이와는 대조적으로 그물 네트워크에서는 메시지가 꾸물거리면서 이웃에서 이웃으로 퍼져나가며, 그 과정에서 중복성에 많이 부닥친다.

그런데 복잡한 전염의 경우에도 똑같이 말할 수 있을까? 일부 저항을 야기하거나 사회적 협응이 필요한 전염을 확산시키려고 한다면 어떤 일이 일어날까? 예를 들어 트위터 같은 새로운 소셜 테크놀로지의 사용자를 늘리려고 하거나 아랍의 봄처럼 위험한 봉기에 시민의 동참을 유도하려고 한다면 어떤 일이 일어날까? 기업가가 새로운 경영 방식과 투자 전략을 확산시키려고 한다면? 혹은 운동가가 감정적 열광이 필수적인 시민 축제 행사나 정치 운동에 사람들을 모으려고 한다면? 이러한 사회적 전염들도 불꽃놀이 네트워크에서 더 빨리 퍼져나갈까?

나는 그 답을 알고 싶었다. 밀그램이 40년 전에 고안한 것과 같은 종류의 실험을 설계하려고 했다. 하지만 밀그램과 달리 나는 메시지를 한 사람에게 보내는 대신에 사회적 혁신을 **모든 사람**에게 퍼뜨리길 원했다. 나의 목표는 그래노베터의 개념을 검증하는 것이었다. 즉, 불꽃놀이 네트워크가 정말로 사회적 혁신을 확산시키는 데 더 효율적인지 알아보려고 했다. 혹은 약한 유대 이론과 반대로 그물 네트워크가 더 효율적인지 알아보려고 했다.

나는 의학 임상 시험의 패러다임을 바탕으로 실험을 설계했다. 하지만 진짜 약을 투여받은 사람들의 결과를 가짜 약을 투여받은 사람들의 결과와 비교하는 대신에, 그물 네트워크에서 연결된 전체 인구의 결과를 불꽃놀이 네트워크에서 연결된 전체 인구의 결과와 비교하려고 했다. 밀그램처럼 나는 각각의 네트워크에 사회적 전염을 '씨앗'으로 투여한 뒤, 그것이 어떻게 퍼져나가는지 관찰하려고 했다. 하지만 단순한 메시지를 확산시키는 대신에, 새로운 소셜 테크놀로지를 확산시키기로 했다. 그리고 각각의 네트워크에서 채택자의 수만 관찰하는 데 그치지 않고, 그 혁신이 얼마나 빨리 확산하는지도 관찰하려고 했다.

그것은 머릿속에서는 큰 흥분을 불러일으키는 실험이었다. 하지만 실행에 옮기는 것은 결코 쉬운 일이 아니었다.

나는 스탠리 밀그램의 개념이 이보다 훨씬 야심만만한 것이었다는 사실에서 위안을 얻으려고 했다. 밀그램은 중서부에 사는 사람들을 무작위로 선택해 결국에는 매사추세츠주에 사는 생면부지의 증권 중개인에게 전달하려는 목표로 친구들에게 엽서를 보내라고 설득해야 했다. 그가 연구를 하던 무렵에는 그것을 측정하는 것이 무엇을 의미하는지는 말할 것도 없고 소셜 네트워크가 무엇인지 아는 사람조차 거의 없었다. 그래도 밀그램은 사람들을 실험에 참여하도록(그리고 하버드대학교 측에서 연구비를 대도록) 설득할 수 있었다.

그리고 현대에 사는 내가 누릴 수 있는 이점이 한 가지 있었는데, 바로 인터넷이었다. 내가 이 실험을 시작한 2007년 무렵에 사람들은 인터넷을 사용해 온갖 종류의 연결을 맺고 있었다—가끔은 이미 알고 있는 사람들과, 하지만 모르는 사람들과 더 자주. 나는 그저 수천 명의 사람들을 서로 연결되길 원하도록 유인하는 방법만 찾으면 되었다. 중요한 것은 그들 사이의 연결을 내가 원하는 방식으로 배열할 필요가 있다는 점이었다. 그리고 그들은 서로의 행동에 영향을 미칠 수 있도록 네트워크에서 자신의 접촉자들에게 진정으로 관심을 가져야 할 필요가 있었다.

이것은 불가능에 가까울 정도로 어려운 일이었다.

하지만 내게는 좋은 아이디어가 있었다.

건강 동호회 실험

2007년, 나는 하버드대학교에서 연구비를 지원받아 소셜 네트워크에 대한 밀그램의 실험을 변형한 버전을 설계했다. 나는 인터넷을 기반으로 한 커뮤니티를 사용해 혁신의 확산을 연구하는 접근법을 수십 가지 고려했다. 나는 투자 커뮤니티에서부터 데이트 웹사이트에 이르기까지 온갖 것을 살펴보았다. 하지만 **건강 커뮤니티** 아이디어에 줄곧 마음이 끌렸다.

내가 건강 커뮤니티에서 가장 깊은 인상을 느낀 것은 회원들의 몰입도였다. 페이션츠라이크미Patients Like Me(루게릭병이라고도 부르는 ALS 환자들을 위한 의학 커뮤니티)에서 사람들은 낯선 사람들에게 자신의 병에 대해 이야기했다. ALS 같은 희귀 쇠약성 질환의 주요 문제 중 하나는 이 병에 걸린 환자가 다른 환자와 이야기를 나눌 기회가 전혀 없다는 점이다. 같은 병에 걸린 수천 명의 환자가 어딘가에 있는데도 불구하고 그들을 쉽게 찾을 방법이 없다. 이런 상황에서 페이션츠라이크미가 해결책을 제공했다. 그런데 연결되길 원하는 사람들은 희귀 질환에 걸린 사람들뿐만이 아니라는 사실이 드러났다. 페이션츠라이크미를 비롯해 수백 개의 온라인 건강 커뮤니티에서 매년 수백만 명이 익명의 동료들과 상호작용했다. 그들은 자유롭게 자신의 개인 건강 정보와 개인적 경험을 공유했고, 서로에게 의학적 조언을 제공했다. 나는 이들이 모르는 사이인데도 서로에게 깊은 관심을 보이는 것을 보고 큰 감동을 받았다. 이들은 일면식도 없는 사이인데도 서로의 의학적 결정에 영향을 미쳤다.

이 사이트들을 살펴보는 동안 한 가지 질문이 계속 머릿속에 맴돌았다. 이 연결들은 강한 유대일까 약한 유대일까?

이 커뮤니티들을 활성화시키는 핵심 요소가 과연 사람들의 비슷한 건강 관심일까 하는 의문이 들었다. 혹시 이 커뮤니티들을 사회적 영향력의 확산에 아주 효율적으로 만든 핵심 요소가 그 기반을 이루는 소셜 네트워크의 기하학에 있는 건 아닐까?

나는 이 커뮤니티들을 내 연구의 주형으로 삼기로 했다. 나는 새로운 온라인 건강 커뮤니티를 만든 뒤, 그것을 하버드대학교 암예방센터와 《프리벤션》, 《맨즈헬스》, 《우먼즈헬스》, 《셀프》 잡지를 비롯해 여러 주류 건강 웹사이트에서 광고했다. 사람들은 놀랍도록 큰 관심을 보였다. 1500명 이상이 이 연구에 참여하겠다고 신청했다.

연구에 참여하는 사람들은 간단한 설문지를 작성했는데, 사용자명을 선택하고 건강에 대한 개인적 관심과 염려를 모두 기술해야 했다. 일단 가입한 참여자는 자신과 비슷한 관심을 가진 '건강 동호회' 집단에 배정되었다. 건강 동호회 동료들은 바꿀 수가 없었고, 일단 배정된 동료들과 끝까지 함께 가야 했다. 만약 어떤 동료가 공유할 만한 새로운 건강 정보가 있으면, 그 정보가 이메일로 당신에게 도달한다. 당신 또한 자신의 정보를 그들과 공유할 수 있다.

나는 연구에 참여한 1528명을 무작위로 두 집단으로 쪼갰다.

그 결과, 각 집단에 764명씩이 배정되었다.

하지만 두 집단만으로는 충분치 않았다. 훌륭한 과학의 비결은 반복 실험에 있다.

그래서 나는 각 집단을 여섯 개의 커뮤니티로 나누었는데, 각 커뮤니티의 크기는 98명부터 144명까지 다양했다.

첫 번째 집단의 여섯 커뮤니티는 불꽃놀이 네트워크로 배열했고, 두 번째 집단의 여섯 커뮤니티는 그물 네트워크로 배열했다.

그 결과, 임상 시험에서처럼 불꽃놀이 네트워크와 그물 네트워크의 비교 실험을 여섯 번 할 수 있었다. 그럼으로써 실험 결과의 신뢰성을 높일 수 있었다.

참여자들을 각자의 네트워크에 배열하자, 내 관점에서 볼 때 이 연구는 여섯 개의 그물 네트워크가 여섯 개의 불꽃놀이 네트워크와 나란히 놓인 것처럼 보였다. 각각의 네트워크는 모두 정확하게 똑같은 수(네트워크에 따라 6명 또는 8명)의 동료들과 연결된 사람들로 채워져 있었다.

참여자가 볼 때에는 이 실험이 달리 보였다. 불꽃놀이 네트워크에 속한 사람은 네트워크에 접속했을 때 자신과 비슷한 관심을 가진 동료 6명을 보게 된다. 그물 네트워크에 속한 사람도 똑같이 자신과 비슷한 관심을 가진 동료 6명을 보게 된다. 사실, 자신의 건강 동호회 네트워크를 보는 것만으로는 자기 커뮤니티의 네트워크 기하학에 관한 정보를 아무것도 알 수 없다—심지어 커뮤니티의 크기가 아주 크다 하더라도. 참여자의 관점에서 볼 때에는 모든 커뮤니티가 다 동일하다.

참여자에게 네트워크의 기하학이 보이지 않더라도, 이들은 다른 사람의 행동을 제어할까? 내가 답을 찾으려고 한 질문이 바로 이것이었다. 하지만 이 실험이 제대로 성립하려면, 사람들이 서로에게 영향을 받아야 했다.

만약 당신이 이 커뮤니티에 가입했다면, 동료들에 대해 어떻게 생각할 것 같은가? 그들은 당신과 동일한 건강 관심을 갖고 있으므로, 당신은 그들의 조언에 귀를 기울일 것이다. 하지만 그들과 감정적으로 강한 유대를 느끼지는 않을 것이다. 어쨌든 그들은 낯선 사람들이니까.

정상적으로는 이 접촉자들은 약한 유대가 될 것이다. 그들 사이의 연결은 불꽃놀이 패턴과 비슷할 것이다. 만약 그들을 그물 패턴(약한 유대의 기하학으로는 부자연스러운)으로 연결하면, 전체 커뮤니티의 행동이 변해 혁신의 확산 속도를 크게 **증가**시킬까?

내 가설은 그러리라는 것이었다. 하지만 약한 유대 이론은 정반대의 상황을 시사한다. 이 이론에 따르면, **영향력 범위**는 좋고 **중복성**은 나쁘다.

그 결과를 확인할 때가 왔다.

실험의 목적을 위해 나는 참여자가 새로운 건강 자원에 관한 방대한 데이터베이스를 검색할 수 있는, 재미있고 사용하기 쉬운 소셜 테크놀로지를 도입했다. 참여자들은 이 자원을 서로 공유하고 각각의 자원을 평가할 수 있었다. 하지만 이 테크놀로지에 접근하려면, 먼저 한 웹사이트를 방문해 등록 신청서를 작성해야 했다.

내가 만든 혁신은 유용하게 쓰이도록 설계되었지만, 그와 동시에 저항에 부닥치도록 설계되었다. 모든 소셜 테크놀로지와 마찬가지로 그것은 복잡한 전염이었다. 혁신을 채택하는 데에는 신뢰성과 협응이라는 두 가지 장애물이 있었다. 첫째, 만약 그것을 채택하려고 생각한다면, 이 소셜 테크놀로지가 채택하여 사용하는 데 시간을 들일 가치가 있을 만큼 충분히 유용성이 있는지 알고 싶을 것이다. 둘째, 그 기술의 가치는 동료 채택자의 수에 달려 있었다. 가입한 동료의 수가 많을수록 더 많은 추천을 듣게 될 것이다. 다른 사람들도 그것을 채택했다는 확신이 들 경우에만 나도 이 신기술을 채택할 가능성이 높아진다.

이 연구를 시작하면서 나는 밀그램이 사용한 것과 동일한 과정을 밟았다. 각각의 네트워크에서 단 한 사람에게만 그 혁신을 제공함으로써 이 실험에 '씨앗'을 뿌렸다. 그 사람은 최초의 채택자, 즉 '변화의 중개인change agent'이었다. 새로운 채택자는 모두 자신의 접촉자에게 메시지를 전달해 그들에게 자신의 동료 중 한 명이 혁신을 채택했다는 사실을 알게 함으로써 혁신을 채택하는 데 동참하도록 자극한다.

그러고 나서 나는 놀라운 일이 일어나는 것을 지켜보았다.

불꽃놀이 네트워크에서는 정보가 전광석화처럼 퍼져나갔다. 혁신을 채택한 사람은 모두 네트워크 전체로 그 소식을 폭발적으로 퍼뜨렸다. 그 후 이웃 중 한 사람이 그것을 채택하면, 새로운 메시지 폭발이 사방으로 퍼져나갔다.

정보의 확산은 연쇄적으로 폭발하는 불꽃놀이와 똑같아 보였다. 그것은 최고의 효율로 퍼져나가는 바이러스성 확산이었다. 그런데 각각의 새로운 신호 폭발이 네트워크 곳곳의 많은 사람에게 도달했지만, 새로운 채택자가 많이 생겨나지는 않았다. 거의 모든 사람이 혁신을 인지했는데도 불구하고 실제로 채택하는 비율은 떨어졌다.

반대로 그물 커뮤니티에서는 처음에 정보가 아주 느리게 퍼져나갔다. 새로운 채택자는 앞선 채택자로부터 혁신에 관한 이야기를 들은 접촉자 군집에게 그 정보를 다시 보냈다. 이들 중에서 채택자가 나오기라도 하면, 이들이 전달하는 정보 역시 동일한 접촉자 군집에게 되돌아가는 경우가 많았다. 사람들이 혁신에 관한 정보를 두 명, 세 명, 혹은 네 명에게서 들은 뒤에야 그 정보가 마침내 새로운 사회 군집으로 옮겨갔다.

한 가지만큼은 그래노베터의 생각이 분명히 옳았다. 정보는 불꽃놀이 네트워크에서 훨씬 빨리 확산되었다.

하지만 실제 **채택**(등록 신청서를 작성하고, 해당 사이트에 접속하여 소셜 테크놀로지를 사용하는 행동)은 정반대로 나타났다. 비록 그물 네트워크는 중복성 때문에 정보의 확산을 지연시켰지만, 채택의 확산을 **빨리** 일어나게 했다.

여러 동료로부터 강화 메시지를 받은 사람은 혁신을 채택할 확률이 훨씬 높았다. 그리고 일단 혁신을 채택하면, 이들의 신호는 이웃에게 전달되는 강화 메시지의 합창에 힘입어 채택 비율을 더 높이는 결과를 낳았다.

나는 여섯 쌍의 네트워크 모두에서 동일한 결과를 얻었다. 비록 정보 확산 속도는 불꽃놀이 네트워크가 더 빨랐지만, 혁신을 채택하는 사람이 훨씬 많이 나온 쪽은 그물 네트워크였다. 사회적 중복성은 낭비가 **아니었다**. 그것은 새로운 행동에 대한 사회적 협응을 강화하는 중요한 기능을 했다.

불꽃놀이 네트워크에서 '얼리 어답터'(단 하나의 메시지를 보고 나서 혁신을 채택한 사람)는 대개 그 기술을 한 번만 사용하고는 다시는 접속하지 않았다. 그물 네트워크에서 다수의 동료로부터 사회적 확인을 받은 다음에야 채택한 사람(흔히 '느림보'라고 부르는 사람)은 그 후에도 새로운 건강 정보를 찾고 공유하기 위해 계속 접속해 그 기술을 사용할 확률이 훨씬 높았다. 사실, 느림보는 얼리 어답터보다 새로운 건강 기술을 계속 사용할 가능성이 300배 이상 높았다. 이 실험이 끝나고 나서 몇 달이 지난 뒤에도 이들은 계속 접속해 그 기술을 사용했다.

왜 그럴까?

네트워크의 중복성은 두 가지 기능을 했다. 처음에 다수의 동료로부터 받는 강화 메시지가 그 혁신의 협응 가치와 신뢰성을 보여주었다. 이것은 혁신의 채택을 낳았다.

하지만 전화나 트위터와 마찬가지로 어떤 소셜 테크놀로지를 채택하는 이유는 그것을 계속 사용하는 이유기도 했다. 그것을 채택한 이웃이 많다는 것은 더 많은 추천을 받는다는 것을 의미하며, 이는 곧 그만큼 더 가치가 있다는 것을 의미한다. 낯선 사람들 사이에서도 강화 네트워크의 기하학은 사람들을 되돌아오게 만들었다.

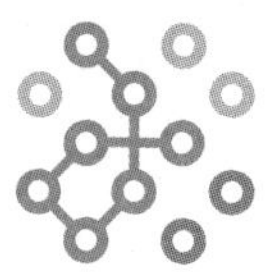

5장

밈, 봇, 정치적 변화

복잡한 전염의 작용

2012년 가을, 대통령 선거를 앞두고 공화당 후보 밋 롬니와 현직 대통령이던 민주당 후보 버락 오바마 사이의 경쟁이 가열되었다. 많은 사람들이 지켜본 토론에서 롬니는 민주당이 예산을 경솔하게 낭비한다고 비난했다. 그리고 즉흥적으로 튀어나온 애드리브로 어린이를 위한 혁신적 교육 프로그램으로 유명한 미국의 공영 방송 PBS에 대한 정부 지원을 중단하라고 요구했다. 어린이에게 사랑받는 PBS의 유명 프로그램 〈세서미 스트리트Sesame Street〉를 중단하라는 롬니의 이 즉흥적 발언•에 트위터 세계가 폭발했다. 불과 몇 분 만에 #SupportBigBird

• 대선 TV 토론 도중 롬니는 재정 적자 문제를 거론하면서 "PBS도 좋아하고 '빅 버드'도 좋아하지만…… PBS를 지원하지는 않겠다"라고 말했다. 빅 버드Big Bird는 〈세서미 스트리트〉에 등장하는 캐릭터이다.

가 수천 번이나 트윗되었고, 새로운 밈이 생겨나 걷잡을 수 없이 퍼져 나갔다. 그것은 단순한 전염이었을까, 복잡한 전염이었을까?

해시태그의 속도

밋 롬니의 빅 버드 언급이 트위터 세계를 폭발하게 만들기 1년 전, 존 클라인버그가 이끄는 코넬대학교 컴퓨터과학자 팀이 트위터에서 왜 어떤 해시태그는 다른 해시태그보다 훨씬 빨리 확산되는가라는 수수께끼를 푸는 데 뛰어들었다.

클라인버그(상냥한 성격에 예리한 지성을 갖춘 박식가)는 단순한 전염과 복잡한 전염을 구분하면 이 수수께끼를 이해하는 데 도움이 될 것이라고 생각했다. 그리고 진짜 수수께끼는 해시태그처럼 단순한 것이 어떻게 복잡성을 지니는지 알아내는 데 있다고 믿었다. 밈을 전파하려면 그저 다음번 트윗에 바이러스성 해시태그(#SupportBigBird 같은)를 복사해 붙여넣기만 하면 되었다. 훨씬 간단하게는 리트윗 버튼을 누르기만 하면 되었다.

클라인버그는 25세의 나이에 이미 권위자로 대우받았다. 코넬대학교에서 학사 학위를 받고 매사추세츠공과대학교에서 박사 과정을 마친 뒤, 적극적인 영입 제안을 받고 코넬대학교에서 조교수로 일하기 시작했다. 클라인버그는 물리학자 리처드 파인먼의 전철을 밟아 코넬대학교에서 많은 대학원생보다 더 어린 나이에 교수가 되어 학생들을 가르치기 시작했다. 너무 이른 출세에 대한 사람들의 우려를 불식시키려는 듯이, 클라인버그는 얼마 지나지 않아 소셜 네트워크 연구로 명성이 높은 맥아더재단에서 연구 기금(흔히 '천재상genius award'이라고 부른다)을 받았다. 혁신적이고 엄밀한 학자라는 클라인버그의 명성이 이제 확고하게 뿌리를 내렸다. 그날부터 클라인버그는 내키는 대로 어떤 주제든 연구할 수 있었다. 그때, 트위터에서 해시태그가 어떻게 전달되는지 알아내는 문제가 그의 관심을 끌었다.

클라인버그는 공동 저자인 대니얼 로메로와 브렌던 미더와 함께 그해에 트위터에서 인기를 끈 여러 종류의 해시태그 사이에 어떤 차이가 있는지 조사했다. 이 해시태그들이 채택된 패턴을 살펴보던 클라인버그 팀은 놀라운 것을 발견했다. 그들이 '관용구 해시태그idiom hashtag'(예컨대 #dontyouhate나 #musicmonday)라고 부른 것과 정치적 해시태그(예컨대 #TCOT와 #HCR, 즉 '트위터의 최고 보수주의자들Top Conservatives on Twitter'과 '보건 의료 개혁Health Care Reform') 사이에는 분명한 차이가 있었다. 관용구 해시태그의 경우에는 바이러스성 확산 시나리오가 성립했다. 사용자들은 단 한 번만 보고도 이 해시태그를 사용하기 시작했다. 이 해시태그는 단 한 번의 접촉만으로도 이 사람에서 저 사람에게로 효율적으로 퍼져나갔다. 이런 해시태그는 단순한 전염이었다.

정치적 해시태그는 달랐다. 클라인버그 팀의 표현을 빌리면, 정치적 해시태그는 "대화의 관용구보다 사용하기가 더 위험했는데…… 동일한 사회 집단에 속한 사람들로부터 배척당할 수 있는 입장을 공개지지하는 것이기 때문이다." 트위터 사용자들은 대개 자신의 사회 집단에 있는 여러 사람으로부터 동일한 해시태그를 받은 다음에야 그 해시태그를 채택했다. 따라서 정치적 해시태그는 복잡한 전염이다.

○-○ 등호의 속도

2013년 3월 25일, 민권 운동 단체인 인권캠페인Human Rights Campaign, HRC이 온라인 역사상 최대 규모의 사회 운동 중 하나를 시작했다. 그 주에 미국 연방 대법원은 미국 내에서 동성 결혼의 운명을 결정할 두 사건을 심리했다. HRC는 이 역사적 사건에 동참하기 위해, 사람들에게 결혼의 동등성을 지지한다는 것을 보여주는 표시로 페이스북 프로필 사진과 아바타를 등호(=) 이미지로 바꾸자고 촉구했다. 그때까지 HRC의 로고는 파란색 배경에 밝은 노란색 등호를 사용해왔다. 이제 이 로고는 빨간색 바탕에 분홍색 등호로 색이 바뀌었다. 빨간색과 분홍색은 사랑을 상징했다.

일주일 이내에 약 300만 명이 새로운 로고를 사용해 자신의 프로필 페이지를 바꾸었다. 이것은 유례없는 전국적인 동성 결혼 지지 표명이었다.

HRC가 시작한 이 운동의 믿기 어려운 성장을 놓고 볼 때, 이것은 사회 운동이 바이러스처럼 크게 확산한 교과서적 사례(아마도 '고착성'이 높은 새로운 로고에 도움을 받은 단순한 전염 사례)라는 결론이 일견 타당해 보인다. 하지만 라다 아다믹(1장에서 세컨드라이프 연구를 진행했던)을 포함해 페이스북의 두 연구자가 이 현상을 좀더 자세히 들여다보기로 결정했다.

아이스크림 무한 제공과 전위적인 산업 건축물 외에 페이스북에서 일하는 매력 중 하나는 유례없는 데이터 접근 능력이다. 많은 사람들이 페이스북에서 일어난 등호의 대규모 확산 원인을 추측했지만,

아다믹과 동료 보그던 스테이트는 그것을 과학적으로 연구하기에 누구나 부러워할 만한 위치에 있었다.

이들은 수천만 개의 '공유하기'와 댓글, '좋아요'를 추적하면서 등호뿐만 아니라 등호와 무관하지만 전해에 페이스북에서 큰 인기를 끈 소셜 밈 수십 개의 확산도 분석했다. 거기에는 널리 공유되거나 좋아요를 많이 받은 사진에서부터 부활절과 기타 공휴일의 의미에 관한 특정 주제의 메시지를 게시하는 것처럼 크게 유행한 행동까지 포함되었다. 이 분석을 통해 아다믹과 스테이트가 발견한 사실은 클라인버그가 트위터에서 발견한 사실과 일치했다. 즉, 사진 공유는 단순한 전염이었다. 사진은 아주 빨리 퍼져나갔다. 평균적으로 단 한 번의 접촉 뒤에 한 사람에서 다른 사람에게로 전파되었다. 하지만 등호는 더 많은 접촉자로부터 강화를 받은 뒤에야 받아들여졌다. 왜 그럴까? 인기 있는 사진을 공유하는 행동과 인기 있는 프로필 변화를 받아들이는 행동 사이에는 어떤 차이가 있을까?

아다믹과 스테이트는 페이스북 사용자가 등호 로고 운동이 충분히 정당성이 있고 널리 받아들여져 자신도 그것을 지지해도 되겠다는 확신을 얻으려면 사회적 증거(동료들의 승인)가 필요했다고 결론 내렸다. 두 사람은 이렇게 설명했다. "많은 개인에게 자신이 믿는 대의에 대한 지지를 표명하기 전에 다수의 출처로부터 얻은 사회적 증거가 왜 필요한지는 쉽게 알 수 있다. 현상現狀에 도전하는 행동에 관여하는 것은 본질적인 위험을 수반한다." 그런 위험은 국지적이고 개인적인 것("생각이 다른 친구와 벌이는 언쟁")에서부터 "압제 정권에 맞서는 정치 운동 활동가가 경험하는 것처럼 목숨의 위협을 받는 것"에 이르기까지 다양하다.

등호 로고 운동은 강화 유대(빽빽하게 상호 연결된 접촉자 집단)를 통해 추진력을 얻었다. 그것은 바이러스처럼 확산하지 않았다. 그것은 복잡한 전염이었다. 그리고 채택자들이 느끼는 위험을 극복할 수 있을 만큼 충분한 사회적 확인을 받았기 때문에 확산되었다. 아다믹의 연구와 클라인버그의 연구에서 한 가지 중요한 요점은, 논란을 초래할 잠재성이 있는 개념은 사회적 확인을 중복적으로 제공하는 네트워크가 필요하다는 것이다—심지어 트위터나 페이스북에서도.

아이스버킷과 그 밖의 밈에 관하여

아이스버킷 챌린지는 소셜 미디어의 기묘한 전염 중 하나로, 처음 나타난 지 몇 년이 지나도 설명하기 어려운 현상으로 남아 있다. 다른 유행과 마찬가지로 이 현상을 사전에 예측하기는 거의 불가능했다. 어쨌든 우리는 그렇게 생각했다.

아이스버킷 챌린지는 2014년 여름에 뿌리를 내렸는데, 미국 전역에서(그 뒤를 이어 전 세계에서) 수백만 명이 얼음물을 머리 위에서 뒤집어쓰는 장면을 자발적으로 촬영했다. 이 영상들은 소셜 미디어에 게시되고 시청되고 전달되고 모방되었다. 이것은 큰 효과를 낳았다. 주지사와 프로 스포츠 스타, 영화 스타, 텔레비전 배우를 비롯해 유명 인사들도 대부분 아이스버킷 챌린지에 동참했다.

아이스버킷 챌린지는 피트 프레이츠라는 대학 야구 선수가

2014년에 ALS에 대한 인식을 높이기 위해 시작했다. 그런데 이것은 아주 큰 규모로 성장하여, 단지 이 질병에 대한 인식을 유례없는 수준으로 높이는 데 그치지 않고, ALS 자선 단체들에 막대한 기부금이 쏟아져 들어오는 결과를 낳았다.

그해 6월 1일부터 8월 13일까지 모두 120만 편의 영상이 공유되었고, 트위터에서 이를 언급한 글은 220만 개 이상이나 되었다. 7월 29일부터 8월 17일까지 소셜 미디어 캠페인을 통해 ALS 자선 단체들에 기부된 돈은 4180만 달러 이상으로 그 전해 동안 모금된 금액을 훨씬 상회했다. 아이스버킷 챌린지는 바이럴 영상의 상징이 되었다. 과학자들과 마케터들은 이 동영상을 그토록 특별하게 만든 핵심 요소가 무엇인지 알아내려고 몇 년을 쏟아부었다. 왜 많은 동영상은 인기를 끌지 못하는 반면에 이 동영상은 큰 인기를 끌었을까? 바이러스성 확산의 성공을 거둔 비결은 무엇일까?

2014년, 영국 수학자 대니얼 스프레이그와 토머스 하우스는 아이스버킷 챌린지(그리고 그 밖의 모든 바이럴 영상)의 성공 뒤에 숨어 있는 수학적 원리를 이해하는 연구에 착수했다. 그들은 '플랭킹planking'(공공장소에서 특정 요가 자세를 꼼짝 않고 유지하는 것)에서부터 고액권을 씹어먹는 시늉을 하는 것에 이르기까지 2014년에 가장 큰 인기를 끈 밈 26개를 조사했다. 이 모든 성공 사례를 관통하는 공통의 주제나 특징, 유발 요인 같은 것은 없었다. 어떤 밈은 감정적 유발 요인이 있었지만, 다른 밈들은 그렇지 않았다. 어떤 밈은 사회적 통화social currency•가 있었지만, 다른 밈들은 그렇지 않았다. 실용적 가치를 지닌 것이 있는 반면, 그렇지 않은 것도 있었다. 통계적으로 볼 때, 성공 사례와 실패 사례의 특징 사이에는 체계적인 차이가 존재하지 않았다. 유일한 수학적 차이는, 성공한 사례들은 거의 다 사회적 강화 네트워크로부터 혜택을 얻었다는 것뿐이었다. 그것들은 복잡한 전염이었다.

그러고 나서 스프레이그와 하우스는 놀라운 일을 했는데, 바로 예측을 한 것이다. 복잡한 전염 모형으로 다음번에 어떤 밈이 유행할지 알 수 있을까? 스프레이그와 하우스는 과감하게도 자신들의 발견을 검증하는 데 착수했다.

2014년 초여름에 아이스버킷 챌린지는 이제 막 널리 퍼져나갈 위한 준비를 하고 있었다. 그것이 인기를 끄리란 것은 분명했지만, 어디까지 퍼져나갈지는 아무도 몰랐다. 그 성장은 계속될까? 아니면 대다수 유행처럼 곧 사그라들고 말까? 스프레이그와 하우스는 손에 넣을 수 있는 데이터를 모아 분석했다. 복잡한 전염 모형을 사용해 트위터 네트워크에서 이 새로운 소셜 밈의 대규모 확산을 낳을 사회적 강화 군집들이 형성될 확률을 계산했다. 그들은 그런 일이 즉각 일어나지 않을 것이라고 예측했다. 온라인 네트워크 내에서 사회적 강화가 형성되기까지는 몇 주일이 걸릴 것으로 계산되었다. 하지만 일단 사회적 강화가 형성되면, 전염은 임계 질량에 도달해 아주 크게 유행할 것으로 보였다.

스프레이그와 하우스는 아이스버킷 챌린지의 인기는 몇 주 안에 1000% 증가해 8월 중순에 인터넷에서 폭발할 것이라고 예측했다.

● 사회적 관계 자산을 늘리는 데 도움이 되는 모든 것. 사람들은 사회적 통화 가치가 높은 것, 즉 다른 사람과 관계 유지와 증진에 도움을 줄 수 있는 것을 선호한다.

그런데 두 사람은 아이스버킷 챌린지의 인기 하락도 예측했다. 일단 이 네트워크들에서 포화 상태에 이르고 나면 아이스버킷 챌린지는 급속하게 사라져갈 것이라고 했다. 그리고 8월 말에는 아이스버킷 챌린지의 인기가 정점을 지나 초여름 수준으로 떨어질 것이라고 추측했다.

1장에서 우리는 인플루언서들이 트위터에서 어떤 것을 크게 유행시키는 데 별 역할을 하지 않는다는 것을 보았다. 아이스버킷 챌린지의 경우에도 마찬가지였다. 트위터를 받아들인 오프라 윈프리처럼 NBC의 인기 프로그램 〈투데이 쇼〉 진행자 맷 라우어는 방송 중에 아이스버킷 챌린지를 감행하여 모두를 즐겁게 하면서 좋은 반응을 얻었다. 그의 시도는 분명히 아이스버킷 챌린지의 성장에 도움을 주었지만, 그 시점에 이 밈은 이미 급성장 단계에 돌입한 뒤였다. 오프라 윈프리와 트위터의 경우와 마찬가지로 소셜 전염의 성공 뒤에 숨어 있는 진짜 질문은 **"이 아이디어가 어떻게 유명 인사의 지지를 얻어냈는가?"**가 아니라, **"어떻게 이 아이디어가 그토록 효과적으로 성장해 유명 인사들조차 거기에 관여하길 원하게 되었는가?"**이다.

아이스버킷 챌린지의 미래에 대한 스프레이그와 하우스의 예측은 유명 인사의 지지에 기반을 둔 것이 아니라 복잡한 전염의 수학에 기반을 둔 것이었다. 그리고 이들의 예측은 옳았다. 이들은 급성장과 정점, 가파른 하락의 시점을 정확하게 예측했다. 그 과정에서 두 사람은 다른 (어쩌면 덜 유명한) 밈들의 성장과 정점과 하락을 정확하게 예측할 수 있는 모형을 만들었다.

스프레이그와 하우스의 놀라운 발견은 소셜 미디어에서 일어나는 확산에 대해 생각하는 방식을 바꾸어놓았다. 바이러스성 밈은 약한 유대를 통해 퍼져나감으로써 급팽창한다. 복잡한 전염도 급성장할 수 있지만 그러려면 사회적 중복성이 필요하다. 이 통찰은 과거의 성공을 이해하는 데뿐만 아니라 미래의 성공을 예측하는 데에도 유용하다.

사회적 선을 위한 봇

2014년, 덴마크 컴퓨터과학자 수네 레만과 세 동료—뱌르케 뫼스테드, 피오트르 사피옌스키, 에밀리오 페라라—는 이 개념을 한 단계 더 발전시켰다. 이들은 트위터를 통해 우연히 퍼져나가는 전염을 단순히 관찰하는 대신에 복잡한 전염의 과학적 원리를 사용해 **자신들의** 트위터 밈을 확산시킬 수 있는지 알아보고 싶었다.

컴퓨터과학자라는 장점을 활용해 이들은 그 과정을 자동화하길 원했다. 이들이 생각한 아이디어는 '봇bot'(자동 메시지 전송 프로그램)을 사용해 트위터 메시지를 확산시키는 것이었다. 게다가 이들은 단순히 임의의 메시지를 확산시키는 게 아니라, 사회적 협력과 긍정적 느낌을 촉진하는 메시지를 확산시키려고 했다. 이들은 봇을 사용해 사회적 선을 행하고 싶었다.

2014년, 봇은 뉴스에 자주 등장했지만 좋은 이유 때문에 그런 것은 아니었다. 자신을 지지하는 여론이 높다는 모양새를 인위적으로 연출하기 위해 정치인이 봇을 사용하는 사례가 점점 늘어나고 있었다(이 기술을 **아스트로터핑**astroturfing이라 부르는데, 인조 잔디 브랜드인 아스트로터프AstroTurf에서 유래한 이름이다. 조작된 시민운동을 가리키는 이 용어는 풀뿌리 운동과 비교해 지어낸 말장난이다). 레만 팀은 소셜 미디어에서 봇의 확산이 초래하는 폐해를 잘 알고 있었지만, 봇 문제를 완전히 반전시키고 싶었다. 봇이 해악을 저지르지 못하도록 방지하는 방법을 연구하는 대신에 예의와 사회적 격려를 촉진하도록 봇을 사용하는 방법을 찾으려고 했다.

그들이 답을 찾으려고 한 핵심 질문은 긍정적 밈이 단순한 전염이냐 복잡한 전염이냐 하는 것이었다. 그리고 긍정적 밈을 확산시키는 최선의 봇 전략은 무엇일까?

아이스버킷 챌린지 열기가 사그라들고 나서 한 달 뒤, 레만 팀은 잘 설계된 봇 39개를 트위터에 배치했다. 2014년 9월부터 2014년 11월까지 6주일 동안 이 봇들은 글을 게시하면서 인간 팔로워가 2만 5000명이 넘는 연결 네트워크로 성장했다(어쩌면 당신도 팔로워 중 한 명이었을지 모른다).

그러고 나서 레만 봇들이 서로 연결되었다. 봇을 봇과 연결한다는 생각은 어리석어 보일 수 있다. 바이럴 마케팅의 관점에서 보면, 이것은 텔레마케터들끼리 서로 전화를 거는 것처럼 황당한 자원 낭비로 보인다. 도대체 왜 그런 짓을 한단 말인가?

하지만 이것은 이 연구에서 가장 독창적인 특징 중 하나였다. 이 봇들의 네트워크(혹은 봇네트botnet)는 두 종류의 사회적 강화를 만들어냈다. 명백한 종류의 사회적 강화는 다수의 봇에게 동일한 메시지를 받는 봇의 팔로워들로부터 나왔다. 반면에 덜 명백한 종류의 사회적 강화는 봇들의 상호작용을 관찰하는 사람들로부터 나왔다. 이것은 제

3자 효과를 빚어냈다. 봇들이 메시지들을 전달하고 좋아요를 누르는 행동을 다른 봇들이 따라 하자 그 메시지들의 정당성이 높아졌다. 봇들 간의 상호작용은 눈길을 끄는 사회적 승인 지표를 제공해 봇들이 실재한다는(그리고 봇들이 흥미로운 이야기를 한다는) 착각을 강화하는 데 도움을 주었다.

봇들이 인간과 봇 팔로워들로 이루어진 네트워크를 구축하자, 그다음 단계는 사회적 선을 확산시키는 것이었다. 2014년 11월부터 2014년 12월까지 레만 봇들은 새로운 밈들을 세상에 내보냈다.

레만 팀은 밀그램의 메시지 전달 실험과 비슷하게 봇들을 새로운 밈을 확산시키는 최초의 씨앗으로 사용했다. 하지만 그 목적은 매사추세츠주에 사는 단일 표적으로 메시지를 보내는 것이 아니었다. 그 목적은 사회적 밈을 모든 사람에게 확산시키는 것이었다. 그러한 밈은 #getyourflushot(독감 예방 주사를 맞으세요), #highfiveastranger(낯선 사람에게 하이파이브를), #HowManyPushups(팔굽혀펴기를 몇 번 할 수 있나요), #somethinggood(뭔가 좋은 일), #SFThanks(SF에 감사)를 포함해 모두 여덟 개가 있었는데, 그중 일부를 본 사람도 있을 것이다.

예컨대, #getyourflushot는 말 그대로 사람들에게 매년 독감 예방 주사를 맞으라고 권하고 그런 행동을 축하하는 트윗을 올린다. 이와 비슷하게 #highfiveastranger도 사람들에게 거리에서 만나는 임의의 사람에게 하이파이브를 하고 그 경험을 트윗으로 올리라고 권한다. 이것들은 아주 심오한 의미가 담긴 밈은 아니지만, 그래도 긍정적인 사회적 메시지를 전한다.

이 밈들은 놀랍도록 큰 성공을 거두었다. 레만의 밈들은 아주 널리 퍼졌다. 그리고 이것들은 모두 중복적 사회적 유대를 통해 전달되는 복잡한 전염이었다. 그 성공의 비결은 사회적 강화였다.

4장에서 소개한 나의 혁신 확산 실험과 마찬가지로 레만은 단일 출처로부터 반복적인 메시지를 보내는 것은 효과가 없다는 사실을 발견했다. 이 밈들의 확산에서 중요한 요소는 사람들이 동일한 메시지를 여러 **차례** 받는 것이 아니라, 다수의 **출처**로부터 그 메시지를 받는 것이었다. 실제로 동일한 봇으로부터 강화 신호를 받은 사람들은 단 하나의 신호를 받은 사람들보다 그 밈을 받아들일 가능성이 낮았다. 하지만 다수의 봇으로부터 중복 신호를 많이 받자 밈의 채택 비율이 크게 높아졌다. 사실, 강화 신호가 많을수록 더 효과가 좋았다. 더 많은 봇이 동일한 밈에 대한 사회적 확인을 제공할수록 밈의 채택 비율은 크게 치솟았다.

레만이 연구에 착수하기 약 10년 전에 트위터는 전국적 확산을 위해 이웃과 친구 사이의 강화 네트워크를 사용했다. 밈은 트위터에서 사회적 강화 기하학을 제공하는 경로들을 따라 동일한 방식으로 나아가는 것으로 드러났다. 레만 팀이 발견한 새로운 통찰은 이 사회적 과정을 예측할 수 있을 뿐만 아니라 자동화할 수 있다는 사실이었다. 단지 소수의 봇만 사용하면 그렇게 할 수 있었다.

아주 오랫동안 우리는 감정적 유발 요인과 고착성이 높은 메시지가 전염성 확산의 필수 요소라는 말을 귀에 못이 박히게 들어왔다. 하지만 39개의 레만 봇은 다른 것을 보여주었다. 백신 접종을 권장하는 메시지조차 전염성을 띨 수 있다. 성공 비결은 그 메시지가 적절한 방식으로(중복적 유대 군집 내에서) 소셜 네트워크에 뿌리를 내리도록 하는 것이었다. 메시지의 고착성보다 더 중요한 것은 그것이 받는 사회적 강화이다.

6장

전염 인프라

넓은 가교의 중요성

1970년대에 마크 그래노베터가 소셜 네트워크에 관해 선구적인 연구를 진행한 이래, 서로 다른 사회 군집에 속한 사람들 사이를 이어주는 연결을 **가교**bridge라고 불러왔다. 이 가교는 약한 유대와 같은 뜻으로 쓰였다. 즉, 서로 멀리 떨어진 소셜 집단들에 속한 사람들을 이어주는 가느다란 사회적 연결이었다. 초기의 네트워크과학자들은 가교의 가치를 흔히 그 길이로, 즉 집단들 사이의 사회적 거리로(내가 **영향력 범위**라 부르는 것으로) 측정했다. 심지어 지금도 지배적인 가정은 **영향력 범위**가 성공의 열쇠라는 것이다—단지 사회과학자들 사이에서뿐만 아니라 여러 산업 분야와 로비 업계에 종사하는 대다수 사람들 사이에서도.

하지만 가교를 다르게 생각하는 방법이 있는데, 길이 대신에 폭

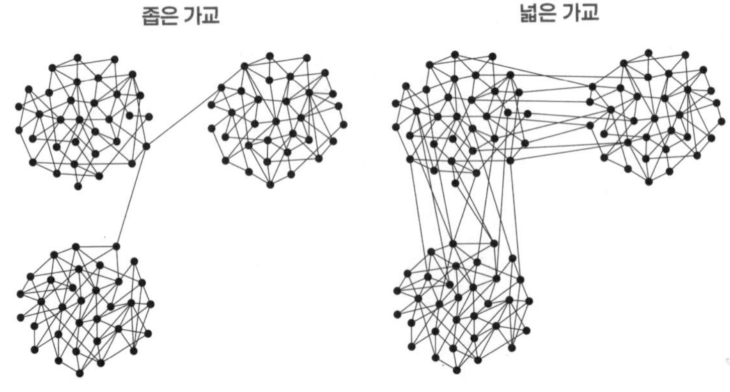

의 관점에서 바라보는 것이다. 여기서 폭은 가교에 포함된 유대의 **수**를 의미한다. 약한 유대는 **좁은 가교**이다. 한 조직 내에서 좁은 가교는 어떤 부서(예컨대 기술팀)의 한 사람과 다른 부서(예컨대 영업팀)의 한 사람 사이를 잇는 단 하나의 유대로 이루어질 수도 있다. 기술팀 사람들이 영업팀 사람들을 만날 일이 거의 없는 회사에서는, 예컨대 공학자 이사벨라와 영업팀장 셀린 사이의 약한 유대가 회사 조직 네트워크를 가로지르는 좁은 가교가 된다. 이 가교는 두 부서 사이에 유용한 정보가 전파될 수 있는 드문 기회를 제공한다.

이와는 대조적으로 **넓은 가교**는 진정한 협력을 반영한다. 어떤 부서의 많은 사람들이 다른 부서의 많은 사람들과 다수의 중첩적 연결을 통해 서로 관여한다. 넓은 가교의 특징은 영향력 범위가 아니라 **중복성**이다. 넓은 가교는 다리 양쪽에 있는 사람들에게 다수의 동료로부터 의견과 조언을 듣고 다양한 아이디어를 논의할 수 있게 해준다. 넓은 가교는 더 강한 유대를 의미한다.

복잡한 전염이 지리적으로 확산되는 경우가 많은 이유는 같은 지역에 사는 이웃들 사이에 넓은 가교가 많이 존재하기 때문이다. 하지만 가교의 폭에서 핵심 요소는 지리적 특성이 아니라 중복성이다. 트위터의 역사가 완벽한 예를 제공한다. 트위터는 샌프란시스코 주변에서 국지적으로 확산한 뒤 매사추세츠주 케임브리지로 훌쩍 건너뛰었다. 트위터는 강한 유대(넓은 가교)로 이루어진 강화 네트워크를 사용해 전국으로 퍼져나갔는데, 이 네트워크는 지리적으로 서로 멀리 떨어진 도시들을 연결했다. 이 넓은 가교는 이 커뮤니티들 사이의 사회적 협응을 촉진했고, 이에 따라 새로운 기술의 신뢰성과 가치를 확립했다. 넓은 가교의 물리적 거리가 얼마이건(지리적으로 가깝건 멀건) 간에 그 영향력은 사회적 강화에서 나온다.

좁은 가교는 약한 유대를 통해 정보를 빨리 전달시킨다. 넓은 가교는 강한 유대를 통해 사회 변화를 촉진한다.

네트워크의 틈새를 활용해 출세하는 방법

조직에는 좁은 가교와 넓은 가교 중 어느 것이 더 좋을까?

그 답은 조직 내에서 당신이 어떤 사람이냐에 따라, 그리고 당신이 이루고자 하는 것이 무엇이냐에 따라 달라진다.

만약 당신의 목표가 단순한 정보 공유라면, 좁은 가교가 완벽한 해결책이다.

서로 연결되지 않은 일련의 사일로silo들로 이루어진 조직을 생각해보자. 기술팀 사람들은 영업팀 사람들과 대화를 나누는 법이 결코 없다. 그리고 영업팀 사람들은 디자인팀 사람들과 거의 대화를 나누지 않는다. 각 집단 내의 유대들은 그물 패턴으로 연결돼 있다. 하지만 조직 네트워크에는 틈새가 존재하며, 이 때문에 소중한 기회가 많이 사라진다.

공학자 이사벨라가 소셜 네트워킹에 관한 책을 몇 권 읽었다고 가정해보자. 이 책을 통해 이사벨라는 조직 네트워크의 틈새를 전략적 기회로 볼 수 있다는 사실을 배웠다. 만약 이 틈들을 연결할 수만 있다면, 이사벨라는 서로 다른 집단들 사이에서 정보의 확산에 도움을 주는 **중개인**이 될 수 있다. 이사벨라는 출세하길 원하고, 자신의 소셜 네트워크를 활용해 그 목표를 이루려고 한다.

이사벨라는 기술팀에서 가장 멀리 떨어져 있는 집단 중 하나가 영업팀이라는 사실을 알고 있다. 기술팀 직원과 영업팀 직원이 서로 만날 기회는 거의 없으며, 굳이 만날 생각도 하지 않는다.

이사벨라는 기술팀과 영업팀을 잇는 연결(좁은 가교)을 자신이 만들기로 결정한다. 엘리베이터에서 우연히 영업팀장 셀린을 만난 이사벨라는 대화를 시도한다. 두 사람은 죽이 아주 잘 맞는다. 이사벨라는 영업팀에서 흥미를 느낄 만한 기술팀의 일들을 소개한다. 그리고 영업팀의 내년도 사업 계획에 관한 정보를 얻는다.

얼마 후 이사벨라는 지역 회의에서 생산팀의 아리아를 만나 자신을 소개한다. 아리아는 생산팀에서 다루고 있는 사안들을 이사벨라에게 알려주고, 이사벨라는 셀린을 통해 들은 영업팀의 소식을 아리아에게 알려준다. 휴일에 열린 회사 파티에서 이사벨라는 인사팀의 재키를 만난다. 두 사람은 죽이 잘 맞아 조직이 추진하는 새로운 다양성과 포용 계획에 대해 논의한다.

한두 달에 한 번씩 이사벨라는 자신의 약한 유대들을 틈틈이 챙긴다. 새로운 상황 변화가 있는지 살펴보고 자신이 얻은 정보를 회사 전체에 공유한다.

연결된 사람이 많을수록 이사벨라는 회사 내에서 무슨 일이 일어나는지 알고 싶으면 찾아가서 물어봐야 할 사람으로 더 각광을 받는다. 자신을 그렇게 간주하는 사람이 많을수록 이사벨라는 새로운 연결을 만들기가 더 쉬워진다. 그리고 더 성공할수록 좁은 가교들로 이루어진 개인적 네트워크는 불꽃놀이 패턴에 가까워진다. 그렇게 이사벨라의 약한 유대들은 조직 내 구석구석까지 뻗어나간다.

정보 중개인이 되는 것은 좋은 일이다. 거기서 얻는 전략적 이득은 막대하다. 이사벨라는 새로운 정보와 때로는 기밀 정보에 배타적으로 접근할 수 있다. 접촉자들의 다양성 덕분에 이사벨라는 조직 내에서 눈에 띄는 존재로 부상하며, 다양한 정보원에 접근하는 능력 덕분에 새로운 가교를 놓길 원하는 사람들에게 소중한 존재가 된다.

이사벨라의 좁은 가교 네트워크는 단지 이사벨라에게만 이익이 되는 것이 아니다. 이사벨라의 네트워크가 더 광범위해질수록 이사벨라는 회사에 더 소중한 존재가 된다. 이사벨라의 네트워킹 노력 덕분에 회사 내 집단들 사이에는 이전보다 훨씬 많은 정보가 흘러다니게 된다.

이사벨라의 네트워킹 전략은 소셜 네트워크를 활용해 출세하는 방법을 알려주는 교과서적 사례처럼 보인다.

하지만 당신은 이 책을 충분히 읽었으니, 좁은 가교가 문제를 낳을 수도 있지 않을까 하는 생각이 들 것이다.

문제는 **정보 공유**와 **지식 전달** 사이의 중요한 차이점에서 생겨난다. 좁은 가교는 단순한 정보 공유에는 아주 좋다. 이사벨라의 약한 유대들은 조직 내의 먼 곳들에서 새로운 사실을 많이 수집하게 해준다.

하지만 이사벨라의 좁은 가교 네트워크는 조직의 변화를 확산시키는 데에는 도움을 주지 **못한다**.

왜 그럴까?

조직의 변화를 가져오려면 **사람들에게** 변하라고 설득하는 과정이 필요하다. 사람들은 새로운 기능을 배우고, 새로운 작업 과정을 개발하고, 새로운 절차에 적응해야 한다. 조직의 변화가 일어나려면 집단들과 부서들 사이에 깊은 수준의 지식 전달이 일어나야 한다. 협력이 필요한 새 프로젝트에 동참해 함께 일하라고(혹은 새로운 사업 전략을 받아들이거나 새로운 프로젝트 관리 기술을 받아들이라고) 사람들을 설득하는 것은 쉬운 일이 아니다. 사람들은 혁신에 저항하는데, 변화는 대개 어렵고 거의 항상 위험하기 때문이다.

이사벨라의 좁은 가교 네트워크는 조직 내에서 일어나는 일에 대해 많은 것을 알 수 있게 해준다. 하지만 자신이 배운 것을 **실행**에 옮기길 원한다면, 그것을 이루게 해주는 사회적 강화가 필요하다.

기술팀이 프로젝트 관리를 위해 새롭고 기발한 스프레드시트 기술을 개발했다고 가정해보자. 이것은 사용하기가 쉽고, 공학자들은 이 기술이 조직 전체의 생산성을 크게 향상시킬 것이라고 말한다. 경영자들도 이 기술에 열광적인 반응을 보이지만, 회사 내부의 정치적 역학 때문에 다른 부서들이 이 혁신을 받아들이길 거부한다. 기술팀 외의 다른 부서 사람들은 새로운 기술을 **공학자들이** 자신들을 **위해** 개발한 별난 도구로 여기며 다른 사람들에게는 별로 도움이 되지 않는다고 생각한다.

용감한 이사벨라는 자신의 좁은 가교 네트워크를 활용해 새로운 기술을 회사 전체에 확산시킬 캠페인을 시작하려고 한다. 먼저 영업팀장인 셀린과 대화를 나눈다. 이사벨라는 새로운 기술을 기술팀에서 영업팀으로 전달하는 협력 작업을 추진하기로 합의하자고 제안한다. 이러한 진취적 발상에 영업팀은 어떤 반응을 보일까?

새로운 기술의 채택을 고려하기 전에 극복해야 할 장애물은 여러 가지가 있다.

첫 번째 문제는 **신뢰**이다. 이것은 성격에 관한 문제가 아니라 위치에 관한 문제이다. 이사벨라는 중개인이라는 유리한 위치에서 자신의 평판을 높이기 위해 양측을 교류에 참여하라고 설득해야 할 동기가 있다. 또한 양측은 이 사실을 알고 있다. 이 때문에 이들은 이사벨라를 신뢰하기 어렵다. 이것은 양측의 정보 공유 의지에 큰 영향을 미치지 않을 수도 있지만, 새로운 프로젝트 관리 기술의 채택에 협력하라고 영업팀을 설득하는 데 큰 장애물이 될 수 있다. 그래서 신뢰성 문제가 발생한다.

셀린의 동료들은 이사벨라를 모르며, 왜 이사벨라가 기술팀이 새로 개발한 기술을 모두에게 사용하라고 설득하는 데 그토록 열심인지도 모른다. 물론 이들은 이사벨라를 신뢰하지 **말아야** 할 이유가 없다. 하지만 이사벨라를 **신뢰해야** 할 이유도 없다. 협력 관계를 구축하는 데 필요한 시간과 자원을 투자하고, 그다음에는 새로운 프로젝트 관리 기술을 포함하도록 작업 방식을 바꾸라고 설득하려면 정보뿐만 아니라 신뢰도 필요하다.

두 번째 문제는 **위험**이다. 이사벨라가 좋은 의도를 가졌다고 가정하자. 이사벨라는 새로운 프로젝트 관리 기술이 정말로 좋은 것이라고 믿는다. 이 기술은 기술팀 내에서는 아주 큰 성공을 거두었다. 또 그 기술 덕분에 팀의 생산성에도 괄목할 만한 성장이 나타났으며, 나머지 부서들에서도 동일한 효과를 나타낼 것이라고 확신한다.

셀린은 이사벨라의 말이 옳다고 믿는다. 하지만 동료들은 그렇지 않다. 영업팀 사람들은 현재의 프로젝트 관리 도구가 충분히 훌륭하다고 생각한다. 이 혁신은 기존의 작업 방식에 큰 혼란을 초래하여 분기별 판매 목표 달성에 악영향을 미칠 것이라고 생각한다. 기존의 방식을 바꾸려는 시도는 큰 위험을 수반한다.

그뿐만이 아니라 영업팀 사람들은 공학자들에 대해 아무것도 모른다. 공학자들이 어떤 일을 하는지도, 어떤 종류의 과제를 해결하려고 노력하는지도 모른다. 설령 셀린의 동료들이 이사벨라를 신뢰하고, 혁신 기술이 기술팀에서 큰 효과를 보았다는 사실을 믿는다 하더라도, 자신들과 너무나도 다른 기술팀이 영업팀에 유용한 것을 제안한다는 사실을 선뜻 받아들이기 어렵다(드러내놓고 말하지는 못하지만, 영업팀 사람들은 은밀한 두려움을 지니고 있다. 만약 새 기술이 정말로 훌륭한 것이지만, 너무 복잡해서 자신들이 제대로 사용하지 못한다면 어떻게 될까? 이런 종류의 창피를 당하고 싶은 사람은 아무도 없다).

하지만 조직 내 혁신 확산을 방해하는 가장 큰 걸림돌은 신뢰성이나 정당성보다는 **협응**일 때가 많다.

새로운 프로젝트 관리 기술이 확산되려면, 영업팀의 모든 직원이 그것을 채택해야 한다. 그러지 않으면, 아무도 그것을 채택해 사용할 수 없다.

셀린 혼자의 노력만으로 될 일이 아니다. 동료들이 그 기술을 사용하는 법을 배우고, 일상 작업 방식에 그것을 접목하도록 적극적으로 협력해야 한다. 혁신이 살아남으려면, 영업팀의 모든 직원이 새로운 프로젝트 관리 방법을 채택하기로 협응할 필요가 있다.

설령 이사벨라의 혁신이 정말로 인상적이고 효과적인 것이라고 하더라도, 기술팀과 영업팀을 잇는 이사벨라의 좁은 가교로는 영업팀의 모든 사람이 그것을 채택하는 모험에 나서도록 설득하기에 충분치 않다. 이사벨라와 셀린의 유대만으로는 협응 문제를 해결할 수 없다.

이사벨라에게는 더 넓은 가교가 필요하다.

원하는 변화를 일어나게 하려면, 이사벨라는 자신의 직장 내 네트워크에 새로운 접근법을 시도할 필요가 있다. 좁은 가교 대신에 넓은 가교를 구축할 필요가 있다.

어떻게 하면 그럴 수 있을까?

이사벨라가 이전과 똑같이 시작한다고 가정하자. 엘리베이터에서 셀린을 만나 친해진다. 거기서 더 나아가 추가로 좁은 가교를 만드는 대신에 넓은 가교를 만들기 위해 셀린의 도움을 받으면 어떨까? 이사벨라는 셀린과 그 동료들을 위해 기술팀 사람들과 점심을 함께하는 자리를 마련한다. 한편, 셀린은 이사벨라와 기술팀 동료들을 초대해 판매 실적 개선에 도움이 되는 새 기술에 관한 세미나를 연다. 그러고 나서 이사벨라는 또다시 점심 식사 자리를 마련해 셀린의 세미나에 참석한 영업팀 사람들에게 공학자들을 몇 사람 더 소개한다.

얼마 지나지 않아 기술팀과 영업팀 사이의 네트워크는 단지 이사벨라와 셀린 사이의 단일 유대가 아니라, 두 집단 사이에 중복적 유대들이 그물 패턴(넓은 가교)으로 늘어선 모습을 보이게 된다.

이사벨라의 관점에서 보면, 자신의 '구조적 이점' 중 일부가 사라졌다. 이사벨라는 기술팀과 영업팀 사이를 잇는 유일한 정보 중개인이 될 기회를 포기했다. 이제 이사벨라는 더 이상 좁은 가교 네트워크의 중심에 있지 않다. 하지만 이로 인한 이익은 아주 크다. 이제 이사벨라는 기술팀의 흥미로운 새 기술을 영업팀에 확산시키기에 더 유리한 위치에 서게 되었다. 자신과 셀린이 기술팀과 영업팀 사이에 만들어낸 넓은 가교는 지식 전달의 통로가 되었다. 이사벨라가 넓은 가교를 더 많이 만들수록 조직의 협응 능력을 더 많이 변화시킬 수 있고, 따라서 혁신에 대한 호응을 더 많이 끌어낼 수 있다.

첫째, 그 이유는 넓은 가교가 신뢰를 높이기 때문이다. 두 집단 사이에 다수의 유대가 존재할 때, 양측 사람들이 서로를 관찰할 기회가 더 많다. 가교를 놓는 개인의 경솔한 행동이나 개인적 이익을 도모하는 행동은 눈에 띌 가능성이 높고, 따라서 그런 행동이 일어날 가능성이 낮다. 가교의 폭이 넓을수록 조직의 다른 부서들에서 오는 정보의 신뢰성이 높아진다.

둘째, 넓은 가교는 신뢰성을 높이는 것과 함께 위험을 감소시킨다. 분열을 초래하는 혁신은 본질적으로 위험하다. 영업팀 직원들이 기술팀의 새로운 프로젝트 관리 기술을 편안한 마음으로 받아들이려면 많은 질문에 대한 답을 들어야 한다. 새로운 기술은 실제로 기술팀의 순이익을 개선하는 데 도움이 되었는가? 공학자들은 영업팀 사람들이 자주 맞닥뜨리는 것과 같은 종류의 문제들을 해결하려고 노력했는가? 새로운 프로젝트 관리 기술은 영업팀 사람들의 업무 능력과 잘 조화되는가?

만약 두 부서 사이에 좁은 가교밖에 없다면, 영업팀이 만족스러운 답을 얻을 수 있는 방법이 없다. 이것은 많은 불확실성을 낳는다. 그리고 저항을 초래한다.

넓은 가교는 이런 상황을 바꿀 수 있다.

만약 영업팀의 여러 사람이 기술팀과의 연결을 공유한다면, 이들은 새로운 프로젝트 관리 기술이 공학자들에게 효과가 있는지 독자적으로 관찰할 수 있다. 그리고 그것이 영업팀에서도 효과가 있을지 없을지 함께 평가할 수 있다. 두 부서 사이의 넓은 가교는 영업팀 직원들에게 자신들의 관찰을 비교할 수 있게 해주고, 또 그것이 좋은 아이디어라고 판단될 때 나머지 모든 사람에게도 동참하라고 설득하는 노력을 협응하게 해준다.

하지만 넓은 가교가 단지 혁신을 확산시키는 통로에 불과한 것은 아니다. 넓은 가교는 조직의 안정성을 떠받치는 기반이다. 넓은 가교는 조직이 존속하는 동안 지식 전달의 연속성을 지속시킨다.

좁은 가교는 **허약한** 가교이다. 개인이 중개인 역할을 하면서 얻는 힘 중 일부는 그 사람이 조직을 떠날 때 조직이 부담해야 할 비용에서 나온다. 중개인이 회사를 떠나면, 회사는 중요한 소통 통로가 붕괴하고 소중한 정보를 잃을 위험에 처하게 된다. 이와는 대조적으로 넓은 가교는 개별 중개인의 이점을 감소시키고 조직의 안정성을 높인다. 넓은 가교는 개인들이 오고 가더라도 소통과 교류의 통로가 온전히 보존되도록 보장한다.

개방형 혁신 시대

조직의 변화에서 넓은 가교의 중요한 역할은 조직 내 소셜 네트워크에만 국한되지 않는다. 조직들 사이의 동반자 관계에서도 중요한 역할을 한다.

조직들 사이의 가교가 넓을수록 조직들 간의 관계는 더 신뢰할 수 있고 더 오래 지속될 가능성이 높다. 넓은 가교는 새로운 기술을 채택하는 문제뿐만 아니라, 더 중요하게는 새로운 회사 문화를 채택하는 문제에서도 조직들의 협응을 돕는다. 조직의 학습은 조직의 경계를 넘나드는 혁신과 협응의 흐름을 지원하는 인프라에서 시작한다.

사실, 이것은 역사상 가장 거대한 과학적 협력 중 하나로 꼽히는 노력—인간 유전체 지도 작성—이 성공을 거둔 비결이다.

1990년, 미국 정부는 역사상 가장 기술 집약적 과학 계획 중 하나로 꼽히는 인간 게놈 프로젝트Human Genome Project를 시작했다. 이 계획을 추진하는 데에는 미국과 영국, 일본, 프랑스, 독일, 중국의 주요 연구 센터 20여 곳의 긴밀한 협력이 필요했다.

이 계획은 관절염에서부터 암에 이르기까지 아주 다양한 질병의 치료에 새로운 가능성을 약속했다. 그 성과는 바이오 연료와 바이러스학, 농업, 고고학, 심지어 법의학에까지 응용될 것으로 기대되었다. 또, 줄기세포를 이용한 치료법을 개발해 평생 동안 불치병에 시달리는 수십만 명의 환자에게 새로운 희망을 줄 것으로 보였다. 심지어 인류의 진화사에도 새로운 통찰을 제공할 잠재력이 있었고, 유전자 검사를 통한 유전 질환의 조기 발견 가능성도 기대를 모았다. 그 결과로 의학 분야에서 양자 도약에 해당하는 비약적 발전이 일어날 것으로 예상되었다.

하지만 이 계획이 성공하려면, 소셜 네트워크 분야에서 가장 어려운 몇 가지 문제를 해결해야 했다. 이 연구 센터들을 어떻게 연결해야 할까? 이 연구 센터들을 통제하는 권한은 누가 가져야 할까? 누구의 연구 계획서와 기준을 사용해야 할까? 프라이버시는 어떻게 보호하고, 지식은 어떻게 전달해야 할까?

인류 역사상 가장 중요한 생물학 연구 계획의 성패는 사회학 문제(더 구체적으로는 네트워크과학 문제)에 달려 있었다.

미국 정부는 그동안 세상을 확 바꿀 연구 계획들을 추진하면서 아주 좋은 성적을 기록했다. 1942년에 미국은 영국과 캐나다와 협력하여 원자폭탄을 만드는 맨해튼 계획을 추진했다. 뉴멕시코주 로스앨러모스의 먼지 쌓인 산쑥 지대 아래에 숨겨진 연구 기지에서 로버트 오펜하이머가 이론물리학자와 응용물리학자 팀을 이끌고 연구를 추진했는데, 그 결과는 세상을 뒤흔들면서 원자 시대를 열었다.

한 세대 뒤인 1961년, 미국 항공우주국NASA은 사람을 달나라에 보내겠다는 존 F. 케네디 대통령의 꿈을 실현하기 위해 아폴로 계획을 추진했다. 그것은 역사상 모든 정부를 통틀어 가장 야심찬 계획이었는데, 케네디는 과학자들에게 마감 시한을 "1960년대 말까지"로 엄격하게 정해 지시했다. 이전의 맨해튼 계획과 마찬가지로 아폴로 계획은 수석 과학자인 조지 뮬러의 중심적 권위 아래 조직되었는데, 뮬러는 유인우주선센터, 마셜우주비행센터, 발사운영센터를 포함해 모든 관련 장소에서 일어나는 활동을 관장했다. 케네디의 꿈은 8년 만에 이루어졌다. 아폴로 계획은 실로 놀라운 성공을 거두었다. 1969년 7월 20일, 인류가 최초로 달에 발을 디뎠다. 그것은 우주 시대의 개막 이래 가장 빛나는 업적이었다.

인간 게놈 프로젝트는 이러한 기념비적 계획들의 후계자에 해당했다. 하지만 맨해튼 계획과 아폴로 계획에 사용됐던 조직 전략은 이번에 통하지 않았다. 인간 게놈 프로젝트는 단일한 미국 기관의 중심적 권위 아래 조직되지 않았다. 한 사람이 모든 것을 관장하지도 않았다. 대신에 경쟁하는 나라들과 경쟁하는 연구 센터들 사이의 협력을 통해 굴러갔다. 나라마다 과학적 절차를 규제하는 각자의 법이 있었고, 각 연구 센터는 나름의 내부 문화와 조직 구조가 있었다. 연구 장비와 방법은 연구 센터마다 달랐고, 반복 연구의 보고 절차와 연구 계획서도 제각각이었다. 과학 연구를 진행하기 전에 이 조직들은 국가 간 그리고 조직 간 경계를 넘나드는 지식 전달을 지원하는 인프라를 설계할 필요가 있었다. 그들에게는 혁신을 위한 인프라가 필요했다.

그들이 개발한 해결책은 넓은 가교의 전형이었다.

인간 게놈 프로젝트와 그 이후의 수십 년 동안(1970년대 후반부터 새천년으로 넘어갈 때까지) 학자들은 인간 게놈 프로젝트에 참여한 조직들뿐만 아니라 관련 산업 전반에 걸친 조직 협력 네트워크 패턴에 괄목할 만한 변화가 일어난 것을 알아챘다. 그것은 개방형 혁신 시대의 시작을 알렸다.

그 이전 세대들에서는 기업들이 엄격한 네트워크 경계를 유지하려고 노력했다. 바이오테크놀로지처럼 경쟁이 아주 치열한 산업에서는 각 기업이 산업 파트너와 고객, 협력자와 연결된 소수의 좁은 가교밖에 없었다. 네트워크 중 대부분은 내부에 초점이 맞춰져 있었고, 그것도 위계 구조로 이루어진 경우가 많았다.

1980년대에 기업들이 점점 증가하는 기술적 복잡성과 점점 경쟁이 치열해지는 시장의 상호 의존성에 대응할 필요성이 커지면서 새로운 그림이 나타나기 시작했다. 이제는 단순히 제품을 만들어 판매하는 것만으로는 성공할 수 없었다. 협응과 혁신과 새로운 시장 개발을 함께 해나갈 다른 기업들과 재정적, 과학적, 심지어 사회적 유대를 맺을 필요가 있었다.

일본의 제조 산업과 전자 산업은 1970년대 후반에 이 새로운 조직 패턴을 혁신하는 작업을 시작했다. 도시바, 미쓰비시, 히타치 같은 주요 기업들은 이전에는 하청 업체를 전문화된 일을 맡아서 완성하는 한시적 조력자로 여겼다. 하지만 전자 산업의 복잡성이 급속도로 증가하자, 전문화된 하청 업체들은 갈수록 하이테크 커뮤니티에서 소중한 구성원으로 떠올랐다. 도시바와 미쓰비시는 자신들의 조직 내에 특별팀을 만들고 하청 업체들과 협력-교류 네트워크를 구축하라는 과제를 주었다. 그들은 회사 밖 사람들을 회사 내의 연구 개발 계획에 합류시키려고 노력했다. 이제 외부 협력자들이 회사의 생산팀을 관리하고 생산 일정을 개선하는 일을 도왔다.

1980년대 초에 일본의 하이테크 산업은 넓은 가교들로 이루어진 인프라로 변모했다. 그것은 혁신의 엔진이 되었다. 일본 협력 기업들의 지식 전달과 신제품 개발 속도는 너무나도 빨라서 미국의 개별 기업들이(심지어 거대 기업조차) 따라가기 힘들었다. 일본 기업들은 곧 캘리포니아주의 실리콘밸리와 보스턴의 루트128 같은 하이테크 중심지를 압도할 것처럼 보였다.

일본의 선례를 따라 실리콘밸리의 산업 네트워크들도 변모했다. 서로의 전문 지식에 도움을 받아 시장에서 유리한 위치에 서게 해주는 합동 회의와 기업 간 실무 집단을 통해 기업들 사이의 넓은 가교가 유지되었다. 급속한 혁신이 아주 많이 일어났다. 선마이크로시스템스의 서버, 안전한 온라인 거래를 보장하는 탠덤의 페일세이프fail-safe 인프라, 실리콘그래픽스의 고성능 워크스테이션, 피라미드테크놀로지의 소형 메인프레임 컴퓨터는 모두 협력적 혁신이었다. 조직의 경계를 넘어 놀라운 수준의 호혜성이 확립되어 신뢰성을 높이고 위험을 감소시켰다.

개방형 혁신의 협력 모형은 IBM과 선마이크로시스템스, 시스코, 제넨테크, 밀레니엄파머슈티컬스, 인텔을 비롯해 많은 기업에서 기술과 바이오테크놀로지 혁신의 새로운 양상으로 자리 잡았다.

인간 게놈 프로젝트가 성공하려면 바로 이 네트워크 패턴이 필요했다. 인간 게놈 프로젝트는 대다수 과학 연구 계획과 달리 이론적 가설을 추구하는 연구가 아니었다. 인간 DNA의 완전한 염기 서열을 판독하는 기술 능력은 장차 세상에 큰 변화를 가져올 과학 혁신이었다.

그것은 실리콘밸리에서 개척한 종류의 연구 개발 계획과 비슷했다. 하지만 그 목표는 훨씬 야심찬 것이었다. 이 계획이 성공하려면 연구 센터들 사이에 지속적이고 철저한 협응이 필요했다. 각자 방대한 양의 유전자 데이터를 분석하고 모은 뒤, 함께 협력해 그 데이터를 유의미한 패턴으로 통합하는 것이 필요했다. 그것은 역사상 가장 거대하고 복잡한 조각 그림 맞추기 퍼즐이었다.

10개 이상의 대학교 연구소와 정부 연구 센터들은 컨소시엄을 통해 협응하면서 각자가 발견한 것을 동료들의 반복 연구와 평가를 위해 공유하기로 했다. 정기 회의와 연구 센터 상호 방문, 현장 회의, 연구 데이터베이스 공유, P2P 교류 네트워크(현대 인터넷 시대의 개막과 발맞추어 개발된)가 연구소들 사이의 협응을 가능케 했다.

이전에 서로를 경계하면서 저마다 내부 절차를 감추기에 급급했던 연구 센터들은 이제 정기적으로 만나 연구 진전 상황을 논의하고 연구 방법을 평가했다. 그들은 지식 전달과 반복 연구 방법, 동료 평가를 위해 공동의 연구 계획서를 사용하기로 합의했다. 연구 센터들은 심지어 다른 연구 센터의 유전 암호 재조합 과정을 재현할 수 있는지 알아보기 위해 순서대로 배열된 데이터도 교환했다.

그것은 협력적 과학 모형이었다. 그리고 그것은 정신없이 빠른 속도로 발전했다.

2003년에 전체 인간 유전체 지도가 완성되었다. 그와 함께 새로운 유전자 연구 시대가 시작되었다.

○-○ 해시태그 탈취 사건

인간 게놈 프로젝트의 경우, 새로 생긴 전염 인프라는 복잡한 지식의 전달을 위해 새로운 종류의 협력 네트워크를 설계하려는 의도적인 노력의 결과물이었다. 하지만 전염 인프라는 자연 발생적으로 자주 생겨난다. 실리콘밸리에서 전염 인프라는 점점 커져가는 기술의 복잡성과 경쟁의 압력에 대응하여 나타났다. 각 기업은 개별적으로 대응했지만, 그 과정에서 조직들이 상호 연결된 공유 생태계가 나타났다.

전체 사회의 다양한 커뮤니티에서도 이와 똑같은 일이 일어날 수 있다. 계획되지 않은 일련의 역사적, 기술적 발달 과정을 통해 지리적으로나 사회적으로 서로 멀리 떨어진 커뮤니티들 사이에서 새로운 패턴의 넓은 가교가 생겨날 수 있다. 최근에는 이메일과 소셜 미디어 같은 연결 기술이 이전에 단절된 커뮤니티들 사이에 넓은 가교를 놓았다. 사회적 유대의 인프라에 일어나는 이 급속한 변화들은 사회 운동에 협응적 활동과 폭발적 성장을 일으킬 잠재력을 지닐 수 있다.

2014년 4월 22일, 뉴욕시 경찰국NYPD은 트위터에서 새로운 홍보 캠페인을 벌였다. @NYPDnews는 일반 대중에게 그들 주변에서 일하는 경찰관들의 친밀한 사진들을 #myNYPD라는 해시태그와 함께 공유하라고 권했다.

몇 시간이 지나기도 전에 경찰관을 팔로 휘감거나 경찰관과 하이파이브를 하거나 함께 보도를 걷는 뉴요커의 모습을 보여주는 사진이 수십 개 올라왔다.

그러다가 NYPD가 전혀 예상치 못한 일이 일어났다.

@OccupyWallStreet(@월가를 점령하라)의 한 운동가가 시위를 하던 비무장 시민을 곤봉을 들고 공격하는 NYPD 경찰관 사진을 올렸다. @CopWatch(@경찰 감시)라는 단체는 경찰을 피해 달아나다가 심한 부상으로 병원에 입원한 17세 소년 디언 플러드의 사진을 올렸다. 이들의 게시물에 뒤이어 다른 사람들도 추가로 비슷한 사진들을 올렸고, 그들의 팔로워들 사이에서 @NYPDnews의 새로운 용도가 유행하기 시작했다.

이 전염은 처음에는 운동가들 사이에 퍼졌지만, 그다음에는 뉴욕시의 트위터 사용자들 네트워크를 통해 더 널리 퍼져나가기 시작했다. 일반 시민들도 자신들의 트위터 피드에서 그 메시지를 받기 시작했다. 이 전염은 서로 다른 커뮤니티들(운동가, 부모, 학생 등등)을 통해 사회적 강화를 받았다.

브루클린에서 스태튼아일랜드까지, 그리고 맨해튼에서 브롱크스까지, 보통 사람들도 자신의 트위터 계정을 사용해 NYPD 사진을 올리기 시작했다.

한 흑인 청년은 자기 친구가 NYPD 순찰차 보닛 위에 뻗은 채 고통스러워하는 가운데 전투복 차림의 세 경찰관이 달려드는 사진을 올렸다. 이 사진의 배경에는 많은 경찰관들이 평온한 모습으로 서 있었다. 그 사진에는 빈정대는 투의 캡션이 달렸다. "당연하지요! MT@NYPDnews: NYPD 경찰관과 함께 찍힌 사진이 있나요? 우리에게 트윗을 보내고, #myNYPD라는 태그를 붙이세요."

한 시민은 울부짖는 시위자를 NYPD 경찰관 여섯 명이 범인 호송차로 끌고 가는 사진을 올렸다. 거기에는 "걸을 수 없어도 염려하지

마세요. NYPD가 당신을 옮겨다줄 것입니다. #myNYPD가 얼마나 큰 도움을 주는지 몰라요"라고 조롱조의 캡션이 달렸다.

점점 더 많은 게시물과 리트윗이 뉴욕시에서 퍼져나가다가 마침내 **임계 질량**에 이르렀다. 자연 발생적으로 일어난 운동이 눈덩이처럼 커지기 시작하더니 #myNYPD 해시태그를 압도했다.

눈덩이는 눈사태로 폭발했다. 48시간 안에 10만 개 이상의 게시물이 #myNYPD 해시태그로 넘쳐났고, 거의 모두가 동일한 주제를 강화했다.

NYPD는 사회적 전염을 확산시키길 원했다. 하지만 원한 것은 이와 같은 전염이 아니었다.

2014년 4월 24일, 시작 이틀 만에 NYPD는 트위터 캠페인을 종료했다.

그것은 운동가들에게는 작은 승리였다. 하지만 대다수 주류 매체에서는 그렇지 않았다. 《뉴욕포스트》와 《뉴욕데일리뉴스》는 #my-NYPD 운동을 보도하면서 그것을 '경찰 증오자'와 '트롤'이 벌인 '탈취' 사건이라고, 즉 "야만적이고 엉성하고 완전히 잘못된" 것이라고 표현했다.

그로부터 불과 몇 달 뒤, 이와 비슷한 자연 발생적 운동이 또 폭발했다. 이번에는 이 운동이 온 나라를 뒤덮고, 그다음에는 온 세계를 뒤덮었다.

퍼거슨 혁명

최초의 트윗은 2014년 8월 9일 오후 12시 48분에 올라왔다.

"방금 퍼거슨의 경찰관이 가게로 걸어가던 비무장 17세 소년을 살해했어요. 소년에게 10발을 쏘았어요. 맙소사!" 그 소년은 마이클 브라운이었다.

이 메시지는 트위터에서 @AyoMissDarkSkin이라는 아이디를 사용하는 미주리주 퍼거슨 시민이 올렸는데, 이 시민은 사건이 막 일어난 직후에 범행 현장을 지나가다가 이 장면을 목격했다. 그녀는 운동가도 아니고 소셜 스타도 아니었다. 혁명을 시작할 생각은 더더욱 없었다. 하지만 그녀의 트윗은 다른 트윗들을 촉발했고, 이것들이 모여 최근의 미국 역사에서 규모와 영향력 면에서 가장 큰 사회 운동 중 하나인 블랙 라이브스 매터 운동을 일으키는 데 일조했다(**블랙 라이브스 매터**는 여러 가지 뜻으로 쓰인다. 여기서 내가 사용한 용어는 퍼거슨에서 일어난 사건에서 시작하여 전 세계적인 경찰의 가혹 행위 반대 운동으로 발전한 운동을 가리킨다. 줄여서 BLM이라고도 한다. **블랙 라이브스 매터**는 2013년에 앨리시아 가자, 패트리스 컬러스, 오팔 토메티가 세운 단체를 가리키는 이름이기도 하다. 블랙 라이브스 매터 운동은 블랙 라이브스 매터 단체를 포함하지만 다른 단체들도 포함한다).

#BlackLivesMatter 해시태그는 퍼거슨 사건이 일어나기 몇 년 전으로 거슬러 올라간다. 2012년 봄, 10대 소년 트레이번 마틴이 편의점에서 집으로 걸어가던 도중에 자경단원이던 조지 지머먼에게 살해당했다. 대중의 분노가 들끓어 올랐지만, 그래도 사람들은 분노를 삭

이고 있었다—적어도 지머먼이 재판을 받는 동안은 그랬다. 모두 지머먼이 유죄 판결을 받길 기다리고 있었다.

하지만 지머먼은 무죄로 풀려났다. 그 후 대중의 분노가 분출하는 동안 가자와 컬러스와 토메티가 #BlackLivesMatter 해시태그를 만들었다. 하지만 사람들은 이 해시태그를 그다지 많이 사용하지 않았다. 그로부터 2년이 지난 2014년 6월까지도 #BlackLivesMatter 해시태그는 소셜 미디어에서 48번만 사용되는 데 그쳤다. 2014년 7월, 여섯 자녀를 둔 43세의 에릭 가너가 스태턴아일랜드에서 통상적인 체포 과정 도중 NYPD 경찰관에게 살해당하는 사건이 일어났다. 가너의 죽음에 대한 분노는 소셜 미디어에 올라온 영상과 사진을 통해 증폭되었다. 가너가 죽고 나서 몇 주일 사이에 #BlackLivesMatter 해시태그는 약 600개의 트윗으로 불어났다. 하지만 그 이상으로 증가하지는 않았다.

대중의 분노가 폭발하는 순간들은 모두 단발성으로 그쳤다.

그때 퍼거슨 사건이 터졌다.

2014년 8월 9일에 마이클 브라운이 살해되었다.

9월 1일까지 #BlackLivesMatter 해시태그는 5만 2000번이나 사용되었다. 그리고 반년이 안 되어 400만 번이나 사용되었다. 2015년 5월까지 #BlackLivesMatter 해시태그와 관련 키워드(#Ferguson 같은)를 함께 사용한 트윗은 4000만 개 이상에 이르렀다.

사회 운동이 본격적으로 막을 올린 것이다.

그런데 왜 이때 시작된 것일까?

과거를 돌아보면 우리는 퍼거슨 사건을 '티핑 포인트'라고 부를 수 있다. 하지만 왜 그것이 티핑 포인트가 되었을까? 이 사건은 어떤 차이점이 있었을까?

그 차이점은 그전 2년 동안 일어난 사건들을 다룬 언론 매체가 아니었다. 마틴과 가너의 죽음을 트윗으로 알리고 언급한 유명 인사들의 개입도 아니었다. 이미 2012년부터 사용되어온 #BlackLives-Matter 해시태그도 아니었다. 명백해 보이는 이들 요인 중 어느 것도 왜 그 사회 운동이 퍼거슨에서 막을 올렸는지 설명하지 못한다.

딘 프리론은 카리스마가 넘치는 운동가이자 채플힐의 노스캐롤라이나대학교에서 커뮤니케이션학을 전공하는 학자이다. 그는 트위터 네트워크와 행동주의 분야에서 선도적인 연구자 중 한 명이다. 트위터 네트워크가 어떻게 블랙 라이브스 매터의 성장을 추진했는지 놀랍도록 명쾌하게 설명한 글에서, 프리론은 퍼거슨 사건 이전과 발생 시점과 이후의 몇 달 동안 시민과 운동가와 주류 언론 매체 사이의 연결 패턴이 어떻게 변했는지 보여주었다. 퍼거슨 시위 동안에 일어난 중요한 변화 중 하나로, 비교적 단절돼 있던 트위터 커뮤니티들이 급속하게 융합하여 넓은 가교로 연결된 새로운 소셜 인프라가 된 것을 꼽을 수 있다.

퍼거슨 사건이 일어나기 한 달 전인 2014년 7월, 트위터에서 인권과 흑인 행동주의, 경찰 폭력에 관한 대화를 나누는 네트워크는 독립적인 여러 커뮤니티 또는 '그룹'으로 이루어져 있었고, 이들 사이는 좁은 가교로 연결돼 있었다. 그중에 에릭 가너의 죽음에 관한 뉴스와 보고를 게시하는 운동가 커뮤니티들이 있었다. 주류 언론 매체들은 따로 독자적인 보도를 내보냈다. 또, 주로 아프리카계 미국인 젊은이들로 이루어진 독립적인 커뮤니티들이 자기들 나름의 대화를 나누고 있었는데, 운동가 집단과 주류 언론 매체에서 오가는 대화와는 완전히 구분되는 별개의 것이었다.

이 커뮤니티들 사이의 네트워크 패턴은 개방형 혁신 시대 이전에 기업들 사이에 존재했던 네트워크 패턴과 비슷했다. 각 트위터 커뮤니티는 대체로 각자 독립적인 대화에 몰두했다. 내부적으로 각각의 대화는 아주 긴밀하게 얽힌 연결 네트워크였다. 외부적으로 게시물은 가끔 소규모 대화 집단을 넘어서서 댓글이 달리고 리트윗되었다. 대다수 상호작용은 각 집단 내부에서 일어났다.

한 달 뒤, 이 네트워크들의 모습이 확 달라졌다.

2006년에 샌프란시스코를 뒤흔들고, 트위터 창립자들에게 그 기술의 가치를 깨닫게 했던 지진을 기억하는가? 첫 번째 진동이 닥쳤을 때, 다양한 트위터 커뮤니티들이 갑자기 서로에게 중요한 의미를 지니게 되었다. 도시 전역에서 이 커뮤니티들을 넘나드는 접촉 가교들이 넓어지면서, 여진이 발생하는 곳이 어디인지, 다른 사람들이 어떻게 반응하는지 시민들에게 실시간으로 알려주었다. 그렇게 해서 협응과 공감을 위한 소셜 인프라가 자연 발생적으로 생겨났다.

퍼거슨은 이보다 훨씬 큰 지진이었다.

사건들이 빠르게 폭발적으로 일어났다. 마이클 브라운은 8월 9일에 살해되었다. 8월 10일에 시민들은 그의 죽음에 항의하는 시위를 조직했다. 경찰은 방탄복을 착용하고 전투견을 데리고 현장에 도착해 진압에 나섰다. 시민들은 이에 대해 현장에서 직접 그리고 온라인에서 반응했다.

이 활동을 이끈 사람들은 미디어를 이용해 활동하는 운동가가 아니었다. 퍼거슨의 일반 시민들이 개인 계정을 사용해 자기 주변에서 일어나는 활동을 분 단위로 보고하는 게시물을 올렸다. #jan25 해시태그가 이집트에서 아랍의 봄 혁명을 촉발하는 데 도움을 준 것처럼, 미주리주 시민들은 #Ferguson과 #BlackLivesMatter 해시태그를 정서적 연대의 상징으로뿐만 아니라 전략적 협응 도구로 사용해 사회 운동을 조직했다.

처음 며칠 동안 트위터 커뮤니티에서 가장 많이 리트윗된 사람들은 퍼거슨 시민들이었다. @natedrug라는 아이디를 사용한 시민은 시위대 속에서 연속적으로 트윗을 올렸다. 또 한 사람은 @Nettaaaaaaa라는 아이디를 사용한 대학생이었다. 퍼거슨 사건에 관한 게시물이 크게 늘어나는 동안 대화에서 가장 영향력 있는 주인공들은 네트워크 주변부 사람들이었다.

8월 12일 무렵에는 트위터에서 전염 인프라의 형태가 뚜렷해졌다. 퍼거슨 운동가들로 이루어진 큰 집단이 대화의 한 축을 형성했다. 그리고 국제 운동가들과 논평가들로 이루어진 집단이 있었고, 유명 인사와 주류 언론 매체가 또 하나의 집단을 형성했다. 백인 진보주의자들이 주류인 네트워크도 있었다. 다민족 집단도 있었고, 흑인이 주류인 집단도 있었다. 그리고 처음으로 이들 집단이 서로 대화를 나누었다. 이들 사이에 넓은 가교가 생겨나고 있었다.

다민족 집단의 대화에 참여한 사람들은 국제 연대 대화에도 참여했다. 백인 진보주의자들의 대화에 참여한 사람들은 다민족 집단과 흑인 집단의 대화에도 참여했다. 이들 각 집단의 사람들은 어나니머스Anonymous 같은 급진적 운동 집단뿐만 아니라 주류 언론 매체가 주도하는 집단과도 연결돼 있었다.

블랙 라이브스 매터 운동은 완전한 규모로 발전하기까지 여기서 몇 달이 더 걸렸지만, 이미 집단들 사이의 협응에 큰 영향력을 발휘하는 수단이 되고 있었다. 점점 반경을 넓혀가는 상호작용 네트워크는 흑인 젊은이와 운동가, 퍼거슨 시민, 주류 언론 매체 사이에 공통의 언어를 정착시켰다. 과도한 경찰 폭력, 특정 인종을 겨냥한 경찰의 행동, 인권 침해 같은 블랙 라이브스 매터의 주요 통합 주제들이 커뮤니티들 사이에서 뿌리를 내리기 시작했다.

8월 13일에는 전국적 뉴스 매체들의 기자들이 시위 상황과 무력 진압의 강도가 점점 높아지는 현지 경찰의 반응을 보도했다. 불과 이틀 뒤에는 주 방위군까지 동원되었다. 전국적 뉴스 매체의 등장으로 트위터의 활동이 더 증가했다. 시민과 경찰, 언론 매체 사이의 대화가 거리와 온라인에서 동시에 펼쳐졌다. 놀랍게도 온라인에서 일어나는 대화는 시민들의 게시물이 압도했는데, 이들은 @CNN 같은 유명한 뉴스 매체보다 더 많은 관심을 받았다. 그전에는 전혀 알려지지 않았던 시민 운동가 디레이 매케슨은 그 주에 리트윗과 댓글을 100만 개 이상이나 유발했다. 매케슨이 퍼거슨 거리에서 전한 보고들은 총격과 시위와 점점 단계가 높아가는 경찰의 대응에 대한 미국인의 견해를 형성하는 데 큰 도움을 주었다.

퍼거슨에서 멀리 떨어진 곳에 사는 사람들도 미주리주의 이 소도시에서 일어나는 일이 자신과 연결돼 있다고 느끼기 시작했다. 전국 각지의 시민들 사이에 연대가 형성되기 시작했다. 막 싹트기 시작한 블랙 라이브스 매터 운동의 중요성이 뚜렷이 나타났다. 한편 주류 매체가 전하는 퍼거슨 상황과 시민들이 스스로 전하는 그곳 상황 사이에 긴장이 고조되고 있었다.

즉흥적으로 시작된 #myNYPD 운동 동안에는 운동가와 매체 사이에 넓은 가교가 생긴 적이 없었다. 그런 대화들은 수렴된 적이 없었다. 주류 매체가 운동을 묘사하는 어휘를 하나 개발하면, 운동가들은 다른 어휘를 개발했다. 그 전투에서는 주류 매체가 승리했다. 대다수 외부 관찰자들에게 운동가들은 정말로 탈취자들처럼 보였다.

그런데 이번에는 다른 일이 일어났다. 시민과 운동가, 주류 매체 네트워크들 사이의 가교가 넓어지면서 매체가 사용하는 언어에 시민이 관여하고 영향을 미치게 되었다.

8월 9일, 마이클 브라운의 죽음에 관한 최초의 언론 매체 보도—《세인트루이스 포스트디스패치》의 트위터 계정 @stltoday가 올린 트윗—는 "퍼거슨 경찰관의 치명적 총격이 폭도mob의 반응을 유발하다"였다.

여기에 최초로 반응을 보인 사람들 중 하나인 퍼거슨의 시의원 안토니오 프렌치는 "'폭도'라고? '커뮤니티'라는 단어도 있는데"라고 응수했다. 퍼거슨 출신의 저술가 안드레아 테일러는 이 정서에 동조하여 '폭도'를 '군중crowd'으로 바꾼 리트윗을 올렸다. 테일러는 마이클 브라운을 '성인 남성man'으로 언급한 뉴스 보도들도 수정했다(브라운은 죽기 몇 달 전에 고등학교를 졸업했다).

트위터 활동이 급증하고 주류 매체들이 미주리주로 몰려가면서 매체의 보도와 시민의 직접적 보고 사이에 온라인 대화가 점점 확대되자, 전국의 많은 사람들이 그 대화에 관여하게 되었다. 중서부에 사는 한 트위터 사용자는 "'10대teen'가 '성인 남성man'으로, '커뮤니티community'가 '폭도mob'로, '살인murder'이 '총격으로 추정되는 행위alleged shooting'로 둔갑하는 것에 주의하라. #Ferguson #medialiteracy"라는 트윗을 올렸다. 운동가 단체인 어나니머스 회원들도 이와 비슷하게 주류 매체의 게시물까지 포함하도록 자신들의 대화 네트워크를 확대했다. 이렇게 확대된 경로들은 놀라운 결실을 낳았는데, 운동가와 시민이 조직화된 내러티브를 형성해 《워싱턴포스트》, 《뉴욕타임스》, 《허핑턴포스트》, 《USA투데이》 같은 주류 뉴스 매체와 어깨를 나란히 하게 되었다. 퍼거슨의 시위를 재규정하려는 시민의 노력은 성공을 거두었다. 주류 매체들은 퍼거슨의 시위자들을 '폭도' 대신에 '시민'과 '커뮤니티'라는 용어를 사용해 언급하기 시작했다.

그달 말에 블랙 라이브스 매터는 이미 그 영향력을 보여주기 시작했다. 2014년 9월, 미국 법무부는 퍼거슨 경찰서의 업무 관행에 인권 침해가 있는지 알아보기 위해 조사에 착수했는데, 지난 4년간 일어난 무력 사용을 깊이 살펴보는 것도 조사에 포함되었다.

몇 달 뒤, 이 운동은 전국적으로 뿌리를 내렸다.

2014년 11월 24일, 퍼거슨의 경찰관 대런 윌슨이 무죄로 풀려나자 퍼거슨 시위에 다시 불이 붙었다. 이번에는 전국 곳곳에서 시위가 일어났다. 그동안 광대한 전염 인프라가 구축됐다. 전국에서 시민과 운동가들이 블랙 라이브스 매터 운동의 핵심 메시지에 뜻을 같이 하면서 윌슨의 무죄 방면에 대해 조직적으로 대응했다. 일주일 뒤인 12월 2일, 에릭 가너 사건에 연루된 NYPD 경찰관 대니얼 팬털레오가 무죄로 풀려나자, 여기에 분노한 사람들이 "흑인의 생명은 중요하다"라는 구호 아래 결집했다. 뉴욕시와 미주리주의 소도시처럼 지리적으로나 문화적으로 서로 멀리 떨어진 커뮤니티들이 이제 동일한 운동의 일원으로 동참했다. 그사이에 오하이오주 클리블랜드에서 12세 소년 타미르 라이스가 경찰관의 총격으로 사망했고, 아카이 걸리가 뉴욕시 경찰관에게 살해당했다. 이들의 죽음에 대한 대중의 반응은 이제 너무나도 당연히 블랙 라이브스 매터 운동으로 연결되었다.

트위터에서 블랙 라이브스 매터 집단과 흑인 젊은이, 운동가, 저널리스트, 대중문화 집단, 엔터테이너 등이 모두 넓은 가교를 통해 연결되었고, 넓은 가교는 이 사건들에 대한 이들의 반응을 조율하는 데 도움을 주었다. 심지어 보수 단체들도 블랙 라이브스 매터 대화에 연결됐다. 놀랍게도 블랙 라이브스 매터는 이 시점에서 충분한 정당성을 확보해 이 단체들도 이 운동에 참여하는 것에 더 이상 완강하게 반대하지 않았다.

몇 달 뒤, 사우스캐롤라이나주 찰스턴에서 월터 스콧이 등에 총을 맞고 사망했다. 오클라호마주 털사에서는 에릭 해리스가 살해됐으며, 텍사스주 월러카운티에서는 샌드라 블랜드가 경찰서에 구금되었다가 사망했고, 메릴랜드주 볼티모어에서는 프레디 그레이가 경찰에 체포되는 과정에서 사망했다. 이제 이 사건들을 블랙 라이브스 매터 운동의 렌즈를 통해 해석하는 사람은 운동가와 현지 주민만이 아니었다. 전국적 뉴스 매체와 정부 관리들도 모두 블랙 라이브스 매터의 메시지에 협응했다. 1년도 못 돼 이 운동은 전국적·국제적 대화를 만들어냈고, 여기에는 백악관과 미국 법무부, 주류 매체까지 관여했다.

미주리주 퍼거슨은 어느 모로 보나 국제 운동이 일어날 장소로는 도저히 보이지 않는다. 퍼거슨은 뉴욕시처럼 세계와 잘 연결된 곳이 아니다. 마이클 브라운의 죽음은 사진이나 영상으로 기록되지 않았다. 마이클 브라운은 이 기간에 살해당한 사람들 중에서 가장 어리거나 시민운동과 깊은 관계가 있는 사람도 아니었다. 하지만 그의 죽음에 대한 반응은 경찰 폭력에 대한 전 국민의 대화에 변화를 가져왔다.

이번에 그토록 격렬한 반응이 터져 나온 한 가지 중요한 이유로는 @AyoMissDarkSkin, @natedrug, @Nettaaaaaaa 같은 사람들과 퍼거슨과 네트워크 주변부의 모든 시민이 전염 인프라를 만들고 지속시키는 노력을 거들고 나섰다는 점을 꼽을 수 있다. 2006년의 샌프란시스코 지진과 퍼거슨 사건 몇 달 전에 일어난 #myNYPD 운동처럼 이 네트워크들 역시 자연 발생적으로 생겨났다. 그 몇 주와 몇 달 사이에 형성된 넓은 가교 패턴은 유례없이 많은 커뮤니티들을 잘 조직된 단일 대화로 결집시켜, 이들을 '흑인의 생명은 중요하다'라는 공통의 개념을 중심으로 협응하게 했다.

블랙 라이브스 매터 운동의 승리는 처음엔 느리게 다가왔다. 하지만 일단 승리를 거두자, 승리가 계속 이어졌다. 퍼거슨 경찰서 조사는 2014년 9월에 시작되었는데, 그 결과가 2015년 3월에 발표되었다. 그 결과는 이론의 여지가 없이 확실한 것이었다. 보고서에는 "차도를 따라 걷는 방식"을 규정한 인종 차별적 조례를 포함해 헌법에 위배되는 불쾌한 사례들이 긴 목록으로 자세히 기술되었다. 그달에 경찰서장이 사임했고, 시 공무원과 경찰관 다섯 명이 해임되었다.

2016년 5월 9일, 델리시 모스가 흑인으로서는 퍼거슨 역사상 최초로 경찰서장에 취임했다. 나중에 모스는 퇴직했지만, 퍼거슨의 경찰서장은 계속 흑인이 맡고 있다. 퍼거슨 외에도 미국 전역에서 블랙 라이브스 매터 운동은 아프리카계 미국인 학대 문제에 관심을 기울이게 했다.

그 후 몇 년이 지나는 동안 블랙 라이브스 매터 운동을 지지하는 트위터 커뮤니티들을 정의하던 경계가 변했다. 어떤 집단에서는 활동의 강도가 강해진 반면, 어떤 집단에서는 약해졌다. 국제적인 운동가, 흑인 매체를 주도하는 사람, 엔터테이너로 이루어진 새 집단들이 등장하는가 하면, 고립된 흑인 젊은이 같은 집단은 더 큰 대화로 편입되었다. 이러한 온라인 커뮤니티들과 그 사이의 가교들은 유동적이고, 대화 자체는 계속 성장해갔다. 퓨연구센터가 2019년에 실시한 조사에 따르면, #BlackLivesMatter 해시태그는 2014년 이래 약 3000만 번(하루당 1만 7000번 이상) 사용되었다.

그리고 2020년 5월, 미니애폴리스에서 46세의 흑인 남성 조지 플로이드가 백인 경찰관에게 짓눌려 서서히 질식사하는 충격적 영상이 공개되었다. 그러자 2014년부터 생겨나기 시작해 크게 확대된 넓은 가교 네트워크가 대중의 분노를 확산시키면서, 처음에는 그것을 전국적인 변화를 위한 운동으로, 그다음에는 전 세계적인 변화를 위한 운동으로 승화시켰다.

그 영상이 공개되고 나서 며칠 사이에 블랙 라이브스 매터 시위가 뉴욕, 필라델피아, 애틀랜타, 워싱턴, 디트로이트, 샌프란시스코를 비롯해 미국 내 수백 개 도시로 퍼져나갔다. 그리고 일주일 사이에 연대 시위가 유럽, 아시아, 아프리카, 오스트레일리아, 아메리카로 퍼져나갔다. 그렇게 블랙 라이브스 매터 시위는 역사상 가장 광범위한 연대 캠페인이 되었다.

2014년에 뉴욕에서 에릭 가너의 사망 장면을 담은 충격적인 영상은 소규모 시위를 촉발하고 #BlackLivesMatter 해시태그 사용을 약간 증가시키는 데 그쳤다. 해당 경찰관은 범죄 혐의로 기소되지도 않았다. 그리고 미국인 유권자 중 절반 이상은 그 뒤에 일어난 경찰 폭력에 항의하는 시위가 정당하지 않다고 믿었다.

2020년 6월, 조지 플로이드의 죽음에 책임이 있는 경찰관은 살인 혐의로 기소되었고, 현장에 함께 있던 경찰관들도 중죄 혐의로 기소되었다. 그 후 몇 주일 동안 실시한 여론 조사에서는 미국인 중 78%가 블랙 라이브스 매터 시위가 정당하다고 믿는 것으로 나왔다. 이에 자극을 받아 의회는 처음으로 지방 정부의 치안 활동에서 일어날 수 있는 인종적 편견을 겨냥한 연방 법안을 만드는 데 착수했다.

그 차이를 만들어낸 것은 바로 넓은 가교였는데, 이것은 미국과 해외의 다양한 커뮤니티 사이에서 연대와 협응 행동을 확산시키는 데 도움을 주었다. 블랙 라이브스 매터 운동이 만들어낸 전염 인프라는 현지의 경찰 폭력으로 고통받던 고립된 커뮤니티들을 잘 조직화된 국제 운동으로 변모시켰고, 이 국제 운동은 변화를 확산하는 시민의 능력을 개조했다.

블랙 라이브스 매터 운동에서 나온 이 통찰은 얼마나 광범위하게 적용될까? 이것은 다른 종류의 사회 변화 노력, 예컨대 미투 운동이나 동일 임금 운동, 조직 내에서 젠더 관계의 문화를 변화시키려는 노력에 무슨 의미를 지닐까?

다음 장에서는 넓은 가교 개념을 더 확장해 튼튼한 전염 인프라에서 또 하나의 중요한 요소인 **관련성**relevance 개념을 소개할 것이다. 동료들(우리와 같은 동료들과 우리와 다른 동료들)에게서 받은 강화가 어떻게 변화 캠페인의 성공에 큰 차이를 빚어내는지 보게 될 것이다.

7장

우리와 같은 사람들, 우리와 다른 사람들

관련성 원리

텔레비전 채널을 이리저리 돌리다 보면, 어김없이 인포머셜informercial에 마주치게 된다. 특히 피트니스와 체중 감량 프로그램이 아주 많다는 걸 금방 알게 된다. 그 구성 방식은 정형화되어 있다. 질리언 마이클스(〈더 비기스트 루저The Biggest Loser〉)나 오텀 칼라브레이지(〈트웬티원 데이 픽스21 Day Fix〉), 빌리 블랭크스(〈태보Tae Bo〉)처럼 구릿빛 피부에 육체적 매력이 넘치는 유명 트레이너가 자신의 검증된 해결책을 통해 신체적 건강과 힘을 얻는 여행을 함께 시작하고 끝마치자고 자극한다.

이 '믿을 만한' 지도 사이에 간간이 그 프로그램으로 체중 감량에 성공했다는 사람들의 고백도 포함돼 있다. 그들은 자신이 겪은 감정적 어려움을 털어놓는다. 그리고 설득력이 높은 프로그램 전후 사진도 보여준다. 엄청나게 많은 체중을 감량한 사람도 있고 조금만 감량한 사람도 있다. 백인도 있고 유색인도 있다.

1980년대와 1990년대에 태어나 거의 평생 동안 살과의 전쟁을 벌인 사람들, 산후 체중을 빼려고 분투하는 젊은 어머니, 배가 불룩 나온 중년 남성, 그리고 가끔 세월이 남긴 흔적을 되돌리길 원하는 50~60대 여성의 이야기도 있다.

자, 새로운 체중 감량 프로그램을 시작하거나 건강에 더 좋은 식이 요법과 운동을 채택하려는 당신의 결정에 가장 큰(그리고 가장 믿을 만한) 영향을 미치는 사람은 누구일까? 당신이 닮길 원하는 그 사람일까? 아니면 현재의 당신과 똑같은 사람일까?

2009년, 나는 이 질문을 연구했는데, 그 답이 **관련성**에 있다는 사실을 발견했다. 당신과 가장 관련이 많은 사람은 누구인가? 그 사람은 항상 똑같은(혹은 같은 부류의) 사람인가? 아니면 그 사람은 상황에 따라 바뀌는가? 만약 그렇다면, 어떻게 바뀌고, 왜 바뀌는가? **관련성**은 적절한 전염 인프라가 어떻게 행동 변화의 확산에 도움을 주는지 이해하는 데 아주 중요하다.

나와 비슷하게 건강한(혹은 덜 건강한) 사람

2009년, 나는 소셜 미디어를 기반으로 한 또 하나의 '건강 동호회' 커뮤니티를 만드는 작업에 착수했다. 이 커뮤니티는 매사추세츠공과대학교 피트니스 프로그램 회원이면 누구나 자유롭게 이용할 수 있었다(나는 전해에 매사추세츠공과대학교 교수가 되었다). 이 프로그램에는 참여를 자원한 학생과 교수, 대학 구성원 수천 명이 가입했다. 내 목표는 커뮤니티 구성원들 사이에 새로운 건강 기술의 확산을 촉진하는 것이었다.

이 기술은 '다이어트 일기'라고 불렀는데, 사용자에게 매일 섭취하는 음식의 양과 질에 관해 자세한 정보를 제공하는 다이어트 관리 도구였다. 이것은 건강에 좋은 음식 섭취를 촉진하도록 설계되었고, 매일 기록하는 운동 일지와 함께 사용하면 사용자가 건강 체중을 달성하고 유지하는 능력을 크게 개선할 수 있었다. 예컨대 샐리가 이 혁신을 받아들인다면, 같은 커뮤니티의 이웃인 제시와 세라는 그들의 프로필 페이지에서 그 사실을 볼 수 있다. 물론 이들은 샐리의 새로운 도구를 보고 나서 자신들도 그 기술을 사용하기로 마음먹을 수 있다. 그렇게 이 기술이 다른 사람들에게로 퍼져나갈 수 있다.

나는 기술 자체보다 무엇이 그것을 확산시키는지 알아내는 데 더 큰 관심이 있었다. 새로운 다이어트 도구를 채택하도록 같은 커뮤니티의 구성원들을 설득하는 과정에서 가장 큰 영향력을 미치는 사람은 누구일까? 피트니스 프로필이 자신과 비슷한 사람들로부터 알림을 받을 때 혁신을 채택할 가능성이 훨씬 높은 것으로(무려 200%나!) 드러났다.

건강한 사람은 건강한 사람과 연결돼 있을 때 이 혁신을 받아들일 가능성이 더 높았다. 이것은 당연해 보인다. 그런데 스펙트럼의 반대편에 위치한 집단(빼야 할 살이 많고, 숨쉬기가 벅차고, 해결해야 할 건강 문제가 있는 사람들)은 어떨까? 이들은 성공한 사람들(자신이 추구하는 목표를 구현하여 닮고 싶은 롤 모델)에게서 큰 영향을 받을 것이라고 생각하기 쉽다. 하지만 놀랍게도 정반대 결과가 나타났다. 덜 건강한 사람은 마찬가지로 덜 건강한 사람으로부터 그 정보를 들었을 때 새로운 건강 기술을 채택할 가능성이 더 높았다. 비록 커뮤니티 내의 모든 구성원은 건강 기술을 활용하고자 하는 동기가 똑같지만, 자신과 비슷한 사람으로부터 그 정보를 들을 때 그 혁신을 신청하고 사용할 확률이 두 배로 높아질 수 있다.

관련성의 세 가지 규칙

자신과 나이와 성별이 같고, 교육 수준과 문화적 배경, 직업, 가족 상황이 비슷한 사람을 생각할 때, 그 사람의 관점에서 인생을 바라보는 일(**역지사지**라고 부르는)이 아주 쉽게 일어난다. 우리는 그 사람의 핵심 믿음과 가치를 이해하기(그리고 공유할 가능성도 높다) 때문에 그 사람의 결정을 직관적으로 이해한다. 자신과 비슷한 점이 많은 사람일수록 우리는 그 사람과 공감하기가 더 쉽고, 그의 선택을 진지하게 받아들이는 경향이 강하다. 반대로 자신과 다른 점이 많을수록(핵심 가치와 관심사, 환경 등이 자신과 덜 비슷할수록) 그 사람이 왜 그런 행동을 하는지 이해하기가 더 어렵다.

관련성 원리가 다이어트를 넘어 다른 곳에도 적용된다는 사실은 네트워크과학자가 아니어도 충분히 알 수 있다. 새로운 곳으로 이사를 간다거나 직업을 바꾼다거나 정치 캠페인에 참여하는 것처럼 살아가면서 맞닥뜨리는 온갖 종류의 중요한 변화를 생각하는 데에도 적용된다. 우리의 삶에는 시간, 물리적 근접성, 경제적 책임을 기반으로 한 고려 사항이 넘쳐나는데, 이 모든 것은 우리에게 익숙한 행동을 바꾸기 어렵게 할 수 있다. 이러한 관성력을 극복하려면, **우리와 같은 사람들**에게 일어나는 그러한 변화가 충분히 타당하다는 확신을 얻을 필요가 있다.

그거야 아주 간단한 일이 아닌가 하는 생각이 들 수도 있다. 전문가들은 우리가 자신과 비슷한 사람들을 만나고 함께 어울리는 경향을 **동류 선호**homophily('유유상종'과 비슷한 뜻)라고 부른다.

그런데 실은 그게 그렇게 간단하지가 않다. 더 깊이 파고들수록 관련성 원리가 실현되는 방식은 생각보다 미묘한 차이가 아주 다양하게 나타난다. '우리와 같은 사람들'이라고는 하지만, **어떤 면에서** 우리와 같단 말인가?

오직 특정 형태의 유사성만이 관련성을 만들어낸다—그리고 그 형태들은 다양하다. 당신의 배우자는 어떤 결정에서는 관련성이 있지만, 다른 결정에서는 그렇지 않다. 당신의 대학교 친구, 직장 동료, 운동 친구, 취미 활동을 같이 하는 사람, 같은 블록에 사는 이웃들 역시 마찬가지다.

핵심은 맥락이다. 어떤 접촉이 자신에게 관련이 있는 것으로 보이느냐 여부는 대체로 상황에 따라 결정된다. 천식으로 도움을 구하는 환자에게는 같은 병에 걸린 사람을 찾는 것이 단순히 같은 인종이나 성별의 사람을 찾는 것보다 사회적 영향력의 기반을 강화하는 데 훨씬 도움이 된다.

관련성을 수립하는 마법의 탄환 같은 것은 없으며, 항상 영향력을 발휘하는 결정적 단일 특성(젠더나 인종, 건강, 지위, 나이, 소득, 정치 이념 같은)도 없다. 하지만 관련성이 한 맥락에서 다른 맥락으로 건너가면서 어떻게 확립되는지 이해하는 데 꼭 필요한 세 가지 핵심 원리가 있다.

원리 1: 특정 혁신이 **자신에게 유용할** 것이라는 **사회적 증거**가 필요할 때, 관련성을 만들어내는 한 가지 핵심 요소는 얼리 어답터와의 **유사성**이다. 사람들은 자신과 비슷한 사람이 그것을 받아들인 것을 보아야만 새로운 다이어트나 운동 프로그램, 미용 처치의 유용성을 확신한다.

원리 2: 행동 변화에 **감정적 열광**이나 **충성심**과 **연대** 느낌이 어느 정도 필요할 때, (또다시) **유사성**이 행동 변화를 자극하는 강화의 원천이 된다. 예를 들면, 제1차 세계대전 때 팰스 대대 캠페인은 동향 사람들을 같은 부대로 편성하는 방법으로 연대감을 강조함으로써 시민을 행동에 나서게 했다.

원리 3: 행동 변화가 **정당성**을 기반으로 할 때(즉, 그 행동이 널리 받아들여졌다고 믿을 수 있을 때)에는 **그 반대**가 옳다. 채택을 강화하는 원천들 사이의 **다양성**이 혁신을 확산시키는 비결이다. 예컨대, 페이스북에서 사람들이 등호 캠페인에 동참하려는 의지는 다양한 소셜 집단에 속한 동료들이 그것을 채택하는지 여부에 달려 있었는데, 이들은 이 운동의 광범위한 정당성을 수립하는 데 도움을 주었다.

성공적인 전염 인프라를 구축하는 데 중요한 개념은 유사성이 아니라 **관련성**이다. 자신의 관련성을 결정하는 데 채택자의 유사성보다 다양성이 실제로 더 중요한 상황들이 있다. 이 모든 것은 맥락에 달려 있다. 다행히도 이 세 가지 원리는 맥락이 변할 때 누가 가장 관련성이 높은 사회적 영향력의 원천이 될지 결정하는 데 도움을 준다.

원리 1: 믿을 수 있는 원천

의사는 자신이 강조하는 건강한 생활 방식의 롤 모델이 되어야 할까? 뚱뚱한 의사에게서 다이어트 조언을 받고 싶은 사람은 아무도 없을 것이다. 그렇지 않은가?

실제로 그 판단은 환자에 따라 다르다.

2017년, 스탠퍼드대학교의 두 사회과학자 로런 하우와 베노이트 모닌은 의사가 제시하는 건강 메시지의 효과를 높이는 방법을 찾으려고 했다. 수십 년 동안 마케팅 회사들은 의료 전문가가 건강과 생활 방식의 변화를 전파하는 데 가장 영향력 있는 사람이라는 상식적 개념에 의존해 마케팅을 펼쳤다. 의사가 당신에게 새로운 다이어트를 시도해보라고 권할 경우, 의사 자신이 직접 그 본보기라면 그 권고가 훨씬 설득력이 있을 것이다.

하지만 실제로는 비만 환자에게 자신의 개인적 일상을 이야기하면서 운동의 장점을 홍보할 경우, 건강한 의사는 효과적인 영향력의 원천이 될 가능성이 낮다. 오히려 이러한 롤 모델 전략은 역효과를 낳을 수 있다. 하우와 모닌은 덜 건강한 환자들이 자신의 건강한 생활 방식을 홍보하는 의사에게서 평가당하는(심지어 자신의 가치를 폄하당하는) 느낌을 받는다는 사실을 발견했다. 그리고 이것은 의도치 않게 다이어트와 운동 습관 변화에 관한 의학적 조언을 환자가 덜 수용하는 효과를 낳았다.

새로운 행동이나 기술이 자신에게 도움이 된다는 확신을 얻을 필요가 있을 때, 가장 큰 영향을 미치는 접촉자는 대개 자신을 닮은 사람이다. 예를 들면, 다이어트 일기 연구에서 비만인 참여자들은 자신과 비슷하게 과체중인 동료로부터 정보를 들을 때 혁신을 받아들일 가능성이 훨씬 높았다. 이들에게는 덜 건강한 사람이 건강이 아주 좋은 사람보다 관련성이 더 높은 영향력의 원천이었다.

나는 비만 문제에 관한 세계적 권위자의 강연을 들은 적이 있다. 그는 키-몸무게 비율 표를 청중에게 보여주면서 각자 자신이 표의 어디쯤에 위치하는지 말해보라고 했다. 그러고 나서 그들에게 미국의 비만 문제와 대다수 미국인에게 필요한 식단의 변화에 대해 이야기했다.

강연이 끝난 뒤, 나는 동료들과 함께 로비에서 말없이 서 있었다. 그러다가 결국 누가 입을 열었다. "내 평생 이토록 비참한 기분이 든 적은 없었어. 그 강연자는 어쩌면 저토록 날씬할까 하는 생각밖에 안 들더라고." 우리는 모두 똑같이 느꼈다고 맞장구를 쳤다.

동료들과 나는 모두 얼마 전에 박사 학위를 받았다. 우리는 모두 젊고 근육질의 날씬한 몸매였다. 사실, 먼저 입을 연 동료는 대학생과 대학원생 시절 내내 육상 선수로 대회에 나가기도 했다.

그러나 그것은 중요하지 않았다. 우리 모두가 당시에 건강 정책을 연구하고 있었다는 사실도 중요하지 않았다. 강연자는 우리 모두에게 그와 다르다는 사실을 생생하게 느끼게 했다. 심지어 우리 중에는 강연의 요점을 제대로 기억하는 사람이 아무도 없었다. 그저 강연이 매우 모욕적이었다는 생각만 들었다(그리고 갑자기 정크 푸드를 먹고 싶은 욕구가 확 치솟았다).

그렇다면 의사가 환자에게 성공적으로 영향을 끼치려면 어떻게 해야 할까?

환자에게 새로운 것을 시도하라고 설득하는 능력은 의학적 권위에서 나오는 게 아니라, 의사와 환자의 지각된 유사성에서 나온다. 예를 들면, 소아과 의사가 부모에게 조언을 할 때 의학적 정보에다가 자기 자녀와의 경험을 곁들여 소개하면 더 큰 영향을 미칠 수 있다. 그 영향력은 그가 의사라는 권위보다는 같은 부모라는 사실에서 나온다.

의학 커뮤니티에서 특별히 잘 알려진 예는 백신 접종이다. 백신의 신뢰성과 안전성을 판단하려고 애쓰는 부모는 역학 전문가의 의견보다 다른 부모의 의견이 더 관련성이 높다고 간주하는 경우가 많다. 의사가 백신 접종에 관해 조언하면서 자기 자녀에게 백신 접종을 한 이야기를 들려줄 때 더 큰 영향력을 미치는 것은 놀라운 일이 아니다.

온라인 환자 커뮤니티인 페이션츠라이크미의 성공 비결도 바로 이 원리에 있다. 희귀 질환에 걸린 사람은 같은 질환에 걸린 사람의 조언을 잘 받아들인다. 새로운 의학 도구의 사용을 고려하거나 무작위 대조 임상 시험에 참여할지 여부를 저울질하는 환자는 비슷한 문제에 직면한 경험이 있는 동료의 조언을 의학 전문가의 조언보다 더 신빙성이 있다고 생각하는 경우가 많다.

비단 의학에서만 그런 게 아니다. 비용이 높은데 개인적 위험을 줄이고 싶은 상황이라면 언제 어디서나 사람들은 자신과 비슷한 동료에게 확인받길 원한다. 기업 지배 구조에 관한 결정을 생각해보자. 이사회는 회사의 안정성과 수익성에 영향을 미치는 정책에 관한 결정을 내린다. 새로운 전략에는 항상 위험이 따르며, 거기에 걸린 것이 아주 많다. 새로운 아이디어의 신뢰성은 흔히 '동류 기구peer institution'(규모와 자본 구조, 전반적인 구성이나 구조가 비슷한 조직)의 이사들이 내린 결정을 검토한 결과에서 나온다. 연구 결과에 따르면, 기업의 이사들은 아주 큰 성공을 거둔(하지만 자기 기업과 비슷하진 않은) 기업보다는 비슷한 기업의 선례를 따르는 경우가 훨씬 많다.

1980년대에 들어 적대적 기업 인수가 점점 늘어났다. 이사회는 탐욕스러운 기업의 적대적 기업 인수 시도를 좌절시키는 동시에 최고 경영진에게 기업의 가치를 높이도록(이것은 결국 그 기업을 적대적 기업 인수에 더 매력적인 대상으로 보이게 한다) 촉진하는 전략을 고안할 필요가 있었다. '독약 조항poison pill'은 이 문제의 해결을 위해 설계된 혁신책이다. 이것은 적대적 기업 인수에 나선 주체가 그 기업의 주식을 상당 비율 획득했을 경우, 핵심 주주에게 그 기업의 신주新株를 실제 가치의 50%에 매수할 권리를 주는 것이다. 그러면 그 기업의 주식 수가 늘어나고 주식 가치가 크게 떨어져 기업 인수를 추진하는 비용이 커진다.

1982년에 도입된 이후 독약 조항은 아주 느리게 확산되었다. 처음에는 강한 저항에 부닥쳤는데, 독약 조항의 도입이 적대적 기업 인수에 대비해 자기 파괴 버튼을 만드는 것처럼 비칠까 봐 이사들이 두려워했기 때문이다. 이사들은 독약 조항을 채택하면 애널리스트들이 기업의 가치를 선제적으로 떨어뜨리지 않을까 염려했다. 이러한 지각된 위험 때문에 이 혁신은 1980년대 전반만 해도《포천》500대 기업 사이에서 별로 큰 인기를 끌지 못했다.

그러다가 1985년에 상황이 확 변했다.

적대적 기업 인수 분위기가 심화돼가는 가운데 이사회들은 동종 업계(예컨대 중공업, 섬유, 소프트웨어 부문 등에서) 기업들이 채택한 예방 대책에 특별한 관심을 보였다. 일부 앞서 나가는 기업들이 독약 조항을 채택하기만 하면, 나머지 동종 업계 기업들도 금방 그 혁신을 믿을 만한 것으로 간주해 뒤를 따를 분위기였다.

일단 한 회사의 동류 기구가 혁신을 채택하면, 다른 회사가 그것을 채택하는 데 따르는 위험이 낮아졌다. 만약 동종 업계의 **모든 기업들**이 독약 조항을 채택하면, 애널리스트들은 나머지 기업들은 놔두고 한 기업의 가치만 낮출 수 없게 된다. 그 기업의 가치를 낮추려면 모든 기업의 가치를 똑같이 낮추어야 하기 때문이다. 동종 업계에서 독약 조항을 채택한 회사들이 많아질수록 모든 회사의 위험이 낮아졌다. 무리를 지어 함께 행동하자 안전성이 높아졌다.

그리고 오히려 이 대열에 합류하지 않는 기업이 위험에 놓였다. 적대적 기업 인수를 예방하기 위해 동료들과 동일한 대책을 채택하지 않는 기업은 동종 업계의 나머지 기업들보다 더 취약한 것으로 보였고, 적대적 기업 인수가 일어나기도 더 쉬웠다. 한 부문 내에서 독약 조항이 유행하기 시작하자, 동류 기구들은 마냥 기다리고 있을 수만은 없었다. 그렇게 이 혁신이 크게 번져갔다.

1985년부터 1989년까지 《포천》 500대 기업 사이에서 독약 조항 채택률은 5% 미만에서 대다수가 채택하는 것으로 크게 증가했다. 새로운 기업 지배 구조 전략의 확산에 성공을 가져온 한 가지 필수 요소는 비슷한 자본 구조를 가진 동종 업계의 동류 기구들 사이에서 그것이 전파된 데 있다. 1990년에 이르러 독약 조항은 서로 겹친 이사회들 사이의 소셜 네트워크를 통해 급속하게 퍼져나갔고, 적대적 기업 인수를 예방하기 위해 가장 널리 채택된 전략이 되었다.

혁신이 건강 기술이건 새로운 기업 지배 구조 전략이건, 그 신뢰성은 비슷한 동료들의 네트워크를 통해 가장 쉽게 확립된다.

원리 2: 연대를 만들라

두 번째 원리는 혁신의 신뢰성을 확립하는 문제와는 관계가 없다. 대신에 감정적 관여를 유발하라고 강조한다.

감정적 전염은 사람들의 정체성을 특정 지역이나 사상 또는 주의, 종교 집단의 구성원으로 활성화시키는 소셜 네트워크를 통해 가장 효율적으로 전파된다. 스포츠의 경우, 집단 열광은 외집단을 향한 지역적 반감을 통해 끓어오를 때가 많은데, 이것은 내집단을 향한 충성심을 강화시킨다. 예컨대 보스턴 레드삭스 팬들은 뉴욕 양키스를 향한 공동의 적대감을 통해 연대감이 커진다.

정치 집회도 이와 아주 비슷하다. 연사들은 지지자들 사이의 이념적, 인종적, 경제적 유사성을 강조하고 지지자와 반대자 사이의 차이를 강조함으로써 어떤 주의에 대한 열광을 확산시킨다. 정치 집회에서부터 스포츠 경기에 이르기까지 유사성이 지닌 감정적 힘과 열광을 확산시키는 효과는 감정적 전염이 확대되는 방식에서 드러나는 전반적인 특징이다.

하지만 유사성 자체는 사회적 맥락에 따라 정의될 때가 많다. 정확하게 **누가** 우리와 비슷한 사람이냐 하는 것은 쉽게 변할 수 있다.

1980년대에 주사형 마약이 미국 도심 지역을 휩쓸었고, 그와 함께 HIV/AIDS도 크게 유행했다. 이 질병의 주요 전염 원인 중 하나는 HIV에 감염된 마약 사용자가 주삿바늘을 동료 사용자와 함께 사용한 데 있었다. 1980년대 후반, HIV/AIDS 유행을 막기 위해 미국에서 전국적인 공중 보건 캠페인이 시작되었다. 그 목표는 마약 사용을 멈추는 것이 아니었다. 대신에 마약 사용자가 감염된 주삿바늘을 공유하지 않도록 하는 것이었다. 더 안전한 주사 계획에 수백만 달러가 투입되었는데, 이 계획은 마약 사용자에게 주삿바늘을 공유하기 전에 표백제와 물로 잘 세척하는 식의 예방 조치를 취하라고 설득하는 것을 목표로 삼았다.

그런데 주사형 마약 사용자가 공중 보건 메시지에 귀를 기울이지 않는다는 게 문제였다. 그들은 일반 대중의 눈에 자신이 마약 중독자와 범죄자로 비친다고 생각했다. 그래서 대다수 미국인과 분리된 삶을 살아갔다. 그들은 표준적인 의료 서비스에서 격리돼 있었다. 그래서 의료 서비스 제공자와 구호 요원의 조언에 무관심했다.

더 안전한 주사 계획은 처음엔 별로 성과가 좋지 않았다. 하지만 뉴런던과 미들타운 같은 코네티컷주의 소도시들에서 일어난 실험적 지원 노력을 포함해 믿기 힘든 성공 사례가 일부 있었다.

다른 도시들은 모두 실패했는데, 이 도시들은 어떻게 성공할 수 있었을까?

그 공은 혁신적인 사회학자들과 공중 보건학자들에게 돌려야 하는데, 그중에는 사회학자 더글러스 헤커슨과 로버트 브로드헤드가 포함돼 있다. 이들은 유사성의 원리를 사용해 마약 사용자들의 소셜 네트워크 내에서 더 안전한 주사 전염을 활성화시키자는 아이디어를 내놓았다. 그 당시로서는 특이한 생각이었는데, 공중 보건 행위를 사회적 전염으로 생각한 사람이 아무도 없었기 때문이다.

하지만 새로운 방법이 필요하다는 것은 이론의 여지가 없었다. 1990년대에 들어 사회학자들은 정보 캠페인을 통해 공중 보건을 홍보한다는 생각을 단념했다.

그들은 주사형 마약 사용자들이 HIV의 위험을 염려하긴 하지만 주류 보건 서비스 공급자의 조언에 관심을 기울이지 않는다는 사실을 깨달았다.

헤커슨이 내놓은 아이디어는 더 안전한 주사 계획을 감정적 전염으로 만들자는 것이었다. 헤커슨과 동료들은 마약 사용자가 주류 보건 서비스를 회피하는 상황을 해결하려고 애쓰는 대신에, 그 상황을 사회적 연대를 위한 결집 수단으로 만들려고 했다.

헤커슨은 공중 보건 캠페인의 전통적 접근법에 중요한 변화를 주었는데, 그럼으로써 **마약 사용자**라는 오명을 장애물에서 자원으로 바꾸었다. 그는 마약 사용자들이 서로에게 느끼는 유사성을, 다가가

기 어려운 이 집단 사이에서 개입에 대한 지지를 확산시키는 주요 방법으로 활용했다.

헤커슨과 그 밖의 사회학자들은 이 도시들과 협력하여 마약 사용자들의 커뮤니티에서 그들 사이의 강한 연대감을 이끌어내는 지원 활동 노력을 발전시켰다. 주목할 만한 것은 이들이 마약 사용자들에게 HIV 검사를 받으라고 동료들을 '모집'하고 더 안전한 주사를 홍보하는 일에 도움을 요청했다는 점이다. 검사와 치료를 받기 위해 지원 센터에 새로 온 사람들은 그다음 단계의 '모집자'가 되어 새 동료를 데려왔고, 그렇게 연쇄적으로 지원 센터에 오는 사람들이 이어졌다. 이 시도는 놀랍도록 효과적이었다. 마약 사용자는 공중 보건 공무원 같은 전통적인 권위자의 말은 들으려 하지 않았지만, 다른 마약 사용자의 말에는 귀를 기울였다.

초기의 지원 활동 노력은 이전에 등록되지 않은 마약 사용자들의 사슬을 통해 연쇄적으로 확대됐는데, 이들은 HIV 검사와 더 안전한 주사 방법에 관한 동료 교육에 참여하라는 동료의 설득에 넘어가 이 활동에 참여했다. 더 많은 사람들이 모집될수록 다른 사람들에게 미치는 사회적 강화가 더 커졌고, 더 안전한 주사 계획의 영향력 범위도 더 넓어졌다. 이 캠페인의 놀라운 효과는 오명을 사회적 연대의 원천으로 변화시킨 헤커슨의 전략에서 비롯되었다. 그러면서 더 안전한 주사 계획은 광대하지만 대체로 보이지 않는 마약 사용자 커뮤니티 내에서 믿기 힘든 추진력을 얻었다.

지역 스포츠 단체에서부터 주사형 마약 사용자에 이르기까지 지각된 유사성은 아주 다양한 방식으로 나타날 수 있다. 유사성 지각은 그 형태와 상관없이 연대감을 확산시키는 놀라운 힘을 갖고 있다.

이 힘을 맨 처음 보여준 증거는 1954년에 실시된 비정통적 연구에서 나왔다. 오클라호마주의 외딴 곳에 위치한 청소년 여름 캠프에서 유명한 사회심리학자 무자퍼 셰리프와 캐럴린 셰리프는 사회적, 경제적, 종교적 배경이 동일한 12세 전후의 미국 중산층 출신 소년 집단을 모집했다.

그러고 나서 소년들을 무작위로 방울뱀 팀과 독수리 팀으로 나누었다. 팀의 정체성은 아무 의미가 없었다. 어느 팀에도 추가적인 특권이나 특별 대우는 제공하지 않았다. 두 팀은 일련의 시합을 하면서 서로 경쟁했다.

당혹스러운 연구 결과를 소개하기 전에 이 연구가 오늘날의 적절한 실험 절차나 윤리 절차를 따르지 않았다는 점을 밝혀야 할 것 같다. 오늘날이라면 이런 연구는 허용되지 않을 것이다. 하지만 이 연구에서 얻은 결과는 그 후의 연구에서도 반복적으로 확인되었다. 서로 모르는 사람들이라 하더라도 단순히 가상의 집단 정체성을 부여하는 것만으로 연대감을 효과적으로 확산시킬 수 있다.

셰리프 부부가 소년들을 인위적으로 구분한 결과는 각 팀에 강한 충성심을 불러일으켰고, 소년들의 행동에 극적인 변화를 낳았다. 심지어 자발적으로 상대 팀에 집단 폭력까지 행사하는 결과를 낳았다. 소년들은 팀과 상관없이 동일한 특성을 지녔는데도 불구하고, 방울뱀 팀과 독수리 팀으로 분류되면서 그들이 새로 발견한 유사성이 외집단 공격에 대한 감정적 지지를 유발하고 지속시켰다.

중동에서도 동일한 연구를 반복했는데, 이슬람교 소년들과 기독교 소년들을 무작위로 파란 유령 팀과 빨간 요정 팀으로 나누었다. 며칠이 지나자, 소년들이 자기 팀에 대한 충성심이 커지면서 상대 팀에 조직적인 폭력을 가하는 상황이 벌어졌다. 연대와 폭력의 경계는 이슬람교와 기독교가 아니라 파란 유령 팀과 빨간 요정 팀 사이에 생겨났다. 인위적인 팀 구분이 수백 년 이상의 역사적 갈등에 뿌리를 둔 정체성 요소들을 압도했다.

이러한 부족주의 성향은 최근에 미국과 그 밖의 곳에서 일어난 정치 캠페인을 떠오르게 한다. 감정적 열광은 진정한 지지자를 동원하는 데 효과적일 때가 많다. 하지만 그것은 우리를 반향실에 가두지 않을까? 비슷한 동료에게 감정적 관여가 더 크게 일어나는 이 경향은 사람들이 전통적인 유사성과 차이의 경계를 넘어서는 연대를 하지 못하게 방해하지 않을까?

앞 장에서 우리는 넓은 가교가 어떻게 집단의 경계를 넘어 사람들의 언어를 조율하고 지식을 전달하는지 보았다. 넓은 가교는 **감정적 전염**도 확산시킬 수 있다. 그리고 그것은 기존의 믿음과 충성심을 강화하는 전염에만 국한되지 않는다. 놀랍게도 넓은 가교는 사람들이 어떤 동료가 자신과 비슷한지 파악하는 지각에, 그리고 집단 연대감을 경험하는 방식에 영향을 미치는 데에도 사용할 수 있다.

2017년, 예일대학교의 사회과학자 아허런 레비와 그 동료들은 일련의 놀라운 연구 결과를 발표했다. 그 연구는 넓은 가교 개념을 적용해 예컨대 이스라엘인과 팔레스타인인처럼 서로 대립적인 집단에 감정적 연대를 확산시키는 과제에 도전했다. 그들이 사용한 전략에서 핵심은 **가교 집단**bridging group을 만드는 것이었다. 가교 집단의 구성원들은 양 집단 모두와 유사성을 지니고 있었다. 예를 들면, 이스라엘에 사는 아랍인 시민(혈통은 아랍인이지만 이스라엘 시민권을 가진)은 양 집단에 공감을 느껴 양자 사이의 가교 역할을 할 수 있다.

한 개인의 힘만으로는 이 일을 해낼 수 없다. 각 집단에서 양 집단 사이에 위치한 가교 집단과 연결되는 넓은 가교가 있어야 한다. 이 과정을 실험적으로 연구하기 위해 연구자들은 홍팀과 청팀 개념으로 되돌아갔다. 그들은 유대인 혈통의 이스라엘인 학생 집단을 모집해 무작위로 홍팀이나 청팀 또는 홍/청팀(홍팀과 청팀 사이의 가교 집단)으로 배정했다. 참여자들에게는 돈을 약간(예컨대 10달러) 주고, 홍팀이나 청팀에 속한 사람에게 기부할 수 있다고 말했다. 이 실험의 통제 조건에서는 홍팀과 청팀의 단 두 집단만 있었다. 하지만 실험 조건에서는 세 번째 집단인 홍/청팀을 포함시켰다.

통제 조건에서 나온 결과는 예상한 대로였다. 셰리프 부부와 많은 연구자들이 이미 발견한 것처럼 사람들은 오직 자신이 속한 집단에만 충성을 보였다. 청팀은 청팀에게만 기부했고, 홍팀은 홍팀에게만 기부했다.

하지만 실험 조건에서는 사람들이 새로 얻은 부를 다른 집단과 함께 나눌 가능성이 훨씬 높아졌다. 그것은 셰리프 부부가 발견한 결과와 비슷했지만 정반대였다. 홍팀은 청팀에게 기부했고, 청팀은 홍팀에게 기부했다. 단순히 가교 집단의 존재를 통해 누가 누구와 비슷한가에 대한 사람들의 생각이 변했다. 그 결과로 홍팀과 청팀 모두 외집단을 향해 더 관대한 행동을 보였다.

이 개념은 이스라엘인과 팔레스타인인 사이에서 얼마나 잘 성립

할까?

후속 연구에서 연구자들은 간단한 실험을 했다. 유대인 혈통의 이스라엘인을 면담하면서 팔레스타인에 대한 군사 정책을 지지하는지, 그리고 팔레스타인에 대한 경제적 지원과 의료 지원을 지지하는지 여부를 물었다. 통제 조건에서 참여자들은 군사 정책을 지지하며, 지원을 지지하지 않는다고 응답했다. 실험 조건에서는 참여자들에게 먼저 팔레스타인인과 이스라엘인 모두에 동질감을 느끼는 아랍인 혈통의 이스라엘 시민에 관한 기사를 읽게 한 뒤 정책에 관한 질문에 응답하게 했다. 이 간섭은 아주 사소한 것이어서 별다른 효과를 미치지 않을 것처럼 보였다. 하지만 실제로는 효과를 미쳤다. 그것도 연구자들이 예상한 것보다 훨씬 크게. 실험 조건에서 참여자들은 팔레스타인에 대한 공격적 군사 정책을 지지하는 비율이 크게 낮아진 반면, 팔레스타인 지원을 위해 이스라엘의 자원을 할당하는 정책을 지지하는 비율은 크게 높아졌다. 눈길을 끄는 한 가지 결과는, 실험 집단 참여자들이 팔레스타인인을 향한 개인적 동질감이 커진 반면, 분노는 크게 줄어들었다고 응답한 것이다. 그저 가교 집단의 **존재**만으로 이들은 외집단에 대한 느낌이 변했다.

감정적 전염은 지각된 유사성을 통해 증폭된다. 사회적 맥락은 어떤 사람을 비슷한 사람으로 간주하고, 집단 연대를 어떻게 정의해야 할지 결정하는 경우가 많다. 접촉이 전혀 없거나 그저 스쳐 지나가는 접촉밖에 없는 집단들은 상대 집단의 자극에 훨씬 쉽게 동요한다. 가교 집단은 유사성의 경계를 다시 긋고 감정적 전염이 확산되는 방식을 변화시킬 수 있다.

원리 3: 정당성을 확립하라

유사성의 중요성을 강조한 원리 1과 원리 2와는 대조적으로 원리 3은 다양성이 필수 요소가 되는 상황을 보여준다. 어떤 운동이나 혁신의 **정당성**이 확산의 주요 요소가 되는 상황에서는 다양성(유사성이 아니라)이 채택을 유발하는 주된 원리가 된다.

변화 계획의 성공에서 다양성의 중요한 역할을 이해하려면, 동성 결혼에 대한 지지를 보여주는 빨간색과 분홍색의 등호 로고를 확산시키려고 한 HRC 계획의 성공을 되돌아볼 필요가 있다. 라다 아다믹과 보그던 스테이트는 그 로고가 어떻게 약 300만 명의 페이스북 사용자 사이에 확산되었는지 연구하다가 이 복잡한 전염에 관해 새로운 사실을 발견했다. 변화를 채택한 접촉자가 **얼마나 많은가**뿐만 아니라, 그들이 **어떤** 접촉자인지도 중요했다.

운동가 커뮤니티 내에서 등호 로고 운동에 대한 지지는 감정적 열광과 자부심, 연대감을 통해 모였다. 예상대로 그것은 사람들의 유사성을 바탕으로 한 강화 유대를 통해 빠르게 확산되었다. 하지만 300만 명에게 확산되기 위해서는 이 운동이 훨씬 넓은 커뮤니티 사이에서 정당성을 얻을 필요가 있었다. 바로 여기에 사회적 접촉의 다양성이 중요한 역할을 한다.

잠시 자신의 소셜 미디어 네트워크를 생각해보라. 당신의 접촉자 커뮤니티는 고등학교 친구들, 대학교 친구들, 직장 동료들, 가족, 그 밖의 친구들과 지인들로 이루어져 있을 것이다. 대학교 친구 몇몇이 LGBTQ* 커뮤니티의 일원이고, 동성 결혼에 대한 지지를 표명하기 위해 자신의 프로필을 바꾼다고 가정해보자. 이들이 그런 결정을 했다고 해서 반드시 이 운동이 다른 친구들과 접촉자들 사이에서 광범위한 지지를 받는다는 뜻은 아니다. 당신이 이성애자라면, 이 새로운 경향이 자신과 정말로 관련이 있는 것인지 의문이 들 수 있다. 사실, 채택자들끼리 서로 더 비슷하다면, 그들이 나머지 사람들(즉, 모든 비채택자들)과 다르다는 점이 더 두드러질 것이다. 우리는 이미 그 문제를 알고 있다(구글 글래스에서도 보았고, 에어로스미스 제스처에서도 보았다). 이것은 **대항 영향력** 문제이다.

채택자들 사이의 강한 유사성은 실제로 자신의 네트워크에서 다양한 비채택자 군중의 대항 영향력을 강화한다. 이 다양한 대항 영향력은 완강한 지지자를 제외한 나머지 모든 사람을 주저하게 만들기에 충분하다.

하지만 자신의 소셜 미디어 커뮤니티 내에서 서로 다른 부분들에 속한 사람들(예컨대 가족, 이웃, 대학교 친구, 직장 동료 등)이 모두 동성 결혼을 지지하기 위해 프로필 사진을 바꾼다면 어떤 일이 일어날까? 등호 로고 운동은 이제 소수자 집단의 운동처럼 보이는 대신에 훨씬 큰 정당성을 지닌 것처럼 보인다. 아다믹과 스테이트는 당신을 설득하는 데 수백 명의 접촉자가 필요하지 않다는 걸 보여주었다. 당신의 소셜 커뮤니티 내 다양한 영역들에 속한 단 10명의 접촉자만 있어도 이 운동이 광범위하게 받아들여진다고 설득당하기에 충분하다. 일단

● 성 소수자 중 레즈비언lesbian, 게이gay, 양성애자bisexual, 트랜스젠더transgender, 퀴어queer 또는 퀘스처닝questioning을 포괄하는 용어이다.

그 문턱을 넘어서면, 자신이 지지를 표명하더라도 그에 따르는 사회적 위험이 미미할 것이라고 인식한다.

다양성의 힘은 잠재적 채택자에게 **정당성**이 주요 고려 사항인 많은 상황에 일반적으로 적용된다. 2016년에 정치 후원금 기부 양상을 조사한 연구는 정치 후원금 기부가 등호 로고 운동과 같은 종류의 복잡한 전염임을 보여주었다. 정치 후원금 기부는 기부자의 네트워크에서 사회적 강화의 힘을 통해 확산했다. 어떤 후보를 처음부터 지지하는 사람이 충분히 많이 있으면, 정치 후원금 기부는 눈덩이처럼 불어나 미래의 많은 후원금과 광범위한 지지로 이어졌다. 하지만 초기의 지지 **원천**이 아주 중요하다.

성공의 열쇠는 다양성에 있다.

이것은 직관에 반하는 것처럼 보인다. 정치 분야의 오랜 격언은 '지지 기반을 동원'하는 것이 중요하다고 말한다. 실제로 그것은 성공으로 나아가기 위해 필요한 단계이다. 하지만 정치 캠페인 초기부터 너무 폭을 좁혀 지지 기반 동원에 치중하는 전략은 의도치 않은 역효과를 낳을 수 있다. 또다시 대항 영향력 문제에 부닥치게 된다.

만약 후보에 대한 지지가 오로지 균일한 커뮤니티에서만 나온다면, 이것은 나머지 사람들에게 암묵적이지만 분명한 신호를 보내는 효과를 낳는다. 즉, **이 후보는 특별한 집단을 대표한다는** 메시지를 던진다. 이것은 오직 LGBTQ 커뮤니티 구성원만이 등호 로고 운동을 지지할 경우 사람들이 페이스북에서 받는 것과 같은 종류의 신호이다. 채택자들 사이의 유사성이 너무 강하면, 그것은 지지자가 극소수임을 시사한다. 같은 이유로 초기의 기부자들 사이의 유사성이 너무 강하면,

그 후보가 광범위한 지지를 받지 않으며 폭넓은 이해관계를 대표하지 않는다는 신호를 줄 수 있다. 이것은 미래의 정치 후원금 감소를 초래할 수 있을 뿐만 아니라, 잠재적 기부자의 지지를 **반대** 후보 쪽으로 돌릴 수 있다.

새로운 후보에 대한 지지를 이끌어내는 비결은 다양성 확보에 있다. 처음부터 다양한 원천에서 정치 자금을 모금하면, 그 후보가 광범위한 지지를 받고 있다는 신호를 강하게 줄 수 있다. 등호 로고 운동과 마찬가지로 숫자 자체는 압도적으로 크지 않아도 된다. 초기 지지의 **질**이 양보다 훨씬 중요하다.

이 교훈은 정치 신인에게 특히 중요하다. 모든 기부자가 던지는 질문은 해당 후보가 경쟁력이 있느냐 하는 것이다. 그 후보에 대한 지각된 수용의 폭이 넓을수록 그 후보의 경쟁력이 높은 것처럼 보인다. 경쟁력은 자기실현적 예언이 된다. 조기에 후보의 광범위한 지지를 확보하면, 추가적인 정치 후원금 기부 전염을 효과적으로 촉발할 수 있고, 그럼으로써 후보의 경쟁력을 높일 수 있다. 성공의 열쇠는 올바른 방법으로 시작하는 데 있다. 캠페인을 시작할 때 다양한 부문에서 들어오는 기부는 후보가 폭넓은 기부자 청중의 지지를 받는다는 신호를 주며, 이것은 정치적 성공 가능성을 크게 높이는 결과를 낳는다.

다양성의 중요성은 사회 운동과 정치 캠페인뿐만 아니라 혁신적 제품의 수용에도 적용된다. 특히 소셜 테크놀로지의 매력은 얼마나 널리 수용되느냐에 좌우되는 경우가 많다. 2012년에 뛰어난 통찰력을 보여준 한 연구에서는 컴퓨터과학 분야의 권위자인 존 클라인버그가 코넬대학교와 페이스북의 동료들과 팀을 이루어 페이스북의 놀라운 성공 뒤에 숨어 있는 핵심 소셜 네트워크 원리들을 확인했다. 페이스북의 확산은 복잡한 전염이었을 뿐만 아니라, 그 폭발적 성장을 이끈 것은 사람들의 모집 네트워크가 지닌 다양성이었다.

페이스북이 어떻게 효율적으로 급성장을 이루었는지 확인하기 위해 연구자들은 페이스북 사용자들이 비사용자들에게 가입을 권유하려고 보낸 이메일 5400만 개를 검토했다. 놀랍게도 동일한 소셜 집단에 속한 다수의 동료들로부터 받은 강화 메시지는 페이스북 확산의 주요 요인이 아니었다. 하지만 다양한 소셜 집단에 속한 사람들로부터 받은 초대는 새로운 사용자의 채택 비율과 직접적인 연관성이 있었다.

연구자들은 한 걸음 더 나아가 사람들이 가입한 뒤에 페이스북 활동을 계속 이어간 행동의 기반을 이루는 원리도 확인했다. 그 결과는 똑같았다. 새로운 채택자가 페이스북을 계속 사용할지 아니면 중단할지 예측할 수 있는 주요 요소는 활동적인 접촉자들의 다양성이었다. 놀랍게도 개인의 활동적 네트워크의 다양성이 전체 네트워크의 크기보다 더 중요했다.

요점이 뭐냐고?

효율적인 사회적 강화를 위한 전략은 맥락에 달려 있다. 추가 성장을 위해 정당성이나 대중의 인기를 얻는 것이 중요한 상황에서는 다양성을 획득하는 것이 비결이다. 등호 로고 운동에서 보았듯이, 숫자는 압도적이지 않아도 된다. **누가** 채택하느냐도 **얼마나 많은** 사람이 채택하느냐만큼 중요하다. 사회 운동이나 소셜 테크놀로지 또는 정치 후보의 지각된 정당성은 다양한 사회 집단으로부터 받는 강화를 통해 크게 높아진다.

앞에 소개한 장들에서는 전염 인프라를 구축하는 데 필수적인 두 가지 요소—넓은 가교와 관련성—를 확인했다. 넓은 가교는 집단을 건너뛰어 강화 신호를 전달하는 데 필요하다. 관련성 원리는 어떤 강화 신호가 가장 영향력이 큰지 추측하는 데 도움을 준다.

관련성 원리를 실행에 옮길 때 무엇보다 중요한 것이 맥락임을 보았다. 핵심 요소가 유사성(그리고 어떤 종류의 유사성)인지 다양성(그리고 어떤 종류의 다양성)인지 판단하려면, 구체적으로 파악할 필요가 있다. 4장에서 나는 사회적 전염을 복잡한 전염으로 만드는 원천이 여러 가지(신뢰성과 감정적 열광, 정당성의 필요를 포함해) 있음을 보여주었다. 주어진 사회적 맥락에서 복잡성의 구체적인 원천을 확인하면, 모든 변화 캠페인에서 사회적 영향력의 관련 요소를 결정하는 데 도움이 된다.

3부에서는 전염 인프라의 필수 요소로부터 "추진하는 계획을 제대로 굴러가게 하기 위해 불을 붙이려면 어떻게 해야 하는가?"라는 중요한 문제를 살펴볼 것이다. 변화에 시동을 걸려면 자원을 어디에 집중해야 할까? 자신의 캠페인을 이룩시키는 데 필요한 임계 질량의 크기는 얼마일까?

3부에서는 이 질문들과 함께 가장 어려운 질문에 대한 답도 알아볼 것이다. 그것은 바로 이미 깊이 뿌리박힌 사회 규범을 바꾸려면 어떻게 해야 하느냐는 질문이다.

3부

25% 티핑 포인트

8장

뉴 노멀을 찾아서

1967년 9월 3일 오전 5시 50분, 스웨덴 국민은 초조하게 기다렸다. 고속도로는 텅 비었고 거리는 조용했다. 온 나라에 마치 종말이 지나간 것처럼 기괴한 정적이 깔렸다.

그날은 다겐 H Dagen H, 즉 훗날 'H데이'라고 부르는 날이었다.

하룻밤 사이에 스웨덴 정부는 전국 도로를 달리는 차량의 운행 방식을 좌측통행에서 우측통행으로 바꾸었다. 이날을 위해 정부는 스웨덴 국민을 대상으로 4년 동안이나 준비를 해왔다. 매일 텔레비전과 라디오 광고, 광고판, 널리 홍보한 H데이 속옷을 통해 H데이가 다가오고 있다는 사실을 늘 상기시켰다. 심지어 정부는 H데이를 축하하기 위해 거국적인 팝송 경연 대회까지 열었다. 한 지역 저널리스트가 우승하여 그의 노래가 거의 매일 방송을 통해 전국 방방곡곡에 울려퍼졌다.

9월 3일 오전 0시 59분, 스웨덴에서 모든 교통이 멈췄다. 그다음 다섯 시간 동안은 차량 운행이 불법이었다. 오전 1시부터 6시까지 거리에 페인트칠을 다시 하고, 도로 표지판을 교체하고, 신호등을 조정하는 작업이 이뤄졌다. **전국적으로**. 오직 작고 부유하고 잘 조직된 나라만이 이러한 묘기를 부릴 수 있다.

오전 6시가 되자 도로들이 다시 개통되었고, 스웨덴은 다시 태어났다. 이제 스웨덴은 차량이 우측통행하는 나라가 되었다. 스웨덴 정부가 내놓은 공식 보고서는 그 결과가 큰 성공이었음을 시사한다. 첫날에 일어난 교통사고는 137건밖에 없었고, 그중에서 부상자가 발생한 사고는 11건뿐이었다.

하지만 그날의 숨은 진실을 알려면 스웨덴 주민들이 직접 하는 이야기를 들어볼 필요가 있다.

H데이를 기억하는 사람들은 혼돈을 떠올린다. 보고된 사고는 137건인 반면, 보고되진 않았지만 사고에 가까웠던 사건은 그 수백 배에 이르렀다. 스톡홀름 시민 비외른 쉴벤은 그날 거리가 자동차와 사람들이 뒤엉켜 위험할 정도로 소란했다고 기억했다. 그는 인터뷰 진행자에게 "나는 우리 학교 밖에서 자동차가 잘못된 방향으로 나아가 학생을 칠 뻔한 장면을 세 번쯤 보았습니다"라고 말했다.

문제는 사람들이 어떻게 해야 하는지 몰랐던 데 있지 않았다. 그날이 H데이라는 사실은 모두가 알고 있었다. 문제는 사람들이 **다른** 사람들이 어떻게 할지 몰랐다는 데 있었다.

H데이 오전 6시 30분에 자동차를 몰고 스톡홀름 바깥의 시골

도로를 달린다고 상상해보라. 나는 오른쪽 차선으로 달리고 있고, 다른 사람들도 당연히 그럴 것이라고 기대한다. 저기 지평선 언덕 위로 한 쌍의 헤드라이트가 번쩍이더니 나를 향해 다가온다. 거리가 너무 멀어 그 차가 어느 쪽 차선으로 오는지 분간하기 어렵다. 헤드라이트가 가까워지자 그것은 원래 있어야 하는 곳보다 내가 달리는 차선 쪽에 더 가까운 것처럼 보인다. 이 상황에서 나는 오른쪽 차선을 계속 고집해야 할까? 법이 어떻다는 것은 잘 알고 있다. 하지만 상대방 차가 내 차선 쪽으로 다가오는 것처럼 보이자, 지금 상대편 운전자가 피곤하거나 다른 데 정신이 팔렸거나 단순히 새로운 법을 탐탁지 않게 여길지 모른다는 생각이 든다. 자, 이제 어떻게 해야 할까? 상대방의 행동에 맞춰 차선을 왼쪽으로 바꾸어야 할까, 아니면 원칙대로 오른쪽 차선을 고수해야 할까?

사회학자들은 이런 상황을 **협응 딜레마**coordination dilemma라고 부른다. 협응 딜레마 상황에서 법은 아무 도움이 되지 않는다. 텔레비전과 라디오와 신문 광고조차 반드시 도움이 되는 것은 아니다. 법이 뭐라고 하건, 스톡홀름이나 다른 곳에서 사람들이 무슨 이야기를 듣건, 오전 6시 30분에 그 시골 도로에서 당신이 신경을 써야 할 것은 오로지 다른 운전자가 취하는 행동이다.

협응 딜레마를 해결하려면, 일상생활에서 사용하는 것과 같은 종류의 독심술이 필요하다. 시골 도로에서 나를 향해 다가오는 헤드라이트를 볼 때, 나는 상대방의 의도를 이해하며 그 사람이 앞으로 어떤 행동을 취할지 예상할 수 있다고 믿는다. 또 상대방도 나의 의도를 이해하며 앞으로 **내가** 어떤 행동을 취할지 예상할 수 있다고 믿는다.

두 사람 다 상대방의 마음을 읽을 수 있다고 믿는다. 그렇지 않다면, 다가오는 헤드라이트를 향해 빠른 속도로 운전하는 것은 아주 위험한 상황을 초래할 수 있다.

만약 내가 움푹 파인 구멍을 지나가면서 왼쪽 차선으로 방향을 틀면, 상대편 운전자는 내가 처한 상황을 재빨리 판단해야 한다. 즉, 내가 습관적으로 차선을 왼쪽으로 바꾸었는지, 아니면 잠깐 통제를 잃었다가 다시 오른쪽 차선으로 되돌아가려고 하는지 파악해야 한다. 만약 상대방이 차선을 왼쪽으로 바꾸는 반응을 보인다면, 이제 나는 **상대방**이 무슨 생각을 하는지 판단해야 한다. 상대방은 H데이에 관한 사실을 잊어먹고 왼쪽으로 차선을 바꾼 것일까, 아니면 나의 행동에 대한 반응으로 차선을 바꾼 것일까? 이 계산은 아주 짧은 시간 동안 일어나지만, 아주 중요하다.

만약 상대방이 어떻게 행동할지 모른다면, 우리는 상대방과 협응할 수 없다.

그날, 스웨덴에서 바로 이런 상황이 벌어졌다. 차들은 방향을 바꾸고, 차선에서 벗어나고, 도로에서 미끄러지며 멈춰 섰다. 교통은 정체 상태에 빠졌다. 그날이 끝날 무렵, 도로들에는 버리고 간 차량들이 여기저기 널려 있었다. 문제는 사람들이 규칙을 모른 데 있지 않았다. 규칙은 모두가 잘 알았다. 문제는 사람들이 상대방의 마음을 읽을 수 없었던 데 있었다.

이런 종류의 협응 딜레마는 생각보다 훨씬 자주 발생한다. 언젠가 당신은 복도를 걷다가 의도치 않게 다른 사람과 부딪친 적이 있을 것이다. 그러고 나서 자세를 바로잡고 각자 가던 길을 다시 가려고 했을 것이다. 하지만 우연히 둘 다 같은 방향으로 움직이는 바람에 눈 깜짝할 사이에 상대방의 앞을 가로막고 만다. 정상적인 반응은 멋쩍은 웃음과 함께 어깨를 으쓱하면서 우스꽝스러운 그 상황(마치 두 성인이 서로 충돌하지 않고 복도를 걸어가는 법을 모르는 듯이)을 인정하는 것이다. 하지만 같은 일이 계속 일어난다면, 이 상황은 금방 우스꽝스러운 것에서 짜증스러운 것으로 변한다.

우리는 매일 이런 종류의 협응 딜레마에 맞닥뜨린다. 직관적으로 우리 모두는 이 딜레마를 해결하는 법(사회 규범을 사용함으로써)을 알고 있다. 미국의 경우, 사람들은 보행 시 우측통행을 하며 그 방향으로 계속 나아간다. 하지만 사회 규범이 변하면 어떤 일이 일어날까?

2014년,《비즈니스인사이더》는 오하이오주에 거주하던 임원 교육 전문가 크리스 패짓의 기묘한 사례를 보도했다. 30대 후반인 크리스는 옅은 갈색 머리에 따뜻한 미소를 지닌 사람이었다. 임원 교육 전문가로서 그가 하는 일은 최고위급 임원들을 매달 만나 협상 전략의 지침과 최선의 경영 방법, 전문적 관계에 필요한 조언을 제공하는 것이었다. 비즈니스 상황에서 제대로 상호작용하는 방법을 크리스만큼 잘 아는 사람은 얼마 없었다.

하지만 크리스조차 사회 규범이 얼마나 복잡한지 실감하는 경험을 했다. 몇 달 전에 크리스는 한 최고 경영자를 새로운 고객으로 만났다. 크리스는 그 만남이 통상적인 악수로 시작하지 않았다는 사실에 주목했다. 대신에 고객은 크리스와 함께 자리에 앉더니 곧장 일에 착수했다. 크리스는 그것을 기이하게 여겼다. 크리스는 '이상하군. 아마도 악수하는 걸 잊어먹었나 봐'라고 생각했다.

회의는 생산적이었고 모두가 만족했다. 의자에서 일어설 때 만족한 경영자는 크리스를 쳐다보면서 미소를 지었다. 그러고 나서 크리스를 향해 주먹을 내뻗었다. 크리스는 "그 주먹은 나를 향해 쑥 뻗어왔지요. 그 정도 수준에 있는 사람들은 격식을 중시하지만, 50대 중반인 그 사람은 전혀 그렇지 않았지요"라고 회상했다.

두 사람의 주먹이 공중에서 부딪쳤다. 크리스의 고객은 주먹 인사를 완벽하게 날렸다.

크리스는 이 경험에서 깨달음을 얻었다. 크리스는 최근에 만난 사람들을 되돌아보면서 크게 존경받는 다른 임원들과도 낡은 악수 전통 대신에 최근에 유행하고 세균 감염에 더 안전한 주먹 인사를 나눴다는 사실이 생각났다. 악수는 유효성이 입증된 비즈니스 전통이다. 어떻게 주먹 인사가 악수를 대체할 수 있었을까? 크리스는 비즈니스 예절에는 전문가였지만, 주먹 인사가 유행하리라곤 예측하지 못했다. 하지만 이제 이것에 대해 진지하게 생각하지 않으면 안 되었다. 다음 날에도 새로운 고객들을 만나기로 돼 있었다. 그들과 어떤 방식으로 인사를 나누어야 할까?

이 고민에 빠진 사람은 크리스뿐만이 아니었다. 임원들 사이에 주먹 인사를 나누는 관행이 점점 늘어나는 상황에 세상 사람들은 깜짝 놀랐다. 2012년과 2013년에 《뉴욕타임스》와 《시카고트리뷴》 같은 최고 수준의 뉴스 매체들이 '주먹 인사가 영구적으로 악수를 대체할 것인가'라는 주제로 기사를 내보냈다. 2014년에는 《애드위크》, 《비즈니스인사이더》, 《패스트컴퍼니》, 《포브스》가 이러한 예절 위기에 관한 기사를 썼고, 악수를 해야 할지 주먹 인사를 해야 할지 고민하는 임원들에게 조언을 제공했다.

크리스에게 그것은 스웨덴 도로에서 일어난 혼돈과 같은 상황이었다. 그는 다른 사람들이 어떤 행동을 취할지 알 수 없었다. 그것은 아무도 몰랐다. 그리고 전문 매체들 역시 자신의 협응 딜레마를 해결하는 데 도움을 주지 못했다. 크리스가 새 고객을 처음 만났을 때, 고객이 어느 기사를 읽고 어느 기사를 읽지 않았는지 알 수 없었다. 또, 그들이 어떤 유행을 보았는지 보지 않았는지도 알 수 없었다. 그들은 주먹 인사를 격이 떨어진다고 생각할까? 사실, 크리스는 그들이 악수를 하건 주먹 인사를 하건 관심이 없었다. 오로지 새 고객이 편안함을 느끼고 좋은 관계를 맺는 것에만 관심이 있었다. 악수를 해야 할지 주먹 인사를 해야 할지 고민하는 것은 사소한 협응 딜레마처럼 보일 수 있지만, 이것은 아주 중대한 결과를 낳는다. 비즈니스를 하는 사람에게는 처음 나누는 인사가 첫인상이 되기 때문이다. 그러니 인사를 올바르게 할 필요가 있다.

마녀사냥의 힘

20세기의 유명한 철학자 데이비스 루이스는 "다른 사람들이 깊이 생각하지 않고 당연하게 받아들이는 상투적인 것을 의심하는 것이 철학자가 하는 일이다"라고 썼다. 사실, 루이스는 우리가 사는 세계를 질서정연하고 정상적인 곳처럼 보이게 만드는 사회 규범에 대해 이야기한 것이다. 우리는 사회 규범이 얼마나 중요한지 잊어버릴 때가 많다.

사회 규범이 무너지거나 변하기 시작할 때에야 비로소 우리는 그것이 얼마나 중요한지 알아챈다.

단순한 예를 살펴보자. 두 사람이 강 한가운데에서 노 젓는 배에 앉아 있다. 각자 노를 하나씩 갖고 있는데, 어떻게 노를 저어야 기슭으로 갈 수 있는지 그 방법을 생각해내야 한다. 한 사람이 열심히 노를 젓는 동안 다른 사람은 햇볕을 쬐며 게으름을 피울 수 있다. 하지만 그렇게 되면 배는 원을 그리며 빙글빙글 돌 것이고, 두 사람 다 뭍으로 다가갈 수 없다. 혹은 두 사람 다 열심히 노를 저을 수도 있다. 하지만 협응이 잘 일어나지 않으면, 서로 반대 방향으로 노를 저어 역시 뭍으로 다가갈 수 없게 된다.

성공하려면 두 사람이 협력해야 한다. 무엇보다 각자 상대방이 어떻게 할지 예상하는 것이 중요하다—그리고 **자신이** 무엇을 할지 상대방이 예상한다고 믿어야 한다. 두 사람은 무엇이 정상인지에 대해 일치된 견해를 가짐으로써 협응 딜레마를 해결해야 한다.

이 단순한 개념의 기원은 철학자 데이비드 흄이 그것을 잘 기능하는 민주주의의 비유로 사용한 1740년으로 거슬러 올라간다. 둘 중 어느 누구도 혼자 힘만으로는 노를 제대로 저을 수 없다. 하지만 함께 협력하는 합의에 도달한다면 두 사람 다 성공을 거둘 수 있고, 각자 원하는 곳에 도달할 수 있다.

이것은 사회 규범의 밝은 측면이다. 하지만 사회 규범에는 어두운 측면도 있다.

1956년 6월 21일, 미국 극작가 아서 밀러는 하원의 비미非美활동위원회HUAC에 출석했다. 스타 영화배우 마릴린 먼로와 결혼한 지 한 달도 안 된 시점이었지만, 밀러에게는 신혼의 달콤한 꿈 외에 신경 써야 할 문제가 있었다. 그는 워싱턴으로 와서 비미활동위원회에 출석하라는 소환장을 받았다. 심문은 몇 시간이 걸렸지만, 정말로 중요한 질문은 딱 하나였다. "당신은 지금 공산주의 동조자를 한 명이라도 알고 있습니까? 그리고 알고 있다면, 그 이름을 말해주겠습니까?"

그 위원회에 불려나간 사람들이 반공 규범을 지지하는 데 실패함으로써 맞이하게 될 사회적, 직업적 결과로부터 자신을 보호하는 최선의 방법은 그 규범의 집행자가 되는 것이었다. 즉, 피고발인의 신분에서 고발인의 신분으로 변하는 것이었다. 무심코 동료의 이름을 말함으로써 자신을 보호하는 시민이 한 명 늘어날 때마다 반공 규범의 정당성이 그만큼 커졌다.

산업계 지도자, 할리우드 스타, 심지어 해리 트루먼 대통령조차 밀려오는 반공주의 정서의 높은 파도에 굴복했다. 비미활동위원회의 교묘한 전술은 사람들 대신에 그들의 소셜 네트워크를 겨냥했다. 이 전술은 동료들을 서로에 대한 밀고자로 변하게 함으로써 큰 저항을 조직할 수도 있었던 신뢰와 지지의 강화 네트워크를 해체시켰다. 집단 의심은 미국의 커뮤니티들 사이에서 사회적 유대를 약화시켰고, 친구들 간의 신뢰를 없앴으며, 저항 운동을 일으키는 데 필요한 인프라를 무너뜨렸다.

위원회에 소환되기 몇 년 전에 밀러는 20세기 미국 희곡의 걸작 중 하나로 꼽히는 작품을 썼다. 그 제목은 『시련The Crucible』이었다. 그것은 자신이 얼마 후 맞닥뜨린 것과 아주 비슷한 재판에 관한 이야기였다.

『시련』은 1692년에 일어난 세일럼 마녀재판 이야기를 다루는데, 섬뜩하게도 그 당시 몰아닥치던 매카시즘과 노골적인 비미 활동 색출 작업을 연상시킨다. 밀러는 이렇게 회상했다. "『시련』은 절망에서 나온 행동이었다……. 나는 많은 진보주의자의 마음속에 자리 잡은 마비 상태에 큰 자극을 받았다. 그들은 심문관의 인권 침해에 불쾌감을 느끼면서도 너무 강하게 항의하면 공산주의자로 낙인찍힐까 봐 두려워했는데, 그럴 만한 이유가 충분히 있었다……. 세일럼의 공포를 깊이 파고들수록 그것은 1950년대의 일상적인 경험에 대응하는 이미지를 더 정확히 촉발했다. 블랙리스트에 오른 사람의 오랜 친구가 길을 건너다가 함께 이야기를 나누는 장면을 목격당하지 않으려고 피한다든가, 이전에 좌파였던 사람이 하룻밤 사이에 우파 애국자로 전향한다든가 하는 일이 비일비재하게 일어났다."

20세기에는 억압적인 사회 규범 사례가 차고 넘쳤다. 나치 독일에서는 나치에 반대하는 시민이 유대인 이웃이 체포될 때 항의하지 못했을 뿐만 아니라, 유대인을 숨겨준 이웃을 자발적으로 고발하기까지 했다. 그들이 이런 행동을 한 것은 나치 정권을 지지해서가 아니라, 밀러가 말한 것처럼 "당신 자백의 진실성을 뒷받침하는 최고의 증거는 악마와 함께 있는 것을 본 딴 사람의 이름을 대는 것"이었기 때문이다. 전후 러시아에서 스탈린 정권은 잔인하고 인기가 없었지만, 공포에 사로잡혀 반정부 성향의 이웃을 멀리한 시민의 태도는 의도치 않게 정권을 강화하는 결과를 낳았다. 피노체트 치하의 칠레와 마오쩌둥이 통치한 중국에서도 비슷한 상황이 벌어졌다. 세계 곳곳에서 파괴적이지만 스스로에게 강제한 사회 규범이 사회 전체를 압도하는 일이 일어났다.

마녀사냥의 사회적 힘은 시민이 스스로를 보호하는 방법이 오직 지배적인 사회 규범에 대한 불만을 감추는 것뿐이라는 사실에서 나온다. 그 결과로 사람들은 서로의 마음을 읽는 능력을 잃게 된다. 상대가 어떤 행동을 할지, 그리고 상대가 자신의 행동을 어떻게 예상할지에 대한 최선의 추측은 모든 사람이 규범을 지지한다는 공통의 착각을 기반으로 하게 된다. 사람들이 자신의 진짜 생각을 더 많이 감출수록 일탈자로 간주될지 모른다는 두려움 때문에 사회 규범을 강요해야 할 이유가 더 커진다.

이 섬뜩한 이야기들은 위험한 과거를 떠오르게 한다. 그런데 이 과거는 완전히 다 지나간 일일까? 인종 차별적 치안 유지 정책, 일터와 대학 캠퍼스에서 일어나는 성 차별, 편향적인 의료 관행은 미국에서 불법이 된 지 수십 년이 넘었다. 하지만 지난 10년 동안 #Black-LivesMatter와 #MeToo 해시태그를 포함해 소셜 미디어에서 폭발한 항의는 진보적인 법률에도 불구하고 미국 사회에서 수십 년 동안 인종 차별적이고 성 차별적인 사회 규범에 동조하는 일이 은밀하고 광범위하게 일어났음을 드러냈다.

반공 이념을 내세운 마녀사냥과 오랫동안 뿌리박힌 차별 방식처럼 유해한 규범에서부터 낯선 사람과 악수를 나누는 것처럼 무해한 규범에 이르기까지, 우리 사회에서 영원히 지속될 것처럼 보이는 이 특징들은 새로운 것으로 변하기가 왜 그토록 어려울까?

⚬–⚬ 코페르니쿠스의 패러다임 전환

사회 규범을 바꾸기가 어려운 이유는 우리가 의식하지도 못한 채 그것에 동조하기 때문이다—이것은 우리가 그 대안을 고려하는 일이 거의 없다는 뜻이다. 쉬운 예부터 살펴보자. 엘리베이터를 맨 마지막으로 탄 때를 떠올려보라(코로나19 팬데믹 와중에 이 글을 읽고 있다면, 그것은 아주 오래전일 수도 있다). 나는 그때 당신이 나와 나머지 모든 사람과 마찬가지로 단 한순간의 머뭇거림도 없이 엘리베이터 문을 향해 앞쪽을 바라보고 서 있었을 거라고 확신한다. 그런데 왜 당신은 뒤쪽을 바라보고 서 있지 않았을까? 혹은 많은 사람들이 줄을 서서 기다리고 있는 상황에서 매표소로 표를 사러 다가갔던 순간을 생각해보라. 당신은 곧장 매표소 창구로 다가가 새치기를 하려고 했는가? 아니면 줄 뒤쪽으로 가 자기 차례를 기다렸는가?

엘리베이터 안에서 서 있는 방법이나 표를 끊기 위해 줄을 서는 방법에 대한 결정은 보통 상황에서는 사실 결정이 아니다. 그것은 반사 행동에 가깝다. 우리는 이런 행동을 '자연스럽게' 한다. 우리 모두는 이 규범을 따를 뿐만 아니라, 그런 관습을 무시했을 경우 사람들이 불쾌하게 여기리라는 사실을 직감적으로 안다. 우리 역시 불쾌감을 느낄 것이다. 다만, 합리적으로 생각하면, 이 규범들은 임의적인 것이며 사회와 나라에 따라 다르다는 사실을 깨달을 수도 있다. 새로운 장소로 여행하여 다른 규범에 맞닥뜨리기 전에는 자신이 살던 곳의 규범을 알아채지 못할 때도 많다. 예를 들면, 이탈리아 일부 지역에서는 앞쪽으로 끼어드는 대신에 줄 뒤쪽으로 걸어가 기다리는 것을 이상하게 여긴다. 아프리카와 중동에서는 이성 간의 우정을 보여주는 신호로 남자들이 손을 잡는 것이 보편적이다.

하지만 규범은 중요한 목적을 이루는 데 도움이 된다. 규범은 우리의 삶을 질서정연하고 정상적으로 보이게 한다. 팬데믹 초기에 많은 규범이 갑자기 변했을 때, 많은 사람들이 불안을 느낀 이유 중 일부는 여기서 찾을 수 있다. 사람들은 자신의 기본적인 행동을 재고하도록 강요받았다. 이제 엘리베이터를 타거나 표를 사려고 줄에 끼어들거나 길에서 낯선 사람을 마주칠 때 큰 불안을 느끼게 되었다. 이제 우리는 어디에 서야 할지 혹은 타인과 어떻게 상호작용해야 할지에 대해 자연적 감각을 잃게 되었다. 한때 자동적으로 일어나던 행동이 이제 갑자기 모든 사람들이 해결하려고 애쓰는 협응 딜레마가 됐다.

일상생활의 모든 측면이 이와 같지 않다는 것이 참 다행이다. 모든 일상 행동을 일일이 숙고해서 해야 한다면, 우리의 삶은 감당하기 어려울 것이다(그리고 우리의 뇌는 합선이 일어날 가능성이 높다). 그래서 우리는 정신적 지름길을 택한다.

하지만 주의할 것이 있다. 이러한 정신적 지름길은 금방 문제를 일으킬 수 있다. 사람들은 '옳아' 보이는(미국인 여행자의 경우, 앞쪽으로 끼어들려고 하는 대신에 줄 뒤쪽으로 가서 서는 것이 '옳아' 보이는 것처럼) 행동과 결정을 선택한다. 20세기 중엽에는 같은 미국인이더라도 인종이 다르면 다른 식수대를 사용하는 것이 '옳아' 보였다. 그리고 미투 운동이 보여주었듯이, 일터에서 많은 남성은 여성 직원에게 성적 발언이나 성희롱을 하는 것을 옳고 '정상적'인 것으로 여긴다. 최근의 가장 치열하고 성가신 윤리적, 정치적 논쟁 중 일부는, 한때는 '정상'이었지만 지금은 널리 일탈로 인정되는 과거의 행동을 어떻게 평가해야 하느냐는 문제에 관한 것이었다. 단지 어떤 것이 옳은 것처럼 **느껴진다는** 이유만으로 그것이 옳은 것은 아니다.

사회 규범을 변화시키기 어려운 이유는 새로운 언어를 배우기 어려운 이유와 같다. 나름의 효과가 있는 것을 버려야 하기 때문이다. 익숙하고 자연스러운 것을 새롭고 낯선 것으로 바꾸어야 한다. 사회 변화가 일어나는 동안에는 모국어가 통하지 않는다. 노를 저으려는 상호 노력이 혼란에 빠진다. 우리는 갑자기 전문가에서 초보자로 변한다—그것도 서로 의사소통을 어떻게 해야 하는지 전혀 모르고, 상대방이 무엇을 생각하는지 제대로 추측하는 법도 모르는 초보자로.

사회 변화의 시기에 사람들이 느끼는 방향 감각 상실을 가장 잘 표현한 용어는 물리학자 토머스 쿤이 만든 **패러다임 전환**paradigm shift이다. 쿤은 1960년대에 과학(물리학, 화학, 생물학 등)에서 일어난 주요 획기적 발전은 모두 사회적 혼란 시기를 수반한다는 것을 보여주어 유명해졌다. 쿤의 패러다임 전환 개념은 사회 규범에 미치는 영향을 넘어 훨씬 광범위하게 적용되지만, 무엇보다 놀라운 건 바로 사회 규범에 미치는 영향이다. 패러다임 전환이 일어나는 동안 세계적 권위자로 간주되던 과학자들이 갑자기 무능하고 시대에 뒤진 느낌을 받게 된다. 사실, 쿤은 이러한 과학적 변화 과정을 '혁명'이나 다름없다고 묘사했다.

과학 분야에서 이러한 혁명의 예는 수십 가지나 있지만, 가장 유명한 것은 코페르니쿠스 혁명이다. 이것은 사회 규범의 변화가 어떻게 사람들에게 두 발을 딛고 서 있던 지반이 사라진 것 같은 느낌을 줄 수 있는지 보여주는 완벽한 예이다. 패러다임 전환에서는 전문 과학자조차도 더 이상 자신이 자격 있는 전문가가 아니라는 느낌을 받는다. 단지 하나의 새로운 개념 때문에 말이다.

코페르니쿠스 시대에 물리학자들은 태양이 지구 주위를 돈다고 믿었다. 이것은 당연히 사실처럼 보였는데, 실제로 하늘에서 태양이 움직였기 때문이다. 태양은 달과 마찬가지로 하늘을 가로지르며 지나간다. 따라서 태양과 달은 지구 주위를 도는 게 분명해 보였다. 이것은 타당해 보였다.

문제는 행성들이었다.

오랜 시간에 걸쳐 밤하늘을 관측하면, 매일 밤 화성이 약간 왼쪽으로 움직인다는 사실을 발견한다. 하루가 지날 때마다 화성은 아주 느리긴 해도 꾸준히 왼쪽으로 이동한다. 화성은 태양과 달보다 느린 속도로 움직이지만, 기본적으로 동일한 방식으로 하늘을 가로지르며 움직인다. 하지만 관측을 계속하다 보면, 이상한 것을 발견하게 된다. 어느 날 밤, 화성은 갑자기 왼쪽으로 이동하던 움직임을 멈춘다. 그리고 며칠이 지나면, 예상을 깨고 오른쪽으로 움직이기 시작한다. 다음 날 밤에는 오른쪽으로 조금 더 이동한다.

이것은 정상으로 보이지 않는다. 하지만 며칠 밤을 더 기다리면, 화성이 다시 방향을 되돌려 왼쪽으로 이동하기 시작하는 것을 보고서 안도의 한숨을 내쉴 수 있다. 우주는 다시 제자리로 돌아왔다.

무슨 일이 일어난 것일까?

이 질문을 하는 사람은 우리가 처음이 아니다. 화성의 역행 운동은 아주 곤혹스러운 데이터(과학자들이 이상異狀, anomaly이라고 부르는)였는

데, 기존의 우주론과 들어맞지 않았기 때문이다. 만약 태양과 달, 별, 행성을 포함해 모든 천체가 똑같은 방식으로 지구 주위를 돈다면, 어떻게 화성이 오던 길을 되돌아간단 말인가?

천문학자들이 이 질문에 대한 답을 찾기까지는 1000년 이상이 걸렸다. 그동안에 무수한 이론이 나오고 개선되었다. 하지만 이론이 더 정교해질수록 더 많은 이상이 나타났다. 르네상스 시대에 이르자, 천문학은 부끄러울 정도로 엄청나게 복잡한 이론들의 집단이 되어 있었고, 그 이론들마저도 서로 들어맞지 않았다.

바로 이때 코페르니쿠스가 등장했다.

혁명적인 이론을 담은 자신의 저서 서론에서 코페르니쿠스는 이렇게 불평했다. "[지구 중심 우주를] 믿는 사람들은 [행성들의] 겉보기 운동 문제를 대체로 해결했다. 하지만 그러면서 균일 운동의 제1원리들과 모순돼 보이는 개념들을 많이 도입했다. [그것은] 마치 다양한 곳에서 손과 발, 머리, 그 밖의 부위를 가져와 아주 잘 묘사했지만, 동일한 사람을 나타내지 못한 것과 같다. 그것들을 합쳐서 만든 것은 사람이라기보다 괴물에 가깝다."

코페르니쿠스는 모든 이상을 즉각 사라지게 할 수 있는 개념을 생각해냈다. 하지만 그것은 우주에 관해 우리가 아는 모든 지식을 바꾸어놓을 개념이었다. 모두가 지구 중심설(천동설)을 조금 개량한 다음 버전의 모형을 만들려고 매달려 있을 때, 코페르니쿠스는 단순히 지구를 한쪽으로 제쳐놓았다. 그는 태양을 우주의 중심에 놓고 지구를 나머지 행성들과 함께 그 주위를 돌게 했다. 그럼으로써 단번에 천문학의 모든 문제를 해결했다.

이것이 바로 코페르니쿠스 혁명이다. 하나의 작은 개념으로 온 세상을 뒤흔들었다.

이전에 이것을 생각한 사람이 아무도 없었다는 사실이 쉽게 믿어지지 않을 수 있다. 하지만 과학의 발전은 새로운 개념의 정확성뿐만 아니라 사람들이 그것을 받아들이느냐 여부에도 좌우되는 경우가 많다. 그리고 코페르니쿠스의 간단한 해결책은 큰 저항에 부닥쳤다. 저항은 코페르니쿠스 이론의 신학적 함의에 반대한 교회에서만 나온 게 아니었다. 심지어 과학자들조차 코페르니쿠스의 이론을 믿으려 하지 않았다. 그의 우아한 해결책이 널리 받아들여지기까지는 100년 이상의 시간이 걸렸다.

코페르니쿠스의 새로운 이론은 복잡한 수학에 기반을 두지 않았다. 사실, 그것은 그 당시 받아들여진 많은 이론보다 덜 정교했다.

하지만 천문학의 발전을 가로막은 문제는 수학적인 것이 아니었다. 그것은 사회적인 것이었다. 만약 코페르니쿠스가 옳다면, 배회하는 행성 문제를 풀기 위해 개발된 모든 과학 이론과 개념이 갑자기 쓸모없는 것이 되고 말 처지에 놓였다. 코페르니쿠스는 기존의 과학 대화에 단순히 새로운 개념을 추가한 것이 아니었다. 그는 대화 자체를 바꾸었다. 그는 전문가들이 쌓아올린 지식 체계 전체를 와르르 무너뜨렸다.

패러다임 전환은 바로 이와 같은 것이다. 통상적으로 말하고 생각하던 방법이 갑자기 쓸모없는 것이 되고 만다. 오랜 세월 동안 축적된 연구 결과가 순식간에 부적절한 것으로 변한다. 진지하고 정교한 연구를 하던 사람들이 갑자기 초등학생이 된 듯한 느낌이 들면서 자기 분야에서 자신 있게 말을 할 수 없게 된다. 이것은 많은 사람에게 매우 불편한 상황이다. 위대한 물리학자인 막스 플랑크가 다음과 같이 음울한 고백을 한 이유도 이 때문이다. "새로운 과학적 진실은 그 반대자들을 설득하고 그 빛을 보게 함으로써 승리하는 것이 아니라, 반대자들이 마침내 모두 죽고 그것에 익숙한 새로운 세대가 자람으로써 승리한다."

사회 변화의 경우에는 상황이 이와 조금 다르다. 많은 수의 사람들이 비교적 빨리 사회 규범에 관한 생각을 실제로 바꿀 수 있다. 최근 수십 년 동안 직장에서 일하는 여성이나 동성 결혼 같은 주제에 관한 여론이 얼마나 크게 변했는지 생각해보라. 하지만 과학적 변화를 가로막는 것과 같은 종류의 저항이 사회 변화를 시도하려는 사람에게도 큰 장애물이 될 수 있다. 사회 규범이 붕괴할 때, 사람들이 일상적으로 느끼던 사회적 유능감과 전문성은 불안과 사회적 당혹감으로 대체된다.

크리스와 세속적인 것으로 보이는 그의 직업적 딜레마(주먹 인사를 할 것인가 말 것인가)를 생각해보라.

다년간 전문가로서 필요한 지식을 쌓아왔지만, 크리스는 갑자기 자신의 행동이 어떻게 해석될지 모르게 되었다. 주먹 인사가 최신 유행으로 인식될까, 아니면 부적절한 것으로 인식될까? 악수는 공손한 행동으로 간주될까, 아니면 고리타분한 행동으로 간주될까? 크리스는 자신의 전문 언어를 모국어처럼 말하던 사람에서 전문가로서의 대화를 자신 있게 할 수 없는 사람으로 변했다. 그는 유창함을 잃었다. 그리고 더 이상 고객의 마음을 읽을 수 없었다.

사회 변화가 성공하려면, 혁명적 운동이 사람들을 이 불확실성의 강을 건너 새로운 기대들과 새로운 유능성 감각이 있는 곳으로 옮겨가게 해야 한다.

이것을 성공적으로 할 수 있는 비결은 언어가 어떻게 작용하는지, 그리고 사회 규범이 뿌리를 내리는 방식에 대해 언어가 무엇을 알려주는지 보는 능력에 있다.

유치원에 간 비트겐슈타인

철학자 루트비히 비트겐슈타인은 33세가 되던 해 가을에 유명해졌다. 여윈 체격에 엄격한 성격의 비트겐슈타인은 철학의 물줄기를 바꿔놓은 짧고 난해한 논문으로 자신의 존재를 세계 무대에 알리기 전까지는 사실상 무명의 오스트리아 지식인이었다. 스승인 영국 철학자 버트런드 러셀의 뒤를 따라 비트겐슈타인은 언어의 작용 방식을 설명하는 엄격한 분석 이론을 발전시켰다. 그는 언어를 세계의 수수께끼들을 푸는 논리 체계라고 보았다. 비트겐슈타인에게 언어는 모든 것이었다. 언어를 이해하는 것은 곧 세계를 이해하는 것이었다.

그가 발전시킨 개념들은 한 세대 전체에 이르는 철학과 언어학, 수학, 심지어 사회학의 기반이 되었다. 제1차 세계대전 동안에 민중의 영웅으로 불릴 만한 행동을 한 것도 그의 명성을 높이는 데 기여했다. 전설에 따르면, 비트겐슈타인은 자신의 전기 철학을 대표하는 저서인 『논리-철학 논고Tractatus Logico-Philosophicus』의 최종 버전을 전쟁 마지막 해에 전쟁 포로로 수감돼 있을 때 완성했다고 한다. 고향으로 돌아온 뒤, 비트겐슈타인은 그 논문을 발표했고, 하룻밤 사이에 큰 센세이션을 불러일으켰다.

그러나 비트겐슈타인 이야기는 이게 다가 아니다.

유명해지고 나서 비트겐슈타인은 불가사의하게도 세상에서 모습을 감추었다. 그는 학계를 떠나 시골로 은퇴했다.

10년 뒤, 비트겐슈타인은 케임브리지대학교로 돌아왔다. 그것도 굉장한 새 개념을 가지고서. 오랜 동안의 학계 활동 중단 기간은 개인적으로 패러다임 전환이 일어난 시기였는데, 이것은 또다시 철학의 물줄기를 바꾸어놓았다—이번에는 정반대 방향으로. 비트겐슈타인의 새 연구는 자신의 첫 번째 세계 이론(10년 전에 세계적 명성을 가져다주었던)이 완전히 엉터리라고 주장했다. 그는 아직도 그것을 연구하는 사람이 있다면, 당장 그 일을 그만두고 더 유익한 일을 알아보라고 말했다고 한다.

철학계는 아직도 그 충격에서 회복하지 못했다.

프린스턴대학교의 유명한 철학자 솔 크립키는 비트겐슈타인의 두 번째 논문을 두고 여전히 "지금까지 철학 분야에서 본 것 중 가장 급진적이고 독창적인 문제"라고 말했다. 1999년, 한 설문 조사는 철학 교수 수천 명에게 20세기의 가장 중요하고 영향력이 큰 연구가 무엇이냐고 물었다. '압도적인 우승자'는 비트겐슈타인의 두 번째 논문이었다.

비트겐슈타인은 여전히 언어가 세계를 이해하는 열쇠라고 믿었다. 하지만 더 이상 **논리**가 언어를 이해하는 열쇠라고 믿지 않았다. 오히려 언어는 **사회적** 성격이 강하다고 믿었다. 언어를 이해하는 열쇠는 사람들이 서로 협응 '게임'을 하는 방식을 이해하는 데 있었다.

어떻게 한 사람의 생각이 한쪽 극단에서 반대쪽 극단으로 그토록 급진적으로 변할 수 있었을까? 비트겐슈타인이 철학을 떠나 시골에 틀어박혀 지낸 그 몇 년 동안 도대체 무슨 일이 일어났던 것일까?

그는 유치원 교사가 되었다.

전하는 소문으로는 그의 누나가 "비트겐슈타인이 유치원 교사로 일하는 모습은 내게는 상자를 열려고 쇠지렛대 같은 정밀 기구를 사용하는 것처럼 보였다"라고 말했다고 한다. 하지만 비트겐슈타인은 숨어 지내지도 않았고 허송세월을 하지도 않았다. 그는 철학을 하는 새로운 방법을 실험하고 있었다.

비트겐슈타인은 유치원을 일종의 철학 실험실처럼 사용했다. 그는 아이들을 관찰했다. 아이들이 노는 방식, 배우는 방식, 의미를 구축하는 방식, 사회 규범을 따르는 방식 등을 관찰했다. 그에게 유치원은 협응 딜레마와 사람들이 그것을 해결하는 방법을 연구하는 실험실이었다.

비트겐슈타인의 새 철학은 사회생활을 일련의 협응 게임으로 응축할 수 있다고 보았다. 언어는 사람들이 하는 주된 '게임'이었고, 언어는 우리가 생각하는 방식과 사회가 작동하는 방식의 나머지 모든 특징을 정의했다.

몇 가지 예를 살펴보자.

1. 당신과 내가 처음 만난다.

나는 악수를 기대하면서 손을 내민다. 당신은 나를 보고 미소를 짓지만 내 손을 잡고 악수를 하진 않는다.

다음번에 내가 낯선 사람을 만나면, 나는 악수를 하려고 손을 내밀까?

다음번에 당신이 낯선 사람을 만나면, 당신은 악수를 하려고 손을 내밀까?

악수 시도에서 얼마나 많은 실패를 겪고 난 뒤에야, 나는 낯선 사람을 만날 때 손을 내밀지 않을까? 그 대신에 나는 어떤 행동을 할까?

2. 당신과 내가 새 동료가 되었다.

우리는 정수기 앞에서 다정하게 대화를 나눈다.

당신은 봉급이 생각보다 적다고 말하면서 고용주가 직원들을 부당하게 대우하는 게 아닐까 의심한다.

나는 그 말에 침묵을 지키다가 어색하게 화제를 다른 곳으로 돌린다.

다음번에 당신이 새 동료와 함께 정수기 앞에서 대화를 나눌 때, 당신은 부당한 봉급에 관한 생각을 말하겠는가?

다음번에 내가 새 동료와 함께 정수기 앞에서 대화를 나눌 때, 상대방이 봉급의 정당성에 관한 질문을 한다면, 나는 어색하게 화제를 다른 곳으로 돌리겠는가?

얼마나 많은 동료에게서 봉급의 부당성에 관한 이야기를 들은 뒤에야, 나는 화제를 다른 곳으로 돌림으로써 그 말을 무시하려는 시도를 멈출까?

3. 당신과 나는 새 동료가 되었다.

당신이 출근했을 때, 나는 당신이 아주 매력적이라고 말하고, 오늘 입은 셔츠가 잘 어울린다고 이야기한다.

당신은 내 말이 불편하게 들린다. 당신은 일만 잘한다면 무엇을 입건 중요하지 않다고 농담을 한다.

다음번에 한 동료가 내가 매력적으로 생각하는 옷을 입고 있는 걸 보면, 나는 그에게 매력적으로 보인다고 하면서 그 옷에 대한 이야기를 하겠는가?

다음번에 한 동료가 당신이 매력적이라면서 당신의 옷을 칭찬한다면, 당신은 여전히 불편을 느끼면서 옷 따위는 중요하지 않다고 농담하겠는가?

얼마나 많은 동료가 불편을 느끼면서 옷은 중요하지 않다는 사실을 지적해야만, 나는 그들의 외모에 대한 이야기를 그만두겠는가?

이것들은 모두 협응 게임이다.

이러한 언어 게임들에 대한 비트겐슈타인의 놀랍도록 명쾌한 통찰력은 악수에서부터 마녀사냥에 이르기까지 모든 종류의 사회 규범을 이해하는 과학 모형이 되었다.

사회생활을 일련의 협응 게임으로 본 비트겐슈타인의 개념은 오늘날 심리학, 사회학, 철학, 컴퓨터과학 분야에서 사회 규범 연구의 중심 교리가 되었다. 그리고 세월이 한참 지난 뒤에 내가 새로운 사회 규범이 어떻게 뿌리내리는지 연구하는 방법을 개발하는 데 도움을 주었다.

내가 생각한 개념은 모든 협응 게임은 그 내부에 **티핑 포인트**가 있다는 것이었다. 여기서 티핑 포인트는 새로운 행동이 충분한 추진력을 얻어 그것의 수용 가능성에 대한 모든 사람의 의견이 갑자기 변하는 지점을 말한다. 나는 이 개념에 큰 매력을 느꼈다. 이것은 단지 임계 수에 해당하는 얼리 어답터를 촉발시키기만 하면, 전체 집단을 한 사회 규범에서 다른 사회 규범으로 효율적으로 옮겨가게 할 수 있다는 것을 의미한다. 만약 이것이 옳다면, 사회 변화에 대해, 그리고 사람들이 따를 가능성이 있는 사회 규범(우리가 사용하는 단어와 인사 제스처, 일터에서의 행동 방식을 포함해)에 대해 신뢰할 만한 예측을 하는 것이 가능하다.

9장

비트겐슈타인과 미투, 그리고 문화적 변화의 비밀

오늘날 로저베스 모스 캔터는 하버드대학교 경영대학원의 스타 교수이자 작업장의 생산성에 관한 연구로 세계적 명성을 지닌 전문가이다. 하지만 1977년에는 이제 막 경력을 시작한 젊은 학자에 불과했다. 그해에 캔터는 자신을 학계에서 스타의 반열로 올려놓은 연구를 발표했다. 성 불평등이 조직의 수행 능력에 어떤 영향을 미치는지 조사한 획기적인 연구였다. 더 평등한 급여를 지급한다면, 기업의 생산성이 더 높아질까? 여성에게 지도자 역할을 맡겨 더 큰 목소리를 내게 하면, 그 기업은 더 혁신적이 될까? 캔터는 규모가 큰 산업 부문의 기업에서 일하는 남녀 사이의 미묘한 동역학에 대해 세심한 문화기술지 연구•를 함으로써 이런 질문들에 대한 답을 찾으려고 했다. 그 과정에서 캔터는 사회 변화에 관한 중요한 통찰을 발견했다.

캔터는 여성이 회사 내에서 소수에 불과할 때, 늘 차별과 불평등한 급여, 성희롱 같은 억압적 문화에 직면한다는 사실을 발견했다. 이런 회사에서는 여성의 지위를 향상시키거나 작업 조건을 개선하기 위해 할 수 있는 일이 거의 없는 것처럼 보였다. 하지만 캔터의 문화기술지 연구는 이 상황을 개선할 수 있는 방법도 밝혀냈다. 조직 내에서 지도자 역할을 하는 여성이 일정 비율(20%에서 35% 사이의 어느 지점)을 넘어서면, 기업 문화가 극적으로 변했다. 다시 말해서, 그 비율이 티핑 포인트가 된다.

아마도 여러분은 맬컴 글래드웰이 같은 제목의 책에서 유행시킨 용어인 티핑 포인트 개념을 잘 알고 있을 것이다. 하지만 나는 이 용어를 조금 다른 뜻으로 사용하는데, 내가 말하는 티핑 포인트는 조직과 집단에는 일단 그 지점에 도달하면 사람들의 행동에 전면적인 변화를 초래하는, 측정 가능한 임계 질량이 있다는 과학 이론이다. 예를 들면, 캔터는 만약 조직의 위계에서 상층부를 차지하는 여성의 비율이 임계 질량에 도달하면, 차별을 허용한 젠더 규범을 무너뜨리고 성 평등을 강요하는 새 규범을 확립할 수 있다고 믿었다.

캔터는 여성의 수가 티핑 포인트 **아래**에 있는 조직에서 분명하게 드러나는 징후를 여러 가지 확인했다. 무엇보다도 이런 조직에서 여성은 '상징적' 역할을 하는 데 그쳤다. 이들은 회합과 회의에서 두드러져 보였고, 남성 동료들로부터 여성을 대표하는 존재로 간주되었다.

● 문화기술지文化記述誌, ethnography는 인간 사회와 문화의 다양한 현상을 정성적, 정량적 조사 기법을 사용한 현장 조사를 통해 연구하는 분야이다.

상징적 존재인 이들의 행동은 일반 여성 전체를 대표하는 것으로 간주되었다. 이들은 여성이 할 수 있는 일과 여성에게 기대되는 행동을 보여주는 표상이 되었다.

그와 동시에 이들은 의례화된 일련의 사회 규범에 동조해야 했다. 이들은 남성 동료에게 존경을 표해야 했고, 상황에 따라 과장된 남성적 또는 여성적 행동을 보여주어야 했으며, 남성 동료에게 기대되는 것보다 훨씬 자주 비공식적 사교 행사에 참석해야 했다. 이들은 이러한 사회 규범을 따르고, 여성의 대표자로서 동료들의 기대에 동조하는 행동을 함으로써 협응 실패를 피했다.

이러한 사회 규범이 여성의 경력에 미치는 결과 중 측정 가능한 것이 여러 가지 있었다. 여성은 남성 동료에게 존경을 표하지 않을 때 비공식적 처벌을 받았다. 그 결과, 그런 회사에서는 여성이 남성보다 퇴사 비율이 더 높았다. 게다가 회사 내에서 여성은 소수이기 때문에 적절한 멘토에게 가르침을 받는 경우가 드물었다. 남성 동료에게는 효과가 있는(그리고 그들의 남성 멘토가 권장하는) 전략이지만, 조직 내에서 여성이 어떻게 행동해야 하는지 규정하는 사회 규범과 충돌하는 승진 전략의 채택 여부를 놓고 고민할 때, 이들은 '역할 갈등'을 겪었다. 이 갈등과 그것을 해결하지 못하는 상황은 여성의 승진 비율을 떨어뜨리는 결과를 낳았다. 어떤 회사가 가상의 티핑 포인트 아래에 있음을 보여주는 가장 극심한 징후는 모두가 익히 아는 급여 불평등, 성희롱, 성폭력에 관한 규범이다.

캔터의 뒤를 이어 다른 학자들은 이 발견을 정치 영역으로 확대했다. 스칸디나비아 입법부 내 여성의 비율 변화를 자세히 분석한 연구들은 입법부 내 여성의 수가 가상의 티핑 포인트 아래에 있을 때, 새로운 정치적 이상을 추진하거나 정치 조직에서 여성의 특정 관심사를 다루는 능력이 크게 떨어진다는 결과를 얻었다.

상징적 소수에 불과한 여성 정치인의 가장 큰 문제는 정치 무대에서 정당한 주체로 받아들여지지 않는다는 점이었다. 이러한 정당성 결여 때문에 여성은 입법 논의 과정에서 여성의 기여 가치를 공격적으로 폄하하는 정치 문화(그리고 담론 방식)에 압도되었다. 입법부의 상징적 구성원으로 간주되는 문화 때문에, 선거를 통해 선출된 여성도 정치적 목표를 달성하는 데 무력감을 느낄 때가 많았다. 환상에서 깨어난 이 여성들은 현직의 신분으로 재선에 도전하는 시도를 자발적으로 포기하고 정치인의 꿈을 접는 비율이 남성에 비해 훨씬 높았다.

기업과 정치 분야에서 상징적 소수의 본질적 문제는 자신들이 관심을 가진 주제에 대한 정당성을 만들어낼 만큼 임계 질량이 충분치 않다는 사실이었다. 따라서 여성은 전문적인 담론을 육아나 성희롱처럼 자신들에게 중요한 문제를 다루는 방향으로 바꿀 수가 없었다. 덴마크 의회에서 작성한 한 보고서는 "대다수 정치인은 여성의 지위, 차별, 불평등, 여성 질환, 무급 노동, 성별 분업, 여성에게 가해지는 성희롱이나 성폭력에 대해 이야기할 수 있는 어휘를 모른다"라고 썼다. 그 결과, 의회에서 남성 의원들은 회기 중에 이러한 주제를 논의하는 것에 불편함을 느꼈다. 여성 의원들이 이런 쟁점을 명시적으로 제기하려고 하면 강한 반대에 부닥쳤다. 이런 주제들에 대해 권위 있게 말할 수 없는 남성 의원들은 이 주제들을 의회에서 논의하기에 부적절한 것으로 간주했다. 본질적으로 정치의 언어, 따라서 정치의 본질은 정치인의 젠더에 좌우되었다.

캔터의 위대한 개념은 만약 여성이 티핑 포인트에 도달한다면 이 모든 게 바뀔 수 있다는 것이었다. 그것은 실로 놀라운 가설이었다. 그리고 그것은 미투 운동과 그 밖의 사회 변화 운동이 이룰 수 있는 것에 아주 큰 함의를 지닌다. 만약 특정 비율의 사람들이 나서서 직장에서 부적절한 성적 행위를 용인하지 않겠다고 말한다면, 그 수가 적은 소수 집단도 큰 문화적 전환을 일으킬 수 있다.

이것은 용기를 불러일으키는 전망이다. 그런데 과연 효과가 있을까?

이 개념을 처음 접했을 때, 나는 사회 변화가 어떻게 일어나는지 설명할 수 있는 가능성에 전율을 느꼈다. 변화가 일어나는 정확한 티핑 포인트를 찾는다는 개념은 사회과학의 성배를 찾는 것과 다름없었다. '문턱' 또는 티핑 포인트가 존재한다는 믿음은 나온 지 거의 100년이나 되었다. 이 문제는 젠더 동역학에 관한 캔터의 획기적인 연구가 그것에 새로운 생명을 불어넣기 오래전인, 적어도 1950년대부터 과학자들과 철학자들 사이에서 활발하게 논의되었다. 더 현실적인 차원에서 변화에 필요한 임계 질량의 크기를 찾으려는 노력은 운동가와 기업가, 정책 입안자가 수 세대 동안 기울여왔다. 누구나 다음 질문의 답을 알고 싶어 했다. 사회 변화를 가져오는 티핑 포인트가 정말로 있는가? 만약 있다면 그것은 무엇인가?

나는 이 난제를 두 가지 기본 질문으로 압축했다. 첫째, 티핑 포인트가 정말로 존재한다는 것을 어떻게 보여줄 수 있을까? 어쨌든 사회 변화가 왜 일어나는지 설명할 수 있는 인자(인구통계학적 변화, 새로운 법,

실업률 감소, 일터의 혁신, 요동치는 집값 등)는 아주 많고, 변화를 자극하는 힘도 다양하다. 운동가들의 임계 질량이 티핑 포인트에 도달함으로써 사회 규범을 변하게 했다는 사실을 어떻게 확신할 수 있을까?

둘째, 만약 티핑 포인트가 존재한다고 결론 내릴 수 있다면, 그것이 어디쯤에 있는지 수학적으로 추정하는 방법이 있을까? 얼마나 많은 사회적 강화가 필요할까? 사회 변화가 일어나는 정확한 임계점을 확인할 수 있을까?

나는 비트겐슈타인의 연구에서 이 질문들의 해결책을 발견했다. 이 상황에서 귀 기울여야 할 개념을 비트겐슈타인이 제공하는 장면은 상상하기가 쉽지 않다. 20세기 전반에 활동했던 엄격한 오스트리아 철학자가 20세기 후반에 조직에서 젠더의 역할을 집중 분석한 로저베스 모스 캔터의 연구와 무슨 관계가 있으며, 오늘날 미투 운동의 성공과 무슨 관계가 있단 말인가?

실제로는 아주 많은 관계가 있는 것으로 드러났다!

8장에서 보았듯이, 비트겐슈타인은 사람들이 세계를 이해하는 방식이 기본적으로 협응 게임이라고 믿었다. 내게 이것은 티핑 포인트가 실제로는 사람들이 자신의 행동을 바꾸지 않고서는 서로 협응할 수 없는 지점을 의미하는 것으로 보였다. 예를 들면, 주먹 인사의 티핑 포인트는 악수에서 주먹 인사로 바꾸지 않으면, 사람들이 더 이상 직업적 만남을 성공적으로 유지할 수 없는 지점이다. 비록 악수의 사회 규범은 미국 비즈니스 문화에서 오랫동안 전해 내려오면서 존중받은 전통을 상징하지만, 나는 사회 규범에 관한 한 **사회적 협응**의 필요가 전통을 향한 사랑보다 훨씬 강력하다고(그리고 그 필요가 사회 변화의 열쇠라고) 믿었다.

이 가설을 검증하려면 현실 세계의 협응 게임에서 사람들의 행동이 어떻게 변하는지 연구할 필요가 있었다. 비트겐슈타인은 사회적 행동을 연구하기 위한 '철학 실험실'(유치원)을 발견했다. 나는 티핑 포인트 이론을 검증하기 위한 '사회학 실험실'을 발견할 수(혹은 만들 수) 있을까? 그 실험은 비트겐슈타인이 했던 것처럼 규범을 배우는 어린이들이 아니라, 이미 규범을 사용하는 어른들을 대상으로 해야 했다. 그리고 운동가들이 임계 질량에 도달하면, 사람들이 따라야 할 규범을 바꾸게 할 수 있는지 알아보는 것이 목적이었다.

나는 우리가 언어와 예절 규범을 따르면서 일상생활에서 자주 하는 것과 같은 종류의 사회적 협응 게임을 하는 온라인 커뮤니티를 만들자는 아이디어를 냈다. 우리가 사회생활의 다양한 영역(직장에서 일할 때, 친밀한 관계를 유지할 때, 친구와 데이트를 할 때, 낯선 사람을 만날 때 등)에서 어떻게 행동해야 하는지 이해하는 것과 마찬가지 방식으로, 나는 인터넷에 적절한 소셜 커뮤니티를 만들면 사회적 협응이 작동하는 과정을 관찰할 수 있을 것이라고 생각했다. 그것은 그곳에서 상호작용하는 사람들 사이에 나타나는 '문화'를 관찰할 수 있는 소셜 네트워크의 페트리 접시가 될 것이다. 일단 모든 사람이 서로와의 소통에 필요한 일련의 정상적 행동을 확립하고 나면, 내가 그 커뮤니티에 '운동가' 집단을 집어넣어 그것을 허물 수 있는지(모두에게 새로운 행동 패턴을 받아들이게 할 수 있는지) 알아볼 것이다. 이것은 결국 다음의 본질적인 질문으로 연결되었다. 변화를 일으키려면 변화를 수도하는 사람이 얼마나 많이 필요할까?

캔터가 1970년대에 조직을 연구하고 있을 때, 캔터를 비롯해 점점 더 많은 사회학자와 경제학자가, 다수가 여전히 저항하더라도 전체 집단 중 작은 비율의 사람들이 변화를 유발할 수 있다는 개념을 받아들이기 시작했다. 캔터의 문화기술지 연구는 사회 규범을 '뒤집는' 데 필요한 임계 질량이 전체 집단의 20~35%면 충분하다는 가설로 이어졌다. 세월이 한참 지난 뒤 나는 이 개념을 바탕으로 네트워크 연구를 진행했다. 그 결과, 소셜 네트워크 내에서 충분히 많은 사회적 강화가 집중된다면, 변화의 광범위한 사회적 전염을 촉발해 결국에는 모든 사람에게 확산될 수 있음을 보여주었다. 동료들과 나는 복잡한 전염 이론을 사용해 티핑 포인트에 대한 정확한 수학적 예측을 이끌어낼 수 있다고 믿었다.

우리는 크리스 같은 개인의 상황을 구체적 사례로 삼아 생각하는 접근법을 택했다. 그는 주먹 인사 같은 새로운 행동에 얼마나 많이 맞닥뜨려야 자신이 신뢰하던 악수를 포기할까? 비록 크리스는 오랫동안 악수를 해온 관습이 있었지만, 새로운 상황에 어떻게 대처해야 할지 판단할 때에는 옛날부터 알고 지내던 사람들보다는 최근에 만난 사람들과 관련성이 더 컸다. 우리는 크리스의 최근 기억에서 주먹 인사가 훨씬 자주 맞닥뜨리는 행동이었다면, 크리스는 다음번 만남에서 행동을 바꾸어 주먹 인사를 사용할 것이라고 추론했다.

결국 전체 집단을 반대 방향으로 '뒤집게' 할 연쇄 반응을 촉발하는 데 필요한 얼리 어답터는 몇 명일까? 우리가 도출한 예측치는 캔터의 원래 연구와 일치했는데, 그 티핑 포인트는 25%였다. 우리는 전체 집단 중 4분의 1만 새로운 믿음이나 행동을 받아들이면, 나머지도 금방 그 뒤를 따를 것이라고 상정했다.

우리가 그 연구를 할 당시에 이 예측은 큰 논란이 되었다. 얼마 전에 어느 물리학자 집단은 사회 변화에 필요한 티핑 포인트는 전체 집단의 10% 정도로 아주 낮을 수 있다고 예측했다. 그와 동시에 사회에 는 티핑 포인트가 아예 존재하지 않을 수 있다고 진지하게 추측한 사회과학자들도 많았다. 이 학자들은 사회 규범을 놓고 협응하는 과정은 너무나도 복잡해서 측정 자체가 불가능하다고 믿었다. 이렇게 다양한 추정을 감안했을 때, 우리가 내놓은 25%라는 예측은 결코 확실한 것이 아니었다. 하지만 출발점으로는 아주 좋아 보였다.

티핑 포인트 이론을 검증하기 위해 우리는 독립적인 온라인 커뮤니티를 10개 만들었다. 각 커뮤니티의 크기는 20~30명으로 했다. 그리고 각 커뮤니티의 참여자들을 연결해 소셜 네트워크를 만들었다.

각 커뮤니티는 임의의 사람에게 적절한 이름을 지어주는 '언어 게임'을 했다. 우리는 모르는 사람 10명의 사진을 구해 각 커뮤니티에 한 장씩 제공했다. 어떤 커뮤니티는 남자 얼굴 사진을 보았고, 어떤 커뮤니티는 여자 얼굴 사진을 보았다. 그러고 나서 우리는 이 사람의 이름이 무엇이라고 생각하느냐고 물었다.

각 커뮤니티 구성원들을 같은 네트워크의 이웃 한 명과 무작위로 짝지은 뒤에 각 라운드를 시작했다. 따라서 구성원이 20명인 네트워크에서는 각 라운드마다 무작위로 짝지은 10쌍의 팀이 생긴다. 각각의 쌍은 얼굴 사진에 어울리는 이름을 20초 안에 생각해내야 했다.

게임은 모두가 동시에 시작했다.

만약 당신이 이 게임을 한다면, 각 라운드가 시작될 때 얼굴 사진을 보고 원하는 이름을 화면에 나타난 공간에 입력하면 된다. 당신은 파트너를 볼 수 없고, 그 사람이 뭐라고 입력하는지도 볼 수 없다. 그저 둘 다 이름을 선택할 때까지 20초의 시간이 주어졌다는 사실과 파트너와 협응하려고 노력해야 한다는 사실만 알 뿐이다. 각 라운드가 끝나면, 각자 자신의 파트너가 제안한 이름을 볼 수 있다. 그러고 나서 당신은 같은 커뮤니티의 다른 구성원과 한 쌍이 되어 게임을 처음부터 다시 한다.

만약 당신과 파트너가 같은 이름을 선택했다면, 둘 다 돈을 지급받는다. 하지만 서로 다른 이름을 선택했다면, 둘 다 돈을 **잃게** 된다. 사람들은 돈을 잃는 걸 싫어하기 때문에, 협응해야 할 동기를 아주 강하게 느낀다.

이 게임을 하는 사람들은 악수를 해야 할지 주먹 인사를 해야 할지 고민하는 크리스와 같은 상황에 처한다. 크리스는 새로운 고객들과 협응하길 원했다. 더 정확하게는 협응에 **실패하는** 상황을 맞이하고 싶지 않았다. 고객을 새로 만날 때마다 크리스는 자신이 몸담은 업계 사람들이 사용하는 행동에 대해 뭔가를 배웠다. 그러고 나서 이 경험을 사용해 다음번에 만나는 사람에게 어떻게 인사를 해야 할지 근거 있는 판단을 내렸다.

그것은 우리 게임도 마찬가지였다.

이 게임에서 재미있는 것은 정답이 없다는 사실이었다. 사람들은 어떤 이름이든지 원하는 대로 제안할 수 있었다. 하지만 이것은 어려운 부분이기도 했는데, 다른 사람들이 어떤 이름을 제안할지 전혀 알 수 없었기 때문이다. 단지 저번 라운드에서 파트너가 제안한 이름만 볼 수 있었다. 심지어 같은 커뮤니티의 구성원이 몇 명인지도 몰랐고, 자신이 앞으로 몇 사람을 만날지도 몰랐다. 크리스와 마찬가지로 게임 참가자는 집단 수준의 정보를 사용해 다음번에 만날 사람이 어떤 행동을 할지 추론할 수 없었다.

우리는 게임을 50라운드 진행했다. 라운드가 거듭될 때마다 참가자는 운 좋게 협응이 일어날 때까지 이름을 생각해내려고 노력해야 했다. 하지만 크리스와 마찬가지로 한 사람과 협응하는 것만으로는 다른 사람이 무슨 생각을 하는지 아무것도 알 수 없었다. 각 라운드마다 다음번 사람이 무슨 이름을 댈지 참가자는 근거 있는 추측을 해야 했다.

처음에는 혼란스럽기 짝이 없었다. 처음 몇 라운드 동안은 구성원이 24명인 커뮤니티에서 일치하는 것이 하나도 없는 이름이 60개 이상 나올 수도 있었다.

그것은 H데이가 닥친 것과 다름없었다.

하지만 가끔 무작위로 협응이(예컨대 '미아'라는 이름으로) 일어나는 쌍이 있었다. 앞서 실패를 많이 경험한 두 사람은 마침내 성공했다는 사실에 황홀해했다. 다음 라운드에서 두 사람은 모두 새로운 파트너에게 **미아**란 이름을 제안하려고 할 것이다. 설사 그 라운드에서 **미아**가 성공하지 못한다 하더라도, 두 사람은 적어도 한두 라운드는 더 같은 이름을 시도할 것이다.

바로 여기서 네트워크가 작동하기 시작한다. **미아**를 사용하는 두 사람이 자신의 새 접촉자와 상호작용할 때, 그 접촉자들은 그들로부터 미아란 이름을 접할 것이다. 그러다가 이들이 짝이 되었다고 가정해보자.

최근에 두 사람은 미아란 이름에 강화를 받았으므로, 둘 다 그 이름을 시도할지 모른다.

그리고 놀랍게도 성공한다!

아마 이 두 사람도 다음 몇 라운드에서 미아란 이름을 계속 시도하려 할 것이다.

이제 상황이 어떻게 전개될지 짐작이 갈 것이다. 커뮤니티의 네트워크에서 미아가 더 많이 강화될수록 추가로 더 많은 사람들이 그것을 시도할 가능성이 높아진다—그리고 성공할 가능성도 높아진다. 이 모든 것은 미아를 계속 확산시키는 데 기여하고, 결국에는 모두가 모든 라운드에서 미아를 사용할 것이다.

당신은 24명으로 이루어진 집단이 자신의 사회 규범을 확립하기까지 시간이 얼마나 걸릴 것이라고 생각하는가? 10분? 24분? 보통은 5분 미만이 걸렸다. 때로는 그보다 훨씬 빨랐다.

각각의 커뮤니티는 무정부 상태에서 시작했다. 하지만 협응의 작은 불꽃이 금방 사람들을 동료들(그리고 동료들의 동료들과 동료들의 동료들의 동료들)이 사용하는 것과 동일한 행동으로 협응하도록 이끌었다. 15라운드쯤에 이르자, 누구든 낯선 사람을 만날 때마다 그들은 협응하는 법을 즉각 알아냈다.

일단 어떤 규범이 자리를 잡으면, 서로에게서 무엇을 기대할 수 있는지 모두가 알았다. 악수를 하는 것처럼 말이다.

3장에서 나는 한국에서 산아 제한이 어떻게 확산되었는지 소개했다. 그 이야기에서 가장 놀라운 사실은 각 공동체가 피임 규범에 대해 의견이 수렴하긴 했지만, 그들이 합의한 구체적인 행동은 마을마다 제각각 달랐다는 점이다. 자궁 내 피임 기구를 채택한 마을이 있는가 하면, 경구 피임약을 채택하거나 정관 절제술을 채택한 마을도 있었다. 한국에서 산아 제한의 성공을 좌우한 것은 특정 피임 방법이 아니라, 각 공동체 내의 사회적 협응이었다. 중요한 것은 특정 방법이 아니라 사회 규범이었다.

우리의 이름 게임 실험에서도 똑같은 일이 일어났다. 각 커뮤니티는 자신의 사회 규범에 성공적으로 수렴했지만, 그 규범은 각각의 경우마다 달랐다. 두 커뮤니티에 동일한 얼굴 사진을 제시했을 때에도 각 커뮤니티가 협응을 이룬 이름은 서로 달랐다. 한 커뮤니티는 **엘리자베스**에 협응한 반면, 다른 커뮤니티는 **미아**에 수렴했다. 어떤 면에서 각 커뮤니티는 각자 나름의 문화를 수립했다.

일단 모든 사람이 협응하고 나면, 확립된 규범을 모두가 고수해야 할 이유가 충분히 있다. 만약 새로운 규범을 시도했다가 협응에 실패하면, 그들은 돈을 잃게 된다. 하지만 같은 이름을 계속 사용한다면, 게임이 끝날 때까지 라운드가 거듭될수록 더 많은 수입을 얻게 된다.

당신이라면 어떻게 하겠는가?

충분히 상상할 수 있겠지만, 일단 어떤 개념이 뿌리를 내리면 그것은 더 이상 움직이려 하지 않는다. 게임을 하는 사람들의 입장에서는 아직도 수십 라운드를 더 진행해야 하고, 규범을 고수하면 얻을 수 있는 돈이 많이 남아 있다. 만약 규범에서 벗어나기 시작한다면, 잃을 돈이 많다.

여기서 운동가들이 등장한다.

우리는 10개 커뮤니티 각각에 독특한 '운동가' 집단을 침투시켰다. 사실, 운동가들은 연구팀의 비밀 요원들이었다. 이들의 임무는 단 하나, 바로 확립된 사회 규범을 뒤엎는 것이었다. 이들은 사회적 영향력에 전혀 흔들리지 않았다. 각 라운드에서 누구와 상호작용하느냐에 상관없이 운동가들은 새로운 규범으로 만들려고 하는 이름만 사용했다. 예를 들어 커뮤니티의 모든 사람이 **미아**라는 이름에 수렴했다면, 갑자기 운동가들이 나타나 모든 라운드에서 **잉그리드**라는 이름을 사용하기 시작했다. 이들은 오로지 사회 변화를 위해 몰두했다.

우리는 각 커뮤니티에 제각각 크기가 다른 운동가 집단을 투입해 실험했다. 가장 작은 운동가 집단은 전체 커뮤니티 인구 중 17%(우리가 예측한 티핑 포인트에 훨씬 못 미치는)를 차지했다. 가장 큰 운동가 집단은 전체 커뮤니티 인구 중 31%를 차지했다. 우리는 이들을 **헌신적 소수**committed minority라고 불렀는데, 이들은 무슨 일이 있어도 **잉그리드**를 고수하겠다는 결연한 의지에 불타고 있었기 때문이다. 우리가 실험한 10개 커뮤니티의 구성은 다음과 같았다.

커뮤니티 1: 헌신적 소수 17%

커뮤니티 2: 헌신적 소수 19%

커뮤니티 3: 헌신적 소수 19%

커뮤니티 4: 헌신적 소수 20%

커뮤니티 5: 헌신적 소수 21%

커뮤니티 6 : 헌신적 소수 25%

커뮤니티 7 : 헌신적 소수 27%

커뮤니티 8 : 헌신적 소수 28%

커뮤니티 9 : 헌신적 소수 28%

커뮤니티 10 : 헌신적 소수 31%

1부터 5까지의 커뮤니티(17~21%)에서는 헌신적 소수가 아무런 소용이 없었다. 비록 우리는 이 결과를 예측하긴 했지만, 실제로 보는 것은 여전히 실망스러웠다. 이들은 수십 라운드 동안 연속적으로 활동을 계속했지만, 더 큰 집단에 아무 효과도 미치지 못했다. 운동가가 21%를 차지했을 때에도 나머지 사람들에게 거의 아무 영향도 미치지 못했다. 마치 운동가들이 존재하지도 않는 것처럼 사람들은 확립된 사회 규범을 따랐다. 운동가들이 아무리 큰 소리로 **잉그리드!**를 외쳐도, **미아**를 사랑하는 다수는 그저 그들을 무시했다.

그러다가 커뮤니티 6에서 운동가의 비율을 조금 더 올려 25%로 맞추었더니…… 이것이 효과를 나타냈다.

티핑 포인트. **잉그리드**를 미는 소수가 **미아**를 미는 다수를 꺾었다.

이 결과 역시 우리가 예측한 것이긴 했지만, 실제로 일어나는 것을 보니 아주 놀라웠다.

'실패한' 커뮤니티 5와 '성공한' 커뮤니티 6 사이의 차이는 겨우 4%에 불과했다. 운동가 비율을 10%에서 14%로 높이거나, 17%에서 21%로 높이는 것은 전체 집단에 아무 영향도 미치지 못했다. 하지만 티핑 포인트인 25%에 이르자마자 헌신적 소수의 크기에 일어난 이 작은 변화가 나머지 집단에 엄청난 영향을 미쳤다. 커뮤니티 6부터 10까지는 헌신적 소수가 매번 성공을 거두었다.

티핑 포인트가 아주 놀라운 이유가 바로 여기에 있다. 그리고 사회 변화가 흔히 급작스럽게 일어나는 것처럼 보이는 이유도 여기에 있다. 티핑 포인트 **아래**에서는 변화를 위한 활동이 크게 증가하더라도 나머지 집단에 아무 효과도 미치지 못한다. 예컨대 10%에서 20%로 증가하더라도 유의미한 영향을 미치지 못한다. 하지만 변화를 위한 활동이 아주 조금만 증가했는데 그 결과로 티핑 포인트를 넘어선다면 어떻게 될까? 그것은 모든 사람에게 영향을 미친다.

아랍의 봄 봉기가 전 세계를 놀라게 하기 16년 전에 경제학자 티무르 쿠란은 "미래 혁명의 불가피한 돌발성"이란 제목으로 선견지명이 있는 논문을 썼다. 쿠란은 운동가 집단이 티핑 포인트 아래에 있을 때에는 사회가 안정적으로 보이지만, 실제로는 신기루라고 주장했다. 아직 아무도 눈치채지 못했더라도, 운동가들은 사회 혁명을 일으키기 직전 단계에 와 있다. 거기서 아주 약간의 노력만 추가되면 사회 변화가 폭발적으로 일어나며, 그것은 아무도 예상치 못한 돌발적 사건으로 나타난다.

2011년에 이집트에서 일어난 일이 바로 그랬다.

사회과학자들은 1995년에 나온 쿠란의 논문에 자극을 받아 호스니 무바라크의 잔혹한 이집트 통치의 붕괴 여부를 놓고 예측을 했다. 만약 붕괴한다면 그 시기는 언제일까?

2010년에도 그 시기가 2011년이라고 예측한 사람은 아무도 없었다.

돌발적으로 일어나 세상을 놀라게 하는 혁명은 놀랍지 않은 혁명보다 훨씬 자주 일어난다. 1989년의 베를린 장벽 붕괴. 2016년의 미투 운동 부상. 마리화나 합법화.

이러한 사회 변화들이 놀라운 이유는 수십 년 동안의 시위와 운동가의 노력이 거의 아무 영향도 미치지 않은 것처럼 보였기 때문이다. 하지만 일단 티핑 포인트에 도달하면, 이러한 운동이 갑자기 모든 사람에게 영향을 미친다.

티핑 포인트 이후

비록 티핑 포인트가 강력하긴 하지만, 어떤 규범은 아주 확고하게 뿌리를 내려 절대로 변하지 않을 것처럼 보인다. 수 세대에 걸친 정치 분야의 젠더 편견도 그중 하나인 것처럼 보였다. 정치 분야에서 여성이 맞닥뜨리는 난관은 도저히 극복할 수 없을 것처럼 보였다.

앞에서 나는 덴마크 의회에서 여성 의원의 수가 티핑 포인트 아래에 있을 때 여성 의원이 겪는 의정 생활이 어떤 것인지 보여주었다. 여성은 정당한 정치적 행위자로 간주되지 않았다. 그들의 관심사는 타당한 정치적 논의 주제로 간주되지 않았다. 여성은 정치 활동을 중도에 포기하는 비율이 높았고, 목적을 달성하는 성공률이 낮았으며, 여성의 지위나 성희롱, 가정 폭력처럼 자신을 지지하는 유권자의 관심사를 대변하기 위해 새로운 언어를 도입하는 능력이 떨어졌다. 만약 정치 분야에 진출한 여성의 수가 티핑 포인트를 넘어서면, 이 규범들도 정말로 변할까?

그렇다, 변할 수 있다. 그리고 실제로 변했다.

스칸디나비아 입법부의 여성들을 조사한 결과, 정치 분야에서 여성의 수가 티핑 포인트를 넘어 상징적 소수에서 벗어나자, 여성에 대한 공공연한 반대가 크게 줄어든 것으로 나타났다. 정부 내 여성의 수가 많아지자 여성에 대한 고정 관념을 적용하기가 어려워졌기 때문이다. 여성 대표자가 늘어나면, 특정 개인을 비판하기보다 여성 전체를 하나의 범주로 묶어 조롱하기가 더 어려워진다. 덴마크에서는 입법부에 여성 대표자가 늘어나자, 여성 정치인 개념을 공공연하게 반대하던 관행이 완전히 사라졌다. 그렇다고 해서 은밀한 형태의 차별까지 완전히 없어진 것은 아니다. 하지만 더 이상 사람들은 이전처럼 마음 편하게 성을 바탕으로 상대 후보를 **공개적으로** 폄하할 수 없게 되었다. 이것은 정치 분야에서 여성에 대한 사회 규범이 변했음을 분명하게 보여주는 증거이다.

성공을 거두는 헌신적 소수의 중요한 특징은 단지 그 수뿐만이 아니다. **몰입도**도 중요한 특징이다. 정치 분야에서 여성의 참여 증가를 연구한 학자들의 가장 큰 관심사 중 하나는, 여성의 역할이 커짐에 따라 그들도 남성의 정치 문화에 동화되는가 여부였다. 만약 여성 정치인이 남성 정치인이 관심을 가진 주제들만 다룬다면, 여성의 정치 참여가 여성의 삶과 여성 문제에 미치는 영향은 극히 미미할 것이다. 그러면 사실상 여성은 남성의 역할을 하는 것에 지나지 않을 것이다. 다행히도 티핑 포인트 연구 결과는 그렇지 않다는 것을 보여준다.

스웨덴에서는 여성이 지역 입법부에서 임계 질량인 25~30%에 도달했을 때, 서로 효율적으로 협응해 여성의 관심사를 다루는 의제를 새로 추진할 수 있었다. 이것은 단지 여성을 입법자로서 효율적으로 일할 수 있게 했을 뿐만 아니라, 그들 자신의 정치 경력을 다지는 데에도 유리하게 작용했다. 중도에 정치 활동을 그만두는 비율도 전에는 매우 높았지만 이제는 남성과 비슷한 수준으로 떨어졌다. 경력이 비슷한 남성과 여성이 재선되는 비율도 비슷해졌다. 여성은 육아, 여성의 재생산 건강, 동일 임금 같은 쟁점을 정치적 논의에 부칠 수 있게 되었다. 이러한 개혁은 의회에서 더 생산적으로 활동할 수 있게 함으로써 여성 입법자 자신이 가정생활과 정치인 생활 사이에서 느끼는 갈등도 크게 줄여주었다.

일단 티핑 포인트에 도달하자, 스칸디나비아 입법부에서 정치 담론의 규범이 변했다. 많은 나라에서 여성 문제가 젠더에 상관없이 모든 전문 정치인이 받아들이는 공약의 일부가 되었다. 그 결과로 제도적 변화도 일어났는데, 정부 내에 입법부 전체에서 평등한 정책의 실행을 보장하는 권한을 가진 평등지위위원회가 생겨났다.

티핑 포인트는 사회 변화를 위해 고무적인 잠재력을 제공한다. 하지만 모든 사회과학 개념과 마찬가지로 이것 역시 부정적 측면이 있다. 티핑 포인트는 반대 방향으로도 사용될 수 있다. 티핑 포인트는 집단을 해방시키는 대신에 사회적 통제 수단으로 사용될 수도 있다.

티핑 포인트 역이용 전략

2013년 6월, 중국 신장 웨이우얼 자치구에서 폭력 사태가 일어났다. 외딴 도시 루커친에서 칼과 횃불로 무장한 시민이 경찰서와 관공서를 공격했다. 폭도는 경찰관과 공무원 17명을 죽였다. 보복에 나선 정부군도 발포하여 폭도 10명을 죽였다.

중국 북서단에 위치한 신장은 몽골과 카자흐스탄 사이에 있다. 이곳 주민은 나머지 중국 지역보다 인종 구성이 더 다양하다. 현지의 위구르족은 중국의 지배적인 민족인 한족보다 이웃한 이슬람 국가와 문화적으로 더 비슷하다. 위구르족은 위구르어(중국어보다는 터키어에 더 가까운 중앙아시아 언어)를 사용하며, 종교적으로나 문화적으로 이슬람 관행을 따른다. 중국 정부는 이들이 중국의 문화적 통합 노력에 미치는 위협을 결코 가볍게 보지 않는다. 현지 정부는 신장 전역에 극도로 엄격한 치안 유지 정책을 시행했다. 루커친 같은 도시에서는 가혹한 경제적, 사회적 제재로 이슬람교의 종교 의상 판매가 금지되었고, 한족이 아닌 주민의 취업 기회도 제한되었다.

중국 정부는 아무도 막을 수 없는 것처럼 보이는 중국의 세계 팽창을 가로막는 유일한 실제 위협은 외국과의 경쟁이 아니라 내분이라는 사실을 잘 알고 있다. 중국의 국제적 우월성은 국가적 통합에 달려 있다. 2013년의 루커친 폭동은 수년 동안 신장에서 일어난 최악의 시민 폭력 사태였고, 중국 지도자들은 신속한 행동이 필요하다고 믿었다. 정부는 공식 관영 매체인 《환구시보》와 중국의 페이스북에 해당하는 웨이보微博 같은 소셜 미디어 사이트를 통해 재빨리 대처했다.

중국 정부의 역정보 캠페인은 명확하고도 설득력이 있었다. 공산당의 공식적인 기본 입장은 루커친 폭동이 사실은 시리아 출신의 이슬람 과격분자들이 임의로 저지른 테러 공격이라는 것이었다. 이것은 권위주의 체제로부터 예상할 수 있는 종류의 역정보 전략이다. 외국인 과격분자에게 비난을 돌리는 것은 여러 가지 목적에 도움이 된다. 먼저 민족의 통합을 호소할 수 있다. 또, 신장에 남아 있는 이슬람 주민을 격리시키고 비난하는 효과가 있다. 그리고 이 사태가 외부의 위협에서 비롯되었다는 느낌을 조장한다.

루커친 폭동에 관한 진실은 이보다 훨씬 심각하다. 현지의 신장 주민에게서 나온 보고에 따르면, 공격이 일어나기 몇 달 전부터 이 지역에서 치안 유지 활동이 강화되었다. 현지 당국이 잇따라 많은 사람을 구금하면서 루커친에서 많은 위구르족 남성이 사라졌다. 6월 폭동은 이러한 억압적인 치안 유지 전술에 대한 반응으로 일어난 것이었다.

내분을 감추려는 중국의 시도는 전혀 새로운 것이 아니다. 하지만 오늘날의 소셜 미디어 시대에 중국의 사회 통제 전략은 한심할 정도로 낡은 것이다. 중국 정부는 거의 100년 전의 매체 대응 각본을 사용하고 있으며, 거기에 속아 넘어가는 사람은 아무도 없다.

그런데 그때 중국 정부는 아무도 예상하지 못한 일을 했다.

루커친 사태에 관한 대화와 보고가 소셜 미디어에서 가열되자, 일반 시민으로 위장한 중국 정부 공무원들이 가짜 계정으로 중국의 소셜 미디어에 넘쳐나기 시작했다. 이 게시물들에 폭동에 관한 역정보가 넘쳐나지는 않았다. 루커친 사태에 관한 독립적인 뉴스 보도를 비난하는 글들이 넘쳐나지도 않았다. 대신에 많은 게시물은 현지의 퍼레이드에 대해 열광에 가까운 찬사를 늘어놓았다. 다른 게시물들은 중국의 새 경제 개발 계획에 대해 열띤 정치적 논쟁을 시작했다. 또 다른 게시물들은 동료 '네티즌'에게 얼마 전에 있었던 시진핑 주석의 '차이나 드림' 연설에 대한 의견을 제시하라고 집적거리기 시작했다.

이것들은 루커친 사태와 관계가 있을까?

전혀 없다.

이것들은 전략적 '논 세퀴투르non sequitur'•였다. 이것들은 사회 통제를 위해 영리하게 설계하여 대규모로 벌인 전국적 캠페인이었다. 중국 정부는 소셜 미디어를, 정부를 비난하는 견해와 맞서 싸우거나 루커친에서 일어난 사건의 성격을 놓고 논쟁을 벌이는 데 사용하는 대신에, 단순히 소셜 미디어에 충분히 많은 잡담을 넘쳐나게 함으로써 시민의 관심을 정당한 불만으로부터 다른 데로 돌렸다.

이것은 우스꽝스러우면서도 뛰어난 계책이었다. 퍼거슨 시위 중에 만약 사람들이 #BlackLivesMatter 게시물에 대해 자기 고장의 퍼레이드에 대한 평을 올리거나 공화당 지도자가 얼마 전에 한 연설에 대한 평을 열정적으로 공유하는 반응을 보였다면 어떤 일이 일어났을지 상상해보라. 이 사람들은 무시당하거나 심하게 매도당했을 가능성이 높다.

하지만 그것은 이들이 전체 대화에서 소수를 차지할 때에만 그렇다.

• '불합리한 추론' 또는 '관계없는 이야기'란 뜻의 라틴어.

중국의 새로운 전략은 티핑 포인트 이론을 역이용한 것이었다. 중국 지도자들은 잘 협응된 정부 관계자 수만 명(가짜 계정으로 신분을 숨긴)을 동원해 루커친 사태로부터 관심을 돌릴 의도로 만든 이야기와 댓글을 동시에 게시하고 전달하게 했다. 정부를 위해 일한 이들은 '우마오당五毛黨'이라 불리는데, 댓글 한 건당 5마오(0.5위안)를 지급받았기 때문이다.•

이들의 노력은 섬뜩할 정도로 효과적이었기 때문에, 오늘날 우마오당은 중국의 주요 사회 통제 전략 중 하나로 자리 잡았다. 1년 동안 우마오당은 중국의 소셜 미디어에 약 4억 4800만 개의 게시물을 올린 것으로 추정된다. 중국의 소셜 미디어에 올라오는 게시물이 연간 약 800억 개이니, 진짜 게시물이 178개 올라올 때마다 우마오당의 가짜 게시물이 한 개 올라온 셈이다. 중국 정부의 티핑 포인트 전략을 감안하더라도, 이 비율은 상당히 높은 것이다.

정부를 위해 활동하는 사람들은 4억 4800만 개의 게시물을 1년 동안 균일하게 올리는 대신에 한 번씩 폭발적으로 메시지를 방출하는 전략을 사용한다. 루커친 폭동 직후에 우마오당 구성원들은 소셜 미디어에서 펼쳐지는 담론을 바꾸려는 목적으로 수만 개의 메시지를 중복 게시했다. 이들의 전술은 캔터의 개념과 정확하게 동일한 것이었다. 충분히 많은 사람들을 한 가지 행동에 협응하게 한다면, 다른 사

• 우마오당을 영어로는 'Fifty Cent Party', 곧 50센트당이라고 하는데, 5마오가 50펀에 해당해 그렇게 번역되었다. 1위안元 = 10자오角 = 100펀分. 중국인은 일상생활에서 흔히 위안은 콰이塊로, 자오는 마오毛로 바꿔 부른다. 5마오가 영어로 번역되면서 50센트로 변했지만, 실제 화폐 가치로는 10센트가 채 안 된다.

람들도 그 행동을 정당한 것으로 바라보기 시작한다—그러면서 다른 행동을 덜 정당한 것으로 생각하기 시작한다.

소셜 미디어에서 티핑 포인트의 위력은 사람들이 동일한 대화에 참여할 때에만 서로 이야기를 나눌 수 있다는 데 있다. 만약 헌신적 소수 '운동가'(혹은 비밀리에 활동하는 정부 요원)가 협력하여 대화 주제를 바꾼다면, 다른 사람들이 그들과 협응하는 것에 저항하기가 어려워진다. 결국 언어는 협응 게임이다.

우마오당은 20세기의 권위주의 체제들이 사용한 검열 전략과는 아주 다르다. 사실, 우마오당은 검열과 정반대의 활동을 한다. 중국은 선동적인 책을 불태우는 대신에 싸구려 통속 소설을 시장에 넘쳐나게 하는 전략을 쓰는 셈이다.

2014년 4월, 신장에서 또다시 테러가 일어났는데, 우루무치 기차역에서 폭탄 테러가 일어나 세 명이 사망했다. 이번에 중국 정부는 조금도 지체하지 않고 이슬람 과격분자들을 비난하고 나섰다. 대신에 우마오당은 급작스럽게 활동량을 늘려 중국의 새로운 주택 정책을 찬양하는 글을 수만 개 쏟아냈다. 이 주제를 바탕으로 우마오당 구성원들은 신장 지역의 경제 개발 기회에 관한 주제를 여러 가지 새로 띄우면서 테러에 관한 시민들의 게시물을 덮어버렸다.

그때 사용된 아주 기묘하면서도 가장 강력한 관심 돌리기 전술 중 하나는 마오쩌둥 사상에 관한 이론적 토론을 시작한 것이었다. 우마오당 구성원들은 중국 지도자들이 대중의 여론을 정부의 정책 결정 구조에 수용하는 방법을 놓고 활발한 토론을 펼치기 시작했다. 공산주의 원칙을 놓고 광범위하고도 사려 깊은 토론이 계속 이어졌다. 여전히 화염에 싸여 있던 우루무치 기차역 테러 사건은 잊히고 말았다.

중국의 우마오당 전략은 나치 독일이나 스탈린 치하의 러시아가 사용한 전술과 달리 정보의 흐름을 차단하지 않는다. 대신에 사람들이 정보를 받고 해석하는 방식을 통제한다. 그들의 전략은 사상의 소통을 허용하되 사상의 가치를 지배하는 사회 규범을 만드는 것이다.

이러한 사회 통제 전략이 효과를 거두려면 우마오당의 존재를 비밀로 해야 할 것처럼 보인다. 하지만 지금까지 우마오당에 관한 사실 중 가장 기묘한 것은 그것이 비밀이 아니라는 점이다. 중국에서는 누구나 우마오당의 존재를 안다. 사실, 정부도 사람들에게 그 존재에 대해 이야기한다. 하버드대학교 정치학과에서 일하는 내 동료들이 중국의 우마오당을 폭로하는 연구를 발표했을 때, 중국 정부는 중국에 이로운 방향으로 "여론을 인도하려는" 우마오당의 책임감 있는 노력을 치하한다는 공식 반응을 내놓았다. 정부는 우마오당의 여론 조작을 부정하는 대신에 그 긍정적 측면을 칭찬했다!

모두가 아는데도 왜 이 전술이 효과가 있을까?

여기서 정말로 기묘한 사실은 모두가 알고 있기 **때문에** 우마오당이 성공한다는 점이다.

중국의 전략은 마녀사냥을 교묘하게 비튼 것이다. 마녀사냥에서는 사람들이 마녀로 몰릴까 봐 두려워한 나머지 자신의 진짜 믿음을 숨기려고 한다. 사람들은 서로의 마음을 읽지 못하게 되면, 모두들 동료들이 마녀사냥을 지지한다고 믿게 된다(심지어 실제로는 아무도 지지하지 않을 때조차도). 자신이 마녀로 몰릴지도 모른다는 편집증 때문에 가장 회의적인 시민조차도 다른 사람들을 마녀로 몰게 된다.

중국의 소셜 미디어에서 시민의 유일한 '진실성 증명'은 다른 사람을 은밀히 활동하는 정부 측 공모자라고 비난하는 것이었다. 우마오당은 이 전술을 역이용했다. 우마오당 구성원은 기본적으로 평범한 중국 시민을 향해 친정부 견해를 지지한다고 비난한다. 이들은 복수의 아이디를 만들어 논쟁의 양측에 서서 주장을 펼치는데, 자신이나 다른 우마오당 구성원과 열띤 설전을 벌인다. 심지어 다른 참여자를 향해 논점을 흐리는 말을 한다고 비난하면서 논쟁의 초점을 다른 데로 돌리는 댓글을 달기도 한다. 그러한 비난 중에는 진실도 일부 있어 특정 게시물이 실제로 다른 우마오당 구성원이 올린 것임을 밝히기도 한다. 물론 대부분은 거짓이다.

그 결과는 마녀사냥과 같다. 누가 가짜이고 누가 진짜인지 알 수 없으면, 마음을 읽는 것이 불가능하다. 그래서 어떤 것이건 동료들 사이에 받아들여지는 것처럼 보이는 행동에 모든 사람이 협응하고 만다. 설사 그 행동이 정부가 만들어낸 허구라고 하더라도 말이다.

이 전략의 천재성은 우마오당의 존재에 대한 정부 측의 완전한 **투명성**이 시민들의 실제 믿음에 대한 투명성을 놀라울 정도로 크게 **훼손**한다는 데 있다. 중국의 소셜 미디어에서 공모자라고 서로 비난하는 일이 다반사로 벌어지다 보니 그 비난은 효력을 잃게 되었다. 그 결과로 진실성을 증명할 가능성이 싹 사라지게 되었다.

중국이 이 전략을 2004년에 처음 실험하기 시작한 이래, 수십 명의 학계 연구자와 여러 언론 매체가 그들의 사회 통제 전술에 대한 의견을 듣기 위해 우마오당 구성원과 접촉하려고 시도했다. 하지만 아무도 인터뷰에 성공하지 못했다. 그런데 2011년에 중국의 유명한 예술가이자 운동가인 아이웨이웨이가 마침내 인터뷰에 성공했다. 아이웨이웨이는 중국의 수용소에 갇혀 있는 동안 우마오당의 한 구성원과 접촉해 인터뷰했다.

인터뷰 도중에 아이웨이웨이는 그 사람에게 진실성과 사회적 조작 문제에 대해 물어보았다.

> "당신은 여론을 인도할 권리가 정부에 있다고 생각하나요?"라고 아이웨이웨이가 물었다.
> 그 구성원은 그렇다고 대답했다. 중국에서는 "정부가 절대적으로 여론에 간섭하고 여론을 인도해야 합니다. 대다수 중국 네티즌은…… 스스로 생각할 능력이 없어 가짜 뉴스에 너무나도 쉽게 속고 선동당합니다."

그러다가 그 사람이 자기모순을 드러내는 순간도 있었는데, 자신이 의도적으로 가짜 뉴스를 퍼뜨렸다고 냉정하게 고백했다.

> 아이웨이웨이가 질문을 계속했다. "당신은 당신이 표현하는 견해를 믿어야 합니까?"
> "반드시 믿어야 할 필요는 없습니다. 때로는 내가 말하는 것이 가짜이거나 진실이 아니라는 사실을 잘 압니다. 하지만 그래도 그렇게 말해야 하는데, 그것이 나의 임무이기 때문입니다."

운동가는 티핑 포인트를 촉발하기 위해 반드시 진실해야 할 필요가 없다. 그저 몰입하기만 하면 된다. 중국과 그 밖의 모든 곳에서는 잘 협응된 행위자들이 소셜 미디어에서 속임수의 위험을 활용해 사회 규범을 걱정스러울 정도로 아주 쉽게 뒤엎을 수 있다.

10장

눈덩이의 힘

티핑 포인트 유발 요인

2006년 봄, 프린스턴대학교에서 재학생 44명에게 새로 도입할 정책들을 평가할 기회를 주었다. 이 정책들은 프린스턴대학교에 상당한 영향을 미칠 것으로 보였는데, 특히 입학 전형 부문이 그랬다. 그중 하나는 프린스턴의 '조기 전형' 정책을 구속력이 있는 것(합격자는 반드시 그 학교에 입학해야 하는)에서 없는 것으로 바꾸자는 것이었다. 새로운 정책의 결과로 응시자들은 재정 지원 과정에서 더 큰 유연성을 얻겠지만, 대학 측은 조기 전형 지원자 수가 크게 늘어나 최선의 지원자를 확보하는 능력이 떨어질 우려가 있었다. 이것은 논란이 되는 제안이었다. 학생들은 이 제안을 지지했을까 반대했을까?

이 조사는 단지 재학생의 의견을 묻는 설문 조사에 불과한 것이 아니었다. 그것은 일종의 통제 실험이었다. 앞에서 소개했던 동조 연구와 비슷했다. 학생들이 각각의 정책을 평가할 때, 다른 학생들의 의견도 보여주었다. 여기서 학생들이 동료들의 선택에 동조하는 선택을 할까, 아니면 다른 선택을 할까라는 질문이 당연히 떠오른다. 하지만 이 연구에는 두 가지 반전 요소가 있었다.

충분히 예상할 수 있듯이, 실험 결과는 학생들이 동료들이 지지하는 제안을 지지할 가능성이 현저히 높은 것으로 나타났다. 하지만 연구자들은 단순히 사람들이 사회 규범에 동조한다는 사실을 확인하는 것에는 관심이 없었다. 그들은 실험 참여자들이 자신의 사회적 동조성을 인식하는지 여부를 알고 싶었다. 그래서 연구진은 학생들에게 **왜** 각각의 제안을 지지하거나 반대하는 선택을 했는지 물었다.

그들의 선택은 동료에게서 영향을 받은 결과였을까? 만약 그렇다면 정책의 어떤 특징 때문이었을까? 대학교에(혹은 졸업생이 될 자신들에게) 돌아갈 것으로 예상되는 이익 때문이었을까?

학생들은 자신의 선택이 정책의 특성과 학교에 미칠 잠재적 영향을 고려해 내린 것이라고 거의 만장일치로 대답했다. 동료의 영향을 주요 이유로 꼽은 사람은 거의 없었다.

이 연구의 마지막 반전 요소야말로 가장 흥미진진하다. 연구진은 학생들에게 자신과 똑같은 선택을 한 학생들의 프로필을 주었다. 그리고 **이 학생들**이 그렇게 선택한 이유를 평가해달라고 했다. **그들의** 선택은 동료의 영향 때문이었을까, 정책의 특성 때문이었을까, 아니면 자신이나 대학교에 돌아올 것으로 기대되는 이익 때문이었을까?

이번에는 대답이 아주 달랐다. 다른 학생들의 결정을 동료의 영향으로 설명하는 비율이 상당히 높았다. 그 밖의 많은 연구에서도 같은 효과가 확인되었다. 사람들은 흔히 다른 사람의 선택을 사회 규범에 동조하려는 욕구로 설명하지만, 자신의 선택도 그렇다고 믿는 경우는 드물다. 왜 그런 선택을 했느냐고 질문을 던지면, 대다수 사람들은 자신의 결정은 현명한 추론과 개인적 선호에 따라 내린 것이라고 확신한다. 그 후 이 관찰 결과는 **내성 착각**introspection illusion이라 불리게 되었다.

또 다른 예를 살펴보자. 2004년, 《뉴욕타임스》는 미국인 중산층 사이에서 점점 커져가는 낭비적 사치 경향을 기사로 다루면서 뉴저지주의 한 여성이 7000달러짜리 스토브를 구입하기로 결정한 사연을 소개했다. "그 여성은 자신이 바이킹 레인지를 원한 것은 이웃들을 따라 한 것이 아니라고 말했다. 자신은 사람들을 즐겁게 하길 좋아하는 진지한 요리사인데, 그 스토브는 자신에게 필요한 특징을 갖추고 있기 때문이라고 했다."

대개의 경우 사람의 행동을 바꾸는 사회적 영향력은 그들의 시야를 벗어난 곳(즉, 맹점)에서 일어난다. 지난 수십 년 동안 사회과학 실험들은 이러한 맹점을 정확하게 집어내고 그것이 사람의 행동에 미치는 효과를 측정하는 능력이 점점 향상되었다. 내성 착각은 이 맹점을 이해하는 데 도움을 주는 통찰력을 제공하는데, 사람들은 자신의 행동을 외부에서 일어나는 일이 아니라 자신의 내부에서 느끼는 것을 바탕으로 설명한다. 이 단순한 관찰 결과는 사회 규범을 다루는 학문에 중요한 의미를 지닌다. 이것은 자신의 행동을 바꾸게 한 동기에 대한 사람들의 믿음은 그들을 실제로 변하도록 돕는 과정에서 신뢰할 만한 안내자가 아님을 의미한다. 사실, 자신의 동기에 대한 사람들의 믿음은 실제 그들의 행동을 설명하는 이유 중에서 가장 신뢰성이 **떨어지는** 것일 수 있다.

2007년, 두 부분으로 나누어 진행된 독창적인 연구는 내성 착각이 어떻게 공공 정책의 장애물이 될 수 있는지 보여주었다. 그리고 그것을 성공적으로 피할 수 있는 방법도 보여주었다. 이 연구의 첫 번째 부분에서는 캘리포니아주 주민 약 1000명에게 가정에서 에너지 절약 전략을 채택할 용의가 있는지 물었다. 그 당시 에너지 절약 효과를 높이기 위해 개발되던 계획이 여러 가지 있었다. 그중에는 각 가정에 돌아가는 금전적 인센티브를 홍보하고, 지구 온난화의 위험을 알리는 광고를 내보내고, 미래 세대를 위한 시민의 도덕적 책임을 강조하는 것 등이 포함돼 있었다. 연구진은 캘리포니아주 주민에게 다음 중 그들의 에너지 소비 관행을 개선할 가능성이 가장 높은 것이 무엇이라고 생각하느냐고 물었다.

1. 그들의 환경 의식과 사회적 책임감
2. 돈을 절약할 기회
3. 동료들 사이의 사회 규범

충분히 예상했겠지만, 주민들은 모두 자신이 가정에서 지속 가능한 관행을 채택하려는 동기는 환경을 보호하거나 돈을 절약하려는 욕구에서 나온다고 응답했다. 사회 규범을 중요하게 여긴 사람은 아무도 없었다. 비록 프린스턴대학교 학생들처럼 캘리포니아주 주민들도 **다른 사람들**은 사회 규범에 영향받을지 모른다고 인정했지만 말이다.

그리고 나서 연구자들은 두 번째 부분의 연구를 진행했다. 첫 번째 집단과 비슷한 두 번째 캘리포니아주 주민 집단을 대상으로 3단계 실험을 진행했다. 첫째, 각 가정의 실제 에너지 사용량을 기록했다. 둘째, 그 후 몇 주일 동안 각 가정에 에너지 절약 방법에 관한 정보(사용하지 않는 조명을 끈다거나 샤워 시간을 줄인다거나 에어컨 대신 선풍기를 트는 등의 방법)가 적힌 팸플릿을 나누어주었다. 연구자들은 실험에 참여한 가정들을 세 집단으로 나누었다. 첫 번째 집단에는 권장한 방법이 사회와 환경에 미치는 이점을 적은 정보도 제공했다. 두 번째 집단에는 새로운 절약 방법을 채택할 때 절약하는 돈이 얼마나 되는지 알려주는 정보를 제공했다. 세 번째 집단에는 에너지 소비 수준을 줄이기 위해 이 방법들을 사용한 이웃이 얼마나 많은지 알려주는 정보를 제공했다.

한 달 뒤, 연구자들은 실험 참여자들을 대상으로 후속 연구를 진행했다. 주민들을 일일이 면담하고, 각 가정의 계량기를 확인하면서 에너지 사용량에 일어난 변화를 기록했다. 이를 통해 연구자들은 각 행동 변화 전략의 영향력에 대한 사람들의 **믿음**과 실제 행동 변화를 비교할 수 있었다.

그리고 후속 연구를 위한 면담을 진행하는 동안 주민들에게 다음 질문을 던졌다. 에너지 절약이 사회와 환경에 미치는 영향에 관해 설득력 있는 메시지를 받는 것, 에너지 소비를 줄임으로써 절약하게 될 돈에 관한 정보를 받는 것, 이웃들의 행동에 관한 정보를 받는 것 중에서 어떤 방법이 자신에게 가장 효과적이라고 생각하느냐고 물었다.

이번에도 사람들은 자신의 행동에 영향을 미치는 최선의 방법은 사회와 환경의 이익에 관한 정보나, 샤워 시간을 줄이고 불필요한 조명을 끔으로써 매달 절약하는 돈이 얼마인지 알려주는 정보라고 대답했다. 그리고 모든 사람이 이웃의 행동에 관한 정보는 자신의 행동에 영향을 미칠 가능성이 낮다고 믿었다.

연구자들은 과연 어떤 사실을 발견했을까?

사실, **유일하게** 에너지 소비량이 크게 줄어든 곳은 이웃의 행동에 관한 정보를 제공받은 가정들이었다. 놀랍게도 사회 규범 집단에 속한 사람들(동료들에게 받은 직접적 영향으로 행동이 변한 사람들)은 여전히 나머지 사람들과 마찬가지로 다른 전략들이 더 효과적이라고 믿었다.

만약 이 결과가 너무 이상해서 도저히 믿어지지 않는다면, 연구자가 어떤 것이 당신의 에너지 소비 행동에 가장 큰 영향을 미친다고 생각하느냐고 물었을 때, **당신**은 뭐라고 대답할지 생각해보라. 환경보호가 주된 인센티브라고 평가하겠는가? 절약되는 돈은 어떤가? 아니면 이유도 모르면서 그저 무리를 따를 거라고 믿겠는가?

이 연구에서 발견된 중요한 사실은 자신의 동기에 대한 사람들의 생각은 자신의 행동을 이해하는 데 좋은 안내자가 못 된다는 것만이 아니다. 나는 사람들이 이 말을 듣더라도 크게 놀라진 않으리라고 생각한다(적어도 다른 사람들이 생각하는 것에 대해서는). 정말로 놀라운 사실은 사람들이 자신에게 영향을 미칠 가능성이 정말로 **가장 작다고** 믿는 전략이 실제로는 자신의 행동을 바꾸기에 **가장** 효과적인 방법이라는 것이다.

오랫동안 이 맹점들은 다양한 재생 에너지 이용 계획의 발목을 잡았다. 더 지속 가능한 정책을 향해 나아가려고 노력했던 혁신가들은 자신들의 방법이 효과를 발휘하지 못하는 현실 앞에서 당혹감을 감추지 못했다. 특히 미국인이 지속 가능한 에너지를 선호한다는 조사 결과가 문서로 잘 기록돼 있다는 사실을 감안하면, 이 사실은 더욱 당혹스러웠다. 이에 못지않게 당혹스러운 사실은 동일한 과제에 직면한 것처럼 보이는 나라들에서 들려오는 성공 사례였다.

이 나라들은 어떤 조언을 제공했을까? 지속 가능한 새 습관을 채택하도록 사회 규범을 변화시키는 데 성공한 정부들로부터 배울 수 있는 전략적 교훈은 무엇일까?

이웃 관찰

1990년대 초에 유럽은 태양 에너지를 향해 막 발을 내디디기 시작했다. 스위스와 독일, 프랑스, 이탈리아를 비롯해 여러 유럽 국가들은 세상에서 가장 혁신적인 법을 선구적으로 제정했다. 하지만 옥상에 가정용 태양 전지판을 설치하는 행동에 관한 사회 규범은 아직 변하지 않은 상태였다. 사람들은 그런 변화에 동참하길 꺼려했다.

이것이 바로 티핑 포인트의 역설이다. 만약 모두가 나머지 사람들이 먼저 나아가길 기다린다면, 어떻게 티핑 포인트를 유발할 수 있겠는가?

이런 경우에 가장 보편적으로 사용하는 전략은 경제적 인센티브를 제공하는 것이다. 2008년부터 스위스 정부는 태양 전지판을 설치하는 가구에 막대한 인센티브를 제공하고 있다. 제대로 실행되기만 한다면 이 체계는 아주 훌륭하다. 주택 소유자는 자기 집 지붕에 태양 전지판을 설치할 수 있고, 생산된 전력을 소형 인버터를 사용해 직접 그 지역의 전력망으로 보낼 수 있다. 정부는 주택 소유자에게 시장가보다 높은 가격으로 전력 생산 비용을 지불한다. 그러면 그 집과 지역 사회에 전력을 공급할 수 있을 뿐만 아니라, 주택 소유자에게 상당한 금전적 이익도 돌아간다. 그야말로 윈윈 게임이다!

이 계획을 시작하기 위해 스위스 정부는 태양 에너지의 환경적 중요성을 홍보하는 정보 캠페인을 대대적으로 벌였다. 가정용 태양 에너지가 비용을 절약해준다는 이점을 강조하는 광고도 전국적으로 펼쳤다. 이 전략은 초기에 스위스의 얼리 어답터들 사이에서 태양 전지판 채택률을 상승시키는 효과가 있었다. 하지만 티핑 포인트에 이르는 데에는 실패했다.

나중에 연구자들은 문제점이 무엇인지 발견했다. 스위스 시민이 태양 전지판을 받아들이기로 선택하는 데 궁극적인 영향을 미친 요소는 경제적 인센티브나 정보 인식이 아니라, 같은 공동체에서 태양 전지판을 설치한 다수의 이웃이었다. 태양 전지판을 설치한 이웃이 많을수록 시민들은 그것이 자신에게도 **기대되는** 행동이라는 믿음이 더 강해졌다. 반면에 채택 비율이 낮은 공동체에서는 미래의 태양 에너지 투자도 낮은 수준으로 남아 있거나 완전히 사라졌다.

독일도 1980년대 후반에 같은 난관에 부닥쳤다. 독일의 태양 에너지 생산을 독려하기 위해 환경 문제 전문가와 산업 혁신가는 필요한 법률 제정과 경제적 인센티브를 시도하면서 거의 10년을 보냈다.

이번에도 실제 문제는 소비자 쪽에 있었다. 어떻게 하면 시민 사이에 통용되는 사회 규범을 바꾸어 태양 에너지의 광범위한 수용을 촉발할 수 있을까?

독일 정부는 텔레비전과 VCR, 스마트폰, PC, 이메일, 인터넷, 소셜 미디어가 확산된 방식과 똑같이 태양 에너지가 전면적으로 확산되길 원했다(즉, 모든 사람에게). 성공을 거둔 이 기술들의 역사를 보면 눈에 띄는 패턴이 나타난다. 각 기술의 확산은 가격, 가용성, 인지도라는 명백한 요소들에 영향을 받았다. 하지만 각 기술의 채택은 사회적으로 무리를 지어 나타났다. 사람들은 친구와 이웃과 동료가 사용할 때 자신들도 이 기술들을 사용하기 시작했다. 재생 에너지에도 똑같은 원리가 적용된다.

산탄총, 은제 탄환, 눈덩이

한국에서 모든 지역 사회에 피임을 확산시키려고 벌인 캠페인 이야기를 기억하는가? 한국에서 이 계획을 시작하기 바로 직전으로 되돌아가보자.

당신이 이 캠페인을 책임진 정부 공무원이라고 상상해보라. 당신이 맡은 일은 피임에 관한 사회 규범을 '뒤엎을' 전략('티핑' 전략)을 고안하는 것이다.

또, 각 마을의 주민 수가 1000명이라고 할 때, 모든 마을 주민 사이의 사회적 유대 패턴을 정확하게 보여주는 네트워크 다이어그램이 있다고 하자. 당신이 해야 할 일은 이 다이어그램을 사용해 소셜 네트워크에서 사회적 변화 캠페인의 효과를 극대화할 수 있는 사람들을 표적으로 선정하는 것이다.

사용할 수 있는 예산은 제한돼 있다. 각 마을에 사용할 수 있는 예산은 겨우 10달러뿐인데, 이것을 당신 마음대로 배정할 수 있다. 한 사람에게 10달러를 다 주는 식으로 자원을 어느 곳에 집중해 사용할 수도 있다. 혹은 열 사람에게 각각 1달러씩 주는 식으로 네트워크 전체에 자원을 분배할 수도 있다. 어떤 접근법을 사용할지 결정했으면, 이제 두 번째 질문에 부닥친다. 돈을 줄 대상으로 어떤 개인(혹은 10명의 개인)을 선택해야 할까?

나는 동료들과 함께 이 두 질문에 대한 최선의 답을 찾느라 지난 10년을 보냈다. 바이럴 캠페인에서부터 인플루언서 마케팅에 이르기까지 제안된 전술은 수십 가지나 되었다. 하지만 이 다양한 접근법은 세 가지 핵심 전략으로 압축되었는데, 바로 산탄총 전략shotgun strategy, 은제 탄환 전략silver bullet strategy, 눈덩이 전략snowball strategy이다.

가장 쉬운 티핑 전략은 **산탄총 전략**이다. 이 전략은 바이럴 마케팅의 원리를 바탕으로 한다. 이 전략을 사용하려면, 자원을 산탄총을 쏘듯이 광범위하게 분배해야 한다. 우선 각 마을에서 10명을 표적으로, 즉 피임을 확산시킬 '변화 촉진자'로 선택한다. 각자에게 1달러를 주면서 그들이 피임을 채택하고 그 소문을 퍼뜨리게 한다. 이 전략의 핵심은 마을의 소셜 네트워크 중 널리 분산된 지역들에서(즉, 서로 간의 거리가 최대한 멀도록) 10명의 변화 촉진자를 선택하는 것이다. 그럼으로써 확산시키려고 하는 혁신을 최대한 많이 노출시킬 수 있다.

산탄총 전략은 홍역을 확산시키는 데에는 효과가 아주 좋다. 당신이 선택한 10명이 네트워크에서 넓게 분산돼 있고 각자 홍역 바이러스에 감염되었다고 가정해보자. 그러면 10명이 각자 인접한 접촉자 집단에 바이러스를 옮기면서 마을에서 독립적으로 홍역이 돌발 발생하는 장소가 열 군데나 된다. 각각의 돌발 발생은 급속하게 팽창하면서 곧 모든 곳으로 퍼져나간다. 이 효과들이 합쳐지면 마을 전체를 팬데믹이 휩쓰는 결과로 나타난다.

이것은 바이럴 마케팅의 바탕을 이루는 개념이다. 산탄총 전략은 감염원을 최대한 노출시켜 최단 시간에 가장 많은 사람들에게 도달하게 만든다.

하지만 산탄총 전략의 본질적인 문제는 선택된 각각의 변화 촉진자가 비채택자들의 바다로 둘러싸여 있다는 점이다. 변화 노력의 초기에 변화 촉진자가 전체 집단에 최대한 노출되면서 **영향력 범위**가 확대된다. 하지만 그러면 변화 촉진자의 네트워크에서 **중복성**이 최소화된다.

홍역을 확산시키려고 할 때에 이것은 이상적인 상황이다. 산탄총 전략은 각각의 홍역 감염자에게 홍염을 전파하기에 가장 풍부한 환경을 제공한다.

하지만 전염시키려고 하는 것이 병원체가 아니라 사회 규범이라면, 산탄총 전략은 변화에 대한 사람들의 저항 앞에서 무력화되고 말 것이다.

만약 한국의 피임 캠페인에서 산탄총 전략을 사용했더라면, 곧 여러 가지 장애물에 부닥쳤을 것이다. 첫 번째 장애물은 사회적 강화 부족이다. 변화 촉진자들은 소셜 네트워크에서 서로 멀리 떨어져 있고, 그래서 각각의 변화 촉진자는 자신의 소셜 집단에서 유일하게 혁신을 채택한 사람이 된다. 만약 변화 촉진자의 동료들이 산아 제한을 사회적으로 용인된 관행으로 간주하지 않는다면, 변화 촉진자 혼자서는 그런 인식을 바꾸기 위해 할 수 있는 일이 많지 않다. 이와 비슷하게 외톨이 변화 촉진자는 피임의 신뢰성이나 안전을 뒷받침하는 증거를 많이 제시할 수 없다. 변화 촉진자가 그것을 채택하는 대가로 인센티브를 받았다는 사실을 동료들이 안다면 더더욱 그렇다. 게다가 마을 사람들 전부가 가족계획 문제에서 현상을 그대로 유지하기로 이미 합의했다면, 그들의 소셜 집단에서 한 사람이 피임을 받아들였다고 해서 피임에 사회적 통화 가치가 있다고 생각할 이유가 없다. 자신이 아는 사람 중에서 그것을 사용하는 사람이 아무도 없기 때문이다.

이것은 독일의 태양 에너지 계획이 극복해야 했던 것과 동일한 장애물이다. 외톨이 변화 촉진자는 채택자가 한 명밖에 없는 상황에서 태양 에너지에 대한 규범적 지지를 이웃에 확산시킬 희망이 거의 없었다. 이웃 중에 태양 전지판 사용자가 한 명도 없는 상황에서 단 한 명의 주택 소유자만으로는 혁신의 정당성이나 신뢰성, 사회적 통화 가치를 확립할 수 없다.

산탄총 전략의 두 번째 문제는 훌륭한 동기가 있는 변화 촉진자조차도 동료의 압력에 흔들릴 수 있다는 점이다. 관건은 동기 자체가 아니라, 동기를 어떻게 전략적으로 잘 배치하느냐이다. 적절히 사용하기만 한다면, 동기는 사회 규범의 변화를 유발하는 데 도움을 줄 수 있다. 하지만 이 전략은 변화 촉진자들을 소셜 네트워크에서 서로 멀찌감치 떨어진 곳들에 고립시킴으로써, 피임을 수용하려는 변화 촉진자의 동기를 동료들의 사회 규범과 맞서게 만든다. 그 결과, 변화 촉진자들은 피임을 확산시킬 수 없을 뿐만 아니라, 그들 자신도 그것을 포기할 가능성이 높다.

세 번째 문제는 일단 이 전투에서 패한다면, 사람들은 그것을 잊지 않는다는 사실이다. 구글플러스 이야기를 기억하는가? 구글플러스는 인지도를 크게 높이는 데 성공했다. 모든 사람에게 자신의 소셜 네트워크에서 구글플러스를 사용하는 사람이 한두 명 있던 때도 있었다. 하지만 구글플러스는 사람들을 페이스북을 사용하던 기존의 규범에서 벗어나게 할 만큼 충분한 사회적 강화를 받지 못했다. 그래서 모든 사람은 구글플러스를 알았을 뿐만 아니라, **그것을 채택한 사람이 거의 없다는** 사실도 알았다.

그 결과는 좋지 않다. 혁신의 인지도를 크게 높이는 데 성공하더라도, 채택률이 낮다면 역효과가 일어날 위험이 있다. 구글플러스의 경우는 시장 점유율이 너무나도 크게 떨어져서 결국은 아예 시장에서 철수하는 결과를 맞이했다.

이것은 산탄총 전략에 아주 심각한 문제가 될 수 있다. 만약 사회적 혁신에 대한 소문이 빠르게 널리 퍼져나가지만, 혁신 자체를 채택하는 사람은 얼마 없다면, 일반 대중의 마음에 공백을 남길 수 있다. 사람들은 그 혁신이 실패했다는 인상을 받을 테고, 실패한 이유를 찾으려고 할 것이다. 사람들이 어떤 혁신에 뭔가 잘못된 것(너무 비싸거나 어렵거나 인기가 없거나 하는)이 있다고 믿게 되면, 과거에 그것을 채택하지 않은 자신의 행동을 정당화하기 쉬울 뿐만 아니라, 미래에도 그것을 채택하지 말아야 할 이유를 정당화하기 쉽다. 혁신에 대해 남아 있는 이러한 의심은 미래의 캠페인마저 좌초시킬 수 있다.

다행히도 다른 티핑 전략이 두 가지 더 남아 있다.

은제 탄환 전략은 산탄총 전략의 대안으로 인기가 있는데, 자원을 너무 희박하게 분산시키는 문제를 피할 수 있기 때문이다. 대신에 이 전략은 모든 자원을 단일 표적에 집중시킨다.

이것은 바로 인플루언서 전략이다. 한국의 산아 제한 캠페인에서는 소셜 네트워크에서 가장 카리스마가 강하고 연결이 많은 사람을 찾아낸 뒤, 그 사람에게 10달러를 전부 다 주면서 아는 사람 모두에게 피임을 홍보하라고 부탁하는 것에 해당한다. 이 전략은 각 마을에 연결이 아주 많고 영향력이 강해서 전체 공동체의 사회 규범을 바꿀 만큼 연쇄 반응을 유발할 수 있는 사람이 있다는 개념을 바탕으로 한다.

이 책 서두에서 나는 인플루언서 미신을 소개했다. 은제 탄환 전략의 한 가지 주요 문제점은 연결이 많은 개인은 보통 사람보다 훨씬 많은 대항 영향력에 둘러싸여 있다는 점이다. 한국 마을에서 보통 사람은 접촉자가 10명이고 모두 소셜 네트워크에서 한데 모여 있는 반면, 인플루언서는 접촉자가 50명이고 집단 내에서 넓게 퍼져 있을 수 있다. 인플루언서의 접촉자는 모두 기존의 가족계획 사회 규범을 따르고 있기 때문에, 연결이 많은 사람은 현재의 상태를 바꾸자고 공공연히 주장하고 나설 동기가 적다.

하지만 사고 실험을 위해, 10달러의 인센티브가 마법의 효과를 발휘해 인플루언서에게 피임을 받아들이고 홍보하도록 설득하는 데 성공했다고 하자. 그러면 인플루언서는 자신의 접촉자 50명 모두에게 산아 제한을 받아들이고 홍보하라고 설득할 것이다. 그다음에는 어떤 일이 일어날까?

여기서 은제 탄환 전략은 산탄총 전략과 아주 비슷해진다. 넓게 분포된 10명의 변화 촉진자 대신에 지금은 50명이 있다는 사실만 제외한다면 말이다. 홍역처럼 단순한 전염의 경우, 이 전략은 '바이럴' 팬데믹을 만들어내는 데 놀랍도록 효과적이다. 인플루언서 마케팅이 큰 인기를 얻게 된 이유가 여기에 있다.

하지만 전염시켜야 할 것이 사회 규범이라면 어떻게 될까? 인플루언서의 접촉자 50명은 산탄총 전략의 변화 촉진자 10명과 같은 처지에 놓이게 된다. 사방이 저항으로 둘러싸인 채, 그것도 심지어 1달러의 인센티브조차 없이.

산탄총 전략과 마찬가지로, 은제 탄환 전략을 홍역 확산에 효과적으로 만드는 요인은 피임 확산에 실패하게 만드는 요인이 된다. 첫째, 널리 분산된 인플루언서의 접촉자들은 서로 멀리 떨어져 있어 혁신의 확산에 도움을 줄 사회적 강화를 다른 채택자로부터 충분히 받지 못한다. 둘째, 인플루언서의 접촉자들은 여전히 전통적인 가족계획 규범을 따르는 주위의 모든 동료들로부터 대항 영향력에 맞닥뜨린다.

하지만 악마의 대변인devil's advocate● 흉내를 내보자.

이 문제들은 인플루언서의 접촉자들이 광범위하게 분포하고 있을 때에만 나타난다. 만약 인플루언서의 접촉자들이 서로 연결돼 있다면 어떻게 될까? 아마도 인플루언서는 소문을 널리 전파하는 대신

● 열띤 논의를 위해 일부러 반대자의 입장에 서는 사람.

에 서로를 강화하는 소수의 작은 이웃 집단들에게 노력을 집중할 수 있을 것이다.

이것은 나쁜 아이디어가 아니지만, 은제 탄환 전략을 사용하는 목적에서 완전히 벗어난다. 이 전략에서 굳이 큰 비용을 치르면서 인플루언서를 고용하는 이유는 혁신의 범위를 전체 집단으로 확산시키는 능력을 높이 사기 때문이다. 인플루언서에게 그토록 많은 돈을 지불하고서는 그의 변화 촉진 노력을 소수의 작은 집단에 국한시키는 것은 앞뒤가 맞지 않는다. 잠시 후 보여주겠지만, 작은 사회 군집들을 표적으로 삼는 개념은 실제로 성공의 열쇠이다. 하지만 인플루언서를 고용하는 것보다 훨씬 쉽고 값싸고 더 효과적으로 성공을 거둘 수 있는 방법이 있다.

은제 탄환 전략을 완전히 포기하기 전에 이 전략이 성공할 수 있는 방법을 한 가지 더 상상해보자. 만약 인구 집단 내에서 인플루언서의 영향력 범위가 우리가 생각한 것보다 훨씬 크다면 어떤 일이 일어날지 생각해보라. 인플루언서가 아주 많은 사람과 개인적으로 연결돼 있어 자신만의 힘으로 티핑 포인트를 유발할 수 있다면 어떻게 될까? 예컨대 주민 수가 1000명인 마을에서 인플루언서가 직접 영향력을 미칠 수 있는 개인적 접촉자가 250명이나 있을 수 있다. 혹은 유권자 수가 6000만 명인 나라에서 인플루언서의 개인적 접촉자가 1500만 명이고, 이들이 인플루언서 한 사람에게 직접적인 영향을 받는다고 가정해보자(그렇다면 실로 경이로운 일이 될 것이다). 단순한 전염의 경우, 이것이 얼마나 큰 효과를 발휘할지는 쉽게 알 수 있다. 하지만 한국의 산아 제한 계획에서 인플루언서의 접촉자들은 각자 전통적인 가족계획 규범을 따르는 사람들로 둘러싸여 있었다. 외톨이 인플루언서는 그들 자신의 소셜 네트워크에서 아무도 피임을 사용하지 않는 상황에서, 피임이 신뢰할 수 있고 정당성이 있으며 사회적 통화 가치가 있다고 접촉자들을 설득하는 데 성공할 가능성이 낮다. 인플루언서가 성공할 수 있는 유일한 방법은 접촉자들 모두에게 친구와 이웃이 믿는 사회 규범을 무시하라고 설득하는 것이다. 하지만 이것은 성공할 가망이 아주 낮다.

은제 탄환 전략에 대해 마지막으로 살펴볼 것은 그 성공이 아니라 역효과에 관한 것이다. 만약 은제 탄환 전략이 모두에게 소문을 퍼뜨리는 데에는 성공하지만 채택률을 높이는 데에는 별 효과를 발휘하지 못한다면, 산탄총 전략을 괴롭혔던 것과 동일한 역효과에 직면할 위험이 있다. 하지만 이번에 그 역효과는 더 심각할 수 있다. 실패한 인플루언서 캠페인은 단지 사람들을 혁신의 이점에 대해 무감각하게 만드는 데 그치지 않는다. 사람들을 혁신에 적극적으로 반발하게 만들 수 있다.

구글 글래스를 기억하는가?

구글 글래스 캠페인은 은제 탄환 전략을 사용했다. 지위가 높은 인플루언서들로 이루어진 소집단에 인센티브를 제공해 구글의 미래형 안경을 채택하게 했다. 하지만 이 전략에는 맹점이 있었는데, 비채택자들 사이에 통용되는 사회 규범을 간과했다.

지위가 높은 인플루언서들이 비채택자들의 사회 규범을 무참하게 짓밟은 나머지, 대면 상호작용과 사회적 감시에 대한 사람들의 **암묵적인** 사회적 기대가 **명시적인** 문화 전쟁으로 끓어올랐다. 구글 글래스는 아무도 관련되길 원치 않는 오명의 기술로 낙인찍혔다. 그 캠페인은 단지 구글 글래스의 매출 저조로만 역효과를 낸 게 아니라, 구글에 대한 부정적 인상을 남기는 역효과도 냈다.

실패하는 변화 캠페인을 설계하고 싶은 사람은 아무도 없겠지만, 자신이 속한 조직의 평판을 해치는 캠페인을 설계하고 싶은 사람은 정말로 아무도 없을 것이다. 은제 탄환 전략에서 명심해야 할 핵심은 이것이다. 당신의 사회적 혁신이 기존의 사회 규범에 도전할 경우(예컨대 산아 제한이나 대체 에너지와 관련된 문제로), 국지적 지지를 확립하는 목표보다 인지도 확산을 우선시한다면, 티핑 전략은 역효과를 낳을 수 있다.

다행히도 세 번째이자 마지막 티핑 전략이 문제의 해결책을 제시한다. **눈덩이 전략**이 바로 그것이다.

산탄총 전략과 은제 탄환 전략의 영향력 범위와 규모와 비교한다면, 눈덩이 전략은 상대적으로 단조로워 보인다. 하지만 화려하진 않더라도 이 전략은 성공할 가능성이 있다.

눈덩이 전략은 혁신을 널리 확산시킬 수 있는 **특별한 사람들**을 표적으로 삼는 대신에 **소셜 네트워크에서 혁신이 뿌리내릴 수 있는 특별한 장소**를 표적으로 삼는다. 눈덩이 전략의 목표는 혁신을 당장 채택하라고 모두를 설득하는 것이 아니다. 그보다는 혁신에 대한 지지를 알을 품듯이 부화시키는 것이다. 그런 식으로 임계 질량에 이를 때까지 키워간다.

한국의 피임 계획에 눈덩이 전략을 사용하려면, 산탄총 전략에서와 마찬가지로 변화 촉진자 10명을 선택해 각자에게 1달러씩을 주면서 그들이 피임을 채택하고 홍보하게 한다. 하지만 산탄총 전략과 달리 네트워크에서 넓게 분산된 10명을 선택하는 대신에 모두 동일한 사회 군집에 속한 사람들로 10명을 선택한다. 눈덩이 전략의 핵심은 모든 변화 촉진자가 서로 아는 사이라는 점이다.

이것은 홍역을 확산시키는 데에는 형편없는 전략이다. 어떤 종류이건 단순한 전염에 눈덩이 전략을 사용하는 것은 자원 낭비이다. 변화 촉진자들은 그저 **서로에게** 혁신에 관한 이야기를 하다가 끝날 것이다. 그러면 무슨 소용이 있겠는가?

하지만 사회 규범을 확산시키는 데에는 중복성이 놀랍도록 효율적이다.

눈덩이 전략에서는 각 변화 촉진자가 대항 영향력의 바다에 맞닥뜨리지 않는다. 대신에 서로에게 피임을 채택하기로 한 자신의 결정에 대해 이야기할 수 있다. 이들은 자신들의 경험을 공유할 수 있고, 피임을 사용하기로 한 서로의 약속을 재확인할 수 있다. 이 때문에 이들은 혁신을 포기할 가능성이 낮다.

눈덩이 전략은 단지 변화 촉진자에게 혁신을 지속하게 하는 데에만 도움이 되는 게 아니다. 그들이 그것을 확산시키는 데에도 도움을 준다. 변화 촉진자들은 동일한 사회 군집에 속해 있기 때문에, 동일한 비채택자들과 연결돼 있다. 그 덕분에 변화 촉진자들은 공동의 친구들과 이웃들 사이에서 피임의 정당성과 신뢰성을 높이는 노력을 협응할 수 있다. 게다가 그들이 피임 사용에 대해 서로 협응하는 것을 접촉자들이 관찰할 수 있기 때문에, 변화 촉진자들의 동료 집단 내에서 피임의 사회적 통화 가치가 강화된다. 눈덩이 전략은 소셜 네트워크에서 피임의 발판을 다진다.

일단 새로운 사회 규범이 변화 촉진자들의 사회 군집 내에서 뿌리를 내리면, 그것은 그곳에 오래 머물지 않는다. 그다음 단계에서는 전염 인프라가 중요한 역할을 한다. 넓은 가교를 건너 일어나는 사회적 강화가 새로운 규범을 한 사회 군집에서 다른 사회 군집으로 흘러넘치게 함으로써 전파시킨다. 눈덩이 전략이 성공을 거두는 비결은 바로 여기에 있다. 작은 얼리 어답터 군집이 눈덩이처럼 불어나 사회운동으로 발전하고, 이 운동이 전체 커뮤니티에서 사회 규범을 변화시킬 수 있다.

사실, 한국의 산아 제한 계획은 바로 이 방법으로 성공을 거두었다. 각 마을에서 유대가 긴밀한 여성 집단들이 서로 협응하면서 피임 기회를 탐구하는 데 나섰다. 일단 처음에 한 여성 군집이 피임을 채택하고 나자 전염 인프라가 작동하기 시작했다. 그러자 새로운 행동이 초기의 채택자 집단에서 다른 여성 집단으로 (눈덩이 효과를 통해) 확산되었고, 거기서 다시 다른 집단으로 확산되면서 결국에는 마을 전체가 피임을 받아들이게 되었다.

덴마크 컴퓨터과학자 수네 레만과 그의 팀은 바로 이 전략을 사용해 자신들의 봇 39개를 트위터에 배치했다. 이들은 봇들을 연결해 그들의 새로운 해시태그를 지지하는 강화 군집을 만들어 #getyourflushot과 #highfiveastranger 같은 사회적 혁신을 수만 명 사이에 성공적으로 확산시켰다. 제1차 세계대전 때 신병 모집에 성공한 펠스 대대도 바로 이 방법을 사용했다. 공동의 친구 군집을 통해 신병 지원이 증가했는데, 군집의 강화 유대가 이웃과 지역 사회에서 징집에 응하는 연쇄 반응을 일으켰다.

아랍의 봄 봉기가 이집트에서 뿌리를 내리고, 페이스북의 인기가 대학 캠퍼스들 사이에 퍼져나가고, 트위터 가입자가 미국 내에서 팽창해간 것도 모두 이 방법을 통해서였다. 혁신 기술에서부터 혁명 운동에 이르기까지 새로운 사회 규범은 사회 군집 내에서 추진력을 얻어 티핑 포인트에 이를 때까지 팽창해나가는 방식으로 확산된다.

이것은 변화의 지속 가능성에 어떤 의미를 지닐까? 눈덩이 전략은 정말로 지속 가능한 기술에 관한 한 나라의 사회 규범을 바꿀 수 있을까?

2010년, 말라위 정부는 미국 경제학자 팀과 함께 그 답을 알아보기로 했다.

말라위 실험

아프리카의 소국 말라위는 아름다운 초원 고지대가 펼쳐진 동쪽의 탄자니아와 서쪽의 잠비아 사이에 끼여 있고, 남쪽에는 열대 내륙 숲이 울창하게 우거진 모잠비크가 있다. 북쪽에서 남쪽으로 갈수록 자연 경관은 울퉁불퉁한 산악 지형에서 나지막한 언덕들이 늘어선 지형으로 변하다가 남단에 이르러서는 저지대가 펼쳐진다. 남북 국경선의 약 3분의 2를 따라 구불구불 뻗어 있는 호수인 말라위호는 그 연안에 풍부한 경작지와 건강한 작물을 만들어낸다.

하지만 나머지 아프리카 대륙과 마찬가지로 말라위도 식량 부족이 여전히 큰 문제로 남아 있다. 1990년대부터 정부는 말라위 전역에 친환경 농법을 확산시키려고 애썼다. 말라위 농부들은 이랑 파종• 같은 전통적인 농법을 대대로 사용해왔다. 이랑 파종은 경작지를 이랑과 고랑으로 나눈 뒤, 고랑에는 물을 채우고 이랑 위에 한 줄로 작물을 심는 방법이다. 이 농법은 단기적으로는 효과가 있지만, 강수량이 적은 해에는 물을 충분히 담아둘 수 없고, 토양 침식과 연간 수확량 감소를 초래한다. 말라위 정부는 점점 수위를 높여가며 농부들에게 새로운 농법을 사용하라고 설득했다. 하지만 그것은 쉬운 일이 아니었다. 농부들의 사회 규범을 더 지속 가능한 기술을 받아들이도록 바꾸는 것은 말라위의 중요한 경제적, 사회적 과제 중 하나가 되었다.

같은 문제를 안고 있는 나라는 말라위뿐만이 아니다. 여러 아프리카 국가는 식량 생산량이 기존 농경지의 생산 잠재력을 훨씬 밑돈다. 2008년, 말라위는 생산성 간극이 가장 크게 벌어졌는데, 전통적인 농법으로 생산한 식량은 생산 잠재력의 20%에 불과했다. 이 문제를 해결하는 한 가지 방법은 혈식법穴植法, pit planting method인데, 이랑을 만들지 않고 그저 땅에 구멍을 뚫고 식물을 심는 방법이다. 구멍에는 식물뿐만 아니라 거름과 비료도 집어넣어 빗물을 효율적으로 사용하는 동시에 토양에 영양분을 공급할 수 있다. 놀랍도록 간단한 이 방법은 말라위의 식량 문제 해결에 도움을 줄 수 있다.

하지만 다른 사회 혁신과 마찬가지로 진짜 과제는 해결책을 개발하는 일이 아니라 사람들에게 그것을 사용하도록 설득하는 일이었

• 밭의 고랑 사이에 흙을 높게 올려서 두둑한 곳을 만들고 그 위에 씨를 뿌려 재배하는 방법.

다. 말라위의 마을들은 새로운 혈식법을 잘 받아들이지 않았다.

지속 가능하고 수확량을 늘릴 수 있는 혈식법을 확산시키려는 정부의 캠페인은 농부들이 자신의 부모와 조부모에게서 배운 전통적인 농법과 정면으로 충돌했다. 몇 년에 걸친 정부와 NGO가 후원하는 정보 캠페인과 농촌 지원 활동 노력에도 불구하고, 2009년에 혈식법을 사용한 말라위 농부는 전체의 1%도 안 되었다.

태양 전지판 설치를 고민한 독일의 주택 소유자들과 가정의 에너지 소비 관행을 평가한 캘리포니아주 주민들과 마찬가지로, 정보 캠페인과 정부의 지원 노력만으로는 충분치 않았다. 이 전략들로는 주변에서 어느 누구도 채택하지 않은 행동을 채택하라고 사람들을 설득할 수 없었다.

2010년, 노스웨스턴대학교의 경제학자 로리 비먼이 이끄는 야심만만한 과학자 팀이 이 문제에 **사회적 티핑 포인트** 접근법을 시험 적용해보기로 결정했다. 기본 개념은 우리가 앞서 했던 것과 동일한 사고 실험을 현실 세계 버전으로 바꾼 것이었다—이번에는 말라위 전국의 마을 200군데에서. 이들은 말라위 농업식품안전부와 협력해 4년에 걸쳐 사회적 티핑 포인트에 관한 전국 단위의 실험을 했다.

첫 번째 해에 비먼 팀은 각 가정을 방문해 설문 조사와 인터뷰를 했다. 그들은 주민들에게 마을에서 알고 지내고 신뢰하며 농사에 대해 함께 이야기를 나누는 사람들을 알려달라고 했다. 이렇게 해서 200개 마을(각 마을당 주민 수는 대략 200명)에 대해 각각의 소셜 네트워크를 분석하는 데 필요한 모든 동료 관계 데이터를 수집했다. 그것은 실로 방대한 노력이 필요한 작업이었다. 하지만 그 결과로 작성한 네트워크 다이어그램 덕분에 변화 촉진자를 선택하려고 할 때 표적으로 삼아야 할 정확한 네트워크 위치를 확인할 수 있었다.

두 번째 해에 그들은 말라위 정부와 협응해 소규모 농부 집단을 훈련시켜 각 마을에서 '변화 촉진자'로 활용했다. 각각의 변화 촉진자에게는 새로운 혈식법을 채택하는 데 필요한 자원과 훈련을 제공하고, 각자의 공동체에서 혈식법을 옹호하도록 권장했다.

비먼 팀은 200개 마을을 무작위로 네 집단으로 나누었다. 50개 마을로 이루어진 각 집단은 네 가지 티핑 전략 중 하나를 사용했다. 네 가지 전략은 산탄총 전략, 눈덩이 전략, 눈덩이 전략의 대안 버전(나는 이것을 **눈덩이 이웃 전략**snowball neighborhood strategy이라고 부른다), 말라위 정부가 기존에 사용하던 은제 탄환 전략이었다.

첫 번째 집단에서는 50개 마을 모두가 산탄총 전략을 사용했다. 무작위로 선택한 변화 촉진자들은 각 마을에서 광범위하게 분산돼 있었다.

두 번째 집단에서는 50개 마을 모두가 눈덩이 전략을 사용했다. 비먼 팀은 변화 촉진자들을 동일한 사회 군집에서 선발했다. 그래서 이들은 서로 연결돼 있었고 공동의 친구들이 있었다.

세 번째 집단에서 과학자들은 눈덩이 이웃 전략을 사용했다. 소셜 네트워크를 사용해 표적을 확인하는 대신에, 과학자들은 단 하나의 동일한 거주지에서 이웃으로 살아가는 사람들을 변화 촉진자로 선택했다. 각 마을에서 이웃들이 사는 부근 지역은 아주 넓어, 무작위로 표적으로 삼은 개인들이 사회적으로 연결돼 있을 가능성은 낮았다. 하지만 눈덩이 이웃 전략은 산탄총 전략에 비해 우연히 변화 촉진자 사회 군집을 만들 확률이 더 높았다. 게다가 만약 눈덩이 이웃 전략이 효과가 있다면, 미래에 눈덩이 전략을 사용하기가 훨씬 쉬울 것이다. 정책 입안자들은 소셜 네트워크 데이터를 수집하느라 소중한 시간을 낭비할 필요 없이, 단순히 동일한 거주지에서 살아가는 변화 촉진자들을 표적으로 삼으면 되었다.

네 번째 집단에서 과학자들은 은제 탄환 전략을 변형한 버전을 사용했다. 이것은 말라위 정부가 이미 사용하고 있던 지원 활동 캠페인에 기반을 둔 전략이었다. 정부는 각 마을에서 잘 알려진 '인플루언서'를 확인해 그들에게 혈식법을 홍보하는 변화 촉진자가 되어달라고 부탁했다. 이 전략은 말라위 정부가 이미 다른 곳에서 사용했기 때문에, 이 마지막 집단은 나머지 세 집단을 평가하는 척도가 되는 기준 집단 혹은 대조군 역할을 했다.

2011년부터 2013년까지 3년간 과학자들은 200개 마을을 일일이 방문해 혈식법 채택률을 평가했다. 그들은 두 가지 질문의 답을 얻으려고 노력했다. 첫째, 이 전략들 중 하나라도 농부들이 혈식법을 배울 것인지 말 것인지 결정하는 데 영향을 미치는가? 둘째, 이 전략들은 실제로 농부들 사이에서 혈식법을 채택하는 행동을 유발하는가?

맨 먼저 혈식법이 단순한 전염인지 복잡한 전염인지 아는 게 필요했다. 혈식법에 관한 정보를 한 명의 변화 촉진자로부터 듣는 것만으로 충분한가, 아니면 다수의 변화 촉진자와 접촉하는 게 필요한가?

첫 번째 해가 끝날 무렵, 새로운 농법이 복잡한 전염이라는 사실이 분명해졌다. 농부들이 새로운 농법을 기꺼이 배우려는 의지는 사회적 강화에 좌우되었다. **두 명 이상**의 변화 촉진자와 연결된 농부는 단 한 명의 변화 촉진자와 연결된 농부보다 혈식법이 무엇인지 알려고 하고 그것을 사용하는 법을 배울 가능성이 200% 이상 높았다.

두 번째 해가 끝날 무렵, 이 지식은 행동으로 옮겨졌다. **두 명 이상**의 변화 촉진자와 연결된 농부는 단 한 명의 변화 촉진자와 연결된 농부보다 혈식법을 **채택할** 가능성이 200% 이상 높았다.

이것은 각각의 티핑 전략에 어떤 의미를 지닐까?

연구가 끝날 무렵, 네 집단들 사이에서, 특히 이전에 혈식법을 전혀 몰랐던 마을들 사이에서 결과들의 서열이 분명하게 나타났다.

정부의 '인플루언서' 전략이 **꼴찌**를 차지했다. 혈식법에 관한 지식의 확산 면에서나 실제 채택률에서나 이 전략은 농부들이 이 혁신을 받아들이는 데 거의 아무 영향도 미치지 못했다.

3등은 산탄총 전략이었다. 이 마을들은 정부의 은제 탄환 전략을 사용한 대조군보다 아주 조금 더 나은 정도에 그쳤다.

2등은 눈덩이 이웃 전략이 차지했는데, 산탄총 전략을 사용한 마을에 비해 채택률이 50%나 높았다. 이것은 나은 결과라고 할 수 있지만, 사회 규범에 미친 최종적 영향은 무시할 만한 수준이었다.

1등은 나머지 전략들과 큰 격차를 보이며 눈덩이 전략이 차지했다. 물리적 근접성뿐만 아니라 네트워크의 구조에도 신경 쓴 눈덩이 전략은 산탄총 전략에 비해 거의 300%나 더 높은 채택률을 낳았다. 이 전략은 혈식법에 관한 지식도 훨씬 효율적으로 확산시켰다. 심지어 눈덩이 전략을 사용하는 마을들에서는 새로운 농법을 채택한 마을 사람들 외에도 다른 마을 집단에 비해 더 많은 농부들이 혈식법과 그것을 실행하는 법을 알았다.

아마도 말라위 실험에서 가장 놀라운 것은 동원된 변화 촉진자 수가 아닐까 싶다. 각 마을에서 동원한 변화 촉진자가 몇 명일 것 같은가? 한국을 대상으로 한 사고 실험에서 우리는 각 마을마다 변화 촉진자가 10명씩 있다고 상상했다.

말라위에서는 단 두 명만 있었다!

그렇게 적은 수의 변화 촉진자가 각 마을 집단에서 어떻게 그토록 놀라운 효과를 빚어낼 수 있었을까?

그 답은 사회적 중복성에 있다.

우리는 이름 게임 실험에서 **미아**가 확산될 때 똑같은 일이 일어나는 것을 봤다. 말라위 실험에서 눈덩이 전략은 공동의 접촉자들을 공유한 변화 촉진자들을 표적으로 삼았다. 이 접촉자들은 각자 자기 동료 중 두 명이 혈식법을 채택하는 것을 봤다. 그러자 이들은 새로운 농법을 배우고 싶은 마음이 더 강하게 생겨났다. 일단 동료의 농경지를 방문해 혈식법이 어떻게 행해지는지 보고 나면, 그것을 채택할 가능성이 더 높아졌다. 그다음에 일어난 일은 **미아**의 확산에서 일어난 일과 똑같았다. 혈식법을 채택한 농부들은 변화 촉진자들과 함께 같은 사회 군집 내의 나머지 농부들 사이에 새로운 농법의 신뢰성과 정당성을 높였다. 그러자 나머지 농부들도 혈식법을 사용하는 동료의 농경지를 방문해 혁신을 배우는 데 더 큰 관심을 보였다. 이것은 다시 그들이 혈식법을 채택할 가능성을 높였다.

이것이 바로 눈덩이의 힘이다. 아주 작은 사회적 강화가 훨씬 큰 것으로 성장할 수 있다. 그리고 강화가 커질수록 점점 더 빠르게 성장한다.

눈덩이 전략에서는 두 명의 변화 촉진자가 사회적 중복성을 만들어내는 데 필요한 절대적 최소 요건이다. 이 점에서 말라위에서 일어난 4년간의 실험은 눈덩이 전략이 지속 가능한 기술의 확산에 직접적 영향을 미치는지 여부를 알아보기 위한 실험 중에서 가장 인색한 실험이었다. 그리고 실험 결과는 긍정적으로 나타났다. 하지만 변화 촉진자를 더 많이 썼더라면, 이 전략은 사회적 강화 연쇄 반응을 유발하는 데 훨씬 큰 효과를 발휘했을 것이다.

산탄총 전략이나 은제 탄환 전략은 그렇지 않다.

이 두 전략의 기본 원리는 동일한데, 중복성보다 영향력 범위를 중시한다. 그 결과, 최대한 널리 분포한 변화 촉진자들을 선택한다. 복잡한 전염의 경우, 그로 인한 사회적 강화 부족과 대항 영향력의 지속적인 압력 때문에, 변화 촉진자가 두 명이건 10명이건 상관없이 이 티핑 전략들은 실패하고 만다.

이와는 대조적으로 **눈덩이 이웃** 전략은 변화 촉진자 수에 가장 민감하다. 동일한 지리적 지역에서 변화 촉진자를 더 많이 선택하면, 동일한 사회 군집에 속한 사람들을 무작위로 선택할 확률이 크게 높아진다. 따라서 표적으로 삼은 이웃들 사이에 사회적 강화가 뿌리내리도록 한 다음, 다른 사람들에게 퍼져나가게 할 수 있다.

눈덩이 전략과 눈덩이 이웃 전략 모두 변화 촉진자가 많다는 것은 사회적 강화가 더 크다는 것을 의미한다. 각 마을에 변화 촉진자가 두 명 대신 네 명이 있었다고 상상해보자. 임계 질량이 두 배나 커져 변화 촉진자들이 자신의 마을 네트워크에서 미치는 전체 영향력이 기하급수적으로 증가하게 된다. 혹은 변화 촉진자가 네 명 또는 10명이 있었다면 어떻게 될까? 각 마을에 더 큰 변화 촉진자 군집이 생길 뿐만 아니라 복수의 변화 촉진자 군집이 생겨날 것이다. 적절한 티핑 전략과 결합할 때 작은 변화 촉진자 집단이 얼마나 큰 효과를 발휘할지 생각해보는 것은 참 흥미롭다.

그 의미는 말라위를 벗어나 더 멀리까지 확장되어 적용된다. 예컨대 지속 가능한 기술을 유럽이나 미국에 확산시키는 것처럼 이 개념들을 적용할 수 있는 많은 방법을 상상할 수 있다.

하지만 말라위 마을들에서 얻은 결과가 실제로 현대화된 선진국 상황에도 적용될까? 미국의 공동체들에는 정교한 대중 매체 커뮤니케이션과 잘 조직되고 예산도 풍족한 정부와 기업의 지원 활동 계획들이 있다. 이런 차이 때문에 지속 가능한 기술을 확산시키기에 더 나은 전략이 있지 않을까?

놀랍게도 그렇지 않다. 사실, 미국 역사에서 지속 가능한 농법이 확산한 양상은 말라위에서 얻은 결과와 놀랍도록 비슷하다. 미국 역사에서 지속 가능한 농법에 일어난 가장 큰 변화 이야기 중 하나는 심지어 현대의 선진국에서도 사회적 티핑 전략이 얼마나 효과적인지 보여준다.

그것은 교잡종 옥수수에 관한 이야기이다.

미국에서는 1920년대에 교잡종 옥수수를 개발하고 홍보하는 데 수백만 달러를 쏟아부었다. 하지만 온갖 과학적 독창성과 마케팅 노력에도 불구하고(그리고 그 교잡종 옥수수가 절실히 필요했던 농부들의 바람에도 불구하고), 교잡종 옥수수는 처음에 완전한 실패를 경험했다.

완전한 실패로 끝날 뻔한 옥수수 혁명은 결국 20세기의 가장 성공적인 변화 캠페인 중 하나로 변했다. 흔히 일어나는 일처럼 교잡종 옥수수가 최종적으로 성공을 거둔 것은 우연의 결과였다. 그것은 소셜 네트워크에서 우연히 일어난 사건이었는데, 이 사건은 잘 홍보한 사회 혁신이 왜 실패하는지, 그리고 무엇이 그 성공을 도울 수 있는지에 대해 빛을 던져주었다.

이 이야기는 대공황 시절에 시작되었다. 1929년에 주식 시장이 붕괴한 뒤 온 나라가 2년 동안 경제 공황으로 빠져들었다. 1931년에는 전체 산업이 붕괴했다. 뉴욕과 시카고 같은 도시에서는 시장이 죽어가는 징후가 도처에서 분명히 드러났다. 중서부 농촌 지역에서는 농부들과 그 자녀들이 또 다른 방식으로 고통을 겪었는데, 끝없이 이어지는 혹독한 가뭄으로 모든 농경지가 말라붙었기 때문이다.

존 스타인벡의 유명한 소설 『분노의 포도』 첫 부분은 미국 농촌 사회에 닥친 환경 재앙을 생생하게 묘사한다. “자라나는 옥수수 위에서 날마다 뜨거운 햇볕이 내리쬐었고, 결국 기다란 초록색 이파리 가장자리를 따라 갈색 선이 점점 번져나갔다……. 땅 표면은 딱딱하게 굳어 얇고 단단한 껍질처럼 변했고, 하늘이 창백해지자 지상의 색도

창백하게 변해갔다. 붉은색 땅은 분홍색으로, 회색 땅은 하얀색으로."

그러고 나서 바람이 불어왔다. 농장과 가족과 미국인의 위대한 번영의 꿈을 휩쓸어가는 혹독한 바람이.

몇 년 안에 수백만 명이 집을 잃고 굶주림에 시달렸다. 팽창하는 더스트 볼Dust Bowl(가뭄과 먼지 폭풍, 제대로 관리되지 않은 윤작으로 발생한 미국 대초원의 거대한 토양 침식 지역)은 텍사스주와 오클라호마주에서 북쪽으로 캔자스주와 네브래스카주로 뻗어갔다. 농경지는 문자 그대로 바람에 쓸려가 버렸고, 치명적인 미세 먼지 입자는 숨 쉬는 모든 생명(가축과 농부와 아이)의 폐를 감염시켰다.

파괴 지역은 결국에는 네브래스카주에서 동쪽으로 퍼져갔다. 1930년대 중엽이 되자 아이오와주에서도 지평선에 먼지 그림자가 어른거렸다. 하지만 먼지가 도착하기 전인 1930년대 초에 아이오와주 농부들은 또 다른 문제로 고통을 겪었는데, 그 문제는 바로 옥수수였다.

그들이 수십 년 동안 재배한 옥수수 작물은 근친 교배를 거듭했다. 근친 교배의 수분 패턴 때문에 대대로 형제 식물의 유전자를 물려받은 옥수수 종자가 생겼다. 1920년대 중엽이 되자, 여기서 발생한 문제가 아주 심각해졌다. 부드러운 옥수숫대가 자라면서 구부러져 옥수수를 수확하기가 어려워졌다. 이 옥수수 품종은 질병에 잘 걸렸고, 기후 변화나 가뭄에 매우 취약했다. 많은 농부들은 연간 수확량 중 절반 이상을 그냥 버려야 했다. 이제 대공황의 여파가 서서히 밀려오는 가운데 이웃한 주들에서 가뭄과 토양 침식이 팽창하면서 점점 다가오는데, 농부들의 옥수수 수확량은 재앙에 가깝게 감소하고 있었다.

10년 전에 과학자들은 이 문제를 예견했다. 그래서 타화 수분과 비료를 사용해 다년간의 연구와 개발 끝에 새로운 옥수수 종자를 만들어냈다. 인위 선택의 원리를 바탕으로 계통이 서로 다른 식물들을 교배시켜 만든 이 새로운 세대의 옥수수 종자는 가뭄에 잘 견디는 성질이 있었다. 수확량도 많았고, 키가 크고 튼튼한 옥수숫대가 자라 수확하기에도 쉬웠다. 1927년, 몇 년간의 시험 끝에 마침내 교잡종 옥수수를 시장에 내보낼 준비가 끝났다. 아이오와주 농부들은 해결책을 목마르게 기다리고 있었다. 교잡종 옥수수가 바로 그 해결책이었다.

1929년부터 아이오와주에서 시작된 교잡종 옥수수 홍보 캠페인은 전통적인 매체 광고와 바이럴 마케팅의 모든 원리를 따랐다. 잦은 라디오 광고에 더해 방문 판매원이 농부들의 집을 일일이 찾아가 새로운 옥수수 종자의 장점을 설명하고 그것을 사용할 기회를 제공했다. 그 목표는 광범위한 시장 침투였다. 지금과 마찬가지로 그 당시에도 제품이 많이 노출될수록 채택률이 높아진다고 생각했다. 마케터가 던지는 그물이 더 넓을수록 혁신이 뿌리내릴 가능성이 더 높았다.

1931년까지 아이오와주 농부 중에서 60% 이상이 매체 광고와 그 지역의 영업 사원을 통해 교잡종 옥수수에 관한 정보를 접했다. 1933년이 되자 전체 농부 중 약 70%가 교잡종 옥수수에 관한 이야기를 들었다. 인지도 캠페인은 놀랍도록 큰 성공을 거두었다.

문제는 그것을 사는 사람이 아무도 없었다는 점이다. 1933년에 교잡종 옥수수를 채택한 농부는 전체의 1%도 안 되었다.

뭔가 크게 잘못된 것이 분명했다. 교잡종 옥수수는 큰 성공을 거둘 것처럼 보였다. 생산업체는 이 혁신이 농부들의 긴급한 문제를 해결할 것이라고 확신했다. 농부들에게는 교잡종 옥수수가 꼭 필요했다. 마케팅 부서들은 이 혁신을 홍보하느라 전력을 쏟아부었다. 가정방문, 팸플릿 배부, 매체 광고에 막대한 자원과 시간을 쏟아부은 이 캠페인은 시장에 전면적인 공격을 감행한 것이나 다름없었다.

하지만 그 모든 노력이 물거품이 되고 말았다. 도대체 농부들은 왜 교잡종 옥수수를 받아들이지 않은 것일까?

첫째, 교잡종 옥수수는 비쌌다. 표준 옥수수 종자를 다시 심으면 비용이 하나도 들지 않는데, 재배한 옥수수에서 종자를 얻으면 되기 때문이었다. 하지만 새로운 교잡종 옥수수 종자는 돈을 주고 구입해야 했는데, 그 가격이 결코 저렴하지 않았다. 그러지 않아도 농부들의 예산은 빠듯했다. 매년 농부들은 겨우 적자를 면하려고 아등바등하고 있었다. 교잡종 옥수수 종자를 사려고 빚을 지는 것은 큰 모험이었다.

둘째, 잘 알지 못하는 것에 대한 두려움이 있었다. 교잡종 옥수수 종자의 구입을 정당화하려면, 그 결과가 자신이나 이웃들이 이전에 경험한 것보다 크게 상회해야 했다. 하지만 그것은 기대하기 어려운 전망처럼 보였다.

그리고 더스트 볼의 그림자가 어른거리고 있었다. 곧 닥칠지도 모를 더 힘든 시기를 앞두고 농부들이 잘 모르는 종류의 옥수수 종자로 바꾸는 모험에 큰 경계심을 가진 것은 당연한 일이다. 아이러니하게도 교잡종 옥수수는 실제로는 표준 옥수수보다 더스트 볼 환경에 덜 취약했다. 팽창하는 가뭄은 교잡종 옥수수에 대한 농부들의 저항을 강화시키는 대신에 약화시켰을 것이다. 하지만 사회 규범에 흔히 일어나는 일처럼, 가치 있는 혁신을 채택해야 할 단순한 과학적 이유는 그것을 거부해야 할 복잡한 사회적 이유에 밀려나고 말았다.

불확실성이 이런 상황을 부추긴다. 사람은 두려움을 느끼면 알고 있던 것을 그대로 고수하려고 한다. 파산 위기에 내몰린 농부들에게 날로 악화하는 가뭄은 미지의 제품에 모험을 거는 대신에 오히려 기존의 방식을 고수해야 할 이유가 되었다.

경제적 이유 외에도 농부들이 새로운 혁신에 대해 잘 모르는 상황은 다른 종류의 저항을 낳았다.

농부들이 교잡종 옥수수를 거부한 세 번째 이유는 그것이 이상해 보인 데 있었다. 그 이삭은 보통 옥수수와 색이 달랐다. 낟알들이 완벽한 대칭의 줄들로 늘어선 것은 좋은 옥수수의 품질을 보증하는 특징인데, 교잡종 옥수수의 낟알들은 그렇지가 않았다. 그 당시 교잡종 옥수수의 확산을 연구한 사회학자들은 그 결과를 간결하게 다음과 같이 요약했다. "그 이삭의 겉모습은 농부들이 '이건 **진짜** 옥수수야!'라고 외칠 만한 종류의 것이 아니었다."

그 사회학자들은 연구 과정의 일부로 농부들을 인터뷰하면서 혁신적인 옥수수 종자를 거부하는 이유를 물어보았다.

한 농부는 "내겐 좋은 종자가 있어요. 그런데 굳이 바꿀 이유가 있습니까?"라고 대답했다.

또 다른 농부는 "사람들은 새로운 것을 당장 써보려고 하지 않지요"라고 말했다.

교잡종 옥수수 채택에 대한 저항은 온갖 종류의 표준적 형태로 나타났는데, 마케터의 주장에 대한 의심과 새로운 것의 사용에 대한 거부감 등이 나타났다. 그리고 물론 사회적 확인을 기다리는 것도 있었다. 가장 많이 나온 응답 중 하나는 "이웃이 먼저 사용할 때까지 기다려보려고요"였다.

하지만 문제는 이웃들도 그것을 사용해보려고 하지 않는다는 사실이었다. 이것이 마지막 장애물이었다. 우리는 앞에서 똑같은 상황을 이미 여러 번 보았는데, 또다시 대항 영향력 문제가 나타난 것이다. 인지도 캠페인이 성공할수록, 만약 주변에 그 혁신을 채택하는 사람이 아무도 없으면 그 사실이 더욱 크게 부각된다.

농부들은 동료들이 자신을 어떻게 볼지 염려했을 것이다. 특히 동료들이 자신이 내린 판단의 질과 투자의 건전성을 어떻게 평가할지 염려했을 것이다. 특별히 어려운 시기에 농부들은 은행과 상점과 동료 농부들에 의존해 신용 거래를 유지하면서 나머지 모든 사람들과 함께 힘겹게 살아갔다. 만약 나머지 사람들이 거부한 혁신에 모험을 걸었다가 실패한다면, 그는 그저 불운한 사람으로 보이는 데 그치지 않을 것이다. 어리석고 잘 속아 넘어가고 무능한 사람으로 비칠 것이다. 그리고 무능하다는 평판을 얻으면 단지 개인적으로 창피를 당하는 데 그치지 않고 경제적으로도 치명상을 입을 수 있는데, 어려운 상황에 처한 산업에서는 특히 그렇다. 평판은 미래의 대출, 신용 한도, 궁극적으로는 매출에도 영향을 미칠 수 있다. 옥수수 수확량은 해마다 달라질 수 있지만, 평판은 오래간다.

농부들은 이러한 영향들은 깊이 고려하지 않았다. 그래도 농부들은 자신의 결정을 정당화할 필요가 있었다. 자기 집의 에너지 소비를 합리화한 캘리포니아주의 주택 소유자들이나 태양 전지판을 설치하지 않은 행동을 정당화한 독일 시민처럼 아이오와주 농부들은 교잡종 옥수수를 채택하지 않은 이유를 그럴듯하게 만들어냈다. 농부들의 공동체에서는 새로운 종자에 뭔가 문제가 있을 것이라는 추측이 나돌았다. 교잡종 옥수수가 소비에 적합한 크기나 모양이 아니고 가축 사료로 사용하기에도 너무 딱딱하다는 소문이 퍼졌다. 농부들은 그것이 지력을 손상시키거나 '너무 딱딱해' 정상적인 용도로 쓸 수 없다는 데 의견을 같이했다. 이 소문들은 광고 캠페인이 표적으로 삼은 것과 동일한 입소문 네트워크를 통해 금방 퍼졌다.

결국 단순한 전염으로 살아남은 마케팅 전략은 단순한 전염에 의해 죽었다. 농부들의 소문에 대항해 새로운 과학적 증거를 확산시키려고 한 마케터들의 노력은 뭔가 문제가 있다는 농부들의 의심만 키웠다. 교잡종 옥수수에 대한 소문은 환상적일 정도로 널리 퍼졌지만, 그것을 의심하는 소문 역시 그러했다.

1934년에 이르러 교잡종 옥수수를 홍보하던 회사들은 거의 다 포기하고 말았다. 마케팅 예산이 고갈되었는데도 혁신적인 종자 채택률은 거의 0에 가까웠다. 그들은 농부들을 남겨둔 채 아이오와주를 떠날 준비를 했다.

그때, 예상치 못한 일이 일어났다.

아이오와주의 과감한 얼리 어답터 집단이 사회적 혁신 군집을 만들었다. 그 당시 그것을 지켜본 사회학자들은 그것을 '공동체 실험실community laboratory'이라고 불렀다. 이곳에서 농부들은 서로 지원을 받고 비채택자들의 대항 영향력으로부터 어느 정도 보호를 받으면서 새로운 옥수수를 시험 재배할 수 있었다. 이 얼리 어답터 농부들이 그들의 소셜 네트워크에서 변화 촉진자가 되었다. 이들은 사실상 혁신의 확산을 위한 '씨앗'이었다.

일단 이 아이오와주 농부 군집 사이에서 교잡종 옥수수가 뿌리를 내리자, 처음에 혁신에 **저항**하게 만들었던 이유가 그것을 **채택**하게 만드는 가장 강력한 이유가 되었다. 교잡종 옥수수를 채택한 이웃이 성공하는 것을 농부들이 보면서 혁신의 신뢰성이 높아졌다. 이러한 사회적 확인이 일어나자, 새로운 옥수수 종자에 치르는 비용이 큰 모험으로 보이지 않게 되었다. 채택하는 이웃이 많아질수록 새로운 옥수수의 정당성이 커졌다. 옥수수의 이상한 모양과 그것을 채택한 농부가 소문과 추측의 대상이 되는 일이 줄어들었다. 사회 규범이 변하기 시작했다. 교잡종 옥수수는 가뭄을 극복하려고 애쓰던 농부들 사이에서 점점 더 많이 받아들여지는 혁신으로 자리 잡았다.

그것은 사회 변환이었다. 교잡종 옥수수 쪽으로 흐름을 바꾼 비밀 요소는 가격도 마케팅 캠페인도 아니었다. 그것은 바로 사회 규범에 티핑 포인트를 촉발한 얼리 어답터들의 네트워크였다. 교잡종 옥수수는 절망적인 실패(1933년에는 아이오와주 전체 농부 중 겨우 1%만이 채택했다)에서 유례없는 성공으로 변했는데, 아이오와주 전체 농부 중 98%가 채택했다.

그리고 교잡종 옥수수의 성공은 거기서 끝나지 않았다. 일단 아이오와주에서 뿌리를 내리자, 곧 사방으로 확산되기 시작해 전국적으로 100% 시장 포화 상태에 이르렀다.

교잡종 옥수수는 새로운 규범이 되었다.

1000개의 지붕 전략

독일로 돌아가 태양 에너지 캠페인을 다시 살펴보자. 1990년 당시 독일은 재생 에너지 목표에 한참 미달한 상태였다. 국가 지도자들은 사람들의 맹점을 피해 전국적 태양 에너지 계획에 시동을 걸 방법을 찾아야 했다.

하지만 그들은 고전적인 티핑 포인트 문제에 발목이 잡혔다. 독일은 모두가 원하는 변화를 기다렸지만, 그것은 결코 임계 질량에 이르지 못할 것처럼 보였다.

그러다가 독일 정부는 이 역설을 해결할 교묘한 방법을 생각해냈다. 이 계획에는 '1000개의 지붕'이라는 이름이 붙었다. 불과 몇 년 만에 정부는 전국에서 2000가구 이상의 지붕 위에 태양 전지판을 설치하고 그것을 전력망에 연결하는 작업을 감독했다. 독일의 가구 수가 약 4000만이나 된다는 사실을 감안하면, 그것은 아주 큰 물통에 떨어지는 한 방울의 물에 지나지 않았다. 하지만 이제 당신도 짐작하겠지만, 독일에서 재생 에너지의 미래를 좌우할 중요한 변수는 표적으로 삼은 가구 수가 아니라, 소셜 네트워크 내에서 이 가구들이 무리를 지어 배치된 방식이었다.

텍사스주와 코네티컷주, 캘리포니아주에서 태양 전지판을 설치한 가구들을 조사한 결과에 따르면, 동료의 영향 효과가 놀랍도록 국지화되어 있다는 사실이 드러났다. 사람들이 인접한 이웃들로부터 사회적 강화를 많이 받을수록 태양 에너지 기술이 채택되고 거리에서 거리로 확산될 가능성이 더 높아졌다. 독일 정부는 그 계획을 고안할 때 눈덩이 전략을 염두에 두지 않았지만, 그 계획의 기본 개념은 바로 눈덩이 전략이었다. 만약 충분히 많은 이웃이 태양 전지판을 설치한다면, 사람들이 태양 전지판을 수용하는 태도에 큰 변화를 유발할 수 있을 것이라고 생각했다.

2016년에 독일에서 태양 에너지의 확산 상태를 조사한 연구는 이 계획의 성과를 보고했다. 얼리 어답터들이 임계 질량에 도달한 지역에서는 전체 지역이 태양 전지판 설치 밀도가 아주 높은 곳으로 성장해갔다. 이웃들 사이에 강화된 사회적 기대가 얼리 어답터의 이웃을, 그리고 이웃의 이웃을 자극해 태양 전지판을 설치하게 했다. 여기서 중요한 것은 이 사회적 강화 효과가 표적으로 삼은 공동체들에만 국한되지 않았다는 점이다. 이 사회적 협응 효과는 주 경계와 심지어 국경선을 넘어 흩어져 있는 공동체들 사이의 넓은 가교를 통해 한 공동체에서 다음 공동체로 흘러갔다. 태양 에너지의 성장을 낳은 열쇠는 시민이 사는 특정 지방들이나 주들 사이의 사회적 강화가 아니라 공동체들 사이의 사회적 강화였는데, 이것은 태양 에너지를 수용하는 태도를 보인 이웃에서 주변의 다른 이웃들로 퍼져나가게 했다.

1992년부터 2009년까지 독일에서 태양 전지판을 설치한 가정은 2000가구에서 57만 6000가구 이상으로 늘어났다. 2016년에 독일의 1인당 태양 에너지 생산량은 세계 1위를 기록했다. 독일 정부는 태양 에너지의 이점을 홍보하느라 열심히 노력했다. 그들은 관련 생산업체에 새로운 태양 에너지 기술을 개발할 동기를 부여하는 인센티브 제도를 도입했다(한편으로 각 가정에도 태양 전지판 구입을 촉진하기 위해 인센티브를 제공했다).

하지만 독일의 성공은 이러한 인센티브 제도와 정보 캠페인만으로 이루어진 게 아니다. 2016년에 독일의 성공적인 계획을 분석한 연구에서는 전국적 규모의 변화가 빠르게 일어나려면 이웃 사이의 사회적 영향력이 필수적이라는 사실이 드러났다. 사회적 강화의 지역적 확산(사람들이 사는 특정 블록과 거리 수준까지)은 전국적인 태양 에너지 전환을 낳도록 독일의 사회 규범을 바꾸는 데 결정적 역할을 했다.

지난 몇 년 동안 다른 나라들에서 성공한 대체 에너지 채택 캠페인을 분석한 연구들에서는 이와 동일한 눈덩이 동역학이 작용했다는 사실이 드러났다. 영국에서는 증가한 태양 에너지 생산량 중 상당 부분이 이웃 효과로 설명되었다. 이웃 사이의 사회적 영향력은 태양 전지판 설치 가구 수뿐만 아니라 설치 속도도 증가시켰다. 이와 비슷하게 독일의 뒤를 따라 일본 정부는 '7만 개의 지붕' 계획을 추진하고 나섰다. 2014년에 일본의 태양 에너지 채택을 분석한 연구는 동일한 이웃 효과가 작용했다는 사실을 발견했다. 일본 주민의 태양 에너지 채택 여부를 알려주는 가장 강한 예측 인자는 정보 접근성이나 인센티브가 아니라, 태양 전지판을 이미 설치한 이웃의 수였다.

이 성공적인 계획들이 약속하는 것은 지속 가능성을 넘어 멀리까지 뻗어 있다. 이 결과는 백신 접종과 유권자 투표율, 경제 개발 등을 촉진하는 사회 정책에 영향을 미치는데, 이 모든 것은 전국적 차원에서 이웃 사이에 확립된 규범에 영향을 받는다.

독일 사례는 전환적 변화를 만들어내는 데 눈덩이 이웃 전략이 효과적일 수 있음을 보여준다. 하지만 이 전략의 성공을 좌우하는 중요한 요소가 두 가지 있다.

첫째, 작은 이웃 지역(특정 거리나 블록)에 채택자가 충분히 있어야 한다. 그래야 채택자의 이웃이 새로운 행동에 협응해야겠다는 압력을 느낀다. 둘째, 두 세대 전에 지붕 위의 텔레비전 안테나가, 그리고 현 세대에서 파란색 재활용 분리수거함이 그랬던 것처럼 그 행동이 눈에 띄어야 한다. 이 전략이 효과를 발휘하려면, 사람들이 새로운 규범을 채택할 때 이웃들이 그것을 볼 수 있어야 한다.

눈덩이 이웃 전략은 가정용 태양 에너지를 확산시키는 데 이상적이다. 공동체 내에서 자기 집 지붕 위에 태양 전지판을 설치한 사람이 많을수록 그러지 않은 이웃이 더 눈에 띄게 된다. 각 블록에서 태양 전지판을 설치한 가구 수가 증가할수록 설치하지 않은 주민은 공동체 내에서 변해가는 사회적 기대를 점점 더 크게 의식하게 된다.

바로 이 방법으로 독일뿐만 아니라 유럽 전역에서 태양 에너지를 확산시키는 데 성공했다(아래 지도는 1인당 태양 에너지 생산량이 최소한 0.1와트 이상인 나라들에서 1992년부터 2014년까지 태양 에너지를 생산하는 가구가 증가한 양상을 보여준다).

60쪽 지도를 다시 들여다보면, 유럽에서 태양 전지판 설치가 확산한 양상이 6세기 전에 흑사병이 확산된 양상과 놀랍도록 비슷하다

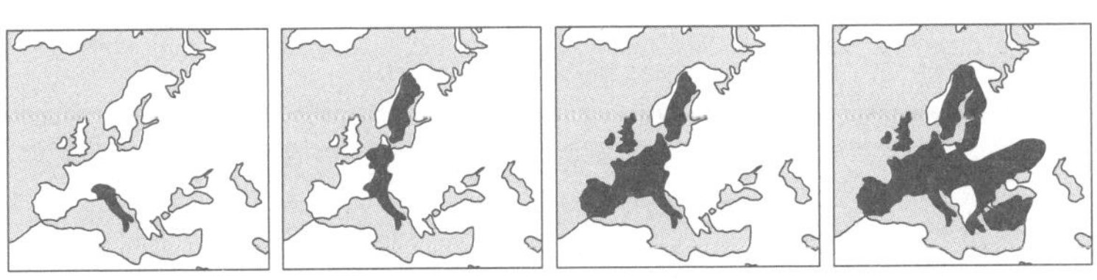

1992~2014년 사이에 태양 전지판을 채택한 가구의 확산 양상

는 사실을 알 수 있다. 아직도 어떤 것이 이런 식으로 확산된다는 사실이 믿기 어려울 수 있다. 흑사병이 지리적으로 확산된 것은 그 당시에는 멀리까지 뻗어 있는 약한 유대가 전혀 없어 그것을 활용할 수 없었기 때문이다. 코로나19는 이런 제약이 없어서 놀라운 속도로 전 세계로 뻗어갈 수 있었다.

하지만 이것들은 단순한 전염이다.

복잡한 전염의 경우, 21세기가 된 뒤에도 혁신은 여전히 사람들의 가까운 소셜 네트워크 내에서 강화됨으로써 정당성과 신뢰성, 사회적 통화 가치를 얻는다. 유럽 국가들은 태양 에너지를 촉진하는 정책을 개발하려고 애썼다. 하지만 그런 정책만으로는 변화를 유발할 수 없었다. 특히 가정용 태양 에너지 같은 기술의 경우, 광범위한 수용을 유발하기에 가장 효과적인 방법은 사람들이 거주하는 공동체 내에서 사회 규범을 확산시키는 것이었다.

4부

부조화와 붕괴와 혁신의 발견

11장

혁신의 최적화

복잡한 전염의 과학은 더 훌륭하고 창조적인 팀을 설계하는 방법에 대해 무엇을 알려줄까? 다음번 위대한 혁신의 발견을 가속화하려면 조직의 구조를 어떻게 설계해야 할까?

이 새로운 과학이 최근에 성장하면서 확산되자, 다양한 분야의 전문가들과 지도자들이 새로운 형태의 혁신을 촉진하기 위해 사회적 학습의 네트워크 동역학을 활용하는 법을 배우려고 했다. 기술적 해결책을 찾는 공학자들, 획기적인 치료법을 찾는 의학 연구자들과 현장 의사들, 다음번의 위대한 소리를 발명하려고 애쓰는 음악가들, 새로운 제품을 개발하는 기업들까지. 모두가 혁신적 접근법과 기회를 발견하기 위해 동료들과 협력자들의 네트워크에 의존한다. 이번 장에서는 앞에서 설명한 개념들—가교의 폭, 관련성, 강화, 사회 군집화—

을 사용해 온갖 종류의 조직에서 창조성과 혁신을 증진시키는 방법을 설명한다.

〈해밀턴〉이 보여준 마술

2015년에 브로드웨이에 등장한 〈해밀턴Hamilton〉은 즉각 게임 체인저가 되었다. 불과 몇 주 만에 이 새로운 뮤지컬은 한 세대 전체에 걸쳐 이 예술의 형태를 재정의했다고 평가받았다. 오바마 대통령과 여러 나라의 국가수반, 산업계 지도자, 유럽의 왕족들이 역사가 눈앞에 펼쳐지는 장면을 직접 보려고 작은 극장인 리처드로저스극장을 찾았다. 실망한 사람은 아무도 없었다.

〈해밀턴〉의 기본 개념은 도저히 실현하기 불가능할 것처럼 보인다. 이것은 미국 건국의 아버지들 이야기를, 흔히 간과되는 인물인 알렉산더 해밀턴에 초점을 맞춰 랩을 기반으로 펼쳐나가는 뮤지컬이다. 〈해밀턴〉은 해밀턴의 연애 이야기에서부터 그가 구상한 미국 재무부의 개념적 모형에 이르기까지 모든 것을 들려준다. 노예 소유주로 유명한 조지 워싱턴과 토머스 제퍼슨을 포함해 모든 주요 인물의 역은 유색인이 맡았다. 이 이야기는 열성적이고 영웅적인 해밀턴을 돋보이게 하기 위해 미국에서 존경받는 위인인 토머스 제퍼슨을 떠돌아다니는 플레이보이로 묘사함으로써 역사학자를 비롯해 많은 학자의 신경을 건드렸다. 한마디로 말해서 〈해밀턴〉은 불경스러운 작품이었다.

불경스러움은 유명한 역사적 논쟁을 묘사한 방식에서 특히 두드러졌다. 많은 미국인들이 고등학교나 대학교의 역사 수업에서 이 논쟁들을 들은 기억이 있을 것이다. 연방주의와 과세와 금융 규제를 놓고 제퍼슨과 워싱턴, 해밀턴, 매디슨을 비롯해 그 밖의 많은 사람들 사이에서 끝없는 논쟁이 벌어졌다.

이것들 중 어느 것 하나라도 새롭거나 재미있게 만들 방법이 있을까?

〈해밀턴〉에서 건국의 아버지들은 랩 배틀을 벌임으로써 미국 민주주의의 운명을 놓고 장황한 논쟁을 벌인다. 카니예 웨스트와 에미넴이 영국이 부과한 새 과세 규정에 어떻게 대응해야 하는지를 놓고 랩 배틀을 벌이는 장면을 상상해보라. 상상하기 어렵다고? 그렇다면 각 정치적 인물(제퍼슨, 워싱턴, 해밀턴, 매디슨)의 독특한 지략과 지성을 각자의 특유한 노래 스타일과 리듬으로 표현한다고 상상해보라.

제퍼슨과 해밀턴이 대결을 펼치면서 템포가 빨라진다. 동료들이 이들을 빙 둘러싼 채 위대한 역사적 인물들을 응원하고 조롱하면서 공격과 반격이 일어날 때마다 그 효과를 증폭시킨다. 제퍼슨이 먼저 단순하게 각운을 맞춘 노래를 표준적인 4분의 4박자로 부르면서 공격을 한다(미국의 힙합 그룹 런 DMC를 상상해보라). 해밀턴은 청중을 즐겁게 하는 두운과 중의적 표현을 사용하고 아주 거친 16분의 3박자로 거장의 솜씨를 뽐내며 노래를 펼쳐 대결을 고조시킨다. 주변을 에워싸고 조롱을 던지던 동료들은 경외감에 사로잡혀 일순간 침묵에 빠진다.

《뉴욕타임스》의 연극 평론가 벤 브랜틀리는 "이 시점에서 〈해밀턴〉이 마침내 과대 선전의 정점 아래로 가라앉았다고 보고할 수 있다면 무척 다행일 것이다"라고 평했다.

그러고 나서 조금도 망설이지 않고 "그렇다. 이 작품은 그만큼 정말로 훌륭하다"라고 인정했다.

〈해밀턴〉은 브로드웨이에서 공연하는 동안 매회 표가 매진되었고, 토니상 후보에 16회나 오르는 전무후무한 기록을 세웠다. 또한 퓰리처상도 수상했다.

모두가 그 답을 알고 싶어 하는 질문은 이것이다. "이런 종류의 혁신은 어디에서 나오는가? 어떻게 하면 그것을 재현할 수 있을까?"

브로드웨이가 조화를 이루는 방식

브로드웨이가 세계적인 명성을 얻게 된 이야기는 혁신의 과학이 작용하는 방식에 관한 이야기이기도 한데, 이 모든 것은 뮤지컬 〈오클라호마!Oklahoma!〉에서 시작되었다.

1943년, 리처드 로저스와 오스카 해머스타인 2세의 대히트작이 현대적인 뮤지컬 시대를 열었다. 〈오클라호마!〉는 이 업계 역사상 가장 큰 성공을 거두었다. 그런데 로저스와 해머스타인은 이제 막 첫걸음을 뗀 것에 지나지 않았다.

다음 작품인 〈회전목마Carousel〉는 플롯 장치와 노래, 대사를 함께 엮는 방식을 재해석함으로써 이 장르를 재창조했다. 〈회전목마〉는 〈오클라호마!〉보다 더 큰 성공을 거두었고, 《타임》은 "20세기 최고의 뮤지컬"이라는 찬사를 보냈다.

두 사람은 계속해서 주옥같은 뮤지컬을 제작했다. 그다음에는 〈사운드 오브 뮤직The Sound of Music〉이, 뒤이어 〈남태평양South Pacific〉이 나왔는데, 〈남태평양〉은 그 영향력이 브로드웨이 밖까지 멀리 미쳐 1950년에 연극 부문 퓰리처상을 수상했고, 데뷔한 해에 300만 달러(1950년 당시로서는 아주 큰 금액)의 수입을 올렸다.

브로드웨이에서 성공을 가늠하는 척도는 두 가지가 있다. 첫 번째는 쇼 자체가 중요한 성공이냐 하는 것이다. 노래가 혁신적인가? 스토리에 강렬한 매력이 있는가? 작품이 그 장르를 한 단계 더 높이는가, 혹은 중요한 사회적, 실존적 주제에 새로운 통찰을 제공하는가? 중요한 성공은 토니상의 형태로, 그리고 가끔 드물게 퓰리처상의 형태로 나타난다.

두 번째는 상업적 성공이다. 간단히 말해서, 쇼가 돈을 많이 벌어다주는가?

물론 이 두 가지 척도가 항상 양립하는 것은 아니다. 하지만 브로드웨이 쇼가 정말로 히트작으로 인정받으려면 두 가지를 다 충족해야 한다. 혁신의 진정한 힘(브로드웨이나 이사회에서)은 상업적으로 성공할 수 있는 아주 새로운 것을 만드는 데 있다.

브로드웨이 뮤지컬 세계에는 유명한 히트작이 조금 있는 반면, 잘 알려지지 않은 실패작은 수백 편이나 있다. 많은 사람들은 〈해밀턴〉, 〈라이언 킹〉, 〈시카고〉, 〈코러스 라인〉 같은 히트작을 잘 안다. 실패작은 대다수 사람들이 들어보지도 못했지만, 그 수는 히트작보다 훨씬 많다. 실패작들은 흥행 실패에도 불구하고 브로드웨이에서 상연하기에 모자람이 없을 만큼 최고의 배우들, 유력 후원자, 충분히 흥미로운 노래와 플롯 장치를 갖추고 있다.

어떤 작품을 브로드웨이에 올리려면, 많은 사람들이 그 작품이 성공할 것이라고 믿어야 한다. 사실, 브로드웨이에서 처음 공연을 시작할 때에는 히트작과 실패작을 구별할 수 없다. 둘 다 성공에 필요한 핵심 요소를 모두 갖추고 있다.

이를 감안하면, 실패와 성공 사이의 간극이 그토록 크다는 사실은 충격적이다. 브로드웨이의 대히트작 중 하나인 〈라이언 킹〉은 20년 이상 공연을 계속하고 있으며, 그동안 15억 달러 이상의 수입을 올렸다. 이와는 대조적으로 사실상 현대 뮤지컬이란 장르를 만든 로저스와 해머스타인이 손을 잡은 전설적인 뮤지컬 팀이 〈남태평양〉 뒤에 내놓은 〈파이프 드림Pipe Dream〉은 공연 횟수가 250회를 넘기지 못했고, 수입 역시 제작비도 건지지 못할 정도로 저조했다.

마케터들과 학자들은 수십 년 동안 소수의 히트작과 수많은 실패작을 가르는 핵심 요소가 무엇인지 알아내려고 애썼다. 오랫동안 이 질문에 대한 답은 알 수 없는 것처럼 보였다.

하지만 시대가 변했다.

2000년대 초에 사회학자 브라이언 우지와 재럿 스피로는 브로드웨이에서 창조적 성공을 보장하는 핵심 특징들을 확인하기 위해 네트워크과학의 분석 전략을 이리저리 바꾸어 적용하면서 몇 년을 보냈다. 이들의 획기적인 연구는 창조성의 과학에 새롭고 놀라운 통찰력을 일부 제공했다.

이들은 개별 아티스트가 브로드웨이에서 창조적 성공을 결정하는 요소가 아니라는 사실을 발견했다. 특정 노래나 화려한 색, 의상,

심지어 주제도 아니었다. 히트작은 쇼 뒤에서 협력하는 팀들 사이의 특별한 동역학에서 나왔다. 성공적인 작품은 재능 있는 사람들이 이전의 협력에서 배운 보편적인 교훈들을 현재 작품에서 함께 만들어낸 새 개념들과 조화를 이루는 데 성공할 때 나왔다. 성공적인 혁신은 협응을 창조성과 조화시키는 소셜 네트워크에서 나온다.

브로드웨이 뮤지컬의 기묘한 역사는 이 성공적인 네트워크의 모습이 정확히 어떤 것인지 들여다볼 수 있는 드문 기회를 제공한다.

뉴욕증권거래소에서 판매되는 상품들의 가격과 마찬가지로 브로드웨이에서 성공적인 혁신의 실적은 아주 자세하게 기록되었다.

1943년에 로저스와 해머스타인의 획기적인 작품이 나오기 전에도 브로드웨이에서 뮤지컬 작품은 자주 나왔지만, 독창성이 아주 뛰어난 것은 없었다. 이 장르는 비상한 관심이나 상업적 관심을 크게 끌지 못했다. 〈오클라호마!〉는 이 모든 것을 바꾸어놓았다. 이 작품은 예술적, 상업적 성공의 새 물결을 일으켰을 뿐만 아니라 새로운 협력의 시대를 낳았다. 브로드웨이 뮤지컬은 1940년대와 1950년대 그리고 1960년대까지도 호시절을 누렸다. 히트작이 연이어 나왔다.

승승장구하던 이 물결은 결국 1960년대 말에 내리막으로 돌아섰고, 히트작이 아주 드문 시기가 한참 동안 이어졌다. 브로드웨이 뮤지컬의 전성기는 이제 끝났고, 이 산업은 이대로 완전히 무너질 것처럼 보였다. 그런데 예상치 못한 재공연 작품들이 이 산업에 새 생명을 불어넣었다. 1970년대 후반과 1980년대에 〈코러스 라인〉, 〈애니Annie〉, 〈캐츠Cats〉, 〈레미제라블Les Misérables〉, 〈오페라의 유령Phantom of the Opera〉 같은 대히트작이 뮤지컬 장르를 새로 정립했는데, 그중

〈오페라의 유령〉은 브로드웨이 역사상 가장 인기 있는 뮤지컬로 등극했다(공연 횟수가 1만 3000회를 넘어섰으며, 지금도 계속 증가하고 있다).

하지만 왜 그랬을까? 브로드웨이의 혁신이 겪은 이 역사적 전성기와 침체기 뒤에는 어떤 이야기가 숨어 있을까? 이 질문의 답을 제공하는 통찰은 예상치 못한 곳에서 나온다. 그것은 이 산업 내부에서 일어난 소셜 네트워크의 변화 패턴을 자세히 분석한 데에서 나왔다.

과학이나 공학 분야의 혁신적 노력과 마찬가지로 예술 분야의 혁신도 상호 보완적 재능을 가진 사람들로 이루어진 팀들에서 나오는 경우가 많다. 뮤지컬을 만드는 기본 공식은 잘 알려져 있다. 음악을 만드는 작곡가와 가사를 쓰는 작사가, 스토리의 플롯을 쓰는 대본 작가, 춤의 형태를 짜는 안무가, 팀의 비전을 배우들에게 전달하는 감독, 그리고 마지막으로 비용을 대는 제작자가 필요하다. 대다수 팀은 각 역할당 한 명씩 배정되지만, 팀의 크기는 유동적이다. 브로드웨이 뮤지컬을 제작하는 전형적인 팀의 크기는 5~9명이다. 소셜 네트워크의 용어를 빌려 표현한다면, 하나의 팀은 내가 '사회 군집social cluster'이라 부르는 것에 해당한다.

여기서 당연히 떠오르는 질문은 성공적인 팀을 만드는 특징이 어떤 것이냐 하는 것이다. 팀의 크기가 성공을 좌우할까? 그렇지 않다. 팀의 특정 조합도 아니다. 모든 작곡가와 감독과 안무가는 각자 나름의 히트작과 실패작이 많다. 성공을 **예측하는** 특징은 더 큰 브로드웨이의 창조적인 전문가 네트워크와 팀이 연결된 방식이다.

브로드웨이에서 혁신이 절정에 이르렀던 시기에는 산업 협력 네트워크가 넓은 가교를 통해 긴밀하게 연결된 팀들로 이루어져 있었다. 그것은 인간 게놈 프로젝트에 참여한 국제 연구 센터들 사이에서, 그리고 개방형 혁신이 일어나던 최전성기에 실리콘밸리 기업들 사이에서 작동한 네트워크 패턴을 닮았다. 이 모든 환경에서 창조성은, 팀들 사이에 지식의 전달을 가능케 해 혁신의 폭발을 낳은 전염 인프라를 통해 유지되었다.

하지만 브로드웨이가 항상 그랬던 것은 아니다. 1940년대의 전성기 이전에는 브로드웨이의 네트워크 패턴은 불꽃놀이 패턴의 촘촘한 거미줄과 비슷했다. 모든 사람이 나머지 모든 사람과 함께 일했다. 사회 군집들은 그다지 두드러지지 않았다. 산업 내에서 다양성도 크지 않았다. 소수의 강한 개성과 지배적인 주제가 모든 팀을 압도했다. 작품들은 대체로 표준 공식을 따랐는데, 남자가 여자를 만나는 익숙한 플롯을 사용하고 쇼 중간에 사랑에 초점을 맞춘 주제곡을 집어넣는 식이었다. 그 당시 브로드웨이에는 뛰어난 재능을 지닌 사람들(로저스, 해머스타인, 거슈윈, 포터를 비롯해 많은 사람들이 열심히 일하고 있었다)이 넘쳐났는데도 불구하고, 〈쇼 보트Show Boat〉 같은 히트작은 놀랍도록 드물었다. 전체 쇼 중 90%는 실패작이었다.

1930년대의 아이오와주에서 교잡종 옥수수를 확산시키기 어려웠던 것과 같은 이유로 1930년대의 브로드웨이에서는 혁신을 추진하기가 어려웠다. 표준 공식은 그럭저럭 괜찮은 실적을 낳았다. 모든 사람은 현상現狀을 선호하는 대항 영향력에 둘러싸여 있었다. 새로운 아이디어가 있는 사람들은 흔히 무시당하거나 기존 방식에 동조하도록 강요받았다.

1940년대에 들어 상황이 확 바뀌었다. 급속한 경제 성장과 사회적 이동 능력 증가로 브로드웨이 쇼를 보러 오는 청중이 크게 늘어났다. 그와 동시에 제2차 세계대전 때 브로드웨이는 재능 있는 예술가를 많이 잃는 바람에 진공 상태가 되었는데, 그 덕분에 새로운 피가 뉴욕시의 창조적 무대로 몰려왔다. 브로드웨이 공동체 내의 소셜 네트워크가 다양해지기 시작했다. 독특한 군집들이 생겨나기 시작했고, 거기서 새로운 예술 양식들이 나타났다. 브로드웨이에 전염 인프라가 발전했다. 사회 군집들은 창조적 다양성을 유지했고, 팀들 사이의 연결 덕분에 경험 많은 예술가와 신참자는 혁신하려는 노력을 협응할 수 있었다. 새로 생겨난 넓은 가교들은 이전에는 함께 일한 적이 없었던 사람들에게서 나온 아이디어를 결합시켰다. 브로드웨이의 새로운 소셜 네트워크라는 창조적 가마솥에서 새로운 접근법과 전통적인 기술이 융합되었다. 브로드웨이는 협응과 창조성 사이의 마술적 균형—성공적인 혁신을 위한 공식—을 이루는 데 성공했다.

로저스와 해머스타인의 작품들이 큰 성공을 거둔 후, 브로드웨이에서는 뮤지컬 히트작이 연이어 나왔다. 1957년의 히트작 〈웨스트사이드 스토리West Side Story〉는 유명한 상을 받은 작곡가이자 작사가인 스티븐 손드하임과 대본 작가 아서 로렌츠가 처음으로 협력해 만든 작품이었다. 《타임》은 이 작품을 "뮤지컬 드라마 역사에서 획기적인 작품"이라고 불렀다. 〈웨스트 사이드 스토리〉는 안무를 중심 내러티브 요소로 사용한 최초의 뮤지컬이었고, 브로드웨이의 뮤지컬 제작 방식을 확 바꾸어놓았다. 손드하임과 로렌츠는 1959년에 또다시 손을 잡고 히트작 〈집시Gypsy〉를 내놓았다. 〈집시〉의 창조적 성공은 손드하임과 로렌츠가 〈웨스트 사이드 스토리〉에서 개발한 가사 요소와 내러티브 요소를 새로운 안무와 제작 방식과 결합한 것이었다. 유명한 연극 평론가 클라이브 반스는 〈집시〉를 "온 시대를 통틀어 최고의 뮤지컬 중 하나"라고 불렀다. 〈집시〉의 성공에 힘입어 감독 제롬 로빈스는 1967년에 또다시 로렌츠와 손을 잡고 히트작 〈지붕 위의 바이올린Fiddler on the Roof〉을 내놓았다. 이 작품은 로빈스와 로렌츠가 〈집시〉에서 개발한 제작 방식과 내러티브 요소를 셸던 하닉과 제리 복의 새로운 가사와 음악의 접근법과 결합한 것이었다. 〈지붕 위의 바이올린〉은 공연 횟수가 3000회 이상을 기록해 그 당시 가장 큰 성공을 거둔 브로드웨이 뮤지컬이 되었다.

브로드웨이의 새로운 역동적 협력 네트워크는 급진적인 새로운 영역들의 탐구를 낳아 예술가들이 인종 차별, 정치적 억압, 젠더 관계, 동성애 같은 최신 쟁점까지 다루게 되었다. 팀들은 뮤지컬 산업의 전통적 방식을 새로우면서도 즉각 알아볼 수 있는 방식으로 재해석했다. 〈웨스트 사이드 스토리〉에서 유래한 안무 아이디어는 새로운 기술들로 진화해 〈집시〉에서 크게 확대되었고, 그 후에도 다른 히트작들로 발전해갔다.

전후 시기의 브로드웨이는 창조성과 성공의 샘이 마를 날이 없는 것처럼 보였다. 이렇게 승승장구하던 브로드웨이가 어떻게 무너졌을까?

그 답은 텔레비전과 할리우드였다.

1960년대 후반에 날로 높아진 텔레비전의 인기와 점점 증가한 할리우드의 경제적 기회는 브로드웨이의 재능 있는 사람들을 유혹했다. 그리고 불과 몇 년 만에 뮤지컬 산업의 소셜 네트워크는 심각하게 손상되었다. 작가와 감독, 제작자가 모두 다른 상업적 시장을 찾아 뉴욕시를 떠났다. 팀들은 사분오열되었고, 작품 간의 지식 전달은 붕괴되었다. 협응은 멈추었고, 혁신은 매우 드물어졌다. 가끔 개별적으로 히트작이 나오긴 했지만 전체적으로 뮤지컬 산업은 침체 상태에 빠졌고, 그것은 해가 지날수록 심해졌다.

브로드웨이의 쇠퇴는 거리의 모습에 그대로 반영되었다. 한때 불야성을 이루었던 '그레이트 화이트 웨이Great White Way'●를 따라 경범죄가 빈번하게 발생해 관광객과 재능 있는 예술인의 방문을 막았다. 문제가 하나 새로 발생할 때마다 그것은 또 다른 문제를 만들어냈다. 히트작이 줄어들자 관객 수가 줄어들었고, 그로 인해 부유한 제작자의 투자가 줄어들었으며, 그 결과로 작업 환경이 나빠졌고, 그러자 재능 있는 예술인을 새로 끌어들이기가 더욱 어려워졌다.

브로드웨이의 호황기는 끝난 것처럼 보였다. 사실, 뉴욕시 전체와 특히 브로드웨이를 되살리겠다는 일련의 전략적 노력을 기울이지 않았더라면, 브로드웨이는 영영 회복하지 못했을지도 모른다.

1980년대 초에 브로드웨이를 정화하기 위한 공격적인 계획이 실행에 옮겨졌는데, 때마침 국제 관광객을 뉴욕시로 끌어들이기 위해 펼친 대규모 공익 광고 캠페인(I♥NY 홍보 캠페인이 기억나는지?)과 시기가 맞아떨어졌다. 국제 관광객을 끌어들이려는 뉴욕시의 적극적 노력은 새로운 투자자들도 끌어들였고, 그들과 함께 재능 있는 작가와 작곡가, 배우, 감독을 브로드웨이로 돌아오도록 유혹하는 새로운 자원

● '백색 대로'란 뜻으로, 브로드웨이의 별칭.

도 들어왔다. 몇 년 안에 산업 전반의 협력 네트워크가 1940년대와 1950년대에 아주 효율적으로 혁신을 뒷받침했던 낯익은 네트워크 패턴으로 다시 생겨나기 시작했다.

창조적 산업에 새로 생겨난 넓은 가교들은 다양한 팀들 사이의 협응을 가능케 했고, 재능 있는 사람들을 재결합해 새로운 협력을 만들어내도록 뒷받침했다. 이 팀들 사이에 일어난 지식 전달로 새로운 예술가들과 경험 많은 예술가들 사이에 협력적 모험이 시도되었고, 그 결과로 또 한 번 혁신의 폭발이 일어났다. 〈코러스 라인〉, 〈캐츠〉, 〈레미제라블〉, 〈오페라의 유령〉 같은 히트작이 만들어졌고, 몇 년 뒤에는 〈라이언 킹〉이라는 대히트작이 나왔다. 〈라이언 킹〉은 브로드웨이 뮤지컬에서 완전히 새로운 요소들을 선보였고, 전 시대를 통틀어 가장 많은 수입을 올린 뮤지컬 작품이 되었다.

팀의 협력 방식에 관한 새로운 과학

전염 인프라 개념은 창조성과 혁신을 촉진하려면 산업 전체나 회사 전체를 어떻게 조직해야 하는지 생각하는 방법을 제공한다. 하지만 규모가 작은 팀은 어떻게 해야 할까? 개별 관리자가 산업의 네트워크 구조나 심지어 자신의 조직을 완전히 통제하는 경우는 아주 드물다. 하지만 자기 팀만큼은 통제한다.

혁신 능력을 최대화하기 위해 팀원들—화성 착륙선의 원형을 만들려고 연구하는 과학자들, 브로드웨이에서 공연할 새 작품을 만드는 예술가들, 혹은 새로운 종류의 PC를 개발하는 공학자들—을 서로 어떻게 연결해야 하는지에 대해 네크워크과학은 무엇을 알려줄 수 있을까?

일반적인 통념은 팀의 커뮤니케이션 네트워크가 정보 확산에 효율적일수록(즉, 소셜 네트워크에 약한 유대가 더 많이 존재할수록) 협력이 더 효율적으로 일어난다고 말한다. 사실, 이 통념은 팀이 해결하려는 문제가 어려울수록 혁신을 위해서는 약한 유대가 더 중요하다고 말한다. 불꽃놀이 네트워크를 닮은 네트워크 패턴으로 연결된 팀이 정보를 공유하고, 모두에게 최신 정보를 접하게 하고, 그러한 발견 과정을 가속화하는 데 가장 효율적이라고 말한다.

일반적인 통념이 정보 공유를 최적화하는 네트워크 구조를 추천하는 이유는 명확하다. 팀에서 한 팀원이 좋은 아이디어를 생각해내면, 그것은 나머지 팀원들에게 빠르게 확산되면서 전체 팀이 새로운 아이디어에 수렴해 추가적인 혁신을 일으킬 수 있는 능력을 가속화한다.

이것은 일견 명백해 보인다. 사실, 이것은 너무나도 명백해 수십 년 동안 거의 모든 관리 방식은 이 개념을 충실히 따르는 쪽으로 설계되었다. 빠른 정보 교환을 보장하는 관리 방식(주간 회의, 정기적 업무 점검, 접촉도를 높인 사무실 공간 설계 등)은 팀원들 사이에서 일어난 최신의 획기적인 돌파구에 모두가 빨리 접하도록 설계된다.

하지만 단순한 문제를 푸는 데에서 얻은 전략을 복잡한 문제를 푸는 팀에도 일반화할 수 있을까? 만약 당신이 아마존이나 타깃에서 고객의 제품 취향을 예측하기 위해 더 나은 알고리듬을 개발하려고 노력하는 데이터과학자 팀을 거느리고 있다면 어떨까? 혹은 당신이 아편 유사제의 대체품을 개발하기 위한 최선의 연구 계획서를 만들려는 의사 팀을 관리하고 있다면 어떨까? 이것들은 복잡한 문제이다. 혁신적 해결책을 발견하는 능력을 극대화하려면, 팀의 구조를 어떻게 설계해야 할까?

이것들이 바로 내가 그 답을 알아내길 원했던 질문들이다.

그러려면 연구 팀의 구조가 그들의 창조성과 생산성에 어떤 영향을 미치는지 연구할 수 있는 방법을 찾아야 했다. 내가 과학적으로 연구할 수 있도록 혁신 과정을 재현할 수 있는 방법이 있을까?

2014년 무렵에 나는 재능 있는 대학원생 데번 브랙빌과 함께 연구를 시작하는 행운을 얻었는데, 데번도 마침 이 개념에 관심이 있었다. 우리는 내가 티핑 포인트를 연구할 때 사용했던 것과 같은 종류의 '사회학 실험실'을 만드는 방법을 궁리하기 시작했다. 과연 혁신과 과학적 발견 과정을 연구하는 실험실을 만들 수 있을까?

놀랍게도 데번이 그 방법을 발견했다. 그는 2000년대 초에 넷플릭스가 유행시킨 접근법(그 당시 넷플릭스의 핵심 사업 문제를 해결하는 데 도움을 주었을 뿐만 아니라, 의도치 않게 데이터과학이라는 분야를 세우는 데에도 도움을 준 전략)을 빌려왔다.

그물 팀의 힘

2005년, 넷플릭스는 고객들에게 이전 시청 목록을 바탕으로 볼 만한 새 영화를 정기적으로 추천하기 시작했다. 문제는 넷플릭스의 영화 추천이 그다지 썩 훌륭하지 않았다는 점이다. 그것은 중요한 목표였다. 제대로 된 영화를 추천하면 고객들이 넷플릭스를 계속 이용할 테고, 엉뚱한 영화를 추천하면 고객들이 지루함을 느끼고 다른 곳으로 떠나버릴 것이다. 넷플릭스의 데이터 분석가들은 회사에 축적된 수천만 건의 기록(수년간 고객이 시청한 영화 목록과 평점 데이터)을 사용해 시네매치Cinematch라는 내부 추천 시스템을 개발했다. 하지만 넷플릭스는 시네매치의 범위를 훌쩍 벗어날 만큼 크게 성장했다. 새로운 콘텐츠로 변화하는 우주와 진화하는 소비자의 취향을 따라잡기가 힘들었다. 그 결과로 넷플릭스는 놀라울 정도로 고객 참여가 감소하는 상황에 직면했다. 불길한 예언이 벽에 나타났다. **뭔가 극단적인 조치를 취하지 않으면, 구독료 수입이 급감하리라.**

넷플릭스는 회사 내부의 문제를 공개적인 과학 문제로 전환하기로 결정했다. 그들은 크라우드소싱crowdsourcing●을 통해 그 답을 구하기로 했다. 대중의 공개 참여를 통해 어려운 엔지니어링 문제의 해결책을 찾는다는 아이디어는 보잉과 제너럴일렉트릭 같은 엔지니어링 기업들이 수십 년 전에 개척한 방법이다. 넷플릭스는 그냥 문제를 발표하고 누가 최선의 해결책을 갖고 나타나는지 기다리고 있지만은 않았

● 일반 대중에게 아이디어를 구해 기업 활동에 활용하는 방식.

다. 그들은 고객의 영화 시청 행동과 평점에 관한 소중한 데이터를 공개하고, 데이터과학자 팀들에게 그것을 분석해 영화 추천 시스템을 만드는 효율적인 알고리듬을 만들어달라고 요청했다.

2006년 10월 2일, 최선의 영화 예측 알고리듬을 만드는 팀에게 100만 달러의 상금을 내건 넷플릭스 대회가 시작되었다. 경쟁은 3년간 지속되었다. 전 세계에서 수만 명의 전문 프로그래머가 뛰어들었다. 대학생들도 여름 방학을 이용해 이 문제에 달려들었고, 교수들은 이 문제를 주제로 한 강의를 만들었으며, 기업가들은 이 문제를 풀기 위한 회사를 세웠다. 이것은 1990년대 중엽의 검색 엔진 문제(모두가 알다시피, 구글이 그 문제를 풀고 검색 엔진 시장을 장악했다) 이후로 컴퓨터과학 분야에서 가장 많이 회자된 문제가 되었다.

2015년에 내가 데번과 함께 혁신을 관리하는 비법을 찾고 있을 때, 데번이 넷플릭스가 개최한 대회를 통찰력의 잠재적 원천으로 주목하자고 제안했다. 우리는 넷플릭스의 영화 추천 문제보다는 답을 찾는 전략에 더 흥미를 느꼈다. 넷플릭스 대회 우승자가 마침내 나온 2009년 이후 몇 년 동안 데이터과학 분야에서는 넷플릭스 대회 아이디어를 모방한 웹 기반 대회가 넘쳐났다. 캐글Kaggle, 크라우드애널리틱스CrowdANALYTIX, 이노센티브Innocentive, 튠드아이티TunedIT를 비롯해 많은 웹사이트가 기업과 정부, 개인에게 일종의 디지털 게시판을 제공하면서 데이터 분석 문제를 푸는 공개 대회를 광고했는데, 상금은 대개 5만~50만 달러였다.

이 새로운 소셜 공간(해결책을 찾기 위한 공개 대회)은 데번과 나에게 창조적 협력이 어떻게 작용하고, 팀들의 연결성이 혁신 능력에 어떤 영향을 미치는지 커튼 뒤쪽을 들여다볼 수 있는 놀라운 기회를 제공했다. 데이터과학자 팀들 사이에 적절한 종류의 소셜 네트워크를 설계함으로써 '혁신을 관리'하는 것이 가능할까? 협력하는 팀들 사이에 전염 인프라를 만들면 더 나은 해결책의 발견을 앞당기는 방법을 제공할 수 있을까?

미국 국립과학재단에서 넉넉한 연구비를 지원받아 데번과 나는 넷플릭스 대회를 우리 버전으로 만들어 '애넌버그 데이터과학 대회Annenberg Data Science Competition'라고 이름 붙였다. 넷플릭스 대회와 비슷하게 우리는 전 세계 각지의 연구자들로 이루어진 문제 해결 팀들을 조직하고, 그들에게 기계 학습과 인공 지능, 통계 분석과 전산 분석에서 획기적인 진전을 가속화하는 방법을 찾으라는 과제를 주었다. 넷플릭스 대회와 달리 우리의 목표는 더 나은 영화 추천 방법을 찾는 것이 아니었다. 대신에 이 대회는 연구 팀들 사이의 네트워크 연결을 다른 패턴으로 배열하면, 연구자들의 혁신 능력도 변하는지 알아볼 수 있는 방법을 제공했다. 복잡한 전염의 원리(연구자들을 그물 패턴으로 연결하는 것)를 사용하면 더 나은 혁신이 나올까? 반대로 불꽃놀이 패턴을 사용해 정보 공유가 빠르게 일어나도록 연구자들의 네트워크를 설계하면 팀들의 수행 능력이 더 나아질까?

우리는 대학교와 구인란을 통해 데이터과학자 180명을 모집한 뒤, 무작위로 16개의 팀으로 나누었다. 여덟 팀은 불꽃놀이 패턴으로, 여덟 팀은 그물 패턴으로 조직했다. 불꽃놀이 패턴 팀들에서는 연구자들(혹은 '참가자들')이 같은 팀원들과 완전하게 연결되었다. 그 결과 정보의 흐름이 극대화되었다. 이 팀들의 네트워크는 촘촘한 불꽃놀이 폭발 패턴이었다. 같은 팀에 속한 모든 팀원은 다른 팀원이 발견하는 최선의 해결책을 모두 볼 수 있었다.

이와는 대조적으로 그물 패턴 팀들에서는 각 참가자가 같은 팀에서 몇 사람하고만 연결되었다. 이들은 직접 연결된 팀원들의 해결책만 볼 수 있었다. 따라서 멀리 떨어진 팀원(네트워크에서 여러 단계 떨어져 있는)이 발견한 것에 대한 정보를 알려면, 그 정보가 소수의 넓은 가교를 건너 마침내 자신에게 도달할 때까지 기다려야 했다.

넷플릭스 대회와 마찬가지로 우리 대회의 참가자들도 상금을 타려고 경쟁했다. 연구자들이 받는 상금은 최종 해결책의 질을 바탕으로 정해졌다. 물론 최선의 해결책에 가장 큰 상금이 주어졌다.

그런데 우리는 한 가지 변화를 추가했다. 각 팀에 문제를 풀 시간을 15분만 주었다.

대회는《포천》500대 기업의 실적에서 뽑은 매출과 제품에 관한 데이터를 각 팀에 아주 자세하게 제공하면서 시작되었다. 참가자들에게는 기업들이 만든 제품들의 성공을 설명할 수 있는 최선의 예측 모형을 찾아내라고 요구했다.

신발 매출을 정확하게 예측하는 요소는 무엇일까? 가격일까, 스타일일까, 유명 인사의 보증일까, 아니면 알려지지 않은 요인들의 결합일까? 맥주의 매출을 결정하는 요소는 무엇일까? 광고일까, 맛일까, 알코올 함량일까, 특정 지역을 표적으로 삼은 마케팅일까, 탄산 함량일까, 아니면 여러 요인의 결합일까? 모든 요소는 다른 요소들과 상호작용했다. 싼 가격은 신발 매출을 높이는 것처럼 보였지만, 유명 인사의 보증이 개입하면 그때부터는 **더 비싼** 가격이 매출을 늘렸다. 그 데이터 집합으로 가능한 해결책은 1만 5000가지 이상이나 되었다.

그 대회는 급속하게 변하는 산업에서 일하는 연구 팀이 실제로 겪는 삶이 어떤 것인지 아주 비슷하게 대변한 것이었다. 참가자들은 모두 총명하고 잘 훈련되고 강한 동기를 가진 데이터과학자들이었다. 그리고 그들은 모두 시급한 기술적 문제를 해결하기 위해 심한 시간 압박을 받고 있었다.

그래서 그들은 어떤 결과를 내놓았을까?

처음에는 불꽃놀이 패턴의 여덟 팀이 금방 앞서나갔다. 훌륭한 해결책들이 불과 몇 분 만에 모두에게 전달되었고, 팀원들은 금방 공동의 전략을 중심으로 연합했다. 문제는 각 팀이 처음에 발견한 것은 항상 **좋은** 해결책이었지만, **가능한 최선의 해결책**과는 거리가 멀었다는 점이다. 그리고 일단 한 팀의 모든 구성원이 한 가지 좋은 해결책 전략을 채택하면, 그 후의 탐구는 모두 서로 비슷한 것이 되고 말았다. 모두가 문제를 똑같은 방식으로 바라보기 시작했다. 혁신은 멈추고 말았다.

데번과 나는 불꽃놀이 네트워크의 문제는 좋은 해결책이 **너무 빨리** 확산되는 데 있다는 사실을 발견했다. 그래서 사람들은 아주 다르고 혁신의 잠재력이 있는 접근법을 탐구하길 멈추었다.

이를 통해 우리는 확산과 마찬가지로 발견에는 **사회 군집화**가 필요하다는 교훈을 얻었다.

그 이유는 군집화가 다양성을 보존하기 때문이다. 그 다양성은 인구통계학적 다양성이 아니라 정보의 다양성을 말한다.

그물 네트워크는 정보를 확산하는 데 **덜 효율적**이기 때문에, 처음에 나온 상당히 좋은 발견 소식이 팀 내의 모든 사람에게 너무 빨리 퍼지지 못하게 한다. 그물 네트워크는 정보의 전파 속도를 늦춤으로써 연구자들이 다른 사람의 해결책에 노출되지 않도록 '보호'했는데, 그런 해결책에 노출되면 아무도 예상치 못한 정말로 혁신적인 것을 발견하는 길에서 벗어날 수 있다.

정보에 덜 효율적인 네트워크가 **탐구**에는 더 효율적이었다.

처음에 우리는 이 결과에 어리둥절했지만, 곧 그것이 이치에 닿아 보였다. 우리는 혁신을 가로막는 가장 큰 장애물 중 하나는 익숙한 해결책이 **단순한 전염**이라는 사실에 있다는 것을 깨달았다. 그것은 이해하기 쉽고 확산되기도 쉽다. 그것은 세계의 작용 방식을 설명하는 기존의 그림과 딱 맞아떨어진다. 이 예측 가능한 해결책은 불꽃놀이 패턴으로 연결된 팀들 사이에서 빠르게 확산된다.

우리는 각 팀에 기술 수준이나 전문적 경험, 경제적 동기가 동일한 데이터과학자들을 배치해 동등한 조건에서 팀들이 경쟁하도록 대회를 조직했다. 모든 팀에는 동일한 문제를 주었다. 하지만 대회가 끝났을 때, 그물 패턴의 여덟 팀 모두가 불꽃놀이 패턴의 여덟 팀보다 더 나은 해결책을 발견했다. 사실, 각각의 그물 패턴 팀은 불꽃놀이 패턴의 전체 팀이 발견한 **최선의** 해결책보다 더 나은 해결책을 발견했다.

모든 팀에서 연구자들은 대회가 끝나는 마지막 순간까지 변수들의 많은 조합을 아주 열심히 탐구하면서 최선의 예측 모형을 발견하려고 노력했다. 하지만 불꽃놀이 팀들에서는 사람들이 동일한 접근법에 너무 빨리 수렴한 나머지, 이들의 모든 탐구는 처음에 발견한 상당히 좋은 해결책에서 크게 개선되지 못했다.

그물 팀들도 처음에는 같은 방식으로 출발했다. 처음의 발견들이 각 팀의 네트워크에서 전파되기 시작했다. 하지만 이 해결책들이 확산되는 동안 대안 접근법을 탐구하고 있던 다른 팀원들이 더 나은 해결책을 발견했다. 이 새로운 발견들이 천천히 확산되기 시작하는 동안 네트워크의 다른 부분에 있는 연구자들이 그보다 더 나은 해결책을 발견했다. 그물 패턴은 정보의 확산을 늦춤으로써 팀들이 새로운 아이디어를 탐구하는 효율성을 높였다.

사실, 그물 팀들의 성과가 너무 좋아 데번과 나는 이들의 해결책을 이 복잡한 문제들을 컴퓨터로 푸는 접근법과 비교하면 어떨까 하는 생각이 들었다. 공학과 의학 같은 분야에서는 인공 지능의 잠재력은 복잡하고 시급한 문제를 풀려고 애쓰는 관리자들에게 환영할 만한 해결책으로 떠올랐다. 우리 대회의 문제에도 인공 지능이 해결책을 내놓을까?

그 답을 알기 위해 우리는 새로운 참가자를 모집했는데, 펜실베이니아대학교의 슈퍼컴퓨터 집단이 바로 그 주인공이었다. 우리는 인간 팀들이 매달리고 있던 것과 동일한 데이터 문제를 풀기 위해 슈퍼컴퓨터의 광범위한 인공 지능 알고리듬을 돌렸다.

우리는 인공 지능 알고리듬이 인간 팀보다도 더 나은 성적을 자주 거두는 것에 그다지 놀라지 않았다. 하지만 인공 지능 알고리듬이 불꽃놀이 네트워크 팀에게만 이긴다는 사실에는 놀랐다. 그물 네트워크 팀은 대개 컴퓨터보다 더 나은 성적을 거두었다!

인공 지능 알고리듬은 불꽃놀이 네트워크와 동일한 문제를 겪는 것으로 드러났다. 너무 많이 아는 것이 문제였다.

우리가 사용한 인공 지능 알고리듬은 비할 바 없이 체계적이었다. 전형적인 알고리듬은 한 번에 하나의 변수에 대한 모든 예측 모형을 평가했다. 최선의 변수를 선택한 뒤, 거기에 추가할 다음 변수를 찾는 작업에 착수했다. 체계적으로 각각의 변수를 추가하거나 배제하면서 최선의 해결책을 향해 나아갔다.

하지만 이 접근법은 불꽃놀이 네트워크 팀의 참가자들이 빠졌던 것과 동일한 함정에 빠질 수 있다. 만약 예측 능력이 상당히 좋은 변수가 초기에 발견되면, 장래의 모든 해결책은 그 변수를 포함한다. 그런데 그것이 항상 올바른 접근법인 것은 아니다. 개별 변수는 전혀 유망하지 않지만 그것들을 합친 전체는 더 나은 해결책을 제공하는, 기묘한 변수들의 조합이 존재할 수 있다. 초기에 유력하지만 상투적인 아이디어에 노출되지 않도록 보호를 받아야만 연구자가 이 예상 밖의 해결책을 발견할 수 있다. 도저히 성공할 가능성이 없어 보이는 변수들을 탐구할 수 있는 사람만이 최적의 해결책을 찾아낸다. 이것은 우리의 인공 지능 알고리듬이나 불꽃놀이 네트워크가 따를 수 없는 접근법이다.

잘 설계된 팀의 특징은 협응이 일어나게 하면서 지적 다양성을 보존하는 것이다. 1940년대 후반과 1950년대의 브로드웨이와 비슷하게, 협응과 창조성 사이의 완벽한 균형은 독립적인 혁신 군집들 사이를 잇는 넓은 가교 네트워크이다. 잘 설계된 팀에서는 팀원들이 정보의 다양성을 보존할 수 있을 만큼 충분히 **보호**를 받는다. 이 덕분에 이들은 도저히 가망이 없어 보이는 영역을 충분히 깊이 탐구하다가 예상 밖의 해결책을 발견한다. 하지만 이들은 혁신적 아이디어가 일단 발견되고 나면 강화를 받을 수 있을 만큼 충분히 **연결돼** 있다.

이것은 문제가 복잡할 때, 작은 규모의 회의가 이따금씩 열리는 팀이 큰 규모의 회의가 자주 열려 늘 정보가 흘러다니는 팀보다 나은 성과를 거둔다는 것을 의미한다. 아마존의 CEO인 제프 베이조스는 즉흥적으로 만든 '피자 두 판의 법칙'을 통해 이 개념을 잘 활용했다. 베이조스는 회의는 피자 두 판으로 모두를 먹일 수 있을 만큼 규모가 작아야 한다고 봤다. 만약 그보다 많은 피자가 필요하다면, 그 회의는 규모가 너무 큰 것이다. 그 네트워크는 필시 연결이 지나치게 많이 되어 있을 것이고, 정보의 다양성과 탐구와 혁신의 잠재력을 상실할 가능성이 있다.

중국의 불꽃놀이 네트워크 문제

재러드 다이아몬드는 1998년에 퓰리처상을 수상한 인류의 문명사 연구 저서 『총, 균, 쇠』에서 '왜 지난 수 세기 동안 유럽 문명이 다른 대륙들의 문명에 승리했을까'라는 질문을 던진다. 그 설명에서 제시한 한 가지 핵심 요인은 효율적으로 혁신을 발전시키고 확산시키는 사회의 능력이다. 중국의 경우에는 특별히 예리한 역설이 나타난다.

1밀레니엄(1년부터 1000년까지)에 중국은 화기용 화약, 항해용 나침반, 인쇄 기술, 종이를 발명하고 생산적으로 사용했다. 1300년경에 중국 학자들은 불화살과 로켓, 화기, 지뢰, 기뢰, 대포, 2단 로켓 등을 군사적 용도로 사용하는 방법을 자세히 기술했다. 그 당시 유럽인은 여전히 날이 넓은 칼로 서로 싸우고 있었다.

중국인이 앞서나간 것은 단지 전쟁 무기뿐만이 아니었다. 기원전 8500년경에 이미 중국은 대규모 식량 생산이 일상적으로 일어나고 있었다. 그 후 수천 년 동안 중국은 광대한 영토에 유례없는 정치 권력 체제를 확립하고, 세계의 바다 항해에서 무적의 성공을 거두고, 사방의 바다를 지배하면서 세상을 이끌어나갔다.

아주 광대한 땅을 차지한 중국은 성공적인 문명을 위한 지리적 요소를 모두 갖추고 있었다. 안정적이고 비옥하고 다양한 생태계는 다양한 작물과 가축의 발달을 가능케 했다. 중국의 거대한 식량 생산 체계는 지난 1만 년 동안 놀랍도록 안정적이었다.

다이아몬드는 이렇게 썼다. "기원전 8500년부터 기원후 1450년 사이의 어떤 시점을 택하건, 그 당시에 살았던 역사학자가 미래의 역사를 예측하려고 했을 때, 결국 유럽이 세상을 지배하는 시나리오는 절대로 일어나지 않을 일로 여겼을 것이다." 혁신이 발전하고 확산해간 긴 역사 동안 중국은 유럽을 압도했다. 그런데 어떻게 낙후된 유럽 국가들이 불과 수백 년 뒤에 세상을 지배하게 되었을까?

그 답 중 일부는 소셜 네트워크의 놀라운 특징에 있다. 중국의 정보 네트워크 패턴은 데이터과학 대회에서 연구했던 **불꽃놀이** 팀들의 그것과 아주 비슷했다. 중국에서 좋은 아이디어가 발견되면, 그것은 즉각 수도로 연결된 뒤 곧 전국으로 퍼져나갔다. 이러한 정보 흐름의 중앙 집권 체제는 기술을 아주 빠른 속도로 사방으로 확산시켰다. 이 때문에 중국은 처음에 크게 앞서나갔고, 무기와 농업, 정부 조직이 급속하게 발전했다. 급속한 확산 능력은 연결이 많은 집단에 앞서나가는 기회를 줄 수 있다. 하지만 연결성은 장기적으로 불리한 점도 있는데, 중국의 역사가 바로 그것을 보여준다.

중국에서 중앙 집중 통제는 훌륭한 아이디어로 빠르게 수렴하는 결과를 낳았다. 하지만 중국에서 정보 접근과 정치적 통제에 효율적이었던 이 네트워크는 중앙 정부가 독립적인 혁신을 통제하거나 멈추게 할 수도 있다는 것을 의미한다. 혁신의 발견 과정을 늦추길 원하거나 특정 기술이나 문화 관습을 보존하길 원하는 지도자는 전국에 걸쳐 모든 발전을 일방적으로 중단시킬 수 있었다. 그리고 바로 이 같은 일이 실제로 일어났다. 다이아몬드는 이렇게 썼다. "중국의 연결성은 결국은 불리한 점이 되었는데, 한 폭군의 결정으로 혁신을 멈출 수 있었고, 또 **반복적으로 그런 일이 일어났기** 때문이다."

하지만 유럽에서는 다른 상황이 펼쳐졌다. 유럽은 많은 나라로 이루어져 있었고, 각 나라는 나름의 발명과 탐구 능력을 갖추고 있었다. 유럽 국가들은 그물 네트워크에 더 가까웠다. 국경은 혁신의 확산을 늦추어, 한 국가에서 우연히 뿌리를 내려 널리 알려진 혁신이 모든 나라로 확산되어 군림하는 것을 막았다. 혁신은 결국에는 국경을 건너 유럽 전체로 퍼져나갔지만, 중국에서보다 훨씬 느리게 퍼져나갔다. 한편, 모든 나라는 각자 자신의 아이디어를 자유롭게 탐구했다. 이러한 정보와 문화의 다양성 덕분에 훨씬 많은 탐구가 일어났다. 중국은 유럽보다 수백 년이나(어떤 경우에는 수천 년이나) 앞서나갔는데, 중국의 혁신이 유럽에 도착하면, 유럽 국가들은 그것을 채택하기도 했지만 그와 동시에 계속 혁신을 해나갔다. 각국은 다른 유럽 국가들이 상상할 수 없는 방식으로, 그리고 중국 정부가 자국민에게 허용하지 않은 방식으로 실험과 탐구를 계속했다.

중국의 혁신 기술이 유럽에 도착한 지 불과 수백 년 만에 빠르게 일어난 유럽의 탐구와 혁신은 새로운 역사적 발전을(그리고 광대한 서양의 새 변경邊境을) 낳았다. 유럽인은 곧 아메리카 대륙을 침략했고, 곧이어 동양으로도 진출할 준비를 갖추었다.

이러한 변경의 탐구에 나선 나라는 중국이 됐을 수도 있다. 크리스토퍼 콜럼버스가 신세계 항해에 나서기 수십 년 전인 15세기 초에 수백 척의 배로 이루어진 중국 함대가 인도양을 건너 멀리 아프리카까지 항해했다. 중국인은 이처럼 처음에 크게 앞서나갔는데도 왜 아메리카 대륙을 먼저 발견하지 못했을까?

그 무렵인 1405년부터 1433년까지 중국에서는 치열한 권력 투쟁이 벌어졌다. 수병과 함장의 훈련을 책임진 파벌과 항구를 통제하는 파벌이 따로 있었다. 항구를 장악한 파벌은 훈련을 책임진 파벌로부터 통제권을 빼앗기 위해 전국의 항구를 폐쇄하고 해상 운송을 완전히 금지했다. 유럽에서 그런 분쟁이 벌어졌더라면, 분쟁이 일어난 일부 지역의 항구들(예컨대 이탈리아 남부나 스칸디나비아 서부)만 폐쇄되고, 다른 나라들의 해상 운송이나 해양 탐사에 아무 영향도 미치지 않았을 것이다. 하지만 중국은 전국이 촘촘하게 연결돼 있어 권력 투쟁이 전국에 영향을 미쳤고, 전국의 모든 조선소가 완전히 폐쇄되는 결과를 초래했다. 그렇게 해서 중국의 모든 항구가 수십 년 동안 폐쇄되었다. 15세기의 마지막 몇 년 동안 중국이 세계를 지배할 수도 있었던 중요한 창이 완전히 닫히고 만 것이다. 몇 세대 뒤에 중국이 해상 운송 산업을 재건하기 시작했을 때, 유럽인은 이미 신세계에 정착했고, 이제 중국 탐사 활동을 확대하고 있었다.

아이디어의 확산을 촉진하는 네트워크는 혁신에 필요하다. 중국의 혁신을 유럽으로 전달한 네트워크는 유럽에 르네상스를 일으키고 유럽을 마침내 중세에서 벗어나게 하는 데 꼭 필요했다. 하지만 만약 혁신이 너무 빨리 확산된다면, 혹은 연결성이 너무 좋거나 중앙 집중이 심하다면, 사회는 독립적인 탐구 능력(경쟁적인 시간 압박을 받으면서 복잡한 문제를 풀려고 노력하는 기업에는 필수 요건인)을 잃게 된다. 교잡종 옥수수의 역사에서 보았듯이, 성공적인 사회 변화를 위한 필수 전략(혁신의 발견과 확산을 위한)은 소셜 네트워크에서 혁신을 배양하는 장소들을 보호하는 것이다. 넓은 가교로 연결된 응집력 있는 사회 군집들로 이루어진 전염 인프라는 새로운 아이디어가 뿌리를 내리도록(그런 다음에 널리 유행하도록) 함으로써 혁신을 가속화시킨다.

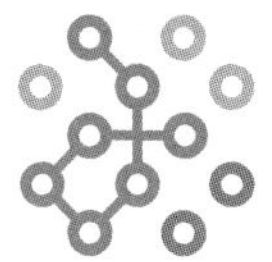

12장

편견, 믿음, 변화 의지

우디 앨런이 만든 영화 〈애니 홀〉을 보면, 지금은 널리 알려진 다음 장면이 나온다. 앨런이 연기한 앨비 싱어는 정신과 의사로부터 여자 친구 애니와 섹스를 얼마나 자주 하느냐는 질문을 받는다. 앨비는 좌절을 느끼며 "거의 하지 않아요. 아마도 일주일에 세 번 정도"라고 대답한다. 다이앤 키턴이 연기한 애니는 자신의 정신과 의사로부터 같은 질문을 받자, (분할 스크린에서) "늘 해요. 일주일에 세 번 정도요"라고 대답한다.

재미있는 상황이지만, 이 장면은 중요한 사실을 알려준다. 정확하게 똑같은 사건이나 정보인데도 두 사람이 서로 아주 다른 방식으로 해석할 수 있다. 최고 경영진과 일반 직원 또는 서로 대립하는 정당들처럼 집단도 그럴 수 있다. 사람들의 소셜 네트워크는 흔히 자신들의 신념 체계를 강화하는데, 이 때문에 세상을 서로 다르게 바라보는 사람들은 논란이 되는 문제에 의견이 일치하기 어렵다.

앞 장에서는 전염 인프라가 새로운 아이디어의 발견에 왜 필수적인지 보았다. 이 장에서는 새로운 아이디어(특히 특정 집단이 다른 집단들보다 수용하는 성향이 훨씬 강한 아이디어)를 **수용**하는 데에도 왜 전염 인프라가 필수적인지 보여줄 것이다.

NASA의 기후 변화 연구

NASA가 최근에 발견한 북극해의 바다 얼음 상태가 좋은 예이다. 북극해의 바다 얼음은 전 지구적 기후 변화를 평가할 때 최고의 지표로 쓰인다. 바다 얼음이 더 빨리 녹을수록 해수면 상승 위험이 더 커지고, 대기 온도는 더 높아지며, 바다의 염분은 낮아진다. 이 지표들은 전 세계 연안 및 심해 해양 생태계의 생존을 위협한다. 만약 이 생태계들이 무너진다면, 지구의 나머지 생태계들도 무너지고 말 것이다.

지난 30년 동안 NASA는 궤도 위성을 사용해 북극해의 변화를 자세히 기록해왔다. 그리고 2013년에 그 결과를 일반 대중에게 공개했다. NASA 과학자들은 이 결과를 북극해의 바다 얼음이 급격히 감소하고 있으므로, 단호한 행동을 신속하게 취해야 할 필요성을 보여주는 것으로 해석했다. NASA의 그래프는 북극해의 바다 얼음 수준이 하향 곡선을 그리고 있고, 지난 50년 동안에는 더욱 빠른 속도로 아래로 내려가고 있음을 분명히 보여준다. 그럼에도 불구하고, 놀랍게도 일반 대중 사이에서는 이 그래프를 반대로 해석하는 사람들이 많았다. 일부 집단은 이 그래프를 기후 변화 위기가 과장되었음을 보여주는 증거로 받아들였다.

이 현상을 더 자세히 살펴보기 위해 2017년에 나는 두 대학원생(더글러스 길보와 조슈아 베커)과 함께 진보주의자와 보수주의자 양측에 NASA의 데이터를 사용해 2025년에 북극해의 바다 얼음 수준이 어느 정도가 될지 예측해보라고 요청하는 연구를 진행했다. 진보주의자는 대부분 그 그래프가 북극해의 바다 얼음이 감소하고 있음을 보여준다고 생각했다. 하지만 보수주의자 중 약 절반은 북극해의 바다 얼음이 **증가**하고 있다는 결론을 내렸다. 이들은 2025년에 북극해의 바다 얼음 수준이 현재보다 높을 것이라고 예측했다. 데이터는 임박한 기후 위기에 대응하기(희망적으로는 기후 위기를 늦추기) 위해 공격적인 기술 및 홍보 전략을 개발해야 할 필요성과 염려를 제기하지만, 만약 이들이 옳다면 그런 염려는 안심하고 묵살해도 될 것이다.

NASA 담당자들은 자신들의 발견이 눈앞에 다가온 기후 변화의 위험을 입증한다고 생각했다. 그런데 수십 년간의 연구로 나온 이 결과를 왜 전체 인구 중 상당 비율의 사람들은 정반대로 해석할까?

네트워크는 편향에 어떤 영향을 미치는가

그 답은 세계적으로 유명한 심리학자 리언 페스팅어의 연구에서 찾을 수 있다. 페스팅어는 개인의 심리적, 정치적 편향이 중립적 정보의 해석을 크게 왜곡시키는 방식을 **동기적 추론**motivated reasoning이라는 용어를 사용해 기술했다. 페스팅어는 이렇게 썼다. "신념을 가진 사람은 바꾸기가 어렵다. 그의 견해에 동의하지 않는다고 말하면, 그는 그냥 고개를 돌려버린다. 사실과 수치를 제시하면, 그는 그 출처를 의심한다. 논리에 호소하면, 그는 그 요점을 이해하지 못한다."

이 특별한 형태의 인지 편향 때문에 일부 사람들은 기후 변화에 관한 새로운 과학적 데이터를 합리적으로 처리하는 능력이 크게 떨어진다. 게다가 소셜 네트워크가 이 인지 편향을 더 심화시킬 수 있다. 소셜 네트워크는 수많은 정보가 교류되는 통로이기 때문에, 대면 상호작용을 통해서건 소셜 미디어를 통해서건 우리가 새로운 정보를 **해석**하는 방식에 필터 작용을 한다. 지금은 많은 정보(설사 그 정보가 흠잡을 데 없는 과학 연구와 어긋난다 하더라도)가 오가는 소셜 네트워크가 뜨거운 주제들의 운명을 염려스러울 정도로 크게 좌우하는 경우가 많다. 우리는 정치적으로 균일하고 양극화된 '반향실' 시대에 살고 있기 때문에, 같은 생각을 가진 동료들 사이에서 반복되는 상호작용을 통해 당파적 편향이 강화되는 경우가 많다.

NASA의 발견에 대한 반응을 연구하던 나는 반향실이 조직을 연구하는 학자들이 **사일로**라고 부르는 것과 정확하게 일치한다는 생각이 들었다. 사일로는 집단들 사이를 잇는 가교가 전혀 없을 때 나타나 집단들 사이에 소중한 정보가 오가는 것을 막는다. 6장에서 보았듯이, 좁은 가교는 정보를 확산시킬 수 있지만, 집단들 사이에 지식을 전달하기에 충분치 않을 때가 많다. 그러려면 넓은 가교가 필요하다.

반향실(그리고 반향실이 조장할 수 있는 잘못된 믿음) 문제의 잠재적 해결책은 양극화된 커뮤니티들 사이를 잇는 가교의 폭을 넓히는 것이다. 그 통로를 통해 약간의 사회적 강화만 일어나더라도 문화적, 정치적 분열이 놀라울 정도로 심화되는 것을 줄이는 데 도움이 된다. 2017년에 우리가 시작한 기후 변화에 관한 연구는 바로 이것을 알아보기 위해서였다.

보수주의자와 진보주의자가 NASA의 기후 변화 그래프를 해석하는 방식이 얼마나 극단적으로 다른지 발견한 우리는, 양측 사람들을 소셜 네트워크에 함께 모아 직접 상호작용하면서 기후 변화 추세에 관해 상반된 견해를 토론하게 했다. 각각의 소셜 네트워크 크기는 40명(공화당 지지자 20명과 민주당 지지자 20명)으로 했고, 그물 패턴으로 서로 연결시켰다. 우리는 이 실험을 열두 번 반복했다(총 480명이 참가한 12개의 독립적인 네트워크를 사용해). 처음에 우리는 12개의 네트워크 전부에서 편향이 감소한다면, 넓은 가교가 정치적 양극화를 감소시키는 데 효과가 있다고 결론 내릴 수 있다고 판단했다.

그래서 이러한 상호작용이 문제 해결에 도움이 되었을까? 사람들은 서로에게서 배우면서 기후 변화 추세를 새롭게 이해하기 위해 협응했을까?

아니다. 전혀 그러지 않았다.

열두 번의 반복 실험 모두에서 민주당과 공화당 지지자들은 새로운 것을 배우거나 자신의 생각을 바꾸는 데 실패했다. 양극화는 견고했고, 어느 쪽 집단에서도 NASA의 기후 변화 데이터를 이해하거나 해석하는 능력에 유의미한 신전이 일어나지 않았다. 양측을 잇는 넓은 가교는 문제를 해결하는 데 실패했다.

그런데 그때 우리의 눈길을 끄는 것이 있었다.

우리는 실험의 인터페이스를 트위터 같은 소셜 미디어 사이트와 비슷하게 설계했다. 화면 왼쪽 아래 구석에 공화당 로고 이미지(빨간색과 흰색과 파란색이 섞인 코끼리)와 민주당 로고 이미지(빨간색과 흰색과 파란색이 섞인 당나귀)를 포함시켰다. 이 이미지들은 어떤 목적을 겨냥해 집어넣은 것이 아니었다. 이 이미지들은 사람들이 상호작용하는 상대가 누구인지 시사하거나 연구에 참여한 사람의 소속 정당 정보를 제공하기 위한 것이 아니었다. 그냥 재미를 위해 집어넣은, 시선을 끄는 그래픽에 지나지 않았다.

이 이미지가 어떤 차이를 빚어낼 이유는 없었다. 그렇지 않은가?

하지만 그러고 나서 우리는 민주당 지지자와 공화당 지지자로 이루어진 다른 집단을 살펴보았다.

이들 역시 기후 변화 문제에서 첫 번째 집단만큼 견해가 양극화되어 있었다. 우리는 이들을 이전과 똑같은 방식으로 소셜 네트워크로 연결했다. 480명을 12개의 네트워크로 나누었고, 각 네트워크는 절반은 민주당 지지자, 절반은 공화당 지지자로 이루어져 있었으며, 그물 패턴으로 연결되었고, 정치 커뮤니티들은 넓은 가교로 이어졌다.

하지만 이번에는 화면에서 정치적 이미지를 지웠다.

그러자 모든 것이 달라졌다.

이 네트워크들에서 일어난 정당 간 상호작용은 단지 집단 '지능'(모두가 그래프를 적절히 판독하는 능력)을 향상시켰을 뿐만 아니라, 신념의 양극화를 완전히 제거했다. 실험이 끝날 무렵, 민주당 지지자와 공화당 지지자 양측 **모두의** 예측이 우리가 가능하리라고 생각했던 것보다 훨씬 더 정확해졌다. 놀랍게도 양 집단은 NASA의 데이터를 정확하게 해석하는 비율이 약 90%에 이르렀다.

열두 번의 반복 실험에서 모두 같은 결과가 나타났다. 정치적 양극화가 사라졌다. 민주당 지지자와 공화당 지지자를 넓은 가교 통로가 있는 네트워크로 연결한 집단에서는 모두 기후 변화 추세를 해석하는 능력에 극적인 개선이 나타났다(양 진영 모두에서).

하지만 만약 넓은 가교가 그토록 효과적이라면, 왜 정당 로고를 집어넣었던 처음 실험에서는 이 전략이 완전히 실패했을까?

서로 싸우는 집단들의 분쟁을 해결하거나 오랜 경쟁자들 사이의 긴장을 완화하려고 시도해본 사람이라면, 단순히 연결하는 것만으로는 문제가 해결되지 않는다는 사실을 잘 안다. 제대로 하지 않을 경우, 이러한 사회적 개입은 오히려 역효과를 낳아 갈등을 더 악화시킬 수 있다.

편향이 작용할 경우, 넓은 가교는 문제 해결을 위한 첫 부분에 지나지 않는다. 중요한 요소가 두 가지 더 있다. 바로 **틀 짓기**framing와 그것이 관련성을 결정하는 방식이다.

7장에서 우리는 집단 연대감과 소속감이 사회적으로 강화될 때 놀랍도록 큰 전염성을 지닌다는 것을 보았다. 오클라호마주의 여름 캠프에서 이것이 어떻게 10대 초반의 청소년 사이에 가상의 집단 경계를 만들어내는지도 보았다. 심지어 소년들을 방울뱀 팀과 독수리 팀으로 나누는 것처럼 피상적인 유사성 차이도 집단 간 폭력을 유발하는 감정적 전염을 확산시킬 수 있었다. 이와 비슷하게 베이루트에서 각각 기독교와 이슬람교를 믿는 10대 청소년을 대상으로 실시한 연구에서도, 이들을 파란 유령 팀과 빨간 요정 팀이라는 가상의 집단들로 나누자, 파란 유령 팀에 속한 기독교와 이슬람교 청소년이 서로 단합하여 빨간 요정 팀에 속한 기독교와 이슬람교 청소년과 폭력적으로 대립하는 결과가 나왔다.

소셜 미디어의 '현실 세계'에서도 같은 효과가 나타나는 것을 볼 수 있다. 민주당 지지자와 공화당 지지자는 항상 소셜 미디어에서 상호작용하면서 끔찍한 결과를 자주 빚어낸다. 무례와 반감의 증가가 집단 양극화를 악화시켜 양 정당 간의 적대감을 심화시킨다.

우리의 연구 결과는 이러한 집단 간 적대감의 원인이 상호작용 자체에 있는 게 아니라 그러한 상호작용을 틀 짓는 방식에 있음을 보여주었다. 소셜 미디어에서 사람들은 세상이 양극화되어 있다고 상기시키는 영상과 이미지의 바다에서 상호작용한다. 정당 로고와 정치 아이콘, 바이럴 밈 등 정당 정체성으로 사람들의 생각을 틀 짓는 이미지들이 트위터 세계를 가득 채운다. 이 이미지들은 사람들에게 누가 관련성이 있고 누가 관련성이 없는지 판단하는 감각을 빚어낸다. 이것들은 누가 내집단과 외집단에 속하는지 결정하며, 은밀하게 사회적 영향력의 경계선을 정한다.

우리는 부적절해 보이는 이러한 소셜 미디어의 특징(특히 사람들에게 정당에 대한 충성심을 상기시키는 그래픽)이 소셜 네트워크의 작용 방식에 강력한 영향을 미친다는 사실을 발견했다. 집단 간의 넓은 가교는 학습과 상호 이해를 촉진할 수 있지만, 이러한 상호작용이 다양한 참여자 사이의 관련성을 높이는 방식으로 일어나도록 틀 지어져 있을 때에만 그렇다. 만약 상호작용이 정치적 충성심을 자극하는 방식으로 틀 지어져 있다면, 당나귀와 코끼리 그래픽처럼 사소한 요소의 도입만으로도 사람들이 다양한 의견에 귀를 기울이는 능력과 심지어 사실을 정확하게 보는 능력까지 크게 떨어뜨릴 수 있다.

어떤 사회 변화 캠페인에서도 설득력 있는 메시지를 설계하는 것이 중요하다. 하지만 틀 효과는 사람들이 실제로 무엇을 듣는지를 결정할 수 있다. NASA가 발견한 것처럼, 틀 효과는 사람들이 결국 믿는 것에 메시지 자체보다 큰 영향을 미칠 수 있다.

넓은 가교와 틀 효과는 소셜 네트워크에서 편향이 작용하는 방식을 이해하는 데 꼭 필요한 두 개의 퍼즐 조각이다. 세 번째이자 마지막 퍼즐 조각은 **네트워크 집중화**network centralization이다. 이 책 첫 부분에서 나는 소셜 네트워크 '중심'에 연결이 많은 인플루언서가 위치한다는 개념을 소개했다. 이들이 나머지 사람들보다 연결이 더 많을수록 그 네트워크는 **집중화**가 더 심하다. 집중화된 소셜 네트워크는 단일 불꽃놀이 폭발과 비슷하다. 연결이 아주 많은 한 사람(소셜 스타)이 대화의 중심에 있다. 이 개인은 나머지 모든 사람들 사이에서 정보의 흐름에 불균형적인 영향력을 행사한다. 주변부의 목소리는 쉽게 묻히고 만다.

정반대는 그물 네트워크이다. 이 네트워크는 집중화된 대신에 **평등화**되어 있다.

평등한 네트워크에서는 모든 사람이 대화에서 동등한 목소리를 낸다. 본질적으로 모든 사람은 상호 연결된 거대한 주변부의 일부이다. 사람들은 대개 작은 군집 내에서 상호작용하고, 군집들 사이의 넓은 가교를 통해 아이디어가 흘러다닌다. 평등한 네트워크의 핵심 특징은 새로운 아이디어와 의견이 커뮤니티 내의 어느 장소에서도 나올 수 있고, 중심에 위치한 강력한 소셜 스타에 의해 차단되지 않고 모두에게 확산될 수 있다는 점이다.

앞 장들에서 중앙 집중 네트워크가 왜 단순한 전염을 확산시키는 데에는 효율적이지만 복잡한 전염을 확산시키는 데에는 효율적이지 못한지 살펴보았다. 여기서는 중앙 집중 네트워크의 이 특징이 왜 사람들의 견해에서 편향을 키우는 경향이 있는지(그리고 이 문제에 대해 우리가 무엇을 할 수 있는지) 보여주려고 한다.

NASA의 기후 변화 데이터를 사람들이 어떻게 해석하는지 살펴본 실험에서 우리는 민주당 지지자와 공화당 지지자를 그물 패턴으로 배치했다. 네트워크 집중화가 실험 결과에 어떤 영향을 미치는지 알아보기 위해 우리는 다시 일련의 실험을 했다. 두 번째 실험(정치 이미지를 뺀 실험)을 다시 하면서 어떤 일이 일어나는지 살펴보았다. 하지만 이번에는 민주당 지지자와 공화당 지지자를 그물 네트워크 대신에 중앙 집중 네트워크(단일 불꽃놀이 폭발 패턴)로 배열했다. 우리는 무작위로 각각 다른 사람(때로는 민주당 지지자, 때로는 공화당 지지자)을 선택해 네트워크 중심에 놓고 실험을 했다.

이번에 양극화는 문제가 되지 않았다. 대신에 편향이 문제였다. 중심에 위치한 사람에게 어떤 편향이 있으면, 나머지 네트워크 전체에서 그 편향이 증폭되었다. 네트워크 집중화는 전체 집단(민주당 지지자와 공화당 지지자 모두)을 중심에 위치한 사람의 견해로 편향시켰다.

집중화에도 한 가닥 희망이 있다. 만약 네트워크 중심에 위치한 사람이 전혀 편향되지 않은 견해를 갖고 있다면, 그 영향력으로 전체 집단의 편향을 줄일 수 있다.

하지만 그것은 실낱같은 희망이다. 중심에 위치한 사람의 작은 편향이나 오류도 전체 집단이 편향된 견해 쪽으로 기울어지는 경향을 증폭시킬 수 있다.

우리는 광범위한 견해를 가진 민주당 지지자와 공화당 지지자가 섞인 네트워크처럼 더 다양한 집단에서는 이 문제가 덜 심각하다는 사실을 발견했다. 이들의 다양한 견해가 중심에 위치한 개인의 편향을 줄이는 데 도움이 된다.

비슷한 생각을 가진 사람들 집단에서는 집중화 문제가 훨씬 심각해진다. 정치적 신념이나 사회적 신념 또는 문화적 신념이 동일한 사람들끼리 커뮤니티를 조직했을 때, 기존의 커뮤니티 신념을 강화하는 개념은 단순한 전염이 된다. 그것은 이해하기도 확산되기도 쉽다. 정치적 반향실에서 대화의 중심에 위치하고 연결이 많은 인플루언서는 집단의 편향을 부추기는 그릇된 정보를 쉽게 확산시킬 수 있다.

이와는 대조적으로 집단의 편향에 **이의를 제기하는** 개념은 복잡한 전염이다. 이러한 개념은 강한 반대에 부닥치는데, 따라서 연결이 많아 대항 영향력의 바다에 둘러싸여 있는 개인으로부터 이 개념이 나타날 가능성은 낮다. 현상에 도전하는 새로운 개념은 연결이 비교적 적은 네트워크 주변부(모두의 목소리가 똑같이 들리고, 새로운 개념이 동료들 사이에서 강화되고, 너무 많은 대항 영향력에 부닥치지 않는 곳)에서 흔히 나타난다.

편향 문제는 강력한 권한을 쥔 CEO에서부터 가장 취약한 시민에 이르기까지 모두에게 영향을 미친다. 인플루언서의 영향력이 지닌 자연적 비대칭성(단순한 전염의 확산에는 효율적이지만 복잡한 전염의 확산에는 비효율적인)은 커뮤니티의 편향을 이용하는 그릇된 정보의 확산에 특히 중대한 효과를 미칠 수 있다. 예를 들면, 의료 혜택을 제대로 받지 못하는 커뮤니티, 특히 아프리카계 미국인이나 라틴계 여성을 대상으로 한 연구에서는 이 커뮤니티 구성원들의 주류 의료 서비스에 대한 불신 수준이 불균형적으로 높다는(오랫동안 부실하고 차별적인 대우를 받은 것이 원인인 경우가 많았다) 사실이 드러났다. 그 결과, 이런 커뮤니티에서는 연결이 많은 인플루언서가 산아 제한이나 백신 접종, 코로나19 예방 조치처럼 현재의 예방 보건 관리에 대한 불신을 증폭시키는 그릇된 정보를 확산시키는 데 효율적일 수 있다. 그릇된 정보의 확산은 건강 불안을 더 악화시켜 그렇지 않아도 주류 의료 서비스를 불신하는 커뮤니티를 부정적(하지만 충분히 예방 가능한) 건강 결과에 더 취약하게 만든다.

이 문제는 공중 보건에만 국한된 게 아니다.

곧 보게 되겠지만, 중앙 집중 네트워크는 기업 관리자들, 정치 지도자들, 프로 스포츠 감독들 사이에서도 편향을 증대시킬 수 있다(반대로 평등한 네트워크는 편향을 감소시킬 수 있다). 심지어 생사가 달린 결정을 내리는 의사들 사이에서도 그렇다.

대다수 사람들은 편향이 개인의 신념에 관한 특징(어떤 사람은 편향이 있는 반면, 어떤 사람은 그렇지 않다는 식으로)이라고 배웠다. 하지만 가장 중대한 형태의 편향은 사람의 머릿속에 있는 게 아니라, 그들의 소셜 네트워크에 있다.

(아주 느리게 확산된) 의학의 혁신

1929년, 독일의 외딴 도시 에베르스발데의 작은 병원에서 일하고 있던 베르너 포르스만은 야심만만한 25세의 심장 전문의였다. 포르스만에겐 심장학 분야에 혁명을 가져올 만한 생각이 있었다. 그것은 카테터catheter(도관)라고 부르는 작은 플라스틱 관을 사용하는 것이었다.

19세기 후반 이래 카테터는 비뇨기과와 연관 분야에서 정맥에 삽입해 혈액과 오줌 같은 체액의 체외 배출을 돕는 데 쓰여왔다.

그런데 포르스만은 이 기술을 심장 **안**에도 사용할 수 있지 않을까 하는 기괴한 생각을 했다. 환자의 팔을 통해 카테터를 집어넣어 흉강까지 밀어 올릴 수 있지 않을까? 그러면 심장 근육의 상태를 검사하고, 병에 걸린 조직을 확인하고, 심지어 생명을 구하는 약을 심장막에 직접 투여할 수 있을 것 같았다.

하지만 이런 시도를 꿈도 꾸지 말아야 할 이유가 있었다. 플라스틱 관을 심장으로 밀어 넣으면 그 환자가 즉각 죽고 만다는 게 전체 의학계의 일치된 의견이었다.

포르스만만 빼고 모두가 그렇게 생각했다.

포르스만은 동물을 대상으로 그 절차를 시술한 사례를 읽고는, 왜 이 절차가 사람에게는 통하지 않는다고 생각해야 하는지 그 이유를 알 수 없었다. 그 당시에는 그런 절차를 시도할 수 있는 수술실이나 실험실이 없었다. 길이 1.5미터의 플라스틱 관을 환자의 팔이나 다리로 집어넣어 심장까지 밀어 올리는 것이(환자를 죽이지 않고서) 정말로 가능할까? 그 관이 대정맥이나 우심방에 제대로 도착했다는 것을 어떻게 알 수 있을까? 설사 관을 그곳까지 밀어 넣는 데 성공한다 하더라도, 그것을 어떻게 진단이나 치료 목적으로 사용할 수 있을까?

포르스만에게는 몇 가지 아이디어가 있었다.

먼저 게르다 디첸이라는 간호사에게 자신을 좀 도와달라고 부탁했다. 포르스만은 자신의 몸에 그 절차를 시도할 계획이라고 말했다. 디첸이 보기에 그것은 자살 행위나 다름없어 보였다. 차라리 자신의 몸에 시도하라고 강하게 요구했다. 그러면 설사 일이 잘못되더라도, 치명적인 결과가 초래되기 전에 포르스만이 그 절차를 중단할 수 있을 것이라고 설득했다.

포르스만은 디첸의 주장에 동의했다. 디첸이 수술실과 함께 마취와 절개, 카테터 삽입, 추출에 필요한 무균 도구를 제공하자, 포르스만은 고정 벨트로 디첸을 수술대에 꽉 묶었다. 디첸은 마음의 준비를 단단히 했다.

그런데 디첸은 아무것도 느끼지 못했다.

절개가 일어나길 기다리면서 플라스틱 관이 팔 속으로 들어오는 느낌을 기대했다. 포르스만이 허리를 굽히고 절차를 시작하는 것처럼 보였다. 팔을 절개하고 관을 집어넣는 동작을 하는 것 같았다. 하지만 디첸은 아무것도 느끼지 못했다. 얼마 지나지 않아 디첸은 포르스만이 속임수를 썼다는 걸 알아차렸다. 디첸의 팔 옆에 자신의 팔을 나란히 놓고, 디첸의 팔을 절개하는 대신에 자신의 팔을 절개한 것이었다!

젊은 심장 전문의가 플라스틱 관을 자신의 팔에 집어넣는 동안 디첸은 수술대에 묶인 채 꼼짝도 할 수 없었다. 디첸은 포르스만이 카테터를 복강 쪽으로 점점 더 깊숙이 밀어 넣는 광경을 경악한 표정으로 바라보았다.

디첸은 극도의 공포에 사로잡혔다. 포르스만은 자신을 죽이고 말 것처럼 보였다.

하지만 젊은 의사에겐 다 계획이 있었다.

디첸에게 자신과 함께 아래층의 X선 촬영실로 가자고 했다. 디첸이 동의하자, 포르스만은 고정 벨트를 풀어주었다. 두 사람은 서둘러 수술실에서 나와 긴 복도를 건너 X선 촬영실로 갔다. 포르스만의 왼쪽 팔에는 여전히 플라스틱 관이 꼬불꼬불 감긴 채 삐죽 나와 있었다. 포르스만은 X선 촬영 장치 앞에 서서 카테터를 몸통 속으로 밀어 넣고 심장막 주위를 돌아 우심실로 집어넣으면서 모니터로 자신의 흉강을 관찰했다. 그리고 디첸에게 그 과정을 촬영하게 했다. X선 사진은 플라스틱 관이 포르스만의 왼쪽 팔로 들어가 어깨 관절로 뻗어간 뒤, 흉강을 지나 무사히 심장에 안착한 모습을 보여주었다. 포르스만의 대담한 실험이 성공한 것이다.

몇 주일 전에 포르스만의 상사인 외과 과장은 포르스만이 이 절차를 시도하는 것을 금지했다. 이제 외과 과장은 어떻게 생각할까?

그는 크게 화를 내면서도 한편으로는 기뻐했다. 화를 낸 것은 포르스만이 자신의 건강을 돌보지 않고 무분별한 짓을 벌였기(그리고 자신의 지시를 노골적으로 무시했기) 때문이었다. 하지만 외과 과장은 그 절차가 성공했다는 사실에 기쁨을 감출 수 없었다. 그도 에베르스발데의 작은 병원이 의학의 역사를 곧 새로 쓰게 되리란 사실을 알았다.

동료 의사들로부터 분노의 반응이 나오리라 예상한 포르스만과 외과 과장은 이 절차의 치료 가치를 보여주기로 결정했다. 두 사람은 카테터를 사용해 위독한 심장병 환자의 우심실에 직접 약물을 투여했다. 이 방법은 표준적인 정맥 주사보다 치료 효과가 훨씬 뛰어난 것으로 입증되었다. 이 시범을 성공적으로 마친 뒤, 포르스만은 이 획기적인 아이디어를 세상에 발표할 때가 되었다고 생각했다.

그래서 이 절차에 관한 보고서를 독일의 유명한 의학 학술지에 제출했다. 불과 몇 주일 만에 그 논문이 채택되어 학술지에 실릴 것이라는 연락이 왔다.

포르스만은 곧 명성과 부를 거머쥘 것처럼 보였다. 그해에 포르스만은 에베르스발데의 작은 병원에서 베를린의 유명한 샤리테병원으로 옮겼고, 그곳에서 심장 카테터에 관한 선구적인 연구를 계속할 계획을 세웠다.

그리고 논문이 마침내 학술지를 통해 발표되었다.

그런데 획기적인 발견이 발표되자마자 포르스만의 경력은 와르르 무너지기 시작했다. 의학계는 심장학 부문의 통념에 도전하기 위해 무모하게도 스스로에게 시술한 이 건방진 외과의에게 호의적이지 않았다.

1929년 당시에 의학계의 사회 규범은 이미 잘 확립돼 있었다. 그런데 포르스만은 이를 명백히 어겼다. 포르스만의 획기적인 논문이 국제 언론을 통해 관심을 더 많이 받을수록 의학계의 동료들로부터 더 많은 불만이 터져나왔다. 새 상사가 된 샤리테병원의 외과 과장은 포르스만을 즉각 해고하라고 지시했다. 이렇게 해서 젊은 외과의는 병원에서 쫓겨나고 말았다.

그 후 30년 동안 포르스만은 심장외과와 비뇨기과를 비롯해 그 밖의 여러 부문을 전전했고, 의학계에서 적절한 자리를 잡지 못했다.

서문 첫 부분에 나왔던 이 이야기의 반전을 기억하는 사람이 있을지 모르겠다. 수십 년 뒤, 50대가 된 포르스만은 독일의 소도시 바트크로이츠나흐에서 비뇨기과 의사로 일하고 있었다. 획기적인 발견을 발표한 지 거의 30년이 지난 1956년의 어느 쌀쌀한 가을날 저녁, 그는 술집에서 술을 홀짝이고 있었다. 아내가 술집으로 전화를 걸어 포르스만에게 얼른 집으로 오라고 했다. 그와 연락하고 싶다는 기자가 있다고 했다. 하지만 포르스만은 기자와 대화를 나누는 것에 별다른 흥미를 느끼지 못했고, 친구들과 한 차례 더 술자리를 가졌다. 밤 10시 무렵에 마침내 집에 도착한 포르스만은 자신이 1957년도 노벨 생리의학상 수상자로 결정되었다는 전화를 받았다.

오늘날 심장 카테터는 의료계에서 가장 일상적으로 쓰이는 절차 중 하나가 되었다. 전 세계의 모든 주요 심장학 부문에서 진단과 치료에 쓰이고 있다.

하지만 그렇게 되기까지는 참으로 오랜 시간이 걸렸다.

앞에서 나는 사회 규범이 어떻게 작용하고, 왜 그토록 변하기 어려운지 보여주었다. 어쩌면 당신은 의사가 결정을 내리는 데 사회 규범이 아무 역할도 하지 않을 것이라고 생각하기 쉽다. 의학은 객관적이고 경험적이어야 하지 않는가?

불행하게도 의사 또한 다른 사람과 마찬가지로 사회 규범의 영향에 휘둘리기 쉽다. 어쩌면 더 많이 휘둘릴지도 모른다.

10장에서 우리는 농부들이 왜 교잡종 옥수수를 채택하길 꺼려했는지 보았다. 어리석은 결정을 내렸다가 영원히 따라다닐 불명예가 한 가지 이유였다. 걸린 것이 많을수록 다수의 지지를 받지 못하는 결정에 따르는 사회적 위험은 더 커진다. 불확실성이 아주 크고 걸린 것이 아주 많은 직업(금융과 의학 분야처럼)에서 성공하는 사람들은 자기가 몸담은 업계의 사회 규범에 아주 예민하다. 걸린 것이 많을수록 그리고 불확실성이 클수록 사회 규범에 동조하는 경향이 더 커진다.

2020년, 하버드대학교 의학대학원의 낸시 키팅이 이끄는 팀이 이 현상에 대해 획기적인 연구를 했다. 이 연구는 의사가 암 환자를 치료하기 위해 새로운 생물학 요법을 사용하려는 의지가 의학계 내부의 소셜 네트워크에 큰 영향을 받는다는 것을 보여주었다.

키팅이 이끄는 연구팀은 400개 이상의 의학계 커뮤니티에 소속된 800명 이상의 의사가 432건의 진료에서 내린 결정을 살펴보았다. 2005년부터 시작하여 4년간에 걸친 이 연구에서 연구팀은 의사들이 자신의 암 환자에게 전통적인 화학 요법에서 새로운 생물학 요법(베바시주맙이라는 약물을 사용하는)으로 치료법을 바꾼 이유를 검토했다. 키팅은 질병의 성격이나 의사의 배경과 경험의 특징만으로는 의사가 어떤 환자에게는 새로운 요법을 사용하는 반면 다른 환자에게는 왜 그러지 않는지 설명할 수 없다는 사실을 발견했다. 심지어 병원의 크기도 상관이 없는 것처럼 보였다. 임상적으로 동일한 유방암 환자들인데도 서로 아주 다른 치료를 받았다(비슷한 훈련을 받고 비슷한 경력을 가진 의사들에게서 비슷한 종류의 병원에서 치료를 받는데도). 그러자 돈이 명백한 이유가 아닐까 생각되었다. 하지만 놀랍게도 키팅의 분석에서는 어떤 표준적인 경제 이론이나 의료계의 지침으로도 일부 의료계 커뮤니티는 그 요법을 채택한 반면 다른 커뮤니티는 채택하지 않았는지 그 이유를 설명할 수 없다는 사실이 드러났다.

그러다가 마침내 그 이유를 발견했다.

그 설명은 의학적인 것도 아니었고 경제적인 것도 아니었다.

그것은 사회적인 것이었다.

의사가 베바시주맙을 사용하려는 결정은 그들의 소셜 네트워크에서 받는 강화에 좌우되었다. 어떤 요법이 그 임상의가 속한 커뮤니티에서 임계 질량에 도달하면, 그것은 사회적으로 사용해도 되는 것으로 받아들여졌다. 의사들의 소셜 네트워크에서 뿌리를 내리지 못한 요법은 사용되는 경우가 드물었다.

키팅 연구팀은 종양 전문의가 새로운 요법의 사용 여부에 관한 결정을 순수하게 의학적 정보를 바탕으로 내리지 않는다는 사실을 발견했다. 종양 전문의는 그 요법이 자신의 소셜 네트워크에서 정당한 것으로 간주된다는 사실을 확인한 후에야 그것을 사용했다. 강화를 더 많이 받을수록 새로운 요법을 사용할 가능성이 더 높아졌다.

이것은 반드시 나쁜 일만은 아니다. 민주당 지지자와 공화당 지지자가 NASA의 기후 데이터를 어떻게 평가하는지 조사한 우리 연구에서 보았듯이, 동료 네트워크로부터 받는 사회적 영향은 개인의 판단을 크게 향상시킬 수 있다. 적절한 소셜 네트워크에 속해 있다면, 새로운 요법의 불확실성이 클 때 의사가 동료들의 지혜에 의존하는 것은 나쁜 생각이 아니다.

하지만 잘못된 소셜 네트워크에 속해 있다면, 그런 결정은 끔찍하게 나쁜 결과를 초래할 수 있다.

피부색에 따른 카테터 차별?

1990년대에는 포르스만의 노벨생리의학상 수상 이야기가 거의 전설이 되었다. 그의 이야기는 젊은 독불장군 의사들에게 큰 감명을 주는 이야기로 수십 년 동안 반복되었다. 심장 카테터 절차는 잘 확립되었다. 미국의 의료 지침은 미국의 모든 주요 병원에 심장 카테터 시술을 위해 설계된 수술실이 있어야 한다고 명시하고 있다.

하지만 1997년에 펜실베이니아대학교와 조지타운대학교, 랜드연구소의 사회과학자들과 의사들로 이루어진 집단이 자신들이 품은 의심을 조사하기 시작했다. 이들은 생명을 구하는 이 절차가 공정하게 사용되지 않는다고 믿었다. 이들은 의사가 누구에게 심장 카테터를 시술할지 말지를 결정할 때 인종과 성에 따른 체계적인 차별이 존재한다고 생각했다.

앞선 연구에서 미국의 불평등한 의료 서비스가 파괴적 영향을 미친다는 사실이 드러났다. 의료 서비스 분야에서의 편향은 의료 통계에서 나타나는 현격한 차이에 반영돼 있는 경우가 많은데, 건강 결과는 재산과 식사, 환경 요인, 인종에 따라 큰 차이가 나타난다. 이 요인들은 상관관계가 있는 경우가 많다. 의학계 내부에 이 상관관계가 잘 알려지면, 의사들은 대개 그것을 불가피한 것으로 받아들인다. 그런 다음에는 사회 규범이 지배한다. 의사들은 환자의 인종을 바탕으로 환자에 대한 기대가 발달하기 시작하는데, 동료들을 통해 무의식적으로 그것이 강화될 때가 많다. 그래서 흑인 환자의 나쁜 건강 결과를 임상의의 부적절한 치료보다는 환자의 생활 방식이나 배경 탓으로 돌릴 가능성이 높다. 의사들은 백인 환자에 대해서도 가끔 생활 방식을 바탕으로 한 가정을 하지만, 흑인 환자만큼 자주 하지는 않는다. 특히 백인 남성은 이런 종류의 편향 효과에 피해를 입을 가능성이 가장 낮은 집단이다.

이러한 편향을 고치기가 힘든 이유는 그것이 무의식적으로 혹은 **암묵적으로** 작용하는 경우가 많기 때문이다. 암묵적 편향의 문제는 그것이 편견을 가진 의사와 간호사의 가슴과 마음에 존재하지 않는다는 데 있다. 그것은 의료계의 사회 규범과 그것을 강화하는 네트워크에 존재한다. 지난 수십 년간 실시된 수십 건의 연구에서 암묵적 편향이 미국 전역에서 일어나는 의료계의 의사 결정에 배어 있다는 사실이 드러났다. 연구 결과들은 그로 인해 항상 유색인 여성이 가장 큰 피해를 입는다는 것을 보여준다. 심지어 부유하고 교육 수준이 높고 존경받는 유색인 여성조차 백인 남성과 같은 수준의 대우를 받지 못한다.

따라서 심장 카테터 연구자들은 의사들이 환자의 치료에 대한 결정을 불공평하게 내린다고 의심할 만한 이유가 있었다. 하지만 그것을 어떻게 입증할 수 있을까? 미국의 심장 전문의 중에서 자신이 인종 차별적이거나 성 차별적인 임상 진료를 했다고 믿는 사람은 아무도 없으며, 더군다나 설문 조사에서 그 사실을 인정하려는 사람은 당연히 아무도 없다.

그래서 연구자들은 심장 카테터가 정말로 공평하게 시술되는지 알아보기 위해 기발한 계획을 세웠다. 그들은 1997년에 미국의사협회와 미국가정의학아카데미가 개최한 연례 회의 때 별도의 컴퓨터 부스를 설치했다. 이러한 부스는 의사들의 연례 회의에서 흔히 볼 수 있다. 참여자에게는 설문 조사와 연구 조사에 참여한 대가로 소액의 금전적 인센티브를 제공한다. 연구자들은 이 부스를 두꺼운 커튼으로 사방을 가려 투표소와 비슷한 모습으로 설계함으로써 의사들이 익명으로 조사에 참여할 수 있도록 보장했다.

참여자에게는 환자가 자신의 증상을 이야기하는 영상을 보여주었다. 그것은 가상 진료 방문과 비슷했다. 그러고 나서 의사들에게 환자의 상태에 관한 일련의 질문에 답하게 했고, 마지막으로 그 환자에게 심장 카테터를 사용해야 하느냐고 물었다.

이러한 종류의 '가상 환자' 시나리오는 의료 훈련에서 기본적으로 사용하는 것이다. 의학 대학원 시절과 레지던트, 전임의를 거치는 내내 의사들은 이것과 같은 표준화 환자를 마주치는 경험을 자주 한다. 직접 대면하거나 영상을 통해 의사들은 환자 흉내를 내는 연기자를 진단하라는 요구를 받는다. 연기자는 진짜 환자에게서 전형적으로 나타나는 증상을 묘사하고, 몸짓 언어로 표시하고, 심지어 발음을 불분명하게 한다(예컨대 뇌 손상을 입은 경우). 의사의 임무는 문제를 파악하고, 정확한 진단을 내리고, 올바른 검사나 치료를 처방하는 것이다. 이런 훈련이 아주 자주 일어나기 때문에, 일부 연기자는 유명한 병원에서 풀타임으로 표준화 환자 역할을 하면서 짭짤한 수입을 올린다. 속임수 같은 것은 전혀 없다. 의사는 환자가 연기자라는 것을 안다. 하지만 그 결과에 따라 자신이 평가를 받는다는 사실도 알기 때문에 진지하게 테스트에 임한다.

이 연구에 참여한 의사들은 환자 영상의 변형 버전이 수십 가지 있다는 사실을 몰랐다. 각 버전의 환자는 증상과 병력, 의료 기록이 조금씩 달랐다. 변형 버전의 수가 이렇게 많았기 때문에, 연례 회의에서 마주친 두 의사가 자신이 경험한 것을 서로 비교해 정보를 교환할 가능성이 낮았는데, 그들이 맞닥뜨린 사례들은 서로 다를 가능성이 높기 때문이었다.

의사들이 몰랐던 사실이 또 하나 있는데, 이 변형 버전들 중 대부분은 이 연구의 진짜 목적이 아니었다. 실험의 진짜 설계는 영상에 나오는 환자의 인종과 성별을 체계적으로 바꾸었는데, 이런 특징이 의사의 의견에 영향을 미치는지 알아보기 위해서였다.

《뉴잉글랜드의학저널》에 실린 이 연구 결과는 원자폭탄과 같은 위력을 발휘했다. 흑인 여성은 백인 남성에 비해 심장 카테터 시술을 받을 가능성이 현저히 낮은 것으로 드러났다. 그것은 인종적, 성적 편향이 임상의의 치료 권고에 직접 영향을 미친다는 것을 보여준 최초의 대조 실험이었다. 이와 관련해 새로운 이야기와 비평이 수십 개 나왔고, 그것을 인용한 후속 기사가 수백 개 더 나왔다. 이 결과는 모든 사람에게 의료 서비스 분야에서의 불공평 문제를 다시 생각하게 만들었다. 이제 암묵적 편향이 대화의 중심을 차지했다.

이제 이것을 어떻게 해결하느냐 하는 문제가 남았다.

탈편향 네트워크

우리는 평등한 소셜 네트워크가 NASA의 기후 데이터를 평가하는 민주당 지지자와 공화당 지지자 사이에서 어떻게 편향을 없앨 수 있는지 이미 보았다. 나는 환자를 평가하는 임상의들에게도 이 방법이 통할 것이라고 믿었다.

문제는 그것을 어떻게 입증하느냐였다.

《뉴잉글랜드의학저널》에서 예상치 못했던 답이 나왔다.

임상의들은 전문적인 퀴즈를 풀면서 많은 시간을 보낸다. 미국의사협회 연례 회의에서 제시되는 것과 비슷하게 가끔 이 퀴즈들에는 돈이 걸린 경우도 있다. 혹은 이런 퀴즈를 풂으로써 의학계에서 일어난 최신의 발전 상황에 능통하다는 인정을 받기도 한다.《뉴잉글랜드의학저널》 매호 뒤쪽에는 이런 퀴즈들이 실려 있다. 의사들은 거기에 자기가 생각한 답을 적고는 다음 주에 새로운 호가 발행되면 답이 맞는지 확인한다.

2016년에 나는 비슷한 종류의 퀴즈 게임을 설계해 임상의의 의학적 추론에 개재하는 편향을 평가하자는 아이디어를 떠올렸다. 나는 이 연구를 전국적으로 수백 군데의 병원을 대상으로 실시하려고 했다. 이것은 20년 전에 한 심장 카테터 연구와 비슷하지만, 임상의들에게 투표소 같은 부스에서 가짜 심장 환자의 영상을 보여주는 대신에, 인터넷에서 가짜 심장 환자를 보면서 진단과 치료 결정을 내리게 했다. 나는 펜실베이니아대학교와 샌프란시스코에 있는 캘리포니아대학교 동료들과 함께 팀을 만들어 그런 실험을 설계하는 데 착수했다.

우리가 맨 먼저 깨달은 것은 현장의 임상의들을 모집하려면 그 수고에 상응하는 인센티브를 제공해야 한다는 사실이었다. 그래서 판단이 정확하면 수백 달러의 보상을 주되, 판단이 틀리면 아무 보상도 주지 않기로 결정했다. 그것은 효과가 있었다. 모집 노력은 아주 성과가 좋았다. 전국에서 수천 명의 임상의가 적극적으로 우리 연구에 등록해 필요한 앱을 다운로드했다.

두 달에 걸쳐 우리는 여러 차례 반복 실험을 했다. 각각의 실험은 등록한 모든 임상의에게 통보를 하는 것으로 시작했다. 만약 바쁘다면 통보를 무시해도 되고, 퀴즈에 도전하고 싶으면 첨부된 링크를 클릭하면 되었다. 대개 매번 수백 명의 임상의가 응답했다.

각각의 연구가 시작될 때, 임상의는 심장 카테터 연구에 사용한 것과 같은 환자의 영상을 보았다. 영상은 두 가지 버전이 있었는데, 각 버전의 연기자들은 동일한 대본에 따라 연기를 했다. 가슴이 조이는 느낌이 있다고 호소하고, 가족력에 심장 문제가 있다고 이야기했다. 하지만 한 영상의 환자는 흑인 여성이었고, 다른 영상의 환자는 백인 남성이었다. 그러고 나서 임상의에게 최선의 치료 방법을 다지선다형으로 고르게 했다. 제시된 답지 중에는 환자를 그냥 집으로 돌려보내거나 즉각적인 검사를 위해 응급실로 보내거나 당장 심장 수술을 권하는 것도 있었다.

각 실험에는 네 가지 조건이 있었다. 처음 두 가지 조건의 의사들은 1997년의 원래 연구에 참여한 의사들처럼 혼자서 일했다. 첫 번째 집단은 독립적인 임상의 40명으로 이루어져 있었고, 이들은 흑인 여성 환자의 영상을 보고서 적절하다고 판단한 치료 방법을 제시했다. 두 번째 집단 역시 독립적인 임상의 40명으로 이루어져 있었는데, 이들은 백인 남성 환자의 영상을 보고서 적절하다고 판단한 치료 방법을 제시했다. 두 집단의 임상의들에게 자신의 결정을 되돌아볼 시간을 준 뒤에 원한다면 처음의 결정을 바꾸어 최종 결정을 제시할 기회를 주었다.

우리는 이 두 집단만으로도 의료계의 암묵적 편향에 대해 유용한 데이터를 얻을 수 있을 것이라고 예상했다. 하지만 내가 진짜로 관심을 가진 것은 네트워크 동역학이 그러한 편향에 어떤 영향을 미치는지 알아보는 것이었다. 우리는 나머지 두 집단이 답을 제공할지 모른다고 기대했다. 한 집단에는 흑인 여성 환자의 영상을, 다른 집단에는 백인 남성 환자의 영상을 보여주었다. 그리고 이번에도 40명씩으로 이루어진 각 집단의 임상의들이 각자 독자적으로 자신의 첫 번째 결정을 제시했다. 그러고 나서 우리는 각 집단을 평등한 네트워크로 연결했다. 각각의 네트워크에서 임상의들은 접촉자들과 익명으로 자신의 첫 번째 결정에 관한 이야기를 했다. 임상의들은 접촉자들이 각자 어떤 결정을 했는지 듣고 나서 원한다면 자신의 결정을 수정할 수 있었다. 마지막으로 임상의들에게 최종 결정을 제시하게 했다.

모든 집단에서 나온 첫 번째 응답에서는 아주 높은 수준의 편향이 나타났다. 정답은 즉각적인 검사를 위해 환자를 응급실로 보내는 것이었다. 하지만 백인 남성은 즉각적인 검사를 받는 비율이 흑인 여성보다 두 배나 높았다. 이것은 아주 심한 수준의 불공평이다. 이것은 즉각적인 심장 검사가 필요한 흑인 여성을 검사를 받게 하는 대신에 집으로 돌려보낸다는 것을 의미한다.

대조군에서는 임상의들에게 처음의 결정을 되돌아보고 최종 결정을 바꿀 기회를 주었을 때에도 변한 것이 없었다. 최종 결정은 처음 결정과 마찬가지로 편향돼 있었다. 매우 실망스러운 결과였다.

하지만 실험군에서는 다소 놀라운 결과가 나타났다.

임상의들이 평등한 네트워크에서 의견을 교환한 뒤, 흑인 여성에게 즉각적인 검사를 받게 하는 비율이 약 두 배로 증가했다. 연구가 끝날 무렵에는 환자를 응급실로 보내는 비율에서 백인 남성과 흑인 여성 사이에 유의미한 차이가 전혀 없었다. 사실, 평등한 네트워크의 임상의들은 처음에 환자를 잘못 다루던 태도에서 결국에는 정확한 진료를 제공하는 쪽으로 전환하는 비율이 네트워크로 연결되지 않은 집단의 임상의들보다 11배나 높게 나타났다. 현실적으로 말하자면, 이것은 심장이 위험한 상태에 있는 환자를 **부정확하게** 집으로 돌려보냈을 임상의가 이제는 **정확한** 결정을 내려 환자를 응급실로 보낼 확률이 1000%나 높아졌다는 것을 의미한다. 이 모든 변화가 단순히 소셜 네트워크 때문에 일어났다.

심장 연구 외에도 우리는 다른 임상 사례(아편 유사제 처방에서부터 당뇨병 치료에 이르기까지)를 사용한 변형 버전의 실험을 여섯 가지 이상 해보았다. 모두 합쳐 100번 이상의 반복 실험을 했다. 그리고 일관된 결과를 얻었다. 평등한 네트워크에서 쪽지를 비교한 의사들은 치료 방법 권고에서 덜 편향된 판단을 내렸을 뿐만 아니라, 인종과 배경에 상관없이 모든 환자에게 더 나은 치료를 제공할 가능성이 더 높았다.

바깥쪽 가장자리의 전문가들

이 실험들에서 나온 가장 예상 밖의 발견 중 하나는 일부 퀴즈에서 높은 점수를 얻은 임상의들이 다른 퀴즈에서는 낮은 점수를 얻었다는 사실이다. 최고의 임상의는 퀴즈가 바뀔 때마다 바뀌었다. 그물 네트워크에서는 퀴즈에 따라 변하는 개개인의 성적이 각각의 퀴즈에 대한 모두의 성적을 전체적으로 높이는 데 아무런 영향을 미치지 않았다. 하지만 이러한 변화는 중앙 집중 네트워크의 주요(그리고 피할 수 없는) 문제 중 하나를 부각시킨다. 그 문제는 바로 동일한 사람이 항상 중앙에 위치한다는 점이다. 매우 권위적인 외과의는 심지어 자신의 전문 영역 외의 임상 주제에 대해서도 불균형적으로 큰 영향력을 행사할 가능성이 높다. 이 외과의가 어떤 것에 대해 잘못된 판단을 하면(가끔 그럴 수밖에 없다), 그 잘못된 생각이 금방 퍼지게 된다.

현실 세계에서는 이 문제를 어떻게 해결할 수 있을까? 어떻게 하면 네트워크 주변부에 있는 사람들의 영향력을 증가시킬 수 있을까? 중앙 집중 네트워크를 더 평등하게 만들 수 있을까?

2018년, 버락 오바마 전 미국 대통령은 매사추세츠공과대학교 슬로언경영대학원에서 한 강연에서 바로 이 문제를 다루었다. 오바마는 불확실성이 큰 상황에서 지도자가 훌륭한 결정을 내리는 방법을 이야기했다.

오바마는 어려운 정책 결정을 놓고 내각 각료들과 테이블 주위에 앉아 있는 상황을 묘사했다. 짙은 색의 반짝이는 오크 테이블과 자신과 각료들이 앉은 높다란 가죽 의자가 얼마나 대단한 권위를 뿜어내는지 이야기했다. 그는 농담 삼아 "그것은 정말로 대통령이 된 듯한 느낌을 주었습니다"라고 말했다.

오바마는 조명이 희미한 방 주변에 서 있던 다른 직원들도 기억했다. 그들은 직급이 낮은 직원들이었다. '바인더와 공책'을 든 데이터 분석가, 정책 보좌관, 문서 작성자 등으로 이루어진 그들은 각료들이 권고안을 만드는 데 사용할 자료를 준비하는 일을 했다. 오바마는 테이블 주위에 앉아 있는 '중요한' 사람들은 데이터를 자세히 살펴볼 시간이 없었다고 날카롭게 지적했다. 대신에 그들은 보좌관들이 준비한 고급 정책 정보를 대충 훑어보고는 "그것을 설명했는데, 아마도 부정확하게 했을 것입니다"라고 약간 농담조로 말했다.

오바마는 현대 세계의 막대한 복잡성 때문에 수백 쪽에 이르는 연구를 대통령에게 제공하는 유용한 정보로 압축하려면 이런 종류의 증류 과정이 불가피했을 것이라고 인정했다.

하지만 그러고 나서 의사 결정의 성패를 좌우하는 비결을 소개해 우리의 주의를 끌었다. 그것은 바로 네트워크 주변부에 관한 이야기였다.

"내가 사용한 비결 중 하나는 바깥쪽 가장자리에 있는 사람들—즉, 방 가장자리에 눈에 띄지 않게 서 있는 직원들—을 종종 부르는 것이었습니다. 이 모든 일을 한 사람들이 바로 그들이라는 사실을 내가 알고 있었기 때문이지요." 직원들은 두려움을 느꼈고, 사전에 상사로부터 아무 말도 하지 말라는 지시를 받았다. 하지만 대통령의 명시적인 요청을 거부할 수 없어 네트워크 주변부의 유용한 지혜를 대화의 중심으로 가져왔다.

오바마는 "만약 광범위한 목소리를 듣길 원한다면, 그들의 목소리에 귀를 기울여야 합니다"라고 덧붙였다. 그들은 바로 주변부—'바깥쪽 가장자리'—에 있다. 하지만 오바마는 지도자에게는 그러한 목소리를 대화에 참여시키려는 의지가 있어야 한다고 강조했다. 그리고 이렇게 결론 내렸다. "오늘날의 문화에서는 의도적으로 그렇게 하지 않는다면, 당신은 뒤처지고 말 것입니다. 이것은 정치는 물론이고 사업에서도 통하는 진실입니다."

코치의 마음을 바꾸는 법

몇 년 전에 나는 프로 농구팀인 필라델피아 세븐티식서스의 수행능력연구개발 팀장으로부터 전화를 받았다. 그는 소셜 네트워크에 관한 내 연구를 읽고서 내 연구가 미국프로농구연맹NBA에 도움이 될 수 있을지 알고 싶어 했다.

그는 당면한 문제가 스카우트라고 설명했다.

마이클 루이스가 쓴 『머니볼』을 읽었다면(혹은 브래드 피트와 조나 힐이 주연을 맡은 동명의 영화를 보았다면), 그 문제가 뭔지 즉각 이해할 것이다. 프로 스포츠에서 스카우트는 의학 분야와 비슷하게 오래전부터 동창생 클럽처럼 운영되었다. 전문 스카우터는 대부분 전직 선수나 감독 출신이다. 이들은 선수를 평가할 때 잘 확립된 편향이 있다. 스카우트 업계의 오래된 규범은 특정 종류의 선수(실패하는 경향이 있는)를 편애하는 반면 다른 종류의 선수(성공할 수도 있는)를 무시할 수 있다.

『머니볼』은 오클랜드 애슬레틱스가 선수단을 구성하기 위해 기존에 존중받던 스카우트 규범을 무시하고 완전히 새로운 방식을 고안한 이야기를 들려준다. 새로운 스카우트 전략 덕분에 오클랜드 애슬레틱스는 아메리칸 리그 역사상 최다 연승 기록을 세웠다.

필라델피아 세븐티식서스가 내게 던진 질문은 "우리도 그렇게 할 수 있을까요?"였다.

NBA에는 예측이 크게 빗나간 것으로 유명한 스카우트 이야기가 몇 가지 있다. 2011년, NBA 드래프트의 마지막 지명자(문자 그대로 맨 마지막으로 선택된 선수)는 아이제이어 토머스였다. 많은 사람은 이 이름이 친숙할 텐데, 이 선수의 이름은 1980년대에 디트로이트 피스톤스의 명예의 전당에 오른 아이제이어 토머스에서 딴 것이기 때문이다. 이 아이제이어 토머스(키 173센티미터에 2011년 후기 드래프트에서 선택된)는 같은 이름의 선수처럼 대학 농구의 스타는 아니었다. 사실, 그는 운 좋게 새크라멘토 킹스에 들어갈 수 있었다. 많은 사람들은 그가 곧 무대에서 사라질 것이라고 생각했다. 하지만 토머스는 NBA에서 어엿한 주전으로 뛰었고, 2016년 시즌과 2017년 시즌에 연속으로 NBA 올스타로 선정되었으며, 2016/2017년 시즌에는 올 NBA 팀 선수로 선정되는 영예를 안았다.

이와는 대조적으로 2013년에 NBA 드래프트에서 맨 먼저 지명된 선수(모두가 갈망하는 '최고' 신인)는 앤서니 베넷이었다. 2미터의 키에 네바다대학교 라스베이거스UNLV의 파워 포워드 출신인 베넷은 위대한 선수로 손꼽히는 래리 버드와 비교되었다. 베넷은 누가 봐도 올스타로 성장할 선수로 보였다. 4년 뒤인 2017년, 아이제이어 토머스가 NBA 올스타 팀에 두 번째로 올라갈 때, 베넷은 실망스러운 시즌을 잇따라 보낸 끝에 결국 마이너 리그로 강등되고 말았다.

2017년에 베넷은 메인 레드클로스에서 뛰었고, 2018년에 캐나다 온타리오주의 아구아 칼리엔테 클리퍼스로 트레이드되었는데, 대다수 사람들은 두 팀의 이름을 들어본 적조차 없을 것이다.

필라델피아 세븐티식서스가 내게 전화를 걸었을 때, 그들은 NBA 우승을 염두에 두고 있었다. 그들은 아이제이어 토머스 같은 흙 속의 진주를 알아보고 앤서니 베넷처럼 불운한 선수를 피할 수 있도록 스카우트 절차를 개선하는 방법을 알고 싶어 했다.

전화 통화를 마치기도 전에 나는 그들이 무엇을 해야 하는지 알았다. 다만 그들이 그것을 할 의지가 있는지는 알 수 없었다.

그 당시 필라델피아 세븐티식서스는 매 경기에서 각 선수가 뛴 총 시간(초 단위로 잰)에서부터 각 선수가 이동한 전체 거리, 경기 동안 선수의 자세와 몸짓 언어를 보여주는 데이터에 이르기까지 선수들에 관한 모든 것을 분석하는 데이터과학자를 이미 많이 거느리고 있었다. 이 모든 데이터가 수중에 있으니, 성공을 가져다줄 비밀 알고리듬(그들에게 승리를 가져다줄 건초 더미 속의 바늘)을 발견하는 방법도 거기에 반드시 있을 것처럼 보였다.

내 접근법은 달랐다.

그것은 데이터과학이 퍼즐의 필수 부분이긴 하지만, 데이터 분석에 절대로 포함되지 않는 암묵적인 인간 지식도 많이 있다는(대개는 어떤 지식이 중요하고 어떤 지식이 중요하지 않은지 알기가 어렵기 때문에) 개념을 바탕으로 했다. 만약 적절한 지식이 결코 기록되지 않는다면, 그것은 알고리듬에 포함될 수 없다.

나는 필라델피아 세븐티식서스 직원들 사이의 소셜 네트워크 내부에 숨어 있을지도 모를 통찰력에 관심을 가졌다. 코치진의 '바깥쪽 가장자리'에 스카우트 방법을 개선하는 데 사용할 수 있는 미개발 지식이 있지 않을까?

가장 큰 문제는 프로 스포츠의 조직 네트워크는 집중화가 심하다는 점이었다. 성공한 경영자와 정치인, 의사처럼 코치들도 위계질서가 엄격한 세계에서 일한다. 코치진 중에서 어떤 사람은 다른 사람보다 권한이 막강하다. 영향력은 네트워크 중심에 있는 사람(감독이나 단장)으로부터 나머지 모든 사람들에게로 흘러간다. 내 목표는 이 네트워크 패턴을 바꾸면 선수의 수행 능력에 대해 더 나은 예측을 할 수 있는지 알아보는 것이었다.

이것이 정말로 가능할까 하고 의심하는 사람들도 있을 것이다. 프로 스포츠 팀은 해마다 성적에 수억 달러가 걸려 있다. 명령 계통은 흔들기가 어렵다. 미국 대통령은 네트워크 주변부의 다양한 목소리를 자신의 의지로 끌어낼 수 있지만, 필라델피아 세븐티식서스의 네트워크를 더 평등하게 만들기 위해 일개 사회학자가 할 수 있는 일에는 어떤 것이 있을까?

나는 의학 연구에서 효과가 있었던 것과 동일한 접근법을 사용하기로 마음먹었다. 즉, 코치들의 스카우트 문제를 퀴즈 게임으로 바꾸려고 한 것이다.

내 연구팀은 간단한 앱을 개발해 코치들이 전화나 노트북으로 로그인하면 그물 패턴으로 서로 연결되게 했다. 그러고 나서 그들에게 필라델피아 세븐티식서스가 적극적으로 고려하는 드래프트 후보의 성적에 대한 질문을 던졌다.

스카우트 시즌이 이미 막을 올려 필라델피아 세븐티식서스는 다가오는 드래프트에서 선정할 후보들을 살펴보기 시작했다. 나는 비밀을 지키겠다고 맹세했다. 나나 내 연구팀에서 비밀이 유출되기라도 하면, 필라델피아 세븐티식서스의 드래프트 전망이 언론의 관심을 더 받게 되어 드래프트 과정에서 불필요하게 다른 팀의 관심을 끌어올릴 우려가 있었다.

몇 주일 동안 필라델피아 세븐티식서스는 유력한 후보들을 초대해 훈련 센터를 방문하게 했다. 이들은 간단한 2대2 경기나 3대3 경기, 자유투, 단거리 달리기, 3점 슛 등을 포함해 일련의 훈련 과정을 거쳤다. 필라델피아 세븐티식서스는 새로운 신인 선수 후보를 일주일 동안 여러 차례 불렀고, 최선의 '슈터'를 찾아내느라 큰 관심을 기울였다.

매일 대개는 오전 늦은 시각에 나나 내 대학원생 중 한 명이 뉴저지주 캠던에 위치한 필라델피아 세븐티식서스의 훈련 장소를 방문했다. 훈련과 연습 경기는 이미 진행 중이었다. 장비 설치가 끝나면, 우리 팀 연락원이 모든 코치에게 신호를 보내 연구에 합류할 시간임을 알렸다. 그 시점에서 그날 해야 할 훈련이 한 가지 더 추가되었다. 그것은 3점 슛 훈련이었다.

우리는 이 연구를 5일에 걸쳐 모두 다섯 차례 실시했다. 각각의 연구는 모두 똑같은 방식으로 진행되었다. 코치들에게 연구가 시작되었음을 알리면, 코치들은 각자 해당 사이트에 접속해 그날 테스트할 후보 선수의 프로필을 보았다. 우리는 코치들에게 (그날까지 본 모든 정보를 바탕으로) 각 선수가 그날 연습에서 3점 슛을 성공시킬 비율을 예측하라는 퀴즈를 냈다.

의학 연구에서와 마찬가지로 코치들은 첫 번째 예측을 한 뒤에 네트워크를 통해 연결된 다른 코치들의 예측을 서로 익명 상태로 볼 수 있었다. 그들은 그 정보를 무시하고 자신의 처음 판단을 고수하거나 동료들의 의견을 존중해 자신의 추측을 수정할 수 있었다. 그렇게 해서 최종 예측을 제출했다.

그것이 다였다.

각 퀴즈에 답하는 데에는 약 10분이 걸렸다. 그러고 나서 코치들은 본연의 업무로 되돌아갔다. 몇 시간 뒤, 선수들이 3점 슛 연습을 마쳤고, 우리는 코치들의 예측을 평가했다. 연습 동안에 코치들은 여러 선수를 동시에 지켜보았다. 그들은 슛 자세는 잘 평가했지만, 정확도는 알 수 없었다. 그들은 나머지 사람들과 마찬가지로 연구 결과가 나올 때까지 기다려야 했다.

첫 번째 주의 연구는 그다지 잘 진행되지 않았다.

대다수 코치들은 냉담한 반응을 보였다. 하지만 어떤 사람들은 정말로 짜증 난 반응을 보였다. 연구에 대한 평도 충분히 예상했듯이 농담이 주를 이뤘다.

하지만 첫 번째 주가 지나자 모두의 태도가 크게 개선되었다. 사실, 코치들은 그 연구에 참여하길 **원했다**. 첫 번째 주의 연구가 끝난 뒤 일어난 몇 가지 일이 이러한 심경 변화를 일으켰다.

첫째, 코치들은 퀴즈가 재미있다는 사실을 깨달았다. 둘째, 코치들은 임상의처럼 원래 경쟁심이 강한 사람들이다. 일단 퀴즈의 개념을 이해하고, 자신이 동료들보다 더 잘하거나 못할 수 있다는 사실을 알자 강한 동기를 느꼈다.

하지만 코치들의 참여를 부추긴 주된 이유는 그물 패턴이 가져다준 예상 밖의 부산물이었다. 코치들은 자신의 목소리가 경청된다는 사실을 깨달았다.

코치들은 처음에는 코치진에서 지위가 높은 사람들이 퀴즈 게임에서 상호작용을 주도할 것이라고 생각했다. 그들은 내가 그들을 연결시킨 평등한 네트워크에 대해 잘 알지 못했다. 첫 번째 주의 연구가 끝난 뒤, 지위가 낮은 일부 코치들('바깥쪽 가장자리'에 위치한)은 자신이 전체 집단에 의미 있는 영향력을 미칠 수 있다는 사실을 알게 되었다. 그래서 어느 정도 권한을 부여받은 듯한 느낌을 받았다.

나는 이전 연구들에서는 이 권한 부여 개념을 알아채지 못했는데, 아마도 참여자들과 직접 대면해 대화를 나누지 않았기 때문일 것이다. 또, 나는 권한 부여는 전직 농구 선수 출신의 집단에는 큰 관심사가 아닐 것이라고 여겼기 때문에 그런 상황을 전혀 예상하지 못했다. 하지만 일부 코치는 평소에 자신의 목소리가 경청되지 않는다고 느끼는 게 분명했다. 나중에 그들과 대화를 할 때, 몇 사람은 자신의 의견이 집단의 결정에 영향을 미치고 집단의 결정을 더 나은 답으로 나아가게 하는 것을 볼 수 있어서 퀴즈가 만족스러웠다고 말했다. 하지만 가장 주목할 만한 사실은, 나와 대화를 나눈 사람들이 모두 평소에 회의에서 막강한 영향력을 행사하던 개인들이 집단의 견해를 좌지우지하지 않아서 만족스러웠다고 말했다는 점이다. 이 사실은 그 어떤 것보다도 나머지 연구 기간에 코치들의 적극적인 참여를 유도하는데 도움을 주었다.

다섯 차례에 걸쳐 실시된 연구 데이터를 모두 취합하자, 그 결과는 아주 놀라웠다. 코치들이 불과 10분 동안에 선수의 3점 슛 결과를 정확하게 예측하는 능력이 57%에서 66%로 크게 향상됐다. 코치들은 이 결과를 흥미롭게 생각했지만, 이에 진지한 태도로 큰 관심을 보인 사람들은 필라델피아 세븐티식서스의 경영진이었다. 이 실험은 단지 스카우트 결정뿐만 아니라 선수의 출전 시간을 어떻게 정하고, 훈련을 얼마나 오래 시키며, 훈련 사이의 회복 시간을 얼마나 주어야 하는지 등에 대한 판단을 개선하려면, 코치진과 지원 인력의 네트워크 주변부를 어떻게 활용해야 하는지에 대해 새로운 통찰을 제공했다. 네트워크 주변부에는 암묵적 지식이 많이 숨어 있으며, 평등한 네트워크는 그것을 모아서 사용할 수 있는 새 방법을 제공한다.

편향은 기묘한 것이다. 편향은 설사 그 실수가 값비싼 대가를 치르게 하더라도, 우리에게 올바른 답보다는 익숙한 답을 선택하게 만든다. 중앙 집중 네트워크는 이런 나쁜 사고 습관을 강화하는 경향이 있다. 일단 편향이 자리를 잡으면, 그 편향과 공명하는 개념들이 단순한 전염원이 된다. 이것들은 이해하기 쉽고 확산하기도 쉽다. 진짜 문제는 우리의 편향과 그것을 강화하는 네트워크가 어려운 문제를 해결하는 새 방법을 발견하지 못하도록 방해할 수 있다는 점이다. 심지어 바로 눈앞에 있는 정보를 제대로 보지 못하게 방해할 수도 있다.

다행히도 네트워크 주변부는 진정한 사회 변화를 지원할 수 있고 실제로도 지원한다. 2001년에 오클랜드 애슬레틱스는 메이저 리그 야구팀 중 둘째로 가난한 팀이었는데, 유리한 고지를 점하기 위해 괴상한 전략을 사용했다. 그것이 통하리라고 생각한 사람은 아무도 없었다.

오늘날 이 괴상한 개념은 모든 메이저 리그 구단이 채택하고 있다. 그 후 메이저 리그의 스카우트 사회 규범에 상전벽해 같은 변화가 일어났다. 그리고 그것은 주변부로부터 퍼져나갔다.

13장

변화를 위한 일곱 가지 전략

이 책 첫머리에서 변화가 일어나는 방식에 대해 널리 퍼진 미신에서 유래하는 참담한 실패 사례들을 이야기했다. 더 나은 설명이 없는 상태에서 이러한 실패들은 흔히 불운 탓으로 돌렸다. 하지만 이제 우리는 어떤 행동이나 혁신이 뿌리를 내릴지 여부를 결정하는 데 운이 차지하는 비중이 생각보다 훨씬 작다는 사실을 안다.

브랜드 마케팅 전문가나 정치 전략가, 컨설팅 회사를 포함해 많은 전문가는 어떤 것을 '크게 확산시킬' 비법을 안다고 주장한다. 어느 정도 아는 것은 사실이다. 이들은 과거에 어떤 종류의 정보와 제품이 크게 확산되었는지 알 수도 있다. 성공적인 매체용 메시지를 선택하고 측정하는 법을 알 수도 있다. 단순한 전염을 확산시키는 데 효과가 있는 인상적인 지식은 아주 많다.

하지만 이런 전략들은 복잡한 전염을 확산시키는 데에는 실패하고 만다.

자, 그렇다면 우리 자신의 변화를 확산시키려면 어떻게 해야 할까? 당신은 팀들의 네트워크를 관리하는 CEO일 수도 있다. 혹은 자신의 커뮤니티나 교회 내 집단, 주 입법부, 혹은 급조한 농구팀에서 그저 새로운 개념을 확산시키길 원할 수도 있다. 자신과 연결된 사람들의 행동을 변화시키려면, 네트워크과학의 새로운 발견들에서 어떤 것을 활용해야 할까? 여기서는 우리 자신의 변화 계획에 이 책에서 소개한 교훈을 적용하는 방법으로 쓰기에 유용한 일곱 가지 전략을 소개하려고 한다.

전략 1 : 전염성에 의존하지 마라

사회 변화는 바이러스처럼 확산하지 않는다. 바이럴 광고 캠페인은 새로운 개념을 뿌리내리게 하지 못한다. 단순히 눈길을 끄는 것만으로는 부족하다. 그것은 심지어 역효과를 낳을 수도 있다. 어떤 혁신에 대한 소문을 모두가 듣지만 아무도 그것을 채택하지 않는다면, 의도치 않게 그 혁신이 바람직하지 못한 것으로 비치는 효과를 낳는다. 구글플러스를 생각해보라. 널리 홍보된 실패가 초래하는 부정적 낙인은 장래의 노력마저 망치는 결과를 낳는다.

변화 계획을 성공시키고 싶다면, 정보의 전염성 확산에 의존해 문제를 해결하려고 하지 마라. 복잡한 전염을 부추기도록 설계된 전략을 사용하라. 그래야 행동 변화를 뿌리내리게 하고 확산시킬 수 있다.

전략 2 : 혁신가를 보호하라

비채택자는 **대항 영향력**이 될 때가 많다. 정당성이나 사회적 협응이 필요한 사회 변화 노력의 성패는 채택자에게서 나오는 강화 신호를 만드는 것 못지않게 비채택자에게서 나오는 회의적인 신호를 억제하는 것에도 크게 좌우된다. 교잡종 옥수수 사례를 생각해보라.

기존의 규범에서 유래한 뿌리 깊은 반대에 직면하는 혁신은 얼리 어답터들이 전체 네트워크에 **덜** 노출되어 있을 때 더 효과적으로 확산할 수 있다. 이것은 **보호**와 **연결** 사이에서 균형을 잡는 문제이다. 혁신가들이 힘을 합쳐 새로운 개념을 전파할 수 있도록 충분히 넓은 가교를 만들 필요가 있는 한편, 대항 영향력에 압도되지 않도록 서로에게서 받는 강화를 충분히 제공할 필요가 있다. 한 가지 방법은 네트워크 주변부의 사회 군집을 표적으로 삼는 것이다.

전략 3 : 네트워크 주변부를 활용하라

연결이 많은 인플루언서는 사회 변화의 장애물이 될 수 있다. 인플루언서는 연결된 대항 영향력(즉, 현상에 동조하는 사람들)이 많기 때문에 그렇다. 사회 변화를 시작하는 비결은 주변부를 표적으로 삼는 것이다. 아랍의 봄을 생각해보라. 네트워크 주변부는 운동가의 메시지를 확산시키는 데뿐만 아니라 높은 시위 참여율을 이끌어내는 데에도 유리하다.

특별한 사람을 찾으려는 노력을 그만두고, 대신에 특별한 장소에 주의를 집중하라. 한국에서 피임이 확산된 사례를 생각해보라. 당신의 자원은 소중하다. 그 자원을 최대의 효과를 낼 수 있는 장소들에 사용하라. 주변부에 있는 사람들은 연결이 적어 더 많은 보호를 받을 수 있다. 네트워크 주변부는 낯선 혁신이 뿌리를 내리고 확산하는 장소다.

전략 4 : 넓은 가교를 구축하라

좁은 가교는 대개 집단들 사이를 잇는 하나의 약한 유대로 이루어져 있다. 좁은 가교는 영향력 범위가 크지만, 복잡한 전염을 확산시키는 데 필요한 중복성이 부족하다. 한 집단에서 다른 집단으로 새로운 행동을 확산시키려면, 필요한 신뢰성과 정당성을 확립하기 위한 넓은 가교가 필수적이다. 블랙 라이브스 매터 운동의 확산을 생각해보라.

크고 다양한 집단을 협응시키려는 시도는 하위 집단들 사이(조직 내의 서로 다른 부서들 사이나 다양한 커뮤니티와 지역들 사이, 서로 다른 선거구들 사이)에 넓은 가교를 구축하는 것에 기반을 두어야 한다.

○-○ 전략 5: 관련성을 만들라

관련성을 만드는 마법의 탄환, 즉 **언제나** 영향력을 발휘하는 단일 특성 같은 것은 없다. 하지만 다른 맥락에서도 관련성이 효과를 발휘하는 방식을 이해하는 데 도움을 주는 일반 원리가 몇 가지 있다.

원리 1: 행동 변화를 일으키는 데 특정 혁신이 그들에게 유용하다는 사회적 증거를 제시하는 것이 필요할 때, 관련성을 만들어내는 한 가지 핵심 요소는 **채택자와의 유사성**이다.

원리 2: 행동 변화를 일으키는 데 감정적 열광이나 충성심과 연대감이 어느 정도 필요하다면, 이번에도 **강화 원천**들 사이의 **유사성**이 행동 변화에 영감을 제공하는 데 도움이 된다.

원리 3: 행동 변화가 정당성(즉, 그 행동이 널리 받아들여진다는 믿음)을 기반으로 일어난다면, 그 **반대**도 성립한다. 채택을 지지하는 강화 원천들 사이의 **다양성**이 혁신을 확산시키는 데 중요하다. 페이스북에서 일어난 등호 캠페인을 생각해보라.

관련성을 만들려고 할 때에는 무엇보다도 맥락이 중요하다. 핵심 요소가 다양성과 유사성(그리고 어떤 종류의 유사성) 중 어느 것인지는 채택을 방해하는 장애물(바람직한 행동 변화가 맞닥뜨릴 가능성이 가장 큰 종류의 저항)에 달려 있다. 그것은 신뢰성과 정당성과 열광 중 어떤 문제에 해당하는가? 일단 저항의 종류를 파악하면, 관련성을 만들어 내는 방법도 알 수 있을 것이다.

○-○ 전략 6 : 눈덩이 전략을 사용하라

티핑 포인트를 촉발하는 비결은 군집화이다. 소셜 네트워크에서 얼리 어답터들이 당신의 계획에 대한 지지를 서로 강화할 수 있는 장소들을 표적으로 겨냥하는 전략을 구사하라. 말라위 실험을 생각해보라. 눈덩이 전략은 혁신에 정당성을 제공하는 안정적 장소들을 만들어낸다.

여기서 중요한 것은 **특별한 사람**이 아니라 **특별한 장소**이다. 얼리 어답터 이웃은 새로운 행동을 확립된 규범과 경쟁하게 할 수 있다. 단순한 전염에 관한 수십 년간의 연구에서 얻은 교훈과 반대로, 초기에 비채택자들에게 너무 많이 노출되면 비생산적 결과를 초래할 수 있다. 변화 촉진자들을 군집화하면, 사회 변화를 촉발하는 데 필요한 임계 질량의 크기를 낮출 수 있다.

눈덩이 전략을 적용하는 데 도움을 주는 원리가 두 가지 있다.

원리 1: 커뮤니티와 그 범위를 파악하라.

표적 커뮤니티가 아이오와주의 농부들과 독일의 주택 소유자들, 짐바브웨의 마을 주민들 중 어떤 사람들로 이루어져 있는지 파악하라. 당신이 접촉하려는 사람들은 누구이며, 그들은 무엇을 믿고, 당신이 변화시키길 원하는 사회 규범은 무엇인가?

사회 규범을 바꾸려면, 먼저 변화시키고자 하는 커뮤니티의 범위를 파악해야 한다. 그것은 이웃과 주, 국가 중 어느 것인가? 그것은 온라인 채팅 그룹인가, 아니면 정당인가? 그것은 전체 조직 중 한 부서인가, 아니면 회사 전체인가?

일단 표적 커뮤니티의 범위를 파악하고 나면, 그다음 단계는 그 네트워크 내에서 특별한 장소들을 찾는 것이다.

원리 2: 가교 집단을 표적으로 삼는다.

가교 집단은 서로 다른 집단들 사이에 넓은 가교를 구축하는 사회 군집을 말한다. 기술팀과 영업팀과 디자인팀 사이에서 일하는 집단을 생각해보라. 가교 집단은 소셜 네트워크 내에서 가장 **중앙에 위치한** 집단이기 때문에 특별하다.

개인적으로 볼 때 가교 집단의 구성원들은 다른 사람들과 구별되지 않는다. 이들은 연결이 많은 '인플루언서'나 중개인이 아니며, 자신이 특별한 위치에 있다는 사실도 모를 가능성이 높다. 이들의 영향력은 이들이 집단적으로 다른 사회 군집보다도 **더 넓은 가교**들 사이에 자리 잡고 있다는 사실에서 나온다. 이 사실 때문에 네트워크에서 이 장소는 눈덩이 캠페인을 시작하기에 아주 효율적이다.

전략 7: 발견을 향상시키고 편향을 줄이는 네트워크를 설계하라

네트워크는 중립적이지 않다. 네트워크는 혁신을 촉진하거나 방해한다. 네트워크는 집단 사이의 지식 전달을 장려하거나 제한한다. 올바른 전염 인프라는 팀들을 더 창조적이 되도록 자극하고, 집단들을 더 협력적이 되도록 자극하지만, 잘못된 전염 인프라는 창조성과 협력을 위축시킬 수 있다.

익숙한 개념과 편향된 견해는 단순한 전염이다. 이것들은 이해하기 쉽고 따르기가 쉽다. 이것들은 가만히 내버려두어도 확산된다. 중앙 집중 네트워크에서는 소셜 스타가 단순한 전염을 퍼뜨리는 데 효율적이다.

진정한 혁신은 사람들을 현상을 강화하는 영향력에서 보호하는 게 필요하다. 낡은 개념에서 벗어나 새로운 공통 기반을 발견하려면, 다양성을 보존하고 새로운 지식의 발견을 자극하는 전염 인프라가 필요하다.

정보에 기반을 둔 변화 캠페인은 소셜 네트워크 때문에 실패하는 경우가 많다. NASA의 기후 데이터를 기억해보라. 네트워크는 사람들이 보는 것과 믿는 것에 색을 입히고 형태를 만드는 프리즘이다. 네트워크는 편향을 강화하여 현상을 안정시킬 수도 있고, 새로운 개념을 옹호해 현상을 뒤집어엎을 수도 있다.

사용되지 않은 지식은 네트워크 주변부에 머문다. 올바른 전염 인프라는 그 지식을 모두에게 가져다줄 수 있다. 그리고 그 과정에서 집단의 무의식적 편향을 줄인다.

○-○ 이러한 전략들은 어떻게 사용해야 할까

변화의 일곱 가지 전략은 사고의 변화를 요구한다. 또, 정보를 확산시키려는 목표에서 규범을 확산시키려는 목표로 관심을 돌릴 것을 요구한다. 과거에 우리는 이 구분의 본질적 중요성을 간과했는데, 사람들에게 올바른 정보를 제공하기만 하면 나머지는 알아서 해결될 것이라는, 수백 년 동안 통용돼온 가정 때문이었다. 하지만 사회 변화에 대한 그러한 견해는 소셜 네트워크를 전혀 고려하지 않은 것이었다.

기존의 편향을 강화하는 개념과 믿음은 중앙 집중 네트워크에서 쉽게 확산된다. 우리의 편향에 도전하고 우리의 사고를 개선하는 혁신적 개념은 너무 많은 대항 영향력으로부터 혁신가를 보호하고 혁신적 개념의 전달을 위해 넓은 가교를 제공하는 전염 인프라에서 힘을 얻는다.

평등한 네트워크는 사회 변화를 확산시킨다. 하지만 더 중요한 사실이 있는데, 평등한 네트워크는 새로운 개념과 의견을 커뮤니티 내의 어느 장소에서도 나타나게 하고, 네트워크 중심에 위치한 강력한 소셜 스타에 의해 가로막히는 일 없이 모두에게 퍼져나가게 한다.

변화를 위한 네트워크 전략은 주변부의 목소리를 이끌어내는 데 초점을 맞추어야 한다. 사회 변화를 위한 이 접근법은 정치 토론에서 건전성과 공정성을 향상시키고, 생명을 구하는 혁신이 이전에 실패했던 곳에서 확산할 기회를 만들어냄으로써 열등한 혁신이 뿌리내리지 못하게 한다.

변화를 위한 일곱 가지 전략은 커뮤니티의 '바깥쪽 가장자리'에 숨어 있는 암묵적 지식을 끌어낼 수 있는데, 이것은 모든 사람에게 자신이 직면한 문제와 효과가 있는 해결책을 더 분명하고 잘 이해할 수 있게 해준다.

오바마 대통령은 이렇게 말했다. "오늘날의 문화에서는 의도적으로 그렇게 하지 않는다면, 당신은 뒤처지고 말 것입니다. 이것은 정치는 물론이고 사업에서도 통하는 진실입니다."

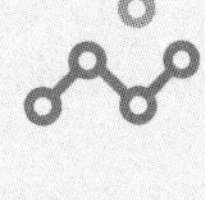

감사의 말

책을 한 권 쓰려면 마을 전체의 도움이 필요하다. 이 프로젝트를 가능하게 해준 주민들에게 감사를 표시하는 것은 큰 즐거움이다. 다음 사람들을 포함해 이 책의 각 장에 중요한 비평을 해준 동료들과 독자들 모두에게 감사드린다. 로리 비먼, 크리스티나 비키에리Cristina Bicchieri, 폴 디매지오Paul DiMaggio, 딘 프리론, 마크 그래노베터, 더글러스 헤커손, 토머스 하우스, 로저베스 모스 캔터, 엘리후 카츠, 일레인 쿵Elaine Khoong, 존 클라인버그, 한스-피터 콜러Hans-Peter Kohler, 수네 레만, 아허런 레비, 데이비드 마틴David Martin, 카를-디터 오프, 제니퍼 팬Jennifer Pan, 요하네스 로데Johannes Rode, 우르미말라 사르카르Urmimala Sarkar, 올리버 셸던Oliver Sheldon, 피터 심킨스Peter Simkins, 브라이언 스카임스Brian Skyrms, 재커리 스타이너트-스렐켈드, 조해네스 스트로벨Johannes Strobel, 폴 터프Paul Tough, 브라이언 우지, 아르나우트 판더레이트Arnout van de Rijt, 브룩 푸코 웰스Brooke Foucault Welles, 페이턴 영Peyton Young, 징웬 장Jingwen Zhang. 이 책에 보고된 많은 연구는 미국 국립과학재단, 국립보건원, 로버트 우드 존슨 재단, 제임스 S. 맥도넬 재단의 연구 기금을 지원받아 이루어졌다. 담당 편집자 트레이시 베허Tracy Behar, 에이전트인 앨리슨 매킨Alison MacKeen과 셀레스트 파인Celeste Fine, 그리고 아셰트출판사와 파크/파인리터러리앤드미디어의 경이로운 직원들을 포함해 나와 함께 이 책을 만든 환상적인 팀에 고마움을 표시하고 싶다. 이들은 이 책에 대한 아이디어를 구체적인 형태로 탄생시키는 데 도움을 주었다. 데번 브랙빌과 조슈아 베커 , 더글러스 길보를 포함해 훌륭한 대학원생들에게도 감사의 말을 빼놓을 수 없는데, 이 책에서 다룬 여러 프로젝트를 이들과 함께 한 것은 나에게 큰 특권이었다. 또 네트워크다이내믹스그룹의 모든 구성원에게도 감사드린다. 네트워크과학과 그것이 지닌 사회 변화 잠재력에 대한 이들의 열정 덕분에 나는 새롭고 흥미진진한 탐구에 푹 빠질 수 있었다. 마지막으로 이 책에 영감을 제공한 아내 수사나에게 가장 큰 고마움을 전한다.

참고 문헌

1장

- 오피니언 리더에 관한 연구는 여러 가지 획기적인 연구에서 시작되었다. 그런 연구로는 다음과 같은 것들이 있다. Paul Lazarsfeld et al., *The People's Choice* (New York: Duell, Sloan and Pearce, 1944); Elihu Katz and Paul Lazarsfeld, *Personal Influence* (New York: Free Press, 1955); and Elihu Katz, "The Two-Step Flow of Communication: An Up-to-Date Report on an Hypothesis," *Public Opinion Quarterly* 21 (1957): 61–78. 그리고 이 개념들과 관련된 연구는 다음 책에서 훌륭하게 대중화시켰다. Malcolm Gladwell, *The Tipping Point: How Little Things Can Make a Big Difference* (Boston: Little, Brown, 2000).
- 카츠와 라자스펠드가 제기한 '오피니언 리더'의 원래 개념은 오프라 윈프리(그들은 윈프리를 매체의 일부로 간주한다) 같은 유명 인사가 아니라, 새로운 미디어 콘텐츠를 잘 알고 나머지 사람들에게 그것을 알리는 데 도움을 주는 개인적 접촉자(시누이나 친밀한 동료)를 가리켰다. 오늘날의 '인플루언서' 개념은 오피니언 리더 개념을 확대해 연결이 아주 많지만(예컨대 소셜 미디어에서) 반드시 접촉자들과 개인적으로 잘 아는 사이는 아닌 사람들까지 포함시킨 것이다. 이 개념들의 역사는 다음에 자세히 소개돼 있다. Damon Centola, "Influencers, Backfire Effects and the

Power of the Periphery," in *Personal Networks: Classic Readings and New Directions in Ego-Centric Analysis*, edited by Mario L. Small, Brea L. Perry, Bernice Pescosolido, and Edward Smith (Cambridge: Cambridge University Press, 2021).

- 오늘날 사회적 영향력의 측정은 다음 책에서 정의한 것처럼 네트워크의 '중심성centrality'에 초점을 맞춘다. Mark Newman, *Networks: An Introduction* (London: Oxford University Press, 2010). 소셜 네트워크에서 영향력 있는 개인들을 확인하는 데 가장 많이 쓰는 방법들은 '연결 중심성degree centrality'(연결이 가장 많은 개인들), '매개 중심성betweenness centrality'(네트워크의 한 부분에서 다른 부분으로 가기 위해 대부분의 경로가 반드시 지나가야 하는 개인들), '고유 벡터 중심성eigenvector centrality'(연결이 많은 이웃들을 둔 개인들)이다. 최근에 네트워크 내에서 사회적 전염의 확산에 큰 영향력을 발휘하는 위치를 확인하는 이러한 측정 방법들에 한계가 있음을 보여준 다음과 같은 연구들이 나왔다. Eytan Bakshy et al., "Social Influence and the Diffusion of User-Created Content," in *Proceedings of the 10th ACM Conference on Electronic Commerce* (New York: Association of Computing Machinery, 2009), 325–334; Glenn Lawyer, "Understanding the Influence of All Nodes in a Network," *Scientific Reports 5* (2015): 1–9; Xioachen Wang et al., "Anomalous Structure and Dynamics in News Diffusion among Heterogeneous Individuals," *Nature Human Behaviour* 3 (2019): 709–718; 그리고 다음 논문에 대한 나의 비평 등이 있다. Wang et al., Damon Centola, "Influential Networks," *Nature Human Behaviour* 3 (2019): 664–665.
- 다음 논문에서 우리는 '복잡한 중심성complex centrality'을 측정하는 방법을 개발했는데, 이것은 사회적 전염을 확산시키는 데 가장 효율적인 특정 네트워크 장소를 확인하고 표적으로 삼는 공식적 방법을 제공한다. Douglas Guilbeault and Damon Centola, "Topological Measures for Maximizing the Spread of Complex Contagions" (working paper; Annenberg School for Communication, University of Pennsylvania, Philadelphia, 2020). 사회 운동의 확산에 이러한 네트워크 주변부 장소의 중요성을 보여준 초기의 경험적 연구에는 1989년의 베를린 장벽 시위에 관한 카를-디터 오

프의 주요 연구들이 있다. Steven Finkel et al., "Personal Influence, Collective Rationality, and Mass Political Action," *American Political Science Review* 83, no. 3 (1989): 885–903; and Karl-Dieter Opp and Christiane Gern, "Dissident Groups, Personal Networks, and Spontaneous Cooperation: The East German Revolution of 1989," *American Sociological Review* 58, no. 5 (1993): 659–68. 그리고 1964년 자유 여름에 관한 더글러스 매캐덤의 획기적인 다음 연구도 있다. *Freedom Summer* (Oxford: Oxford University Press, 1988); and Douglas McAdam, "Recruitment to High-Risk Activism: The Case of Freedom Summer," *American Journal of Sociology* 92, no. 1 (1986): 64–90.

- 온라인 사회 운동의 성장에 미치는 네트워크 주변부 장소들의 힘을 보여주는 최근의 연구들에는 다음과 같은 것들이 있다. Zachary Steinert-Threlkeld, "Spontaneous Collective Action: Peripheral Mobilization during the Arab Spring," *American Political Science Review* 111 (2017): 379–403; Killian Cark, "Unexpected Brokers of Mobilization," *Comparative Politics* 46, no. 4 (July 2014): 379–397; Sandra González-Bailón et al., "Broadcasters and Hidden Influentials in Online Protest Diffusion," *American Behavioral Scientist* 57, no. 7 (2013): 943–965; and Pablo Barberá et al., "The Critical Periphery in the Growth of Social Protests," *PLoS ONE* 10 (2015): e0143611. 조직적 변화를 시작하는 데 네트워크 주변부 장소들의 중요성을 보여주는 더 최근의 연구로는 다음 책이 있다. Rosabeth Moss Kanter, *Think Outside the Building: How Advanced Leaders Can Change the World One Smart Innovation at a Time* (New York: Public Affairs, 2020).

2장

- 흑사병 유행의 동역학은 다음 논문에 잘 소개돼 있는데, 이 장에 사용된 흑사병 일러스트레이션의 데이터 출처가 바로 이곳이다. Seth Marvel et al., "The Small-

World Effect Is a Modern Phenomenon," *CoRR abs/1310.2636* (2013). 현대 질병 확산의 일반적인 동역학은 다음 책에 명쾌하게 설명돼 있다. N. T. J. Bailey, *The Mathematical Theory of Infectious Diseases and Its Applications*, 2nd ed. (London: Griffin, 1975). 소셜 네트워크와 바이러스 유행병에 관한 방대한 문헌은 네트워크 선집인 다음 책에 잘 압축돼 있다. Mark Newman et al., *The Structure and Dynamics of Networks* (Princeton, NJ: Princeton University Press, 2006). 소셜 네트워크에서 확산되는 전염병에 관해 다음 세 논문이 특별히 유용하다. Ray Solomonoff and Anatol Rapoport, "Connectivity of Random Nets," *Bulletin of Mathematical Biophysics* 13 (1951): 107–117; Fredrik Liljeros et al., "The Web of Human Sexual Contacts," *Nature* 411, no. 6840 (2001): 907–908; and J. H. Jones and M. S. Handcock, "Social Networks (Communication Arising): Sexual Contacts and Epidemic Thresholds," *Nature* 423, no. 6940 (2003): 605–606. 운송 네트워크가 전염병 동역학에 미치는 효과에 관한 훌륭한 연구로는 다음을 참고하라. Vittoria Colizza et al., "The Role of the Airline Transportation Network in the Prediction and Predictability of Global Epidemics," *Proceedings of the National Academy of Sciences* 103, 7 (2006): 2015–2020; P. Bajardi et al., "Human Mobility Networks, Travel Restrictions, and the Global Spread of 2009 H1N1 Pandemic," *PLoS ONE* 6, 1 (2011): e16591. P. 바자르디의 논문은 이 장에 사용된 H1N1 일러스트레이션의 데이터 출처이다. H1N1의 확산 동역학은 다음 논문에 명쾌하게 설명돼 있다. Kamran Khan et al., "Spread of a Novel Influenza A (H1N1) Virus via Global Airline Transportation," *New England Journal of Medicine* 361 (2009): 212–214. COVID-19의 확산에 관한 최신 데이터는 https://coronavirus.jhu.edu에서 찾아볼 수 있다.

- 소셜 네트워크에 대한 마크 그래노베터의 고전적인(그리고 여전히 훌륭한) 연구는 다음을 참고하라. "The Strength of Weak Ties," *American Journal of Sociology* 78, no. 6 (1973): 1360–1380. 원래의 '6단계 분리' 연구는 다음에 소개되었다. Stanley Milgram, "The Small World Problem," *Psychology Today* 1 (1967): 61–67. 유의할 사실이 하나 있는데, '6단계 분리'라는 용어는 밀그램의 연구에서 나온 것이 아니라

존 구아르의 다음 희곡 작품에서 나왔다. John Guare, *Six Degrees of Separation* (New York: Random House, 1990). 밀그램의 원래 연구는 다음 논문들을 통해 이론적으로 그리고 경험적으로 훨씬 정교하게 발전했다. Jeffrey Travers and Stanley Milgram, "An Experimental Study of the Small World Problem," *Sociometry* 32, no. 4 (1969): 425–443; Harrison White, "Search Parameters for the Small World Problem," *Social Forces* 49 (1970): 259–264; Judith Kleinfeld, "Could It Be a Big World after All? The 'Six Degrees of Separation' Myth," *Society*, 2002; Peter Dodds et al., "An Experimental Study of Search in Global Social Networks," *Science* 301, no. 5634 (2003): 827–829; Duncan Watts and Steven H. Strogatz, "Collective Dynamics of 'Small-World' Networks," *Nature* 393, no. 6684 (1998): 440–442; and Jon Kleinberg, "Navigation in a Small World," *Nature* 406, no. 6798 (2000): 845. 앞의 문헌들을 일반적으로 소개한 글은 다음을 참고하라. Chapter 2, "Understanding Diffusion," in Damon Centola, *How Behavior Spreads* (Princeton, NJ: Princeton University Press, 2018).

- 트위터의 확산을 훌륭하게 분석한 연구는 다음에서 볼 수 있다. Jameson L. Toole et al., "Modeling the Adoption of Innovations in the Presence of Geographic and Media Influences," *PLoS ONE* 7, no. 1 (2012): e29528. 페이스북의 '블루 서클' 지도는 다음에 소개돼 있다. Michael Bailey et al., "Social Connectedness: Measurement, Determinants, and Effects," *Journal of Economic Perspectives* 32, no. 3 (2018): 259–280. 온라인에서는 https://www.nytimes.com/interactive/2018/09/19/upshot/facebook-county-friendshis.html에서 찾아볼 수 있다.

3장

- 열등한 제품이 예상치 못하게 큰 성공을 거둔 사례를 훌륭하게 분석한 연구는 다음을 참고하라. Brian Arthur, "Competing Technologies, Increasing Returns, and Lock-

In by Historical Events," *Economic Journal* 99, no. 394 (1989): 116–131; Brian Arthur, "Positive Feedbacks in the Economy," *Scientific American* 262, no. 2 (1990): 92–99; Robin Cowan, "Nuclear Power Reactors: A Study in Technological Lock-In," *The Journal of Economic History* 50, no. 3 (1990): 541–567; and David Evans and Richard Schmalensee, "Failure to Launch: Critical Mass in Platform Businesses," *Review of Network Economics* 9, no. 4 (2010). 앞의 연구를 더 정교하게 다듬은 논문이 최근에 나왔는데, 이 논문은 자유로운 선택을 방해하는 제도적 구속이 없는 상황에서도 소셜 네트워크의 강화 효과 때문에 이러한 시장의 비효율이 나타날 수 있음을 보여준다. Arnout van de Rijt, "Self-Correcting Dynamics in Social Influence Processes," *American Journal of Sociology* 124, no. 5 (2019): 1468–1495.

- 이 장에 나오는 '고착성'이란 용어는 채택될 가능성을 높이는 혁신의 특징을 가리킨다. 이 주제를 아주 훌륭하게 다룬 연구로는 다음 책이 있다. Jonah Berger, *Contagious: Why Things Catch On* (New York: Simon & Schuster, 2013). 버거의 책은 칩 히스와 댄 히스가 쓴 훌륭한 다음 책을 더 정교하게 발전시킨 것이다. Chip Health and Dan Health, *Made to Stick: Why Some Ideas Survive and Others Die* (New York: Random House, 2007). 구글 글래스와 구글플러스의 실패를 분석한 연구는 다음을 참고하라. Thomas Eisenmann, "Google Glass," *Harvard Business School Teaching Case 814-116*, June 2014; Thompson Teo et al., "Google Glass: Development, Marketing, and User Acceptance," *National University of Singapore and Richard Ivey School of Business Foundation Teaching Case W15592*, December 21, 2015; Nick Bilton, "Why Glass Broke," *New York Times*, February 4, 2015; Sarah Perez, "Looking Back at Google+," *Techcrunch*, October 8, 2015; Seth Fiegerman, "Inside the Failure of Google+, a Very Expensive Attempt to Unseat Facebook," *Mashable*, August 2, 2015; Chris Welch, "Google Begins Shutting Down Its Failed Google+ Social Network," *The Verge*, April 2, 2019; 그리고 다음 기사에 인용됐다. Mat Honan, "I, Glasshole: My Year With Google Glass," *Wired*, December 30, 2013. 그레이프프루트 효과는 다음 논문에서 처음 보고되었다. David Bailey et al., "Interaction of Citrus Juices with Felodipine and Nifedipine," *The Lancet* 337, no. 8736 (1991): 268–269. Nicholas Bakalar, "Experts Reveal the Secret Powers of Grapefruit Juice," *New York Times*, March 21, 2006.

- 1960년대의 인구 변천과 개발도상국에서 피임을 확산시키는 과제는 정부와 NGO의 보고서에 잘 기록돼 있다. 그런 보고서로는 다음과 같은 것들이 있다. Warren C. Robinson and John A. Ross, eds., *The Global Family Planning Revolution* (Washington, DC: The International Bank for Reconstruction and Development/The World Bank, 2007); *Trends in Contraceptive Use Worldwide 2015* (New York: United Nations Department of Economic and Social Affairs); and National Research Council, *Diffusion Processes and Fertility Transition: Selected Perspectives*, Committee on Population, John B. Casterline, ed. Division of Behavioral and Social Sciences and Education (Washington, DC: National Academy Press, 2001). 소셜 네트워크가 피임의 확산에 어떤 영향을 미치는지 조사한 유용한 연구로는 다음과 같은 것들이 있다. Everett M. Rogers and D. Lawrence Kincaid, *Communication Networks: Toward a New Paradigm for Research* (New York: Free Press, 1981); Hans-Peter Kohler et al., "The Density of Social Networks and Family Planning Decisions: Evidence from South Nyanza District, Kenya," *Demography* 38 (2001): 43–58(이 연구는 농촌과 도시 공동체의 피임 결정에 미치는 네트워크 구조의 차등적 효과를 집중적으로 조명한다); D. Lawrence Kincaid, "From Innovation to Social Norm: Bounded Normative Influence," *Journal of Health Communication*, 2004: 37–57; Barbara Entwisle et al., "Community and Contraceptive Choice in Rural Thailand: A Case Study of Nang Rong," *Demography* 33 (1996): 1–11; and Rhoune Ochako et al., "Barriers to Modern Contraceptive Methods Uptake among Young Women in Kenya: a Qualitative Study," *BMC Public Health* 15, 118 (2015).
- 미국 국립알레르기·전염병연구소가 지원한 VOICE 연구는 사하라 이남 아프리카에서 짐바브웨뿐만 아니라 남아프리카공화국과 우간다를 표적으로 삼아 무작위로 실시한 일련의 통제된 노출 전 예방 임상 시험이다. 자세한 내용은 다음에 소개돼

있다. Marrazzo et al., "Tenofovir-Based Pre-Exposure Prophylaxis for HIV Infection among African Women," *New England Journal of Medicine* 372, no. 6 (February 5, 2015): 509–518. 이 연구를 요약한 영상은 https://www.nejm.org/do/10.1056/NEJMdo005014/full/에서 볼 수 있다.

4장

- 복잡한 전염에 관한 나의 초기 연구는 네트워크와 사회 운동에 관한 여러 고전적 연구에 자극을 받았는데, 그런 연구로는 다음과 같은 것들이 있다. Peter Hedström, "Contagious Collectivities: On the Spatial Diffusion of Swedish Trade Unions, 1890–1940," *American Journal of Sociology* 99, no. 5 (1994): 1157–1179; Dennis Chong, *Collective Action and the Civil Rights Movement* (Chicago: University of Chicago Press, 1987); Douglas McAdam and Ronnelle Paulsen, "Specifying the Relationship between Social Ties and Activism," *American Journal of Sociology* 99, no. 3 (1993): 640–667; Michael Chwe, *Rational Ritual: Culture, Coordination, and Common Knowledge* (Princeton, NJ: Princeton University Press, 2001); Roger V. Gould, "Multiple Networks and Mobilization in the Paris Commune, 1871," *American Sociological Review* 56, no. 6 (1991): 716–729; Dingxin Zhao, "Ecologies of Social Movements: Student Mobilization during the 1989 Prodemocracy Movement in Beijing," *American Journal of Sociology* 103, no. 6 (1998): 1493–1529; and Robert Axelrod, *The Evolution of Cooperation*, rev. ed. (New York: Basic Books, 1984). 복잡한 전염에 관한 내 연구는 다음 책에 소개된 소셜 네트워크와 건강에 관한 초기 연구에 자극을 받았다. Lisa Berkman and Ichiro Kawachi, *Social Epidemiology* (Oxford: Oxford University Press, 2000). 그리고 기술 확산의 공간 동역학에 관한 다음 초기 연구에도 자극을 받았다. Torsten Hagerstrand, *Innovation Diffusion as a Spatial Process* (Chicago: University of Chicago Press, 1968); and William H. Whyte, "The Web of

Word of Mouth," *Fortune* 50, no. 5 (1954): 140 – 143. 그리고 온라인 행동에 관한 다음 초기 연구에서 추가로 자극을 받았다. Lars Backstrom et al., "Group Formation in Large Social Networks: Membership, Growth, and Evolution," *Proceedings of the 12th ACM SIGKDD International Conference on Knowledge Discovery and Data Mining* (New York: Association of Computing Machinery, 2006): 44 – 54.

- 내가 맨 처음 한 복잡한 전염에 관한 이론적 연구에는 다음과 같은 것들이 있다. Damon Centola et al., "Cascade Dynamics of Multiplex Propagation," *Physica A* 374 (2007): 449 – 456; Damon Centola and Michael Macy, "Complex Contagions and the Weakness of Long Ties," *American Journal of Sociology* 113, no. 3 (2007): 702 – 734; and Damon Centola, "Failure in Complex Social Networks," *Journal of Mathematical Sociology* 33, no. 1 (2008): 64 – 68. 이 연구들은 모두 다음 논문에서 더 자세히 다루어졌다. Damon Centola, "The Social Origins of Networks and Diffusion," *American Journal of Sociology* 120, no. 5 (2015): 1295 – 1338; Damon Centola, *How Behavior Spreads*; and Douglas Guilbeault et al., "Complex Contagions: A Decade in Review," in *Complex Spreading Phenomena in Social Systems*, Yong Yeol Ahn and Sune Lehmann, eds. (New York: Springer Nature, 2018). *Complex Spreading Phenomena*에는 복잡한 전염에 관한 흥미로운 연구가 여러 가지 포함돼 있다.
- 이 장에 사용된 네트워크 이미지들은 분산 컴퓨팅에 관한 폴 바란의 고전적 연구를 변형한 것인데, 이 연구는 다음 논문에 처음 발표되었다. Paul Baran, "On Distributed Communications Networks," RAND Corporation papers, document P-2626 (1962). 제1차 세계대전 당시의 팰스 대대에 관한 유용한 기술은 다음에서 찾아볼 수 있다. Peter Simkins, *Kitchener's Army: The Raising of the New Armies, 1914 – 1916* (New York: Manchester University Press, distributed by St. Martin's Press, 1988); and Peter Simkins, "The Four Armies, 1914 – 1918," in *The Oxford Illustrated History of the British Army*, David Chandler and Ian Beckett, eds. (Oxford: Oxford University Press, 1994): 241 – 262. 페이션츠라이크미에서 작용한 동료의 영향을 잘 기술한 내용은 다음에서 볼 수 있다. Jeana Frost and Michael Massagli, "Social Uses of

Personal Health Information within PatientsLikeMe, an Online Patient Community: What Can Happen When Patients Have Access to One Another's Data," *Journal of Medical Internet Research* 10, no. 3 (2008): e15.

- 혁신의 확산에 관한 나의 실험 연구는 처음에 다음 논문으로 발표되었다. Damon Centola, "The Spread of Behavior in an Online Social Network Experiment," *Science* 329, no. 5996 (2010): 1194–1197. 이 실험을 조직한 방법—그리고 내가 '사회학 실험실' 방법을 일반적인 과학 연구 도구로 사용한 방법—에 대한 설명은 다음에서 볼 수 있다. Damon Centola, *How Behavior Spreads*, Chapter 4("A Social Experiment on the Internet") and in the epilogue("Experimental Sociology"). 나는 이 방법을 개발할 당시 사회학 실험이 높은 윤리 기준을 충족시켜야 한다는 사실을 중요하게 여겼다. 나는 모든 참여자가 대학교가 후원하는 연구에 동참하며 나는 그들의 행동에 관한 데이터를 수집한다는 사실을 알길 원했다. 그와 동시에 나는 그들이 내리는 선택에 동료들이 어떤 영향을 미치는지 내가 관찰할 수 있도록 그들이 '자연스러운' 사회적 경험을 하길 원했다. 그 당시에는 이 두 가지 목적—자연스러운 사회적 경험을 이끌어내는 것과 참여자들에게 과학 연구에 관한 사실을 완전히 공개하는 것—이 상충될 수도 있을 것처럼 보였다. 하지만 결국에는 그렇지 않았다. 그러한 공개 방식은 혁신의 확산에 관한 내 연구에 사람들의 관심을 떨어뜨리는 대신에 오히려 그것에 대한 열정을 키우는 데 도움이 되었다. 사람들은 유명한 대학교가 건강과 소셜 네트워크에 관한 연구를 후원한다면, 거기서 뭔가 유용한 결과가 나올 것이라고 생각했다. 그들의 생각은 옳았다. 연구가 끝난 뒤 나는 참여자들이 보낸 많은 이메일을 받고 놀랐는데, 그들은 내가 건강 네트워크 사이트를 일반 대중에게 공개한 데 대해 고마움을 표시하면서 그것이 큰 도움이 되었다고 언급했다. 과학 연구가 새로운 지식을 제공하는 데 그치지 않고 유익한 공공의 선을 제공할 수도 있다는 사실을 깨달은 것은 내 연구가 진일보하는 계기가 되었다.
- 이 실험 방법을 공중 보건 연구와 정책에 적용하는 데 관심이 있는 독자는 다음 자료들에서 자세한 내용을 볼 수 있다. Damon Centola, "Social Media and the Science of Health Behavior," *Circulation* 127, no. 21 (2013): 2135–2144; Jingwen Zhang

et al., "Support or Competition? How Online Social Networks Increase Physical Activity: A Randomized Controlled Trial," *Preventive Medicine Reports* 4 (2016): 453–458; Jingwen Zhang and Damon Centola, "Social Networks and Health: New Developments in Diffusion, Online and Offline," *Annual Review of Sociology* 45 (1): 91–109; and in Damon Centola, *How Behavior Spreads*, Chapter 9 ("Creating Social Contexts for Behavior Change"). 네트워크과학에 쓰이는 새로운 경험적 방법을 두루 이해하길 원하는 연구자들에게 유용한 방법론적 참고 문헌은 다음을 보라. Matthew Salganik, *Bit by Bit: Social Research in the Digital Age* (Princeton, NJ: Princeton University Press, 2017).

5장

• #SupportBigBird 이벤트를 훌륭하게 다룬 연구는 다음에서 볼 수 있다. Yu-Ru Lin et al., "#Bigbirds Never Die: Understanding Social Dynamics of Emergent Hashtags," *Seventh International Conference on Weblogs and Social Media* (2013). 정치적 해시태그의 확산을 연구한 논문으로 다음을 보라. Daniel Romero et al., "Differences in the Mechanics of Information Diffusion across Topics: Idioms, Political Hashtags, and Complex Contagion on Twitter," *Proceedings of the 20th International Conference on World Wide Web* (New York: Association of Computing Machinery, 2011): 695–704. 페이스북에서 퍼진 등호 로고 운동을 연구한 논문은 다음을 보라. Bogdan State and Lada Adamic, "The Diffusion of Support in an Online Social Movement: Evidence from the Adoption of Equal-Sign Profile Pictures," *Proceedings of the 18th ACM Conference on Computer Supported Cooperative Work & Social Computing* (New York: Association of Computing Machinery, 2015): 1741–1750. 온라인의 강한 유대를 통해 투표 행동이 확산되는 현상을 분석한 관련 연구는 다음을 보라. Robert Bond et al., "A 61-Million-Person Experiment in Social Influence and Political

Mobilization," *Nature* 489, no. 7415 (2012): 295–298. 아이스버킷 챌린지와 관련 밈에 관한 연구는 다음에서 볼 수 있다. Daniel Sprague and Thomas House, "Evidence for Complex Contagion Models of Social Contagion from Observational Data," *PLoS ONE* 12, no. 7 (2017): e0180802. 그리고 사회적 선을 위한 봇에 관한 연구는 다음 논문에 자세히 소개돼 있다. Bjarke Mønsted et al., "Evidence of Complex Contagion of Information in Social Media: An Experiment Using Twitter Bots," *PLoS ONE* 12, no. 9 (2017): e0184148. 복잡한 전염에 관한 경험적 연구를 포괄적으로 집대성한 문헌은 다음을 참고하라. Douglas Guilbeault et al., *Complex Contagions: A Decade in Review*.

- 소셜 미디어 봇들과 '트롤'들 사이에서 사회적 강화가 어떻게 그릇된 정보와 '가짜 뉴스'의 확산에 영향을 미치는지를 훌륭하게 다룬 논문이 여럿 있다. 정치 분야에서 중요한 새 연구들로는 다음과 같은 것들이 있다. Kathleen Hall Jamieson, *Cyberwar: How Russian Hackers and Trolls Helped Elect a President: What We Don't, Can't, and Do Know* (New York: Oxford University Press, 2018); Alessandro Bessi and Emilio Ferrara, "Social Bots Distort the 2016 US Presidential Election Online Discussion," *First Monday* 21, no. 11 (2016): 7; and Norah Abokhodair et al., "Dissecting a Social Botnet: Growth, Content and Influence in Twitter," *CSCW* (2015): 839–851. 건강 분야에서 이 주제에 관한 유용한 연구로는 다음과 같은 것들이 있다. Ellsworth Campbell and Marcel Salathé, "Complex Social Contagion Makes Networks More Vulnerable to Disease Outbreaks," *Scientific Reports* 3 (2013): 1–6; David Broniatowski et al., "Weaponized Health Communication: Twitter Bots and Russian Trolls Amplify the Vaccine Debate," *American Journal of Public Health* 108, no. 10 (2018): 1378–1384. 그리고 최근에 이 주제에 관해 내가 발표한 정책 보고서가 있다. Damon Centola, "The Complex Contagion of Doubt in the Anti-Vaccine Movement," *2019 Annual Report of the Sabin-Aspen Vaccine Science & Policy Group* (2020).

○ 6장

- 조직의 경계를 넘나드는 지식의 전달에 관한 훌륭한 연구로는 다음과 같은 것들이 있다. Deborah Ancona and David Caldwell, "Bridging the Boundary: External Activity and Performance in Organizational Teams," *Administrative Science Quarterly* 37 (1992): 634–665; Morten T. Hansen, "The Search-Transfer Problem: The Role of Weak Ties in Sharing Knowledge across Organization Subunits," *Administrative Science Quarterly* 44, no. 1 (1999): 82–111; and Gautam Ahuja, "Collaboration Networks, Structural Holes, and Innovation: A Longitudinal Study," *Administrative Science Quarterly* 45 (2000): 425–55. 조직 네트워크에서 중개인의 역할을 분석한 연구로는 다음을 보라. Ronald Burt, *Structural Holes: The Social Structure of Competition* (Cambridge, MA: Harvard University Press, 1992), and in Chapter 7, "Diffusing Change in Organizations," in Damon Centola, *How Behavior Spreads*.
- 인간 게놈 프로젝트의 역사를 짧지만 유용하게 정리한 글로는 다음을 보라. Henry Lambright, "Managing 'Big Science': A Case Study of the Human Genome Project" (Washington, DC: PricewaterhouseCoopers Endowment for the Business of Government, 2002) and in Charles R. Cantor, "Orchestrating the Human Genome Project," *Science* New Series 248, no. 4951 (April 6, 1990): 49–51. 인간 게놈 프로젝트와 개방형 혁신의 연결 관계는 다음 논문에서 훌륭하게 설명했다. Walter Powell and Stine Grodal, "Networks of Innovators," *The Oxford Handbook of Innovation* (2005) 56–85. 인간 게놈 프로젝트에 참여한 연구 센터들 사이에서 일상적으로 일어나는 협력 방식에 관한 소중한 데이터는 공개된 정부 기록 보관소 사이트 https://web.ornl.gov/sci/techresources/Human_Genome/index.shtml에서 찾아볼 수 있다.
- 개방형 혁신의 역사를 다룬 연구로는 다음과 같은 것들이 있다. AnnaLee Saxenian, *Regional Advantage: Culture and Competition in Silicon Valley and Route 128* (Cambridge, MA: Harvard University Press, 1994); Eric Von Hippel, "Cooperation between Rivals: Informal Know-How Trading," *Research Policy* 16 (1987): 291–302; and

John Hagedoorn, "Inter-Firm R&D Partnerships: An Overview of Major Trends and Patterns since 1960," *Research Policy* 31 (2002): 477-492. 소셜 네트워크와 개방형 혁신에 관한 훌륭한 연구로는 다음을 보라. Christopher Freeman, "Networks of Innovators: A Synthesis of Research Issues," *Research Policy* 20 (1991): 499-514; and Walter Powell et al., "Interorganizational Collaboration and the Locus of Innovation: Networks of Learning in Biotechnology," *Administrative Science Quarterly* 41, no. 1 (1996): 116-145. 조직의 경계를 넘어 일어나는 협응 과정에 복잡한 문제가 전혀 없는 것은 아니다. 다음 논문들을 참고하라. Paul DiMaggio and Walter W. Powell, "The Iron Cage Revisited: Institutional Isomorphism and Collective Rationality in Organizational Fields," *American Sociological Review* 48 (1983): 147-160; and Mark Granovetter, "Economic Action and Social Structure: The Problem of Embeddedness," *American Journal of Sociology* 91 (1985): 481-510.

- 자연 발생적인 #myNYPD 운동을 훌륭하게 분석한 연구로는 다음을 보라. Sarah Jackson and Brooke Foucault Welles, "Hijacking #myNYPD: Social Media Dissent and Networked Counterpublics," *Journal of Communication* 65 (2015): 932-952. 인용된 트윗은 앞의 연구에서 나온 것이다. 퍼거슨 시위 동안 일어난 트위터 네트워크의 진화를 다룬 포괄적 보고서로는 다음과 같은 것이 있다. Deen Freelon et al., *Beyond the Hashtags: #Ferguson, #Blacklivesmatter, and the Online Struggle for Offline Justice* (Washington, DC: Center for Media & Social Impact, American University), 2016. 퍼거슨 시위와 관련해 인용한 트윗은 다음 논문에서 나왔다. Sarah Jackson and Brooke Foucault Welles, "#Ferguson Is Everywhere: Initiators in Emerging Counterpublic Networks," *Information, Communication, and Society* 19, no. 3 (2015): 397-418. 앞의 연구는 시위 동안 시민이 어떤 경험을 했으며, 시민이 매체에 관여하는 행동이 어떻게 진화했는지에 대해 통찰력이 뛰어난 분석을 제공한다. 이 연구를 더 자세히 그리고 유용하게 발전시킨 연구로는 다음을 보라. Munmun De Choudhury et al., "Social Media Participation in an Activist Movement for Racial Equality," *Proceedings of the Tenth International AAAI Conference on Web and Social*

Media (ICWSM 2016), and Sarah Jackson et al., *#HashtagActivism: Race and Gender in America's Network Counterpublics* (Cambridge, MA: MIT Press, 2019). 블랙 라이브스 매터 운동의 급속한 지지 증가를 자세히 보여준 여론 조사 결과는 다음에서 볼 수 있다. Nate Cohn and Kevin Quealy, "How Public Opinion Has Moved on Black Lives Matter," *New York Times*, June 10, 2020.

7장

- 내가 매사추세츠공과대학교에서 한 유사성과 사회적 영향력에 관한 실험 연구는 다음 논문으로 발표되었다. Damon Centola, "An Experimental Study of Homophily in the Adoption of Health Behavior," *Science* 334, no. 6060 (2011): 1269–1272. 사회학자가 사용하는 동류 선호homophily라는 용어는 여러 가지 의미가 있어 혼란을 초래하는 경우가 많았다. 이 용어는 자신과 비슷한 사람들과 사회적 연결을 맺길 선호하는 성향을 가리키기도 하고, 자신과 비슷한 사람들과 연결되는 일이 아주 많다는 관찰 결과(이것은 선호적 선택 외에 예컨대 조직 분류 같은 다른 경로를 통해 나타날 수도 있다)를 가리키기도 한다. 또, 이 용어가 지위 동류 선호status homophily(비슷한 환경과 특성을 바탕으로 한 사회적 연결)와 가치 동류 선호value homophily(비슷한 믿음과 태도를 바탕으로 한 사회적 연결)로 분화하면서 혼란을 더 부추긴다. 이 용어의 이러한 중의성은 중첩적 사용과 개념적 모호성을 낳았다. 더 자세한 내용은 다음을 참고하라. Miller McPherson et al., "Birds of a Feather: Homophily in Social Networks," *Annual Review of Sociology* 27 (2001): 415–444; Paul Lazarsfeld and Robert K. Merton, "Friendship as a Social Process: A Substantive and Methodological Analysis," in *Freedom and Control in Modern Society* 18, no. 1 (1954): 18–66; and Damon Centola and Arnout van de Rijt, "Choosing Your Network: Social Preferences in an Online Health Community," *Social Science & Medicine* 125 (January 2015): 19–31. 의미를 명확하게 하기 위해 이 장에서 나는 동류 선

호라는 용어 대신에 유사성이란 용어를 사용하고, 지위나 믿음 측면에서 사람들의 유사성이 그들 사이의 사회적 영향력의 흐름에 영향을 미치는 상황들을 논의한다. 유사성이 사회적 영향력에 미치는 역할은 세 가지 관련성 원리에 제한을 받는다.

- 원리 1과 관련해, 의사의 건강 조언에 대한 환자의 반응이 의사의 특징에 따라 어떻게 변하는지 뛰어난 통찰력으로 분석한 연구는 다음을 보라. Lauren Howe and Benoît Monin, "Healthier than Thou? 'Practicing What You Preach' Backfires by Increasing Anticipated Devaluation," *Journal of Personality and Social Psychology* 112, no. 5 (May 2017): 735. 독약 조항과 황금 낙하산●을 포함해 조직에서 일어나는 혁신의 확산을 다룬 훌륭한 연구로는 다음을 보라. Gerald F. Davis and Henrich R. Greve, "Corporate Elite Networks and Governance Changes in the 1980s," *American Journal of Sociology* 103, no. 1 (July 1997): 1–37. 데이비스와 그레브는 이사들이 혁신의 안전성과 효율성을 믿어야 할 필요를 가리키기 위해 인지적 정당성cognitive legitimacy이라는 용어를 사용한 반면, 나는 신뢰성credibility이라는 용어를 사용한다. 원리 1과 관련해 다음 도서도 참조하라. Lazarsfeld and Merton, *Friendship as a Social Process*.
- 원리 2와 관련해, 주사형 마약 사용자들을 HIV 예방 프로그램에 참여시키기 위해 헤커손과 브로드헤드가 사용한 네트워크 접근법은 다음에 자세히 나온다. Douglas Heckathorn, "Development of a Theory of Collective Action: From the Emergence of Norms to AIDS Prevention and the Analysis of Social Structure," *New Directions in Contemporary Sociological Theory*, Joseph Berger and Morris Zelditch Jr., eds. (New York: Rowman and Littlefield, 2002); and Douglas Heckathorn and Judith Rosenstein, "Group Solidarity as the Product of Collective Action: Creation of Solidarity in a Population of Injection Drug Users," *Advances in Group Processes*, vol. 19 (Emerald Group Publishing Limited, 2002), 37–66. 유사성이 연대의 확산에 미치는 효

● 임기가 종료되지 않은 경영진들에게 거액의 퇴직금을 지급하거나 스톡옵션을 제공하는 것.

과를 보여주는 고전적인 연구는 다음을 보라. Muzar Sherif et al., *Intergroup Conflict and Cooperation: The Robbers Cave Experiment* (Norman, OK: The University Book Exchange, 1961). 베이루트에서 실시된 후속 연구는 다음을 보라. Lutfy Diab, "A Study of Intragroup and Intergroup Relations among Experimentally Produced Small Groups," *Genetic Psychology Monographs* 82, no. 1 (1970): 49–82. 이 연구는 다음에서 더 자세히 기술됐다. David Berreby, *Us and Them: The Science of Identity* (Chicago: University of Chicago Press, 2008). 가교 집단(통로 집단gateway group이라고도 한다)에 관한 새로운 연구들로는 다음을 보라. Aharon Levy et al., "Ingroups, Outgroups, and the Gateway Groups Between: The Potential of Dual Identities to Improve Intergroup Relations," *Journal of Experimental Social Psychology* 70 (2017): 260–271; and Aharon Levy et al., "Intergroup Emotions and Gateway Groups: Introducing Multiple Social Identities into the Study of Emotions in Conflict," *Social and Personality Psychology Compass* 11, no. 6 (2017): 1–15.

- 원리 3과 관련해, 정당성을 확립하는 데 다양한 사회적 강화 원천의 중요성을 보여주는 확산 연구에는 다음과 같은 것들이 있다. Bogdan State and Lada Adamic, *The Diffusion of Support in an Online Social Movement*; Vincent Traag, "Complex Contagion of Campaign Donations," *PLoS ONE* 11, no. 4 (2016): e0153539; and Johan Ugander et al., "Structural Diversity in Social Contagion," *Proceedings of the National Academy of Sciences* 109, no. 16 (2012): 5962–5966.

8장

- 사회 규범이 어떻게 작용하고, 그것을 어겼을 때 어떤 일이 일어나는지 탐구한 초기의 연구는 '위반 실험breaching experiment'에 관한 다음 기술에서 볼 수 있다. Harold Garfinkel, *Studies in Ethnomethodology* (Polity Press, 1991); Stanley Milgram et al., "Response to Intrusion in Waiting Lines," *Journal of Personality and Social Psychology*

51, no. 4 (1986): 683–689. 또 관련 연구를 다음 도서에서도 볼 수 있다. Erving Goffman, *Relations in Public: Microstudies of the Public Order* (New York: Basic Books, 1971). H데이를 잘 연상시키는 이미지는 https://rarehistoricalphotos.com/dagen-h-sweden-1967/에서 볼 수 있다.

- 악수와 주먹 인사와 관련해 사람들의 기대가 변하는 현상을 대중적으로 기술한 글은 다음을 보라. Amber Mac, "Meeting Etiquette 101: Fist Bumps, Going Topless, and Picking Up Tabs," *Fast Company*, March, 14, 2014; Pagan Kennedy, "Who Made the Fist Bump?," *New York Times*, October 26, 2012; and Simon Usborne, "Will the Fistbump Replace the Handshake?," *Independent*, July 29, 2014. 크리스 패짓의 인터뷰 내용은 다음을 보라. Eric Markowitz, "The Fist Bump Is Invading Fortune 500 Boardrooms," *Business Insider*, July 31, 2014. 사회 규범 문제를 협응 게임의 언어로 다룬 최초의 철학적 연구는 다음을 보라. David Lewis, *Convention: A Philosophical Study* (Oxford, UK: Wiley-Blackwell, 1969).
- 이 장에서 명령적 규범과 기술적 규범과 관습의 사회학적 구분은 생략하고 그냥 일반 용어인 규범으로 통일했다. 일부 중요한 이론적 연구는 규범 대신에 협력 평형이란 용어를 사용하는데, 친사회적 행동을 유지하기 위해 강제가 필요하다고 보기 때문이다. 예컨대 다음을 보라. Cristina Bicchieri, *The Grammar of Society: The Nature and Dynamics of Social Norms* (Cambridge: Cambridge University Press, 2006). 하지만 내가 고려하는 경험적 사례는 협응 게임인데, 이 게임에서 협응에 실패하면 매우 값비싼 대가를 치르게 된다. 이것은 사람들이 남들이 특정 행동(예컨대 중역 고객에게 적절한 인사를 하기)을 하길 기대하고, 남들 역시 자신들이 그 행동을 하길 기대하리고 믿는 상황이다. 예절 기준이나 지위를 내포하는 협응 게임은 친사회적 행동 위반의 염려가 없더라도 규범적 기대를 포함한다. 이 점은 조직 상황에서 '상징적' 소수의 규범을 논의하는 9장에서 더 자세히 다룬다. 협응 게임을 더 자세하고 훌륭하게 다룬 책으로는 다음을 꼽을 수 있다. Thomas Schelling, *The Strategy of Conflict* (Cambridge, MA: Harvard University Press, 1960) and Martin J. Osborne and Ariel Rubinstein, *A Course in Game Theory* (Cambridge, MA: MIT Press, 1994).

유명한 노 젓는 배 비유는 다음에 나온다. David Hume, *A Treatise of Human Nature* (London, 1739–40), ed. L. A. Selby-Brigge, revised 3rd edn., ed. P. H. Nidditch (Oxford: Clarendon Press, 1976): 490. 『시련』에 관해 아서 밀러가 한 이야기의 출처는 다음과 같다. Arthur Miller, "Why I Wrote '*The Crucible*,'" *The New Yorker*, October, 13, 1996. 이것은 내가 마녀사냥을 수치적으로 연구한 다음 논문에서 더 깊이 다루었다. Damon Centola et al., "The Emperor's Dilemma: A Computational Model of Self-Enforcing Norms," *American Journal of Sociology* 110, no. 4 (2005): 1009–1040.

- 과학 '혁명'에 관한 중요한 연구로는 다음을 꼽을 수 있다. Thomas S. Kuhn, *The Structure of Scientific Revolutions* (Chicago: University of Chicago Press, 1970) and Thomas S. Kuhn, *The Copernican Revolution* (Cambridge, MA: Harvard University Press, 1957). 코페르니쿠스의 패러다임 전환을 가져온 책은 다음을 보라. Nicolaus Copernicus, *On the Revolutions of the Heavenly Spheres* (Nuremberg, 1543), trans. and commentary by Edward Rosen (Baltimore: Johns Hopkins University Press, 1992). 쿤이 원래 주장한 과학적 패러다임 개념은 과학적 실행의 사회적, 심리학적, 역사적 그림을 모두 포괄하는 것이었다. 훗날 쿤은 다음 논문에서 이 개념을 더 명시적인 과학 실행 개념으로 발전시켰다. Thomas Kuhn, "Second Thoughts on Paradigms," in *The Structure of Scientific Theories*, F. Suppe, ed. (Urbana: University of Illinois Press): 459–482. 앞의 논문에서 쿤은 패러다임이라는 모호한 용어를 '전문 분야 기반 disciplinary matrix'이라는 더 사회화된 용어로 대체했다. 과학 혁명이 일어나는 속도는 제각각 다르다. 예를 들면, 일반 상대성 이론에서 양자역학으로의 패러다임 전환이 느리게 일어난 반면, 뉴턴 역학에서 일반 상대성 이론으로의 '패러다임 전환'은 비교적 빠르게 일어났다(이 장에서 인용한 막스 플랑크의 말을 읽어보라). 쿤의 패러다임과 패러다임 전환 개념의 다양한 해석을 유용하게 분석한 연구로는 다음을 보라. T. J. Pinch, "Kuhn – The Conservative and Radical Interpretations: Are Some Mertonians 'Kuhnians' and Some Kuhnians 'Mertonians'?," *Social Studies of Science* 27, no. 3 (1997): 465–482.

- 비트겐슈타인의 두 번째 논문은 다음 책으로 나왔다. Ludwig Wittgenstein, with G. E. M. Anscombe, ed. and trans., *Philosophical Investigations* (Oxford, UK: Blackwell, 1953, rev. 1997). 『철학 탐구Philosophical Investigations』는 언어 게임과 협응의 기본 문제에 대해 설득력 있는 그림을 제공한다. 비트겐슈타인의 역설은 우리의 과거 행동을 기술하는 규칙이 많이 존재할 수 있는데도, 우리가 어떤 규칙을 따를 때 '똑같은 방향으로 가는' 법을 어떻게 배우느냐 하는 문제를 다룬다. 비트겐슈타인의 연구에 관한 해석 중에서 큰 영향력을 지닌 연구를 흔히 크립켄슈타인Kripkenstein이라 부르는데, 다음 책으로 발표되었다. Saul Kripke, *Wittgenstein on Rules and Private Language* (Cambridge, MA: Harvard University Press, 1982).
- 논리학에서 실용 부문으로 옮겨간 사람은 비트겐슈타인뿐만이 아니다. 언어의 실용적 견해는 1920년대에 케임브리지대학교에서 인기가 높아지고 있었다. 예컨대 다음을 보라. Frank Ramsey, "Facts and Propositions," *Proceedings of the Aristotelian Society* (supp. vol.) 7 (1927): 153-170. 하지만 비트겐슈타인의 '용도로서의 의미' 개념은 신선하고 혁명적이었다. 20세기 말에 실시한 철학 교수들의 여론 조사 결과는 다음에서 볼 수 있다. Douglas P. Lackey, "What Are the Modern Classics? The Baruch Poll of Great Philosophy in the Twentieth Century," *The Philosophical Forum* 4 (December 1999).

○ 9장

- 티핑 포인트 이론은 다음 논문에서 인종별 거주지 분리 패턴을 이해하는 데 처음 적용되었다. Morton M. Grodzins, "Metropolitan Segregation," *Scientific American* 197 (1957): 33-47. 나중에 티핑 포인트 개념은 다음 글들에서 집단적 행동의 '임계 질량' 동역학과 관련된 일반적 주제를 포함하도록 확대되었다. Thomas Schelling, *Micromotives and Macrobehavior* (New York: W. W. Norton, 1978); and Mark Granovetter, "Threshold Models of Collective Behavior," *American Journal of Sociology* 83, no. 6 (1978): 1420–1443.

- 캔터는 임계 질량에 관한 다음 글들을 포함해 고전적 연구에서 티핑 포인트 개념을 젠더와 조직에 관한 사회학 문헌에 도입했다. Rosabeth Moss Kanter, *Men and Women of the Corporation* (New York: Basic Books, 1977), and Rosabeth Moss Kanter, "Some Effects of Proportions on Group Life: Skewed Sex Ratios and Responses to Token Women," *American Journal of Sociology* 82, no. 5 (1977): 965–990. 앞의 연구는 다음 논문에서 젠더와 정치로 확대 적용되었다. Drude Dahlerup, "From a Small to a Large Minority: Women in Scandinavian Politics," *Scandinavian Political Studies* 11, no. 4 (1988): 275–297. 임계 질량 이론을 고등 교육의 변화에 유용하게 적용한 연구는 다음을 보라. Stacey Jones, "Dynamic Social Norms and the Unexpected Transformation of Women's Higher Education, 1965–1975," *Social Science History* 33 (2009): 3. 비록 임계 질량이라는 용어는 캔터의 원래 연구에서 유래한 연구에 일반적으로 사용되었지만, 캔터와 달레루프는 각각 편중 집단tilted group과 임계 행동critical act이라는 다른 용어를 사용했다. 젠더 연구에 티핑 포인트를 적용하는 것과 사회 규범을 뒤집어엎는 데 임계 질량이 얼마나 효과적인지를 결정하는 특정 요소들—운동가들 사이의 응집력 같은—에 대해서는 많은 논란이 남아 있는데, 그에 관한 논의는 다음을 보라. Sarah Childs and Mona Lena Krook, "Critical Mass Theory and Women's Political Representation," *Political Studies* 56 (2008): 725–736; and in Drude Dahlerup, "The Story of the Theory of Critical Mass," *Politics and Gender* 2, no. 4 (2006): 511–522. 10장에서 나는 사회적 티핑 전략을 논의하면서 이 요소들 중 일부를 탐구한다.
- 티핑 포인트를 실험적으로 연구한 우리의 결과는 다음 논문으로 발표되었다. Damon Centola et al., "Experimental Evidence for Tipping Points in Social Convention," *Science* 360 (6393), 2018: 1116–1119. 우리는 티핑 포인트 촉발에 필요한 임계 질량을 지배하는 두 가지 주요 매개변수—기억과 집단 크기—를 확인했다. 이 발견들은 내가 앞서 했던 티핑 포인트에 관한 이론적 연구, 예컨대 다음 연구를 확대한 것이다. Damon Centola, "Homophily, Networks, and Critical Mass: Solving

the Start-Up Problem in Large Group Collective Action," *Rationality and Society* 25, no. 1 (2013): 3-40; and Damon Centola, "A Simple Model of Stability in Critical Mass Dynamics," *Journal of Statistical Physics* 151 (2013): 238-253. 뿐만 아니라, 협응 동역학과 사회 규범에 관해 우리가 앞서 했던 실험 연구, 예컨대 다음 연구를 확대한 것이기도 하다. Damon Centola and Andrea Baronchelli, "The Spontaneous Emergence of Conventions: An Experimental Study of Cultural Evolution," *Proceedings of the National Academy of Sciences* 112, no. 7 (2015): 1989-1994. 협응 동역학의 진화적 게임 이론에 관한 초기의 훌륭한 연구는 다음을 보라. Peyton Young, "The Evolution of Convention," *Econometrica* 61 (1993): 57-84; and Glenn Ellison, "Learning, Local Interaction, and Coordination," *Econometrica* 61, (1993): 1047-1071. 균형 선택에 관한 고전적인 경제학 연구로는 다음 책이 있다. John Harsanyi and Reinhard Selten, *A General Theory of Equilibrium Selection in Games* (Cambridge, MA: MIT Press, 1988).

- 혁명의 '돌발성'에 관한 연구는 다음을 보라. Timur Kuran, "The Inevitability of Future Revolutionary Surprises," *American Journal of Sociology* 100, no. 6 (1995): 1528-1551; and Timur Kuran, *Private Truths, Public Lies: The Social Consequences of Preference Falsification* (Cambridge, MA: Harvard University Press, 1995). 이와 관련해 예상치 못한 조직 변화에 관한 연구는 다음에서 볼 수 있다. Rosabeth Moss Kanter, *The Change Masters: Innovation for Productivity in the American Corporation* (New York: Simon & Schuster, 1983). 중국의 우마오당을 분석한 훌륭한 연구는 다음을 보라. Gary King et al., "How the Chinese Government Fabricates Social Media Posts for Strategic Distraction, Not Engaged Argument," *American Political Science Review* 111 (2017): 484-501; and Gary King et al., "How Censorship in China Allows Government Criticism but Silences Collective Expression," *American Political Science Review* 107, no. 2 (May 2013): 1-18. 아이웨이웨이의 인터뷰는 다음에서 볼 수 있다. Ai Weiwei, "China's Paid Trolls: Meet the 50-Cent Party," *New Statesman*, October 17, 2012.

○ 10장

- 내성 착각에 관한 흥미로운 연구는 다음에서 볼 수 있다. Emily Pronin et al., "Alone in a Crowd of Sheep: Asymmetric Perceptions of Conformity and Their Roots in an Introspection Illusion," *Journal of Personality and Social Psychology* 92, no. 4 (2007): 585–595. 이 연구를 기후 변화 개입에 적용한 사례는 다음을 보라. Jessica Nolan et al., "Normative Social Influence Is Underdetected," *Personality and Social Psychology Bulletin* 34 (2008): 913–923. 경제적 의사 결정에서 일어나는 착각적 자기 지각에 관한 관련 연구는 다음에서 볼 수 있다. Daniel Kahneman, *Thinking, Fast and Slow* (New York: Farrar, Straus & Giroux, 2011).
- 사회적 전염을 확산시키기 위한 '씨 뿌리기 전략'에 관한 문헌이 점점 늘어나고 있는데, 그중에서도 크게 기여한 연구로는 다음과 같은 것들이 있다. David Kempe et al., "Maximizing the Spread of Influence through a Social Network," *Theory of Computing* 11 (2015): 105–147; Yipping Chen et al., "Finding a Better Immunization Strategy," *Phys. Rev. Lett.* 101 (2008): 058701; and Chanhyun Kang et al., "Diffusion Centrality in Social Networks," in *2012 IEEE/ACM International Conference on Advances in Social Networks Analysis and Mining* (2012): 558–564. 눈덩이 씨 뿌리기 전략은 다음을 참고하라. Chapter 6, "Diffusing Innovations that Face Opposition," in Damon Centola, *How Behavior Spreads*. 눈덩이 씨 뿌리기도 '복잡한 중심성' 측정을 사용해 공식화했는데, 이 연구는 사회적 전염을 확산시키는 데 소셜 네트워크에서 가장 영향력이 큰 장소들을 확인하는 일반적 방법을 제공한다. 이에 대해서는 다음을 보라. Douglas Guilbeault and Damon Centola, "Topological Measures for Maximizing the Spread of Complex Contagions".
- 말라위 실험에 관한 자세한 이야기는 다음을 보라. Lori Beaman et al., "Can Network Theory-Based Targeting Increase Technology Adoption?," *NBER Working Paper No. 24912* (2018); and Lori Beaman et al., "Making Networks Work for Policy: Evidence from Agricultural Technology Adoption in Malawi," *Impact Evaluation Re-*

port 43 (New Delhi: International Initiative for Impact Evaluation, 2016). 혁신의 확산에 관한 현대 연구 분야를 확립하는 데 도움을 준 교잡종 옥수수에 관한 고전적인 연구로는 다음 논문을 꼽을 수 있다. Bryce Ryan and Neal Gross, "The Diffusion of Hybrid Seed Corn in Two Iowa Communities," *Rural Sociology* 8 (March 1943): 15. 이 장에서 인용한 모든 내용의 출처는 이 연구이다. 이 확산 과정의 명확한 네트워크 분석을 보고 싶다면, 다음을 참고하라. Peyton Young, "The Dynamics of Social Innovation," *Proceedings of the National Academy of Sciences* 108, no. 4 (2011): 21285–21291.

• 가정용 태양 에너지의 확산에 미친 이웃 효과에 관한 문헌은 빠르게 늘어나고 있는데, 그중에서 주목할 만한 것으로는 다음과 같은 것들이 있다. Bryan Bollinger and Kenneth Gillingham, "Peer Effects in the Diffusion of Solar Photovoltaic Panels," *Marketing Science* 31, no. 6 (2012), 900–912; Varun Rai and Scott Robinson, "Effective Information Channels for Reducing Costs of Environmentally-Friendly Technologies: Evidence from Residential PV Markets," *Environmental Research Letters* 8, no. 1 (2013): 014044; Marcello Graziano and Kenneth Gillingham, "Spatial Patterns of Solar Photovoltaic System Adoption: The Influence of Neighbors and the Built Environment," *Journal of Economic Geography* 15, no. 4 (2015): 815–839; Johannes Rode and Alexander Weber, "Does Localized Imitation Drive Technology Adoption? A Case Study on Rooftop Photovoltaic Systems in Germany," *Journal of Environmental Economics and Management* 78 (2016): 38–48; Hans Christoph Curtius et al., "Shotgun or Snowball Approach? Accelerating the Diffusion of Rooftop Solar Photovoltaics through Peer Effects and Social Norms," *Energy Policy* 118 (2018): 596–602; and Samdruk Dharshing, "Household Dynamics of Technology Adoption: A Spatial Econometric Analysis of Residential Solar Photovoltaic (PV) Systems in Germany," *Energy Research & Social Science* 23 (2017), 113–124. 독일에서 1000개의 지붕 계획이 초기에 놀라운 성공을 거두자, 이것을 계기로 10만 개의 지붕 인센티브 계획(1999~2014)도 시행되었는데, 이것은 이미 진행 중인

임계 질량 동역학을 기반으로 하고 사회적 티핑을 전국적으로 가속화시키는 데 도움을 줄 새로운 인센티브를 추가했다. 이 장에 소개된 태양 전지판 그림은 1992년부터 2014년까지 1인당 전력 생산량 증가를 와트 단위(1인당 0.1와트 미만에서 0.1와트 이상으로)로 나타냈다. 동영상 지도는 https://en.wikipedia.org/wiki/Solar_energy_in_the_European_Union에서 볼 수 있다.

11장

- 창조성과 혁신을 이해하기 위한 네트워크 접근법을 브로드웨이 뮤지컬 산업에 적용한 연구들은 다음을 보라. Brian Uzzi and Jarrett Spiro, "Collaboration and Creativity: The Small World Problem," *American Journal of Sociology* 111, no. 2 (2005); and Brian Uzzi, "A Social Network's Changing Statistical Properties and the Quality of Human Innovation," *Journal of Physics A: Mathematical and Theoretical* 41, no. 22 (2008): 224023. 이와 관련된 네트워크 개념들을 첨단 엔지니어링 기업과 관리 기업의 혁신에 적용한 연구는 다음을 보라. James March, "Exploration and Exploitation in Organizational Learning," *Organizational Science* 2, no. 1 (1991): 71–87; David Lazer and Allan Friedman, "The Network Structure of Exploration and Exploitation," *Administrative Science Quarterly* 52, no. 4 (2007): 667–694; and Ray Reagans et al., "How to Make the Team: Social Networks vs. Demography as Criteria for Designing Effective Teams," *Administrative Science Quarterly* 49, no. 1 (2004): 101–133. 비슷한 네트워크 개념들을 과학적 발견 연구에 적용한 관련 연구로는 다음과 같은 것들이 있다. Roger Guimera et al., "Team Assembly Mechanisms Determine Collaboration Network Structure and Team Performance," *Science* 308 (2005): 697–702; and Lingfei Wu et al., "Large Teams Develop and Small Teams Disrupt Science and Technology," *Nature* 566 (2019): 378–382. 과학적 발견에서 협응과 창조성 사이의 생산적 균형에 관한 비슷한 연구로는 다음과 같은 것이 있다. Thomas Kuhn, "The Essential Tension: Tradition and Innovation in Scientific Research," in *The Third (1959) University of Utah Research Conference on the Identification of Scientific Talent*, C. Taylor, ed. (Salt Lake City: University of Utah Press, 1959), 162–174.

- 넷플릭스 대회에 관한 정보는 https://www.netflixprize.com/에서 볼 수 있다. 더 넓은 데이터과학과 데이터과학 대회를 이해하는 데 도움이 되는 자료는 https://www.kdd.org/에서 찾을 수 있다. 애넌버그 데이터과학 대회에 관한 자세한 정보는 다음에서 볼 수 있다. Devon Brackbill and Damon Centola, "Impact of Network Structure on Collective Learning: An Experimental Study in a Data Science Competition," *PLoS ONE* (2020). 소셜 네트워크가 혁신 과정에서 담당한 역사적 역할을 훌륭하게 조명한 문화적, 경제적 연구로는 다음이 있다. Jared Diamond, *Guns, Germs, and Steel: The Fates of Human Societies* (New York: Norton, 2005); and Thomas Piketty, *Capital in the Twenty-First Century* (Cambridge, MA: The Belknap Press of Harvard University Press, 2014).

12장

- 틀 효과가 NASA의 기후 변화 데이터(미국 국립설빙자료센터에서 나온 보고서를 통해) 해석에 어떤 영향을 미치는지 조사한 연구에는 다음과 같은 것들이 있다. Kathleen Hall Jamieson and Bruce Hardy, "Leveraging Scientific Credibility about Arctic Sea Ice Trends in a Polarized Political Environment," *Proceedings of the National Academy of Sciences* 111 (2014): 13598–13605; and Douglas Guilbeault et al., "Social Learning and Partisan Bias in the Interpretation of Climate Trends," *Proceedings of the National Academy of Sciences* 115, no. 39 (2018): 9714–9719. 동기적 추론에 관한 고전적인 연구는 다음을 보라. Leon Festinger, *A Theory of Cognitive Dissonance* (Stanford, CA: Stanford University Press, 1957). 이와 관련된 '현상 유지 편향'에 관한 연구로는 다음을 보라. William Samuelson and Richard Zeckhauser, "Status

Quo Bias in Decision Making," *Journal of Risk and Uncertainty* 1 (1988): 7 – 59.

- 나는 학생들과 함께 중앙 집중 네트워크와 평등한 네트워크를 모두 사용해 네트워크 편향과 집단 지성에 대한 추가 연구를 여러 번 했다. 그런 연구에는 다음과 같은 것들이 있다. Joshua Becker et al., "Network Dynamics of Social Influence in the Wisdom of Crowds," *Proceedings of the National Academy of Sciences* 114, no. 26 (2017): E5070 – E5076; Douglas Guilbeault and Damon Centola, "Networked Collective Intelligence Improves Dissemination of Scientific Information Regarding Smoking Risks," *PLoS ONE* 15, no. 2 (2020): e0227813; and Joshua Becker et al., "The Wisdom of Partisan Crowds," *Proceedings of the National Academy of Sciences* 116, no. 22 (2019): 10717 – 10722. 아프리카계 미국인 여성 사이에서 주류 의료 서비스에 대한 불신—특히 1950년대와 1960년대에 본인의 의사에 반해 실시된 불임 계획의 결과로—의 원천을 조사한 연구로는 다음과 같은 것이 있다. Rebecca Kluchin, *Fit to Be Tied: Sterilization and Reproductive Rights in America, 1950 – 1980* (New Brunswick, NJ: Rutgers University Press, 2009). 이 역사가 취약한 인구 집단 사이에서 예방 보건 대책의 수용에 미친 효과를 조사한 유용한 연구로는 다음과 같은 것들이 있다. B. R. Kennedy et al., "African Americans and Their Distrust of the Health-Care System: Healthcare for Diverse Populations," *J Cult Divers* 14, no. 2 (2007): 56 – 60; and E. B. Blankenship et al., "Sentiment, Contents, and Retweets: A Study of Two Vaccine-Related Twitter Datasets," *Perm J* 22 (2018): 17 – 138.
- 다음 책들은 백신의 안전성과 관련해 그릇된 정보의 전염 동역학을 다룬다. Damon Centola, *The Complex Contagion of Doubt in the Anti-Vaccine Movement*, and Damon Centola, *Influencers, Backfire Effects, and the Power of the Periphery*. COVID-19 백신 접종에서 한 가지 중요한 정책적 문제는 그릇된 정보가 서로 다른 커뮤니티들 내에서 특정 편향을 표적으로 확산될 수 있는 반면, 정확한 정보는 그럴 수 없다는 점이다. 이것은 그릇된 정보 대 정확한 정보의 단순한/복잡한 전염 동역학에 잠재적 비대칭성을 낳는다. 정확한 정보가 새로운 것이거나 이해하기 어려울 때 특히 그럴 수 있다. Neil Johnson et al., "The Online Competition between Pro-and Anti-Vaccina-

tion Views," *Nature* 582 (2020): 230–233.

- 포르스만의 연구와 노벨상 수상 이야기를 잘 다룬 문헌은 다음을 참고하라. Renate Forssman-Falck, "Werner Forssman: A Pioneer of Cardiology," *American Journal of Cardiology* 79 (1997): 651–660; and H. W. Heiss, "Werner Forssman: A German Problem with the Nobel Prize," *Clinical Cardiology* 15 (1992): 547–549. 소셜 네트워크와 사회 규범이 의사의 처방 행위에 어떤 영향을 미치는지 잘 분석한 연구는 다음을 보라. James Coleman et al., "The Diffusion of an Innovation among Physicians," *Sociometry* 20 (1957): 253–270; Craig Pollack et al., "The Impact of Social Contagion on Physician Adoption of 354 Advanced Imaging Tests in Breast Cancer," *Journal of the National Cancer Institute* 109, no. 8 (2017): djx330; Nancy Keating et al., "Association of Physician Peer Influence with Subsequent Physician Adoption and Use of Bevacizumab," *JAMA Network Open* 3, no. 1 (2020): e1918586; and Keating et al., Damon Centola, "Physician Networks and the Complex Contagion of Clinical Treatment," *JAMA Network Open* 3, no. 1 (2020): e1918585. 암묵적 편향 문제를 해결하기 위해 평등한 네트워크를 사용한 우리의 연구는 다음 논문에 소개되었다. Damon Centola et al., "Experimental Evidence for the Reduction of Implicit Race and Gender Bias in Clinical Networks" (working paper; Annenberg School for Communication, University of Pennsylvania, Philadelphia, 2020).
- 의료계의 의사 결정에서 암묵적인 인종 편향과 젠더 편향을 다루는 연구가 빠르게 늘어나고 있는데, 그중에서 중요한 것으로는 다음과 같은 것들이 있다. Kevin Schulman et al., "The Effect of Race and Sex on Physicians' Recommendations for Cardiac Catheterization," *New England Journal of Medicine* 340, no. 8 (1999): 618–626; William Hall et al., "Implicit Racial/Ethnic Bias among Health Care Professionals and Its Influence on Health Care Outcomes: A Systematic Review," *American Journal of Public Health* 105, no. 12 (2015): e60–e76; and Elizabeth Chapman et al., "Physicians and Implicit Bias: How Doctors May Unwittingly Perpetuate Health Care Disparities," *Journal of General Internal Medicine* 28 (2013): 1504–1510.

- 오클랜드 애슬레틱스의 경이로운 2002년 시즌을 흥미진진하게 묘사한 글은 다음을 참조하라. Michael Lewis, *Moneyball: The Art of Winning an Unfair Game* (New York: W. W. Norton, 2004).

찾아보기

ㄴ

ㄷ

ㄹ

ㅁ

ㅈ

ㅎ

변화는 어떻게 일어나는가

초판 1쇄 발행 2021년 6월 28일
초판 5쇄 발행 2024년 1월 2일

지은이 데이먼 센톨라
옮긴이 이충호

발행인 이재진 **단행본사업본부장** 신동해 **편집장** 김경림
교정교열 윤정숙 **표지디자인** [★]규 **본문디자인** 마인드윙
마케팅 최혜진 백미숙 **홍보** 반여진 허지호 정지연 송임선
국제업무 김은정 김지민 **제작** 정석훈

브랜드 웅진지식하우스
주소 경기도 파주시 회동길 20 ㈜웅진씽크빅
문의전화 031-956-7350(편집) 031-956-7129(마케팅)
홈페이지 www.wjbooks.co.kr
인스타그램 www.instagram.com/woongjin_readers
페이스북 www.facebook.com/woongjinreaders
블로그 blog.naver.com/wj_booking

발행처 ㈜웅진씽크빅 **출판신고** 1980년 3월 29일 제 406-2007-000046호

ISBN 978-89-01-25151-6 (03320)